रज़ा पुस्तक माला

महाप्राण निराला

आलोचना

रज़ा फ़ाउण्डेशन | THE RAZA FOUNDATION

महाप्राण निराला

गंगाप्रसाद पाण्डेय

राजकमल प्रकाशन

रज़ा पुस्तक माला : आलोचना
प्रधान सम्पादक : अशोक वाजपेयी | सम्पादक : पीयूष दईया
राजकमल प्रकाशन प्रा.लि. और रज़ा फ़ाउण्डेशन का सह-प्रकाशन

ISBN : 978-81-267-3099-5

मूल्य : ₹750

पहला संस्करण : 1948
पहला राजकमल संस्करण : 2018

प्रकाशक : राजकमल प्रकाशन प्रा. लि.
1-बी, नेताजी सुभाष मार्ग, दरियागंज
नई दिल्ली-110 002

शाखाएँ : अशोक राजपथ, साइंस कॉलेज के सामने, पटना-800 006
पहली मंजिल, दरबारी बिल्डिंग, महात्मा गांधी मार्ग, इलाहाबाद-211 001
36 ए, शेक्सपियर सरणी, कोलकाता-700 017

वेबसाइट : www.rajkamalprakashan.com
ई-मेल : info@rajkamalprakashan.com

मुद्रक : यश प्रिंटोग्राफिक्स
नोएडा-201301 (उत्तर प्रदेश)

MAHAPRAN NIRALA
(Criticism) by Gangaprasad Pandeya

वाङ्मय

ठाकुर गंगाप्रसाद पाण्डेय उच्चशिक्षित युवक और लब्धप्रतिष्ठ साहित्यिक हैं। कई अच्छे ग्रन्थ लिख चुके हैं। वाङ्मय के रूप से भी ये सुख्यात हो चुके हैं। दूसरी पुस्तकों का प्रणयन करने के पश्चात् मुझ पर यह प्रशंसात्मक पुस्तक इन्होंने लिखी है। इसको सरसरी निगाह पढ़कर मैं समझा मेरे पानी की बूँद मोती बनी है। किसी प्रतिमा की चोटी या जूती पर जोड़े के साथ खिलवाड़ है। यह पुरस्कार रहेगा। मेरी साहित्यिक रिश्ते की बहुएँ और बेटियाँ बहुत हैं। नातिनें और पोतियाँ और अधिक। साहित्य का पल्लवित दीर्घ सम्बन्ध फलपूर्ण भार से नत होगा, और चमत्कार के साथ-साथ लेखक की की प्रशंसा का मूल्य चुकता रहेगा।

इति

साहित्यकार संसद्
प्रयाग
३. १० ४९

निराला

महाकवि निराला

[चित्रकर्त्री : महादेवी वर्मा]

आमुख

कलाओं में भारतीय आधुनिकता के एक मूर्धन्य सैयद हैदर रज़ा एक अथक और अनोखे चित्रकार तो थे ही उनकी अन्य कलाओं में भी गहरी दिलचस्पी थी। विशेषतः कविता और विचार में। वे हिन्दी को अपनी मातृभाषा मानते थे और हालाँकि उनका फ्रेंच और अँग्रेज़ी का ज्ञान और उन पर अधिकार गहरा था, वे, फ्रांस में साठ वर्ष बिताने के बाद भी, हिन्दी में रमे रहे। यह आकस्मिक नहीं है कि अपने कला-जीवन के उत्तरार्द्ध में उनके सभी चित्रों के शीर्षक हिन्दी में होते थे। वे संसार के श्रेष्ठ चित्रकारों में, २०-२१वीं सदियों में, शायद अकेले हैं जिन्होंने अपने सौ से अधिक चित्रों में देवनागरी में संस्कृत, हिन्दी और उर्दू कविता में पंक्तियाँ अंकित कीं। बरसों तक मैं जब उनके साथ कुछ समय पेरिस में बिताने जाता था तो उनके इसरार पर अपने साथ नवप्रकाशित हिन्दी कविता की पुस्तकें ले जाता था : उनके पुस्तक-संग्रह में, जो अब दिल्ली स्थित रज़ा अभिलेखागार का एक हिस्सा है, हिन्दी कविता का एक बड़ा संग्रह शामिल था।

रज़ा की एक चिन्ता यह भी थी कि हिन्दी में कई विषयों में अच्छी पुस्तकों की कमी है। विशेषतः कलाओं और विचार आदि को लेकर। वे चाहते थे कि हमें कुछ पहल करना चाहिये। २०१६ में साढ़े चौरानवे वर्ष की आयु में उनकी मृत्यु के बाद रज़ा फ़ाउण्डेशन ने उनकी इच्छा का सम्मान करते हुए हिन्दी में कुछ नये क़िस्म की पुस्तकें प्रकाशित करने की पहल *रज़ा पुस्तक माला* के रूप में की है, जिनमें कुछ अप्राप्य पूर्व प्रकाशित पुस्तकों का पुनर्प्रकाशन भी शामिल है। उनमें गांधी, संस्कृति-

चिन्तन, संवाद, भारतीय भाषाओं से विशेषतः कला-चिन्तन के हिन्दी अनुवाद, कविता आदि की पुस्तकें शामिल की जा रही हैं। सभी पुस्तकों पर रज़ा साहब और उनके समकालीन मित्र चित्रकारों आदि की प्रतिकृतियाँ आवरणों पर होंगी।

निराला हमारे उन कालजयी कवियों में से हैं जिनके जीवन और कृतित्व के बारे में जानने-समझने की हमारी जिज्ञासा लगातार बनी रहती है। 'महाप्राण निराला' बहुत पहले प्रकाशित हुई थी जिसमें महादेवी की प्रस्तावना है और स्वयं निराला की हस्तलिपि में उनकी एक टिप्पणी। पुस्तक में आत्मीय संस्मरण और आलोचना का मोहक और सार्थक समन्वय है। यह बरसों से अप्राप्य थी और हमें उसका पुनर्प्रकाशन करते हुए प्रसन्नता है कि उन पर पहली पुस्तकों में से एक हम फिर उपलब्ध करा पा रहे हैं। यह याद करना ज़रूरी है कि निराला को उनकी कठिन ज़िन्दगी और जटिल कविता को समझने की कोशिश हिन्दी आलोचना काफ़ी पहले से करती रही है।

अशोक वाजपेयी

अगस्त २०१७, नयी दिल्ली

जो रेखायें न कह सकेंगी

महादेवी वर्मा

जो रेखायें न कह सकेंगी

एक युग बीत जाने पर भी मेरी स्मृति से एक घटा भरी अश्रुमुखी सावनी पूर्णिमा की रेखायें नहीं मिट सकी हैं। उन रेखाओं के उजले रंग न जाने किस व्यथा से गीले हैं कि अब तक सूख भी नहीं पाये—उड़ना तो दूर की बात है।

उस दिन मैं बिना कुछ सोचे हुये ही भाई निराला जी से पूछ बैठी थी—'आप के किसी ने राखी नहीं बाँधी?' अवश्य ही उस समय मेरे सामने उनकी बंधन-शून्य कलाई और पीले कच्चे सूत की ढेरों राखियाँ लेकर घूमनेवाले यजमान-खोजियों का चित्र था। पर अपने प्रश्न के उत्तर में मिले प्रश्न ने मुझे क्षण भर के लिए चौंका दिया।

'कौन बहन हम ऐसे भुक्खड़ को भाई बनावेगी?' में, उत्तर देनेवाले के एकाकी जीवन की व्यथा थी या चुनौती यह कहना कठिन है। पर जान पड़ता है किसी अव्यक्त चुनौती के आभास ने ही मुझे उस हाथ के अभिषेक की प्रेरणा दी जिसने दिव्य वर्ण-गंध-मधु वाले गीत-सुमनों से भारती की अर्चना भी की है और बर्तन माँजने, पानी भरने जैसी कठिन श्रम-साधना से उत्पन्न स्वेद-बिन्दुओं से मिट्टी का शृंगार भी किया है।

मेरा प्रयास किसी जीवन्त बवण्डर को कच्चे सूत में बाँधने जैसा था या किसी उच्छल महानद को मोम के तटों में सीमित करने के समान, यह सोचने-विचारने का तब अवकाश नहीं था। पर आनेवाले वर्ष निराला जी के संघर्ष के ही नहीं मेरी परीक्षा के भी रहे हैं। मैं किस सीमा तक सफल हो सकी हूँ यह मुझे ज्ञात नहीं, पर लौकिक दृष्टि से निःस्व निराला हृदय

की निधियों में सबसे समृद्ध भाई हैं, यह स्वीकार करने में मुझे द्विविधा नहीं। उन्होंने अपने सहज विश्वास से मेरे कच्चे सूत के बंधन को जो दृढ़ता और दीप्ति दी है वह अन्यत्र दुर्लभ रहेगी।

दिन–रात के पगों से वर्षों की सीमा पार करनेवाले अतीत ने आग के अक्षरों में आँसू के रंग भर–भरकर ऐसी अनेक चित्र–कथायें आँक डाली हैं, जिनसे इस महान् कवि और असाधारण मानव के जीवन की मार्मिक झाँकी मिल सकती है। पर उन सबको सँभाल सके ऐसा एक चित्राधार पा लेना सहज नहीं।

उनके अस्त–व्यस्त जीवन को व्यवस्थित करने के असफल प्रयासों का स्मरण कर मुझे आज भी हँसी आ जाती है। एक बार अपनी निर्बन्ध उदारता की तीव्र आलोचना सुनने के बाद उन्होंने व्यवस्थित रहने का वचन दिया।

संयोग से तभी उन्हें कहीं से तीन सौ रुपये मिल गये। वही पूँजी मेरे पास जमा कर के उन्होंने मुझे अपने खर्च का 'बजट' बना देने का आदेश दिया।

जिन्हें मेरा व्यक्तिगत हिसाब रखना पड़ता है, वे जानते हैं कि यह कार्य मेरे लिए कितना दुष्कर है। न वे मेरी चादर लम्बी कर पाते हैं न मुझे पैर सिकोड़ने पर बाध्य कर सकते हैं, और इस प्रकार एक विचित्र रस्साकशी में तीस दिन बीतते रहते हैं।

पर यदि अनुत्तीर्ण परीक्षार्थियों की प्रतियोगिता हो तो सौ में दस अंक पानेवाला भी अपने आपको शून्य पाने वाले से श्रेष्ठ मानेगा।

अस्तु, नमक से लेकर नापित तक और चप्पल से लेकर मकान के किराए तक का जो अनुमान–पत्र मैंने बनाया वह जब निराला जी को पसंद आ गया, तब पहली बार मुझे अपने अर्थशास्त्र के ज्ञान पर गर्व हुआ। पर दूसरे ही दिन से मेरे गर्व की व्यर्थता सिद्ध होने लगी। वे सबेरे ही आ पहुँचे। पचास रुपये चाहिये—किसी विद्यार्थी का परीक्षा–शुल्क जमा करना है, अन्यथा वह परीक्षा में नहीं बैठ सकेगा। सन्ध्या होते–होते किसी साहित्यिक मित्र को साठ देने की आवश्यकता पड़ गयी। दूसरे दिन लखनऊ के किसी ताँगे वाले की माँ को चालीस मनीआर्डर करना पड़ा। दोपहर को किसी दिवंगत मित्र की भतीजी के विवाह के लिए सौ देना अनिवार्य हो गया। सारांश यह कि तीसरे दिन उनका जमा किया हुआ रुपया समाप्त हो गया

और तब उनके व्यवस्थापक के नाते यह दान-खाता मेरे हिस्से आ पड़ा।

एक सप्ताह में मैंने समझ लिया कि यदि ऐसे अवढर दानी को न रोका जावे तो यह मुझे भी अपनी स्थिति में पहुँचाकर दम लेंगे। तब से फिर कभी उनका 'बजट' बनाने का दुस्साहस मैंने नहीं किया। पर उनकी अस्तव्यस्तता में बाधा पहुँचाने का अपना स्वभाव मैं अब तक नहीं बदल सकी हूँ।

बड़े प्रयत्न से बनवाई रजाई, कोट जैसी नित्य व्यवहार की वस्तुयें भी जब दूसरे ही दिन किसी अन्य का कष्ट दूर करने के लिए अन्तर्धान हो गयीं, तब अर्थ के सम्बन्ध में क्या कहा जावे जो साधन मात्र है। वह सन्ध्या भी मेरी स्मृति में विशेष महत्त्व रखती है जब श्रद्धेय मैथिलीशरण जी निराला जी का आतिथ्य ग्रहण करने गये।

बगल में गुप्त जी के बिछौने का बंडल दबाये, दियासलाई के क्षण प्रकाश क्षण अंधकार में तंग सीढ़ियों का मार्ग दिखाते हुए निराला जी हमें उस कक्ष में ले गये जो उनकी कठोर साहित्य-साधना का मूक साक्षी रहा है।

आले पर कपड़े की आधी जली बत्ती से भरा, पर तेल से खाली मिट्टी का दिया मानो अपने नाम की सार्थकता के लिए ही जल उठने का प्रयास कर रहा था। यदि उसके प्रयास को स्वर मिल सकता तो वह निश्चय ही हमें, मिट्टी के तेल की दूकान पर लगी भीड़ में सबसे पीछे खड़े पर सबसे बालिश्त भर ऊँचे गृहस्वामी की दीर्घ, पर निष्फल प्रतीक्षा की कहानी सुना सकता। रसोईघर में दो-तीन अधजली लकड़ियाँ, औंधी पड़ी बटलोई और खूँटी से लटकती हुई आटे की छोटी सी गठरी आदि मानो उपवास-चिकित्सा के लाभों की व्याख्या कर रहे थे।

वह आलोकरहित, सुख-सुविधा-शून्य घर, गृहस्वामी के विशाल आकार और उससे भी विशालतर आत्मीयता से भरा हुआ था। अपने सम्बन्ध में बेसुध निराला जी अपने अतिथि की सुविधा के लिए सतर्क प्रहरी हैं। वैष्णव अतिथि की सुविधा का विचार कर वे नया घड़ा खरीदकर गंगाजल ले आये और धोती चादर जो कुछ घर में मिल सका सब तख्त पर बिछाकर उन्हें प्रतिष्ठित किया।

तारों की छाया में उन दोनों मर्यादावादी और विद्रोही महाकवियों ने क्या कहा-सुना यह मुझे ज्ञात नहीं, पर सबेरे गुप्त जी को ट्रेन में बैठाकर वे मुझे

उनके सुखशयन का समाचार देना न भूले।

ऐसे अवसरों की कमी नहीं जब वे अकस्मात् पहुँचकर कहने लगे—'मेरे इक्के पर कुछ लकड़ियाँ, थोड़ा घी आदि रखवा दो—अतिथि आये हैं, घर में सामान नहीं है।'

'उनके अतिथि यहाँ भोजन करने आ जावें' सुन कर उनकी दृष्टि में बालकों जैसा विस्मय छलक आता है। जो अपना घर समझ कर आये हैं, उनसे यह कैसे कहा जावे कि उन्हें भोजन के लिए दूसरे घर जाना होगा। भोजन बनाने से लेकर जूठे बर्तन मांजने तक का काम वे अपने अतिथि देवता के लिए सहर्ष करते हैं। तैंतीस कोटि देवताओं के देश में इस वर्ग के देवताओं की संख्या कम नहीं, पर आधुनिक युग ने उनकी पूजा-विधि में बहुत कुछ सुधार कर लिया है। अब अतिथि-पूजा के पर्व कम ही आते हैं और यदि आ भी पड़े तो देवता के क्षौर, अभिषेक, शृंगार आदि संस्कार बेयरा आदि ही सम्पन्न करा देते हैं। पुजारी गृहपति को तो भोग लगाने की मेज पर उपस्थित रहने भर का कर्तव्य सँभालना पड़ता है। कुछ देवता इस कर्तव्य से भी उसे मुक्ति दे देते हैं।

ऐसे युग में आतिथ्य की दृष्टि से निराला जी में वही पुरातन संस्कार है जो इस देश के ग्रामीण किसान में मिलता है।

उनके भाव की अतल गहराई और अबाध वेग भी आधुनिक सभ्यता के छिछले और बँधे भाव-व्यापार से भिन्न है।

उनकी व्यथा की सघनता जानने का मुझे एक अवसर मिला है। श्री सुमित्रानन्दन जी दिल्ली में टाइफाइड ज्वर से पीड़ित थे। इसी बीच घटित को साधारण और अघटित को समाचार माननेवाले किसी समाचार-पत्र ने उनके स्वर्गवास की झूठी खबर छाप डाली।

निराला जी कुछ ऐसी आकस्मिकता के साथ आ पहुँचे थे कि मैं उनसे यह समाचार छिपाने का भी अवकाश न पा सकी। समाचार के सत्य में मुझे विश्वास नहीं था, पर निराला जी तो ऐसे अवसर पर तर्क की शक्ति ही खो बैठते हैं। वे लड़खड़ाकर सोफे पर बैठ गये और किसी अव्यक्त वेदना की तरंग के स्पर्श से मानो पाषाण में परिवर्तित होने लगे। उनकी झुकी पलकों से घुटनों पर चूनेवाली आँसू की बूँदें बीच-बीच में ऐसे चमक जाती थीं मानो प्रतिभा से झड़े हुए जूही के फूल हों।

स्वयं अस्थिर होने पर भी मुझे निराला जी को सान्त्वना देने के लिए स्थिर होना पड़ा। यह सुन कर कि मैंने ठीक समाचार जानने के लिए तार दिया है, वे व्यथित प्रतीक्षा की मुद्रा में तब तक बैठे रहे जब तक रात में मेरा फाटक बंद होने का समय न आ गया।

सबेरे चार बजे ही फाटक खटखटाकर जब उन्होंने तार के उत्तर के सम्बन्ध में पूछा तब मुझे ज्ञात हुआ कि वे रात भर पार्क में खुले आकाश के नीचे ओस से भीगी दूब पर बैठे सबेरे की प्रतीक्षा करते रहे हैं। उनकी निस्तब्ध पीड़ा जब कुछ मुखर हो सकी, तब वे इतना ही कह सके, 'अब हम भी गिरते हैं। पंत के साथ तो रास्ता कम अखरता था, पर अब सोचकर ही थकावट होती है।'

प्राय: एक स्पर्धा का तार हमारे सौहार्द के फूलों को बेधकर उन्हें एकत्र रखता है। फूल के झड़ते या खिसकते ही काला तार मात्र रह जाता है। इसी से हमें किसी सहयोगी का बिछोह अकेलेपन की तीव्र अनुभूति नहीं देता। निराला जी के सौहार्द और विरोध दोनों एक आत्मीयता के वृन्त पर खिले दो फूल हैं। वे खिलकर वृन्त का शृंगार करते हैं और झड़कर उसे अकेला और सूना कर देते हैं। मित्र का तो प्रश्न ही क्या ऐसा कोई विरोधी भी नहीं जिसका अभाव उन्हें विकल न कर देगा।

गत मई मास की, लपटों में साँस लेनेवाली दोपहरी भी मेरी स्मृति पर एक जलती रेखा खींच गयी है। शरीर से शिथिल और मन से क्लान्त निराला जी मलिन फटे अधोवस्त्र को लपेटे और वैसा ही जीर्ण-शीर्ण उत्तरीय ओढ़े हुए धूल-धूसरित पैरों के साथ मेरे द्वार पर आ उपस्थित हुए। अपरा पर इक्कीस सौ पुरस्कार की सूचना मिलने पर उन्होंने मुझे लिखा था कि मैं अपनी सांस्थिक मर्यादा से वह रुपया मँगवा लूँ। अब वे कहने आये थे कि स्वर्गीय मुंशी नवजादिक लाल की विधवा को पचास प्रति मास के हिसाब से भेजने का प्रबंध कर दिया जावे।

'उक्त धन का कुछ अंश भी क्या वे अपने उपयोग में नहीं ला सकते?' के उत्तर में उन्होंने उसी सरल विश्वास के साथ कहा—'वह तो संकल्पित अर्थ है। अपने लिए उसका उपयोग करना अनुचित होगा।'

उन्हें व्यवस्थित करने के सभी प्रयास निष्फल रहे हैं पर आज मुझे उसका खेद नहीं है। यदि वे हमारे कल्पित साँचे में समा जावें तो उनकी विशेषता

ही क्या रहे!

इन बिखरे पृष्ठों में एक पर अनायास ही दृष्टि रुक जाती है। उसे मानो स्मृति ने विषाद की आर्द्रता में हँसी का कुमकुम घोलकर अंकित किया है।

साहित्यकार-संसद में सब सुविधायें सुलभ होने पर भी उन्होंने स्वयं-पाकी बन कर और एक बार भोजन करके जो अनुष्ठान आरम्भ किया था उसकी तो मैं अभ्यस्त हो चुकी हूँ। पर अचानक एक दिन जब उन्होंने पाव भर गेरू मँगवाने का आदेश दिया तब मैंने समझा कि उनके पित्ती निकल आई है, क्योंकि उसी रोग में गेरू मिले हुए आटे के पुये खाए जाते हैं और गेरू के चूर्ण का अंगराग लगाया जाता है।

प्रश्नों के प्रति निराला जी कम सहिष्णु हैं और कुतूहल की दृष्टि से मैं कम जिज्ञासु हूँ। फिर भी उनकी सुविधा-असुविधा की चिंता के कारण मैं अनेक प्रश्न कर बैठती हूँ और मेरी सद्‌भावना में विश्वास के कारण वे उत्तरों का कष्ट सहन करते हैं।

मेरे मौन में मुखर चिंता के कारण ही उन्होंने अपना मन्तव्य स्पष्ट किया, 'हम अब संन्यास लेंगे।' मेरी उमड़ती हँसी को व्यथा के बाँध ने जहाँ का तहाँ ठहरा दिया। इस निर्मम युग ने इस महान कलाकार के पास ऐसा क्या छोड़ा है जिसे स्वयं छोड़ कर यह त्याग का आत्मतोष भी प्राप्त कर सके। जिस प्रकार प्राप्ति हमारी कृतार्थता का फल है उसी प्रकार त्याग हमारी पूर्णता का परिणाम है। इन दोनों छोरों में से एक मनुष्य के भौतिक विकास का माप है और दूसरा मानसिक विस्तार की थाह। त्याग कभी भाव की अस्वीकृति है और कभी अभाव की स्वीकृति पर तत्त्वतः दोनों कितने भिन्न हैं।

मैं सोच ही रही थी कि चि० बसन्त ने परिहास की मुद्रा में कहा, 'तब तो आपको मधुकरी खाने की आवश्यकता पड़ेगी।'

खेद, अनुताप या पश्चात्ताप की एक भी लहर से रहित विनोद की एक प्रशान्त धारा पर तैरता हुआ निराला जी का उत्तर आया, 'मधुकरी तो अब भी खाते हैं।' जिसकी निधियों से साहित्य का कोष समृद्ध है उसने मधुकरी माँग कर जीवन निर्वाह किया है इस कटु सत्य पर आनेवाले युग विश्वास कर सकेंगे यह कहना कठिन है।

गेरू में दोनों मलिन अधोवस्त्र और उत्तरीय कब रंग डाले गये इसका मुझे पता नहीं, पर एकादशी के सबेरे स्नान, हवन आदि कर के जब वे निकले तब गैरिक परिधान पहन चुके थे। अँगौछे के अभाव और वस्त्रों में रंग की अधिकता के कारण उनके मुँह-हाथ आदि ही नहीं, विशाल शरीर भी गैरिक हो गया था मानो सुनहली धूप में धुला गेरू के पर्वत का कोई शिखर हो।

बोले, 'अब ठीक है। जहाँ पहुँचे किसी नीम, पीपल के नीचे बैठ गये। दो रोटियाँ माँग कर खा लीं और गीत लिखने लगे।'

इस सर्वथा नवीन परिच्छेद का उपसंहार कहाँ और कैसे होगा यह सोचते-सोचते मैंने उतर दिया, 'आपके संन्यास से मुझे तो इतना ही लाभ हुआ कि साबुन के कुछ पैसे बचेंगे। गेरुये वस्त्र तो मैले नहीं दिखेंगे। पर हानि यही है कि न जाने कहाँ-कहाँ छप्पर डलवाने पड़ेंगे, क्योंकि धूप और वर्षा से पूर्णतया रक्षा करनेवाले नीम-पीपल कम ही हैं।'

मन में एक प्रश्न बार-बार उठता है—क्या इस देश की सरस्वती अपने वैरागी पुत्रों की परम्परा अक्षुण्ण रखना चाहती है और क्या इस पथ पर पहले पग रखने की शक्ति उसने निराला जी में ही पाई है?

निराला जी अपने शरीर, जीवन और साहित्य सभी में असाधारण हैं। उनमें विरोधी तत्त्वों की भी सामंजस्यपूर्ण सन्धि है। उनका विशाल डीलडौल देखनेवाले के हृदय में जो आतंक उत्पन्न कर देता है उसे उनके मुख को सरल आत्मीयता दूर करती चलती है।

उनकी दृष्टि में दर्प और विश्वास की धूपछाहीं द्वाभा है। इस दर्प का सम्बन्ध किसी हल्की मनोवृत्ति से नहीं और न उसे अहं का सस्ता प्रदर्शन ही कहा जा सकता है। अविराम संघर्ष और निरन्तर विरोध का सामना करने से उनमें जो एक आत्मनिष्ठा उत्पन्न हो गयी है उसी का परिचय हम उनको दृप्त दृष्टि में पाते हैं। कभी-कभी यह गर्व व्यक्ति को सीमा पार कर इतना सामान्य हो जाता है कि हम उसे अपना, प्रत्येक साहित्यकार का या साहित्य का मान सकते हैं, इसी से वह दुर्वह कभी नहीं होता। जिस बड़प्पन में हमारा भी कुछ भाग है वह हममें छोटेपन की अनुभूति नहीं उत्पन्न करता और परिणामतः उससे हमारा कभी विरोध नहीं होता।

निराला जी की दृष्टि में सन्देह का वह पैनापन नहीं जो दूसरे मनुष्य के

व्यक्त परिचय का अविश्वास कर उसके मर्म को बेधना चाहता है। उनका दृष्टिपात उनके सहज विश्वास की वर्णमाला है। वे व्यक्ति के उसी परिचय को सत्य मान कर चलते हैं जिसे वह देना चाहता है और अन्तर में उस स्थिति तक पहुँच जाते हैं जहाँ यह सत्य के अतिरिक्त कुछ और नहीं देना चाहता।

जो कलाकार हृदय के गूढ़तम भावों के विश्लेषण में समर्थ है उसमें ऐसी सरलता लौकिक दृष्टि से चाहे विस्मय की वस्तु हो, पर कला-सृष्टि के लिए यह स्वाभाविक साधन है।

सत्य का मार्ग सरल है। तर्क और सन्देह की चक्करदार राह से उस तक पहुँचा नहीं जा सकता। इसी से जीवन के सत्यदृष्टाओं को हम बालकों जैसा सरल विश्वासी पाते हैं। निराला जी भी इसी परिवार के सदस्य हैं।

किसी अन्याय के प्रतिकार के लिए उनका हाथ लेखनी से पहले उठ सकता है अथवा लेखनी हाथ से अधिक कठोर प्रहार कर सकती है, पर उनकी आँखों की स्वच्छता किसी मलिन द्वेष में तरंगायित नहीं होती।

ओठों की खिंची हुई-सी रेखाओं में निश्चय की छाप है, पर उनमें क्रूरता की भंगिमा या घृणा की सिकुड़न नहीं मिल सकती।

क्रूरता और कायरता में वैसा ही सम्बन्ध है जैसा वृक्ष की जड़ों में अव्यक्त रस और उसके फल के व्यक्त स्वाद में। निराला किसी से सभीत नहीं, अत: किसी के प्रति क्रूर होना उनके लिए सम्भव नहीं। उनके तीखे व्यंग्य की विद्युत-रेखा केपीछे सद्‌भाव के जल से भरा बादल रहता है।

घृणा का भाव मनुष्य की असमर्थता का प्रमाण है। जिसे तोड़कर हम इच्छानुसार गढ़ सकते हैं, उसके प्रति घृणा का अवकाश ही नहीं रहता; पर जिससे अपनी रक्षा के लिए हम सतर्क हैं, उसी की स्थिति हमारी घृणा का केन्द्र बन जाती है। जो मदिरा के पात्र को तोड़कर फेंक सकता है, उसे मदिरा से घृणा की आवश्यकता ही क्या है! पर जो उसे सामने रखने के लिए भी विवश है, और अपने मन में उससे बचने की शक्ति भी संचित करना चाहता है वह उसके दोषों की एक एक ईंट जोड़कर उस पर घृणा का काला रंग फेरकर एक दीवार खड़ी कर लेता है, जिसकी ओट में स्वयं बच सके। हमारे नरक की कल्पना के मूल में भी यही अपने बचाव का विवश प्रयत्न है। जहाँ संरक्षित दोष नहीं, वहाँ सुरक्षित घृणा भी सम्भव नहीं।

विकास-पथ की बाधाओं का ज्ञान ही महान् विद्रोहियों को कर्म की प्रेरणा देता है। क्रोध को संचित कर द्वेष और द्वेष को स्थायी बनाकर घृणा में बदलने के लम्बे क्रम तक वे ठहर नहीं सकते। और ठहरें भी तो घृणा की निष्क्रियता उन्हें निष्क्रिय बनाकर पथ-भ्रष्ट कर देगी।

निराला जी विचार से क्रान्तिदर्शी और आचरण से क्रान्तिकारी हैं। वे उस झंझा के समान हैं जो हल्की वस्तुओं के साथ भारी वस्तुओं को भी उड़ा ले जाती है; उस मन्द समीर जैसे नहीं जो सुगंध न मिले तो दुर्गन्ध का भार ही ढोता फिरता है। जिसे वे उपयोगी नहीं मानते उसके प्रति उनका किंचित मात्र भी मोह नहीं, चाहे तोड़ने योग्य वस्तुओं के साथ रक्षा के योग्य वस्तुयें भी नष्ट हो जावें।

उनका मार्ग चाहे ऐसे भग्नावशेषों से भर गया हो जिनके पुनर्निर्माण में समय लगेगा; पर ऐसी अडिग शिलायें नहीं हैं जिनको देख-देखकर उन्हें निष्फल क्रोध में दाँत पीसना पड़े या निराश पराजय में आह भरनी पड़े।

मनुष्य की संचय-वृत्ति ऐसी है कि वह अपनी उपयोगहीन वस्तुओं को भी संगृहीत रखना चाहता है। इसी स्वभाव के कारण बहुत-सी रूढ़ियाँ भी उसके जीवन के अभाव को भर देती हैं।

विद्रोह स्वभावगत होने के कारण निराला जी के लिए ऐसी रूढ़ियों पर प्रहार करना जितना प्रयासहीन होता है, उतना ही कौतुक का कारण।

दूसरों की बद्धमूल धारणाओं पर आघात कर उनकी खिजलाहट पर वे ऐसे ही प्रसन्न होते हैं जैसे होली के दिन कोई नटखट लड़का, जिसने किसी को तीन पैर की कुर्सी के साथ किसी की सर्वांगपूर्ण चारपाई, किसी की टूटी तिपाई के साथ किसी की नयी चौकी होलिका में स्वाहा कर डाली हो।

उनका विरोध द्वेषमूलक नहीं पर चोट कठिन होती है। इसके अतिरिक्त उनके संकल्प और कार्य के बीच में ऐसी प्रत्यक्ष कड़ियाँ नहीं रहतीं, जो संकल्प के औचित्य और कर्म के सौन्दर्य की व्याख्या कर सकें। उन्हें समझने के लिए जिस मात्रा में बौद्धिकता चाहिये उसी मात्रा में हृदय की संवेदनशीलता अपेक्षित रहती है। ऐसा सन्तुलन सुलभ न होने के कारण उन्हें पूर्णता में समझनेवाले विरल मिलते हैं। ऐसे दो व्यक्ति सब जगह मिल सकते हैं जिनमें एक उनकी नम्र उदारता की प्रशंसा करते नहीं थकता और दूसरा उनके उद्धत व्यवहार की निंदा करते नहीं हारता। जो अपनी

चोट के पार नहीं देख पाते वे उनके निकट पहुँच ही नहीं सकते, अतः उनके विद्रोह की असफलता प्रमाणित करने के लिए उनके चरित्र की उजली रेखाओं पर काली तूली फेरकर प्रतिशोध लेते रहते हैं। निराला जी के सम्बन्ध में फैली हुई भ्रान्त किंवदन्तियाँ इसी निम्नवृत्ति से सम्बन्ध रखती हैं।

मनुष्य-जाति की नासमझी का इतिहास क्रूर और लम्बा है। प्रायः सभी युगों में मनुष्य ने अपने में से श्रेष्ठतम, पर समझ में न आनेवाले व्यक्ति को छाँटकर, कभी उसे विष देकर, कभी सूली पर चढ़ाकर और कभी गोली का लक्ष्य बनाकर अपनी बर्बर मूर्खता के इतिहास में नये पृष्ठ जोड़े हैं।

प्रकृति और चेतना न जाने कितने निष्फल प्रयोगों के उपरान्त ऐसे मनुष्य का सृजन कर पाती है, जो अपने स्रष्टाओं से श्रेष्ठ हो। पर उसके सजातीय, ऐसे अद्‌भुत सृजन को नष्ट करने के लिए इससे बड़ा कारण खोजने की भी आवश्यकता नहीं समझते कि वह उनकी समझ के परे है अथवा उसका सत्य इनकी भ्रान्तियों से मेल नहीं खाता।

निराला जी अपने युग की विशिष्ट प्रतिभा हैं, अतः उन्हें अपने युग का अभिशाप झेलना पड़े तो आश्चर्य नहीं।

उनके जीवन के चारों ओर परिवार का यह लौहसार घेरा नहीं जो व्यक्तिगत विशेषताओं पर चोट भी करता है और बाहर की चोटों के लिए ढाल भी बन जाता है। उनके निकट माता, बहन, भाई आदि के कोमल साहचर्य अभाव का ही नाम शैशव रहा है। जीवन का वसन्त ही उनके लिए पत्नी-वियोग का पतझड़ बन गया है। आर्थिक कारणों ने उन्हें अपनी मातृहीन सन्तान के प्रति कर्तव्य-निर्वाह की सुविधा भी नहीं दी। पुत्री के अन्तिम क्षणों में वे निरुपाय दर्शक रहे और पुत्र को उचित शिक्षा से वंचित रखने के कारण उसकी उपेक्षा के पात्र बने।

अपनी प्रतिकूल परिस्थितियों से उन्होंने कभी ऐसी हार नहीं मानी जिसे सह्य बनाने के लिए हम समझौता कहते हैं। स्वभाव से उन्हें वह निश्छल वीरता मिली है, जो अपने बचाव के प्रयत्न को भी कायरता की संज्ञा देती है। उनकी वीरता राजनीतिक कुशलता नहीं; वह तो साहित्य की एकनिष्ठता का पर्याय है। छल के व्यूह में छिपकर लक्ष्य तक पहुँचने को साहित्य

लक्ष्य-प्राप्ति नहीं मानता। जो अपने पथ की सभी प्रत्यक्ष-अप्रत्यक्ष बाधाओं को चुनौती देता हुआ, सभी आघातों को हृदय पर झेलता हुआ लक्ष्य तक पहुँचता है उसी को युग-स्रष्टा साहित्यकार कह सकते हैं। निराला जी ऐसे ही विद्रोही साहित्यकार हैं। जिन अनुभवों के दंश का विष साधारण मनुष्य की आत्मा को मूर्च्छित करके उसके सारे जीवन को विषाक्त बना देता है, उसी से उन्होंने सतत् जागरूकता और मानवता का अमृत प्राप्त किया है।

किसी की व्यथा इतनी हल्की नहीं जो उनके हृदय में गम्भीर प्रतिध्वनि नहीं जगाती; किसी की आवश्यकता इतनी छोटी नहीं जो उन्हें सर्वस्व दान की प्रेरणा नहीं देती।

अर्थ की जिस शिला पर हमारे युग के न जाने कितने साधकों की साधना-तरियाँ चूर-चूर हो चुकी हैं, उसी को वे अपने अदम्य वेग में पार कर आये हैं। उनके जीवन पर उस संघर्ष के जो आघात हैं वे उनकी हार के नहीं, शक्ति के प्रमाणपत्र हैं। उनकी, कठोर श्रम, गम्भीर दर्शन और सजग कला की त्रिवेणी न अछोर मरु में सूखती है न अकूल समुद्र में अस्तित्व खोती है।

जीवन की दृष्टि से निराला जी किसी दुर्लभ सीप में ढले सुडौल मोती नहीं हैं, जिसे अपनी महार्घता का साथ देने के लिए स्वर्ण और सौन्दर्य-प्रतिष्ठा के लिए अलंकार का रूप चाहिये। वे तो अनगढ़ पारस के भारी शिला-खण्ड हैं। न मुकुट में जड़कर कोई उसकी गुरुता सँभाल सकता है और न पदत्राण बनाकर कोई उसका भार उठा सकता है। वह जहाँ है, वहीं उसका स्पर्श सुलभ है। यदि स्पर्श करनेवाले में मानवता के लौह-परमाणु हैं तो किसी ओर से भी स्पर्श करने पर वह स्वर्ण बन जायेगा। पारस की अमूल्यता दूसरों का मूल्य बढ़ाने में है। उसके मूल्य में न कोई कुछ जोड़ सकता है, न घटा सकता है।

आज हम दम्भ और स्पर्धा, अज्ञान और भ्रान्ति की ऐसी कुहेलिका में चल रहे हैं जिसमें स्वयं को पहचानना तक कठिन है, सहयात्रियों को यथार्थता में जानने का प्रश्न ही नहीं उठता। पर आने वाले युग इस कलाकार की एकाकी यात्रा का मूल्य आँक सकेंगे, जिसमें अपने पैरों की चाप तक आँधी में खो जाती है।

निराला जी के साहित्य की शास्त्रीय विवेचना तो आगामी युगों के लिए भी

सुकर रहेगी, पर उस विवेचना के लिए जीवन की जिस पृष्ठभूमि की आवश्यकता होती है, उसे तो उनके समकालीन ही दे सकते हैं।

साहित्यकार के जीवन का विश्लेषण उसके साहित्य के मूल्यांकन से कठिन है। साहित्य की कसौटी सर्वमान्य होती है, पर उसकी उर्वर भूमि आलोचक के विशेष दृष्टिबिन्दु को फूलने–फलने का अवकाश दे सकती है। एक कविता का विशेष भाव, एक चित्र का विशेष रंग और एक गीत की विशेष लय, किसी के लिए रहस्य के द्वार खोल सकती है और किसी से टकराकर व्यर्थ हो जाती है। पर जीवन का इतिवृत्त इतनी विविधता नहीं सँभाल सकता। एक व्यक्ति का कर्म समाज को या हानि पहुँचा सकता है या लाभ, अतः व्यक्तिगत रुचि के कारण यदि कोई हानि पहुँचानेवाले को अच्छा कहे या लाभ पहुँचानेवाले को बुरा तो समाज उसे अपराधी मानेगा। ऐसी स्थिति में कर्म के मूल्यांकन में विशेष सतर्क रहने की आवश्यकता पड़ती है।

असाधारण प्रतिभावान और अपने युग से आगे देखनेवाले कलाकारों के इतिवृत्त के चित्रण में एक और भी बाधा है। जब उनके समानधर्मा उनके जीवन का मूल्यांकन करते हैं तब कभी तो स्पर्धा उनकी तुला को ऊँचा–नीचा करती रहती है और कभी अपनी विशेषताओं का मोह उन्हें सहयोगियों में अपनी प्रतिकृति देखने के लिए, विवश कर देता है। जब छोटे व्यक्तित्व वाले किसी असाधारण व्यक्तित्व की व्याख्या करने चलते हैं, तब कभी तो उनकी लघुता उसे घेर नहीं पाती और कभी उसके तीव्र आलोक में अपने अहं को उद्भासित कर लेने की दुर्बलता उन्हें घेर लेती है।

इस प्रकार महान कलाकारों के यथार्थचित्र व्याख्याबहुल हों तो विस्मय की बात नहीं।

साहित्य के नवीन युगपथ पर निराला जी की अंक–संसृति गहरी, और स्पष्ट उज्ज्वल और लक्ष्यनिष्ठ रहेगी। इस मार्ग के हर फूल पर उनके चरण का चिह्न और हर शूल पर उनके रक्त का रंग है।

प्रस्तुत पुस्तक के लेखक, निराला जी के निकट सम्पर्क में भी रहे हैं और उन्हें समझनेवालों के भी। अपनी आँखों देखना अच्छा है, पर यदि दृष्टि को सहायता की आवश्यकता पड़े तो ऐसा स्वच्छ पारदर्शी शीशा लेना अच्छा होता है जो दृष्टि के आधार को विरूप न कर दे।

लेखक ने अपने व्यक्तित्व को निराला में समाहित कर उनके चित्रांकन का प्रयत्न किया है। साहित्य तो उतना ही आया है जितना रेखाओं से छलक न पड़े। कवि के आचरित साहित्य के लिए ऐसा सन्तुलन आवश्यक भी है।

ये मिली–अनमिल, मोटी–महीन रेखायें निराला जैसे विरोधी तत्त्वों के संघात का सम्पूर्ण चित्र देने में कहाँ तक समर्थ हैं यह दूसरे बता सकेंगे। लेखक के पक्ष में इतना कहना पर्याप्त है कि उसकी प्रत्येक रेखा की भंगिमा निराला जी के विशाल व्यक्तित्व के किसी न किसी अंश को घेरे हुए है।

महादेवी वर्मा
विजयदशमी, २००६
प्रयाग

क्रम

निराला जी लेखक के साथ

दृष्टि–पथ

आजकल जीवन में राजनीतिक दबाव के कारण यह आग्रह बढ़ता जाता है कि साहित्य व्यक्तिगत नहीं, एक सामाजिक या सामूहिक कर्तव्य है। पर मैं तो उसे एक सामूहिक चेतना का व्यक्तिगत स्वरूप मानता हूँ। व्यक्ति का अस्तित्व उठा देने से साहित्य-सर्जन की सम्भावना नहीं रह जाती। मानवता के लम्बे इतिहास में कभी भी किसी साहित्य का निर्माण समूह द्वारा न होकर व्यक्ति द्वारा ही हुआ है। यहाँ यह कह देना अनुचित न होगा कि साहित्य में व्यक्ति के अस्तित्व को अक्षुण्ण रखते हुए भी उसकी विकृति अथवा उसके अहंकार को प्रश्रय नहीं मिलना चाहिये, क्योंकि चन्दन के शीतल होने का अर्थ यह नहीं होता कि उसकी आग भी ठण्डी होगी। व्यक्ति अपने साहित्य के साधन चुनने में स्वतन्त्र है पर उसका साध्य निश्चित है—सामूहिक उत्थान की चेतना का विस्तार और उसकी सन्तुलित व्याख्या। समाजवादी साहित्यकार गरीब, पीड़ित, शोषित तथा उपेक्षित, व्यक्ति, वर्ग एवं समाज के उपादानों से अपने साहित्यिक साधन जुटाता है; सबके समान जीवन-यापन पर जोर देता है, क्योंकि वह समानता और स्वतन्त्रता का उपासक है। छायावादी उसे वस्तु-आश्रय से हीन एक भावात्मक अभिव्यक्ति देता है। दोनों का उद्देश्य एक है पर साधन भिन्न-भिन्न। नीचे की दो कवितायें परीक्षणीय हैं—

शोषित हों पोषित चिर परिचित,
मानवता सनेह-संरक्षित,
अलसित अंध अतीत-प्रीति तज,
नूतन रूप धरो!
आज नव-जीवन-शपथ करो! —समाजवादी

है चेतन का आभास
जिसे, देखा भी उसने कभी
किसी को दास ?
—छायावादी

समाजवादी कवि शोषितों के लिए मानवता के समान अधिकारों का आग्रह एक प्रतीक अथवा जीवन की विशेष स्थिति के माध्यम से करता है और छायावादी सबको समान तथा स्वतन्त्र देखने की इच्छा को चेतन की सबसे बड़ी सार्थकता कहकर उसका समर्थन करता है, जो अधिक सुन्दर और काव्योचित है। जीवन के विकास और गति के साधन समाजवादी भौतिक विज्ञान तथा बुद्धि के सहारे खोजना चाहता है। किन्तु क्या छायावादी 'निराला' की नीचे लिखी कविता में प्रगति के प्राण पुलकित नहीं हो उठे?—

जिस गति से नयन-नयन मिलते,
खिलते हैं हृदय, कमल के दल के
दल खिलते,
जिस गति की सहज सुमति
जगा जन्म-मृत्यु विरति,
लाती है जीवन से जीवन की परमा रति
(वही गति) चरण-नयन-हृदय-वचन
को तुम सिखला दो!
मेरी छवि उर-उर में ला दो!

गति का कितना भावपूर्ण तथा व्यापक निरूपण है, यह पाठक स्वयं देख लें। प्रगति के समाजवादी और सिद्धान्ती तथा उधार-लिए हुए स्वरों से 'निराला' की छायावादी प्रगति-आकांक्षा कहीं अधिक श्रेयस्कर और साहित्यिक है। आज से कई वर्ष पहिले 'निराला' ने लिखा था—

और लगाना गले उन्हें—
जो धूल धूसरित खड़े हुए हैं—
कब से प्रियतम है भ्रम ?

क्या इस कविता में पीड़ितों के प्रति एक स्वाभाविक आकर्षण की आकुलता नहीं है ?

उरवी में कलहीन होइ,
ऊपर कला प्रधान?
तुलसी देखु कलाप गति
साधन घन पहिचान!

मोर के पैर उसके शारीरिक सौन्दर्य की तुलना में अत्यन्त कुरूप होते हैं और उसकी कलात्मक अभिव्यक्ति (नृत्य) पृथ्वी की किसी वस्तु के संयोग से सम्भव नहीं होती, पर वही मोर अपने से बहुत दूर आकाश में सजल-श्यामल बादल को देखकर मस्ती से नाच उठता है। इससे दो तथ्यों का प्रत्यक्षीकरण होता है—पहला यह कि प्रत्येक चेतन का सम्बन्ध संसार की अन्य वस्तुओं में व्याप्त चेतना से होता है और दूसरा यह कि प्रत्येक चेतन व्यापक चेतना के उद्‌बोधन अथवा अभिव्यक्ति के लिए साधन चुनने में स्वतन्त्र है। जब मोर पक्षी को यह स्वतन्त्रता है तब मनुष्य की इस स्वतन्त्रता का अपहरण करके उसकी कला की अभिव्यक्ति का माध्यम निश्चित करना स्वतन्त्रता के नाम की हत्या करना है। पर आज का मनुष्य विचारों का नहीं, शब्दों का मूल्य अधिक लगाता है, क्योंकि उसको मालूम नहीं कि आर्थिक, राजनीतिक तथा बुद्धिव्यावसायिक नारों को बुलन्द करना साहित्य नहीं है, उसका ढोंग है।

दूसरे विचारकों की विचारावली को बिना समझे-बूझे और बिना अनुभव किये ग्रहण करके व्यक्ति स्वयं कुछ सोचने-विचारने की झंझटों से मुक्त हो जाना चाहता है और फलस्वरूप वह किसी ऐसे व्यक्ति को जो आज की राजनीतिक मान्यता अथवा आर्थिक व्यवस्था के सुझाव से सहमत न होकर दलबंदी से अलग किसी दूसरे व्यापक और स्वाभाविक सिद्धान्त की बात कहता-सुनता है तुरंत पागल या प्रतिक्रियावादी करार देता है। यह तो एक प्रत्यक्ष तत्त्व है कि व्यक्ति को ठोक-पीटकर मशीन का पुरजा बनाने से साहित्य-सृजन नहीं होता। सम्भवत: विज्ञान से भी अभी तक साहित्यिक-सर्जक मशीनों का अविर्भाव नहीं हो पाया। विज्ञान की सारी बहुलता के बीच में भी जीवन व्यक्ति से ही प्रारम्भ होकर व्यक्तिगत ही समाप्त होता है। यही जीवन की अबाध गति की सबसे बड़ी शपथ है। मशीन अपने एक छोटे पुरजे के बिगड़ने पर भी अपनी गति, अपना काम रोक देती है, किन्तु अंग-भंग होकर भी मानव जीवनी शक्ति को संरक्षित किये रहता है, यह सभी जानते हैं। मशीन और प्राणी में यही मौलिक भेद

है। क्या तथाकथित प्रगतिवादियों और राजनीतिज्ञों से यह कहा जा सकता है कि जीवन को मशीन बनाने की अपेक्षा उसे जीवन ही रहने दें?

भौतिक साधन ही जीवन का चरम लक्ष्य नहीं, फिर वह साहित्य का कैसे हो सकता है? साहित्य की सार्थकता जीवन की विविधता के भीतर निहित व्यापक चेतना के विकास तथा उसके कल्याणकर एवं मांगलिक प्रकाशन में है, सिद्धांतों के पारायण में नहीं, इतिहास इस बात का साक्षी है। जिस सभ्यता, संस्कृति तथा साहित्य में आत्मिक उत्थान को अधिक महत्त्व मिला है, वह बहुत समय तक मानवता का पथ-प्रदर्शन करने में समर्थ रहा है; जो भावधारा सिद्धान्त, तर्क और केवल भौतिक उन्नति को ही अपना सर्वस्व मान लेती है, वह क्षणिक और कलहपूर्ण होती है। आज का भीषण युद्ध इस बात का प्रत्यक्ष प्रमाण है। भारत गुलाम और गरीब रहते हुए भी आज यदि अपनी संस्कृति और अपने साहित्य का सम्मान के साथ स्मरण कर सकता है तो इसी आत्मिक उत्थान के बल पर न कि सैद्धान्तिक कलाबाजियों पर? हमें स्मरण रखना चाहिये कि यह परिवर्तनशील संसार अन्त में आत्ममय असंसारियों का ही होकर रहता है। हाँ, आत्मा के उपासक का लक्षण 'आत्मवत् सर्व भूतेषु' समझने में भ्रम न होना चाहिये। आशय यह है कि साहित्य की सामग्री का कोई सिद्धान्त ऊपर से नहीं लादा जा सकता—

विहग के वे पंख बदले
किया जल का मीन;
मुक्त अंबर गया, अब हो
जलधि जीवन को!
कहा जो न, कहो!

—'निराला'

रूस के रक्तरंजित हाथों ने जब से क्रान्ति की आहुति दी, तब से संसार में समाजवाद का प्रत्यक्ष प्रचलन हुआ। विश्व के पीड़ित तथा भूखे मानव ने उसमें सामूहिक कल्याण की कल्पना का स्वप्न देखा। वास्तव में समाजवाद एक सुन्दर राजनीतिक व्यवस्था है जिससे किसी का कोई विरोध नहीं हो सकता, किन्तु साहित्य में उसका एकान्त अधिकार और आधिपत्य खतरे से खाली नहीं। जीवन एक प्रवाह है, उसकी गति और उसका विकास शाश्वत है। परन्तु राजनीति तथा सिद्धान्त सामयिक और

अस्थायी होते हैं। जीवन का निर्माण सिद्धान्तों, आदर्शों और राजनीतिक समस्याओं के लिए ही नहीं हुआ वरन् इन सबका उपयोग उसकी पूर्णता के लिए होता है। तृप्ति-प्राप्ति के प्रयत्नों का ही नाम तो जीवन है। उसे किसी एक सिद्धान्त में बाँधने का प्रयत्न अत्यन्त भयावह होता है। फिर चाहे वह साम्राज्यवाद का सिद्धान्त हो, चाहे समाजवाद का।

साहित्य जीवन की विविधता का सूचक है, उसकी एकरसता का नहीं। यही कारण है कि साहित्य की सामग्री का विषय सदा से विविध और विवादमय रहा है। इसमें सन्देह नहीं कि जीवन को छोड़कर साहित्य का कोई अस्तित्व नहीं पर वह जीवन का दर्पण मात्र नहीं, दीपक भी है। यदि विचारपूर्वक देखा जाय तो अभी तक साहित्य की सर्वमान्य परिभाषा नहीं निश्चित हुई और उसके उद्देश्यों में भी मतभेद है। संसार के मनीषी विचारकों तथा दृष्टाओं ने अब तक इस विषय का जो विवेचन किया है उसमें भारतीय मत ही सर्वश्रेष्ठ है। 'जीवन क्या है' के दार्शनिक विवादों को उठाना हमारा ध्येय नहीं, क्योंकि हमें केवल उसके उद्देश्यों और उसके विकास के साधनों पर ही विचार करना है। भारतीय मत में जीवन के मुख्य चार उद्देश्य माने गये हैं—अर्थ, काम, धर्म और मोक्ष। फ्रायड और मार्क्स की कृपा से काम और अर्थ के आशयों से सभी परिचित हैं, केवल धर्म और मोक्ष का तात्पर्य समझना अनिवार्य है। विज्ञान और बुद्धिबल से आक्रान्त मानव, धर्म और मोक्ष को समझने की अपेक्षा उसका मखौल उड़ाता हुआ आगे बढ़ जाना चाहता है पर इस शुतुर्मुर्गी मनोवृत्ति का जो परिणम हुआ है वह किसी से छिपा नहीं।

धर्म व्यक्ति, समाज, राष्ट्र तथा सम्पूर्ण मानवता की अन्तिम सद्भावना है, विकासशील धारणा है। उसे सूक्ष्म सांस्कृतिक उपादान भी कहा जा सकता है, सम्भव है सूक्ष्मता से कुछ लोग घबड़ा उठें, पर यह उचित नहीं। जीवन में सूक्ष्म का वही महत्त्व है जो स्थूल का; जीवन धारण करने के लिए भोजन आवश्यक है, पर जल कम आवश्यक नहीं, यद्यपि वह भोजन से सूक्ष्म है। पानी से भी अधिक वायु की उपयोगिता है जो उससे भी कहीं अधिक सूक्ष्म है। इसी प्रकार धर्म की सूक्ष्म चेतना भी अनिवार्य है। जो नियम तथा विधान मानवता के सामूहिक विकास के लिए आवश्यक है, उन्हीं का नाम धर्म है। इसमें सन्देह नहीं कि धर्म के नाम पर संसार में समय-समय पर बहुत रक्तपात हुआ है, पर इससे धर्म की महत्ता में बाधा

नहीं आती। नरसंहार के आधुनिक वैज्ञानिक साधनों के दुरुपयोग से विज्ञान की महत्ता कम नहीं होती। उसमें विकार उत्पन्न होते हैं, जीवन भी विकृत होता है, किन्तु इसके लिए हमें धर्म, विज्ञान और जीवन को नष्ट नहीं करना चाहिये, बल्कि विकारों का परिहार करना चाहिये। आज का रूस ईसा की मूर्ति के सामने गर्दन झुकाने के बजाय लेनिन की मूर्ति को सिर झुकाता है। इसका आशय यह है कि जीवन में धर्म के प्रतीक बदल सकते हैं, किन्तु उसकी प्रवृत्ति नहीं बदलती। धर्म से यही अभिप्राय है। और मोक्ष? वह तो धर्म से भी बड़ी चीज है। वह जीवन की उसी संघर्षहीन स्थिति का नाम है जिसका स्वप्न आदिमानव-प्रेमी मनु से लेकर मार्क्स तक ने देखा है। मार्क्स इस दृष्टिकोण से बुद्ध के बाद सबसे बड़ा मोक्षवादी है। यह बात दूसरी है कि बुद्ध ने महाकरुणा और महामैत्री को तथा मार्क्स ने महाबुद्धि और महाविज्ञान को अपना साधन बनाया है। दोनों का लक्ष्य मानवता का कल्याण है, यह बताने की आवश्यकता नहीं।

साधन के अनुसार ही सिद्धि होती है। इसी कारण साधनों के चुनाव और उनके समुचित समन्वय पर जोर दिया जाता है। साहित्य, जीवन का विकास और शान्ति के साधनों का एक समन्वयात्मक संस्कार लेकर चलता है। साहित्य ही क्यों, जीवन स्वयं बहुत-से विरोधी तत्त्वों का संधान है। कहा भी गया है कि जो पिण्ड में है वही ब्रह्माण्ड में। इसके पीछे समन्वय का ही सम्बल है। साहित्य का सृजन व्यक्ति के माध्यम से होता है, पर वह समूह (समष्टि) को अपने में समन्वय के द्वारा समेट लेता है, जैसे ससीम सिन्धु अनन्त आकाश को अपने में प्रतिफलित करता है। यह विवाद का विषय नहीं कि जीवन का निर्माण जीवन से ही सम्भव है, निर्जीव जड़ से नहीं। और आदि जीवन, जिससे इस सामूहिक तथा व्यापक जीवन का निर्माण हुआ है, सामूहिक नहीं, व्यक्तिगत ही था। इस प्रकार स्वभाव से ही व्यक्ति का सम्बन्ध शेष समस्त जीवन से स्थापित हो जाता है। संसार को प्रत्येक वस्तु का, प्रत्येक व्यक्ति का अन्य वस्तुओं तथा व्यक्तियों से जन्मजात सम्बन्ध है। प्राणिमात्र में दो प्रकार की वृत्तियाँ पायी जाती हैं, एक सामाजिक (थ्योरेटिक) और दूसरी काल्पनिक (इमैजिनेटिव) या बौद्धिक। साहजिक वृत्ति विश्व-व्याप्त है और इन्द्रिय बोध से स्वतन्त्र है। फूल, एक समयविशेष में वर्णमय रूप के साथ खिलता है और भौंरा उसी समय वहाँ पहुँच जाता है। इससे पता

चलता है कि विश्व-जीवन में एक साहचर्य (करेस्पॉन्डेन्स) का नियम अनादि काल से वर्तमान है। भौंरे का फूल पर बैठकर गुनगुनाना हमें प्रिय लगता है जो एक आन्तरिक गूढ़ अर्थ का द्योतक है, जिसके फलस्वरूप हम अनुमान कर सकते हैं कि जीवन में सहानुभूति का भी एक तारतम्य है। इस अखिल जीवन में एक सूत्र ऐसा है जिससे एक स्थान की गति का कम्पन शेष विश्व के तारों को भी कम्पित करने में समर्थ होता है, क्योंकि यह चेतना-सूत्र सब जगह परिव्याप्त है।

इस व्यापक सम्बन्ध का कारण विज्ञान नहीं, बुद्धि नहीं, हृदय नहीं, वरन् एक सहज चेतना है। मनुष्य से लेकर छोटे-छोटे जीवधारियों तक में यह चेतना पायी जाती है। मधुमक्खी को मधुसंचय की शिक्षा नहीं दी जाती, चिड़ियों को घोंसले बनाने की ट्रेनिंग नहीं मिलती, वे सब इसे अपनी सहज चेतना से जानते हैं। स्वयं मनुष्य भी बहुत-सा ज्ञान अपनी सहज चेतना से प्राप्त करता है। यही सहज तथा व्यापक चेतना वस्तु में, व्यक्ति में तथा साहित्य में आत्मा के नाम से प्रतिष्ठित है। यों भी प्रत्येक व्यक्ति के दो प्रत्यक्ष विभाग हैं—चेतन और जड़। भाव, विचार तथा बुद्धि व्यक्ति का चेतन रूप है और शरीर उसका जड़ स्वरूप। इन दोनों के समन्वय तथा सहयोग में जीवन की सार्थकता है। जीवन की इस द्वैतता को सूक्ष्म-स्थूल, अन्तर्बाह्य तथा पार्थिव-अपार्थिव एवं आदर्श-यथार्थ आदि कई नामों से अभिहित किया जाता है, पर सबमें द्वैत की भावना का ही प्राधान्य है। इस विवेचन से हम इस निश्चय पर पहुँचते हैं कि संसार की सम्पूर्ण सत्ताओं, आकाश-पाताल, सूर्य-चन्द्र, मिट्टी-पत्थर, फल-फूल, पशु-पक्षी, सभ्य—असभ्य, बालक-युवा, नर-नारी, सबमें एक ऐसी चेतना व्याप्त है जिसके कारण सबका स्वाभाविक सम्बन्ध है। साहित्य इस चेतना के संरक्षण तथा परिवर्धन का सबसे सशक्त साधन है। साध्य-साधन योग से साहित्य की व्यापकता इसी चेतना की भाँति विश्वव्यापक है। मरणशील मानव की अमरत्व की आकांक्षा उसकी इसी व्यापकता की सूचना मात्र है जो उसके साहित्य में साकार होती है। साहित्य-साधना में व्यक्ति का जीवन व्यापक तथा वृहत्तर जीवन की प्राप्ति का साधनमात्र रह जाता है। सभी साधनाओं का यही साफल्य है। जल की स्वाभाविक तरलता का आंशिक स्वरूप होने के कारण बिंदु ही सिन्धु हो जाता है। साहित्य में व्यक्ति और समूह का यही सम्बन्ध है।

विदेशी शिक्षा-दीक्षा के फलस्वरूप आधुनिक हिन्दी-साहित्य में धर्म और विज्ञान के नाम पर सात्विक संस्कारों की अपेक्षा संकीर्ण विचारों और विकारों का बाहुल्य बढ़ता जाता है, जो शुभ नहीं घातक है। विचारपूर्वक देखा जाय तो इसका कारण बहुत स्पष्ट है। विदेशी साहित्य के अध्ययन और अध्यापन द्वारा गुलामी में भी सब प्रकार की सुविधाओं का उपयोग कर सकनेवाला एक शिक्षित वर्ग इस समय देशी-साहित्य पर भी कुछ कृपा करना चाहता है, किन्तु वह अपने विदेशी व्यवहार-ज्ञान के अभिमान के कारण अपनी सांस्कृतिक महत्ता के सामने सिर नहीं झुकाना चाहता। इसलिए उसे एकदम नवीनता का संदेशवाही बनने का ढोंग करना पड़ता है। ऐसी दशा में उसकी अभिव्यक्तियाँ आभ्यन्तरिक अनुभूतियों से अनुप्राणित न होकर राजनीतिक शब्दावलियों और सैद्धान्तिक सूक्तियों से आकुल-व्याकुल रहती हैं। उसकी नव-निर्माण की साधना शब्दों तक ही सीमित है, जीवन में उसकी गति नहीं, क्योंकि नवविधान में अपने स्थानान्तरित होने की आशंका से भी वह भयभीत रहता है। अतएव गौरांग महाप्रभुओं की भाँति वह सामूहिक ऐक्य का नहीं, व्यक्तिगत अथवा वर्णगत भिन्नता का ही पाठ पढ़ाना चाहता है। उसका ध्येय प्राणिपूजा नहीं वरन् प्राणपूजा है, उसकी शक्ति सृजन के लिए नहीं, संहार के लिए है। अस्तु, ऐसे ढेला फेंक साहित्यिक नामधारी व्यक्तियों से सावधान रहने की नितान्त आवश्यकता है।

व्यक्ति के बाहर प्रकृति में प्रकाश और रंग की सत्ता फैली है, पर यदि उसकी अपनी आँखों में प्रकाश और रंग न हो तो वह बाहर के प्रकाश और रंग का अनुमान तथा अनुभव नहीं कर सकता। इसी प्रकार जब व्यक्ति किसी सिद्धान्त अथवा दल-विशेष का पक्ष लेकर साहित्य का स्वरूप निश्चित करना चाहता है तब उसका प्रयास हास्यास्पद हो उठता है, क्योंकि दलबंदी की इस नीति के कारण वह कभी भी व्यापक सत्य का साथ नहीं दे पाता, केवल अपने दल की मान्यता का महत्त्व बढ़ाना चाहता है। उस मान्यता की परिधि के बाहर साँस लेने का प्रयत्न करनेवाला मनुष्य सहज ही में उस दल की घृणा का पात्र बन जाता है। यही कारण है कि सम्प्रति साहित्य में सद्भाव की अपेक्षा एक-दूसरे के प्रति राग-द्वेष का ही प्राधान्य है। प्रामाणिक प्रतिभा की जगह राजनीति गुटबन्दियों का बोलबाला है, सामूहिकता के स्थान पर वैयक्तिकता और सम्पूर्ण समाज

के सिंहासन पर वर्ग विशेष का आधिपत्य है। जीवन में सत्य का पक्ष लेकर अकेले चलना कठिन होता है इसलिए जनसाधारण अपनी रक्षा के लिए किसी न किसी दल का साथ देने लगता है। किसी पार्टी का माउथपीस बन कर अपने व्यक्तित्व की महानता का अनुभव कर लेता है, किन्तु साहित्य में ऐसी दलबंदी और वर्ग-संघर्ष का विधान बहुत ही खतरनाक है।

साहित्य का ध्येय सम्पूर्ण जीवन का सुचारु संरक्षण और संचालन है। उसमें कलह नहीं एकता, विभाजन नहीं संयोजन, विषमता नहीं समता, विश्लेषण नहीं संश्लेषण का स्वर-संधान रहता है। जीवन की अभिव्यक्ति का स्वरूप और उसके संचालन का सुझाव कभी साहित्य में पुराना नहीं पड़ता, क्योंकि जीवन के साथ-साथ वह नित नव रूप धारण करता चलता है। जीवन और साहित्य का यही स्वाभाविक सम्बन्ध है। मैं जीवन को छोड़कर साहित्य का कोई अस्तित्व नहीं मानता। साहित्य के सत् तथा व्यापक उद्देश्यों के साथ अपने जीवन का तारतम्य न मिला सकने का एक कारण यह भी होता है कि व्यक्ति अपने को किसी अपरीक्षित विदेशी भावधारा में बाँधकर साहित्य में उसी का मान, उसी का प्रतिफलन देखना चाहता है। वर्ग-वादी के लिए यह और अधिक स्वाभाविक है, क्योंकि सीमित स्वार्थदृष्टि उन विशेषताओं की ओर अधिक उन्मुख रहती है जिनकी उसमें कमी होती है; शेष संसार की समस्यायें उसके लिए नगण्य हो जाती हैं। यों भी मनुष्य का सबसे अधिक परिचय अपनी ही आशा-आकांक्षाओं से होता है न कि किसी दूसरे की आवश्यकताओं से। फिर स्वार्थ ही को सिद्धान्त बनाकर प्रभुता को ही भूत-हित मानकर सम्पूर्ण मानवता का कल्याण कैसे किया जा सकता है?

एक जीव का जन्म दूसरे जीव के आधार पर ही होता है। कोई भी जीव कभी अपने आप पैदा नहीं होता। इस क्रम से मानव-जीवन भी किसी न किसी अन्य प्राणी के जीवन का आधार लेकर ही विकसित हुआ है। मानव की उत्पत्ति और विकास का अध्ययन करने के लिए प्राणिमात्र के विकास का अध्ययन अपेक्षित रहेगा। फिर उसके विकास के नवीन साधनों का निर्माण किसी भी वर्ग सिद्धान्त से कैसे सम्भव हो सकता है? जीवन के अभाव और उनकी पूर्ति की विविधता का ध्यान रखे बिना जीवन की गति का निर्देश नहीं किया जा सकता। आवश्यकता इस बात की है कि हम केवल बुद्धिवादी बन कर ही न रह जायें बल्कि बौद्धिक जिज्ञासाओं

को जीवन की व्यावहारिक दृष्टि से भी परीक्षित कर लें। इस व्यावहारिकता और जीवन की अनुभूत सद्गति के लिए भारत को विदेशियों का मुखापेक्षी न होकर अपनी प्राचीन संस्कृति की ओर उन्मुख होना पड़ेगा और तभी वह अपना, अपने पड़ोसियों का और सारे विश्व का कल्याण कर सकेगा अन्यथा नहीं। संस्कृति का आग्रह रूढ़िप्रियता के लिए नहीं होता, क्योंकि जीवन-विकास के सन्तुलित और परीक्षित विचारों की समन्वयात्मक शक्ति को ही संस्कृति का नाम दिया जाता है। समन्वय की भावना भारतीय संस्कृति की मूल चेतना है। वस्तुतः यहाँ का साहित्य भी समन्वयात्मक रहा है और रहेगा। समन्वय के सार्वजनीन स्वरूप की रक्षा के लिए हमारे दार्शनिक दृष्टाओं ने जीवन के आधारभूत सत्य और उसके उत्तरोत्तर विकास की संगति के साथ कुछ सामूहिक मान निर्धारित किये हैं—उनका अनुसरण ही स्थायी शान्ति का वाहक होगा, यह मेरा विश्वास है।

यह बात किसी से छिपी नहीं कि भगवान बुद्ध ने भारतीय संस्कृति के सभी सुन्दर साधनों के समन्वय से ही अपने तत्त्वज्ञान का नव-निर्माण किया था जिसमें सम्पूर्ण सचराचर के विकास की सम्भावनायें सन्निहित हैं। मानव सदैव से ही जन्म, जरा, व्याधि तथा मृत्यु से पीड़ित होता आया है, किन्तु उसके लिए सबसे बढ़कर दुख की बात यह रही है कि वह अप्राप्य वस्तु की तृष्णा से जर्जरीभूत होता रहता है। तृष्णा ही सब दुखों की जननी है। अस्तु, तृष्णा का निरोध ही दुखों का शमन कर सकता है। इस तृष्णा के निरोध का साधन आर्य-अष्टांगिक मार्ग है—सम्यक् दृष्टि, सम्यक् संकल्प, सम्यक् वाचा, सम्यक् कर्म, सम्यक् आजीविका, सम्यक् व्यायाम (प्रत्यत्न), सम्यक् स्मृति और सम्यक् समाधि से ही मानव मात्र का कल्याण हो सकता है, क्योंकि इसके अनुसरण से दूसरे को दबाकर अपना सुख- साधन करने की तृष्णा का उत्थान नहीं हो सकता। बुद्ध की महा-करुणा और महामैत्री इसी मार्ग का समष्टि-बोध है। यह अनुभूत सत्य है कि बैर से बैर का शमन नहीं होता बल्कि क्षमा से ही होता है। इतिहास के विद्यार्थियों से यह छिपा नहीं कि बुद्धमत के प्रचार तथा प्रसार में कभी रक्तपात नहीं हुआ।

क्रिश्चियन मत ने इसको अपनाने की चेष्टा की थी परन्तु उसकी परिणति ईश्वरवाद के सिद्धान्त के नाम पर क्रूसेडस् में ही हुई। आज के संसार में ईश्वर की भावना का शैथिल्य है पर उसकी जगह वर्गवाद तथा सिद्धान्तवाद

की प्रतिष्ठा हो गयी है। अपने सिद्धान्त के लिए दूसरों की हत्या वांछनीय समझी जाती है। बौद्ध होकर भी चीन और जापान इसीलिए लड़े। स्वदेशाभिमान भी बर्बरता की सीख धारण कर रहा है। अमेरिका और यूरोप इसके अगुआ हैं। यूरोपीय शासन के भीतर होने के कारण क्या भारत भी इसी संकुचित प्रवाह में बह जायेगा? राजनीतिक गुलामी के कारण क्या वह अपनी सांस्कृतिक महत्ता को भी छोड़ देगा? यदि ऐसा हुआ तो परिणाम कभी अच्छा नहीं हो सकता। एक और भी नयी समस्या सामने आ रही है। मार्क्सवादी कम्युनिस्टों का कहना है ये सभी समस्यायें वर्ग-चेतना से ही सुलझ जायेंगी। पर क्या साध्य के अनुसार ही सिद्ध का होना असत्य हो जायेगा? जर्मनी के प्रतिकार के लिए स्वयं रूस भी अपने वर्ग-चेतना के सिद्धान्त का पालन नहीं कर सका और उसे फिर से उसी संकुचित स्वदेशाभिमान का सहारा लेकर जर्मनी की ही भाँति लाखों निरीह मानवों की हत्या करनी पड़ी है। जर्मनी की युद्ध-घोषणा के बाद मास्को का नीति-प्रचार का आयोजन हमारे सामने है।

जहाँ तक हत्या, दबाव और व्यक्ति की स्वतन्त्रता के हरण का प्रश्न है वहाँ तक रूस और जर्मनी में कोई अन्तर नहीं। रसल महोदय ने ठीक ही लिखा है—

''मनोवैज्ञानिक विश्लेषण के आधार पर फाशिस्टवाद और साम्यवाद असाधारण रूप से समान हैं। अब तक राजनीतिज्ञों और पूँजीपतियों में जो शक्ति विभाजित रही है, उसे अपने व्यक्तित्व में सीमित करने के लिए महत्त्वाकांक्षी राजनीतिज्ञ इन दोनों सिद्धान्तों का प्रयोग करते हैं। बेशक इनके सिद्धान्त भिन्न-भिन्न हैं, लेकिन सिद्धान्त तो राजनीतिज्ञों का अस्त्र-मात्र है। जिस प्रकार सैनिक के लिए बन्दूक है उसी प्रकार उनके लिए सिद्धान्त। अगर राजनीतिज्ञ के शब्दों पर विचार करें तब भी यह मनोवैज्ञानिक रूप में सत्य सिद्ध होगा। दोनों दलों की टेकनीक भी एक ही है। पहले किसी अल्पमत को घृणा फैलानेवाले सिद्धान्त के द्वारा प्रभावित करना, फिर इस अल्पमत में सैनिक-शक्ति केन्द्रित करना और अन्त में रक्तपात की स्थापना करना।''

तो क्या भारत भी ऐसे सैद्धान्तिक सर्वनाश का प्रयास करेगा? कदापि नहीं। मातृभूमि से अधिक पितृभूमि के प्रति अपना अधिक उत्तरदायित्व समझनेवाले अवसरवादी राजनीतिज्ञों के चक्कर में पड़कर हमें अपने भीतर

घृणा का बीज नहीं बोना चाहिये। हमारा कल्याण तो सारे विश्व के साथ भारतीय कर्म, ज्ञान और आस्था अर्थात् सम्पूर्ण मानवता के हित प्रयत्न (हाथ), मस्तिष्क और हृदय के समन्वय से ही होगा। भारतीय साहित्य में इसी कर्मयोग के प्रचार की आवश्यकता है न कि वर्ग विद्रोह की? हमें यह कभी नहीं भूलना चाहिये कि निर्माण में उद्वेलन की नहीं, स्निग्ध स्पन्दन की आवश्यकता होती है। स्वास्थ्य के लिए आँधी की नहीं, शीतल मन्द-समीर की अपेक्षा रहेगी, इसे कौन नहीं जानता? सहृदयता पूर्ण भाव से 'आत्मवत् सर्व भूतेषु' की सामूहिक चेतना के साथ गतिशील होकर ही हम प्रगतिशील कवि के उज्ज्वल भविष्य का दर्शन कर सकेंगे जहाँ—

डूब गये सब तर्क, वाद,
सब देशों-राष्ट्रों के रण,
डूब गया रव घोर क्रान्ति का
शान्त विश्व-संघर्षण!

पुराने पश्चिमी बादशाह सप्ताह के किसी शुभ दिन को समीप के किसी रोगी के पास जाकर अपने प्रति एक पुण्यलाभ का अनुमान किया करते थे। एक दिन बादशाह ने अपने गुलाम से पूछा—'आस-पास कोई बीमार है?' गुलाम ने उत्तर दिया—'नहीं सरकार, आपकी कृपा से सब स्वस्थ हो गये।' बादशाह बिगड़ उठा और बोला—'अभी तेरे हंटर लगवाता हूँ। तू खुद बीमार पड़ेगा और फिर मेरी दया से अच्छा होगा।' वह गुलाम इतना पीटा गया कि प्राय: अर्द्धमूर्छित हो गया और बादशाह सलामत के विशेष अनुसंधान से अच्छा हुआ। आज के जीवन की भी कुछ वैसी ही स्थिति है। विदेशी वर्ग-सिद्धान्त यदि बादशाह है तो देशी भारतीय सर्ववाद गुलाम। यों भी 'साहब की जाति, जाति होत है गुलाम की।' भारतीय जीवन अपनी सांस्कृतिक महत्ता और अपने सार्वभौम सिद्धान्तों को भूलकर विदेशियों के अन्धानुकरण में व्यस्त है, किन्तु भारतीय जीवन की रक्षा किसी बादशाह (व्यक्ति विशेष) से अथवा किसी वर्गविशेष से सम्भव नहीं। उसका नवनिर्माण और अभिनय विकास उसकी दिगन्त व्याप्त सांस्कृतिक चेतना से ही, जिसका सहज स्वर 'वसुधैव कुटुम्बकम्' है, सम्भव होगा। जीवन की इस सामूहिक भावना का प्रतिफलन भारतीय साहित्य का संविधान सदैव अखण्ड और अविभाज्य रहा है।

साहित्य में व्यापक, विराट और अखण्ड रूपों की स्थापना जीवन को

उदार बनाने में सहायक होती है। उसी में यदि सीमित, लघु और खण्ड रूपों की प्रतिष्ठा की जाय तो उससे जीवन में अनुदारता का आधिक्य होने लगता है, क्योंकि वर्ग-स्वार्थ की सीमा में ही अनुदारता को प्रश्रय मिलता है। कहने की आवश्यकता नहीं कि उदारता विकास, गति, विस्तार और सजीवता की स्वाभाविक सूचना है और अनुदारता ह्रास, स्थिरता, संकोचन और मृत्यु की सहचरी है। साहित्य में उदात्तीकरण की अनिवार्यता निश्चित है। मनीषियों ने सम्भवतः साहित्य को इसीलिए स्वभावतः ऊर्ध्वगामी अन्तःकरण की साधनात्मक अभिव्यक्ति कहा है। जीवन की भाँति साहित्य भी द्वन्द्वात्मक होता है। साहित्य की गति की आहुति सद्वृत्तियाँ हैं। जीवन में, साहित्य में, सद्वृत्तियों और दुर्वृत्तियों का निरन्तर संघर्ष होता रहता है। जीवन में कभी-कभी सद्वृत्तियाँ पराजित भी हो सकती हैं, होती भी हैं, किन्तु साहित्य में उनकी विजय अवश्यम्भावी है। आभ्यन्तरिक उत्ताप और दबाव से कोयला हीरा बन जाता है। इसी तरह साहित्य में मानवीय प्रवृत्तियाँ भी प्रोज्ज्वल होकर ही प्रकाशित होती हैं। जीवन और साहित्य में यही अन्तर है। यह पहले कहा जा चुका है कि साहित्य अन्तःकरण की अभिव्यक्ति है और अन्तःकरण मानव की उस चेतना का केन्द्र है जहाँ मन, बुद्धि, चित्त और अहंकार का समन्वय होता है। जीवनोपयोगी किसी भी भावधारा का परीक्षण इन्हीं मानसिक शक्तियों से होता है। आधुनिकतम पाश्चात्य मनोविज्ञान भी किंचित उलट-फेर के साथ विचार-निर्धारण की स्थितियाँ इन्हीं को मानता है। कवि 'प्रसाद' ने इसी अन्तःकरण को 'चिति का विराट वपु मंगल' कहा है।

सूर्यमुखी फूल का सूर्य के साथ-साथ पश्चिम की ओर घूमना किसी वैज्ञानिक तथा राजनीतिक एवं धार्मिक सत्य का प्रमाण नहीं वरन् इसी कण-कण में व्याप्त चेतना का प्रत्यक्ष प्रतीक है। साहचर्य, सहानुभूति और संघर्ष की समष्टिव्यापी चेतना पर आज का श्रेष्ठ वैज्ञानिक आइंस्टाइन भी विश्वास करता है। यह चेतना केवल चेतन में ही नहीं वरन् जड़ में भी प्रसुप्त रूप से व्याप्त रहती है। सर विलियम क्रुक्स ने ठीक ही कहा है— "जड़ वस्तु (मैटर) और भौतिक शक्ति (इनर्जी) के मूल में जो सूक्ष्म तथा व्यापक शक्ति (सटिल फोर्स) है उसी का अन्वेषण करना भविष्य के वैज्ञानिकों का काम होगा"। इस प्रकार वैदिक ऋषियों के साथ-साथ पाश्चात्य वैज्ञानिक हेगेल, टाम्सन, रेम्जे तथा क्रुक्स आदि भी यह मानते

हैं कि जड़-जगत् और उस पर क्रिया करनेवाले विद्युत, आलोक, ताप आदि भौतिक पदार्थों के मूल में एक व्यापक चेतना का अदृश्य अस्तित्व अवश्य है और वह विश्व-व्यापक भी है। इसी चेतना के प्रबुद्ध और प्रसुप्त स्वरूपों से इस चेतन एवं अचेतन जगत् का क्रमिक विकास के द्वारा प्रादुर्भाव हुआ है। कणाद का परमाणुवाद इसी निष्कर्ष पर पहुँचता है। बौद्ध और कणाद यह भी मानते हैं कि एक वस्तु का नाश होकर दूसरी वस्तु उत्पन्न होती है। बीज का नाश होने से अंकुर और अंकुर का नाश होकर पेड़ पैदा होता है। किन्तु यहाँ स्मरण रखना होगा कि पेड़ के सभी गुण बीज में वर्तमान हैं, क्योंकि बीज के स्वरूप का नाश होने पर भी उसमें सन्निहित द्रव्य का नाश नहीं होता। आशय यह कि इस विश्वव्यापक चेतना का अस्तित्व सभी स्वीकार करते हैं।

साहित्य में इसी चेतना की आन्तरिक एकता के माध्यम से मानवीय सामूहिक समता का सामाजिक साधन संगठित होता है। महर्षि टालस्टाय ने लिखा है—"अध्यात्मवादियों के कथनानुसार कला सौन्दर्य की रहस्यमय प्रज्ञा अथवा ईश्वर की अभिव्यक्ति ही नहीं है, बल्कि यह मनुष्य की, प्राणिमात्र की परस्पर एकता तथा समता का साधन है, जो व्यक्ति तथा समाज के कल्याण और जीवन के विकास के लिए अनिवार्य है!" सम्भवतः सामूहिक एकता और समता का शाश्वत ध्येय साहित्य के अस्तित्व की सबसे बड़ी शपथ है। तभी तो साहित्य की एकता और समता केवल मनुष्यों तक ही सीमित नहीं रहती वरन् उसके द्वारा हम पशु-पक्षियों एवं कीट-पतंगों तथा शिला-निर्झरों से भी तादात्म्य का अनुभव करते हैं। अपने नवजात शिशु के लिए व्याकुल गाय का वर्णन हमारे मन में एक सहानुभूति का संचार करता है। उस समय हम भूल जाते हैं कि गाय पशु है और हम मानव। शिलामयी अहल्या का रूपक जड़-चेतन की सहज सहानुभूति का ही उदाहरण है। जीवन की सारी हीनताओं और कुरूपताओं के बीच भी अपने लक्ष्य की इसी व्यापकता और महानता के कारण साहित्य जंगल की सरला मृगी की भाँति, सरिता की जल-धारा की भाँति मलिनता के सम्पर्क में रहने पर भी बिना प्रयास ही अपनी निर्मलता को बचाये रखता है, क्योंकि साहित्य जीवन का ऐसा स्वर है जो आलसियों की भाँति कार्यविमुख होकर सो नहीं जाता, संकीर्ण स्वार्थगत स्थितियों में स्थिर नहीं हो जाता, भौतिक वैभव की वांछा में बँध नहीं

जाता, सत्य प्राप्ति के प्रयत्नों से प्राण नहीं बचाता किन्तु विशाल और व्यापक विश्व जीवन के प्रति अपना उत्तरदायित्व समझता हुआ जीवन के उत्तरोत्तर विकास का सहयोगी और संरक्षक बनता है। इसलिए मैं साहित्य को जीवन का केवल दर्पण नहीं, वरन् दीपक भी मानता हूँ।

साहित्य का यह स्वरूप वर्ग-विषमताओं की उन अभिव्यक्तियों को जो ईर्ष्या-द्वेष को सन्तुष्ट और सहानुभूति को शिथिल करती हैं, कभी संरक्षण नहीं दे सकता। भारतीय साहित्य का यही दृष्टि-पथ है। पाश्चात्य देशों की भाँति भारतीय साहित्य बल के द्वारा विजय-प्राप्ति का आयोजन नहीं करता वरन् उसकी सिद्धि, मंगल के द्वारा प्राप्त होती है। महाकवि कालिदास की 'शकुन्तला' और शेक्सपियर का 'टेम्पेस्ट' पूर्वी और पश्चिमी भावधाराओं के विश्वमान्य प्रतीक हैं। शकुन्तला में प्रीति, शान्ति और सद्भाव का उत्थान है, तो 'टेम्पेस्ट' में पीड़न, शासन और दमन का ताण्डव नृत्य। शकुन्तला में चेतन-अचेतन सम्पूर्ण सृष्टि के साथ एक आन्तरिक आत्मीयता और विकासशील कल्याण का बंधन है, तो 'टेम्पेस्ट' में मनुष्य-मनुष्य, तथा मनुष्य-प्रकृति के साथ आधिपत्य-प्राप्ति के लिए षड्यन्त्र, विश्वासघात और गुप्त हत्या का तुमुल कोलाहल। शकुन्तला में मानव-जीवन तपस्या साधना और संयम के द्वारा आन्तरिक शान्ति प्राप्त करता है, तो 'टेम्पेस्ट' में भय, अवसर और विनाश के द्वारा सम्पत्ति-लाभ। 'टेम्पेस्ट' की चरमपरिणति धनियों का लक्ष्य हो सकती है, साहित्यकार का नहीं। मनुष्य-मनुष्य और मनुष्य-प्रकृति की सहज एकता तथा भिन्न भावों का समन्वय भारतीय साहित्य की अन्यतम विशेषता है। गेटे ने शकुन्तला के विषय में ठीक ही कहा है—"यदि कोई तरुण वत्सर के फूल और परिणत वत्सर के फल, मर्त्य और स्वर्ग एकत्र देखना चाहे तो वे उसे शकुन्तला में मिलेंगे"। वास्तव में आत्म-स्वरूप की रक्षा के साथ सम्पूर्ण सृष्टि से आत्मीय भावनाओं का स्निग्ध तथा सुन्दर समन्वय एकमात्र भारत की ही स्थायी निधि है।

मैं किसी तरह भी यह समझ नहीं पाता कि अपने साहित्य के इस उच्च आशय को छोड़कर उसे किसी राजनीतिक या सैद्धान्तिक विशेष वर्ग में बाँधना उचित है? साहित्य को मध्यकालीन सैद्धान्तिक तथा मार्मिक कलह और हत्या का अखाड़ा बनाना भयावह होगा, इसमें सन्देह नहीं। समाज का नव-निर्माण सामूहिक मानव की मनोवैज्ञानिक स्थिति और उसकी

चारित्रिक विशेषताओं के आधार पर ही होगा न कि किसी दल–विशेष की स्वार्थपरायण कुटिल नीति से ? अपने को सर्वज्ञ मान लेना मानव की सबसे बड़ी दुर्बलता है क्योंकि इस आवेश में वह यह नहीं समझ पाता कि कौन–सी बात विवेकपूर्ण तथा स्वाभाविक है और कौन सी बात झूठी और भ्रमपूर्ण है। उसका लक्ष्य केवल अपनी ही रुचि की वस्तु ग्रहण करना होता है। जो लक्ष्य उसकी रुचि के अनुकूल नहीं पड़ता, उसका महत्त्व वह कभी स्वीकार नहीं करना चाहता। आजकल सबसे खूँखार और भयानक मनुष्य का शत्रु मनुष्य ही है, क्योंकि आक्रमण को ही वह अपनी रक्षा का सर्वश्रेष्ठ साधन समझता है। वर्तमान महायुद्ध इसी कारण हुआ। बल तथा दण्डनीति से जीवन को दबा रखना केवल सामयिक उपचार है शाश्वत सुधार तो स्नेह और मंगल की सामूहिक साधना से ही हो सकता है। जीवन की तात्कालिक समस्यायें महत्त्व रखती हैं, पर उनका महत्त्व साहित्य की सनातनता में आघात नहीं पहुँचाता। साहित्य सामयिकता के साथ–साथ शाश्वत चेष्टा को भी चरितार्थ करता है, अस्थायी समस्याओं के सुझाव के साथ चिरस्थायी प्रवृत्तियों को प्रश्रय देता है। प्रत्यक्ष सृष्टि के प्रतिघातस्वरूप हमारे भीतर जो सृष्टि का आवेग भरता है उसी का विकास साहित्य है, वह आविष्कार नहीं, अनुकरण भी नहीं, वह एक सृष्टि है। और कोई भी सृष्टि बाहर से पहले भीतर अपना स्वरूप पा लेती है, तब उसकी बाहर प्राण–प्रतिष्ठा होती है। इसी कारण साहित्य का प्रधान आधार ज्ञान का विषय न होकर भाव का विषय है। भाव का विषय प्रचारित होने से पुराना नहीं पड़ता पर ज्ञान की बात को एक बार जान लेने के पश्चात् दूसरी बार जानने की आवश्यकता नहीं रहती। सूर्य के पूरब से निकलने की बात में उतना आकर्षण नहीं जितना सूर्योदय में। ज्ञान पुराना पड़ने पर फीका पड़ जाता है, पर अनुभव की प्राचीनता उसकी प्रौढ़ता का प्रमाण है। ज्ञान प्रचार और अपने उद्देश्य की सफलता के पश्चात् समाप्त हो जाता है, पर अनुभव अपनी सारी प्राचीनता के साथ भी प्रत्येक व्यक्ति के साथ नित नव नवीन रूप में अपना विकास करता चलता है। आग गरम है, जल तरल है और बर्फ शीतल है इसे हम सभी ज्ञान से जानते हैं, पर आग की गरमी, जल की तरलता और बर्फ की शीतलता का अनुभव प्रत्येक व्यक्ति अभिनव रूप से करता है और चिरकाल तक करता जायेगा। ज्ञान, बुद्धि के द्वारा स्थायी और निश्चित हो जाता है, किन्तु अनुभव, हृदय के साथ सतत् संचरणशील। बुद्धि, कभी

प्रमाण की सीमा का अतिक्रमण नहीं कर सकती, पर हृदय देह की सीमा का उल्लंघन करके उसके बाहर भी विहरण करता है। संक्षेप में कहा जाय तो साहित्य का विषय मानव-हृदय और मानव-चरित्र है जो ज्ञान की अपेक्षा अनुभव से अधिक प्रस्फुटित होता है। वस्तुत: बाह्य-प्रकृति और मानव-चरित्र मनुष्य के हृदय में जो अनुभूत स्वरूप धारण करते हैं, जिस संगीत को झंकृत करते हैं, वही चित्र और वही गान साहित्य है।

जिस प्रकार बाह्य सृष्टि अपनी अच्छाई-बुराई और अपनी अनुकूलता-प्रतिकूलता तथा अपनी असम्पूर्णता के साथ अनादि काल से अपने को व्यक्त कर रही है उसी प्रकार मनुष्य के भीतर की अनुभूत सृष्टि अपने को प्रकाशित करने का प्रयत्न करती है, क्योंकि अनुभव के प्रकाशमय विकास को ही तो सृष्टि कहते हैं। निराला जी ने लिखा है—''यथार्थ साहित्य नेताओं के दिमाग के नपे-तुले विचारों की तरह, आय-व्यय की संख्या की तरह प्रकोष्ठों में बंद होकर नहीं निकलता। वह किसी उद्देश्य की पुष्टि के लिए नहीं आता, वह स्वयं सृष्टि है। इसीलिए उसका फैलाव इतना है, जो किसी सीमा में नहीं आता। ऐसे ही साहित्य से राष्ट्र का कल्याण हुआ है। जब कुछ खास आदमियों के कल्याण की बात सोची जायेगी, तब कुछ खास आदमियों का अकल्याण भी साथ-साथ होगा। यह अनुल्लंघ्य दर्शन है। इसीलिए बृहत् साहित्य यानी ऊँचे भावों से भरा हुआ साहित्य कभी देश, काल या संख्या में नहीं रहा और उसी से देश, काल और संख्या का अब तक यथार्थ कल्याण हुआ है।'' गेटे के समय में जर्मनी पर नैपोलियन का आक्रमण हुआ था, गेटे इस आक्रमण से उदास रहकर अपने साहित्य-सृजन में व्यस्त था। उसके कुछ जर्मन राजनीतिक मित्रों ने कहा कि उसे आक्रमणकारियों के विरुद्ध प्रचारात्मक तथा घृणात्मक साहित्य लिखना चाहिये, पर गेटे ने उत्तर दिया कि उसने प्रेम करने के बाद, उसका अनुभव प्राप्त कर लेने के पश्चात् ही प्रेम-गीत लिखे हैं फिर वह बिना घृणा किये किसी के विरुद्ध घृणा-पूर्ण साहित्य कैसे लिख सकता है? ऐसा न करने से गेटे की महानता में कोई अन्तर नहीं आया। गोस्वामी तुलसीदास ने विदेशी शासक मुसलमानों के विरुद्ध घृणा प्रचार करने की अपेक्षा रामचरितमानस की रचना की, किन्तु उनमें साहित्यिक विशेषताओं और महानताओं की कमी का किसी ने आरोप नहीं किया, क्योंकि उनमें हृदय की व्यापकता और अनुभव की सचाई है,

प्रचार की परवशता और नीति की निपुणाई नहीं। अस्तु

साहित्य का विचार करते समय केवल दो बातों पर ध्यान देना चाहिये। पहली, साहित्यकार का हृदय कितना व्यापक है और संसार के ऊपर उसका कितना अधिकार है। दूसरी, वह स्थायी रूप में कितना व्यक्त हुआ है, अनुभव का बल उसे कहाँ तक प्राप्त है और इन दोनों का सामंजस्य उसने किस सीमा तक किया है। साहित्य की विशिष्टता का यही मापदण्ड है। मानव–हृदय की इसी अनुभावित और आकस्मिक तथा अनानुमात्मक अनुभूति की सृष्टि संसार के सभी महान् साहित्यकार व्यास, वाल्मीकि, कालिदास, टैगोर, गेटे, शेक्सपियर, दान्ते, टालस्टॉय, ह्यूगो आदि करते आये हैं और आज भी उनके उत्तराधिकारी करते जा रहे हैं। निराला जी इसी मानव–हृदय और उसके चरित्र की चिरन्तन चेष्टा के सृष्टिकार हैं, साहित्कार हैं। उनका कहना है—

मुदें पलक, केवल देखें उर में—
सुनें सब कथा परिमल सुर में
जो चाहें, कहें वे कहें।
जैसे हम हैं वैसे ही रहें!

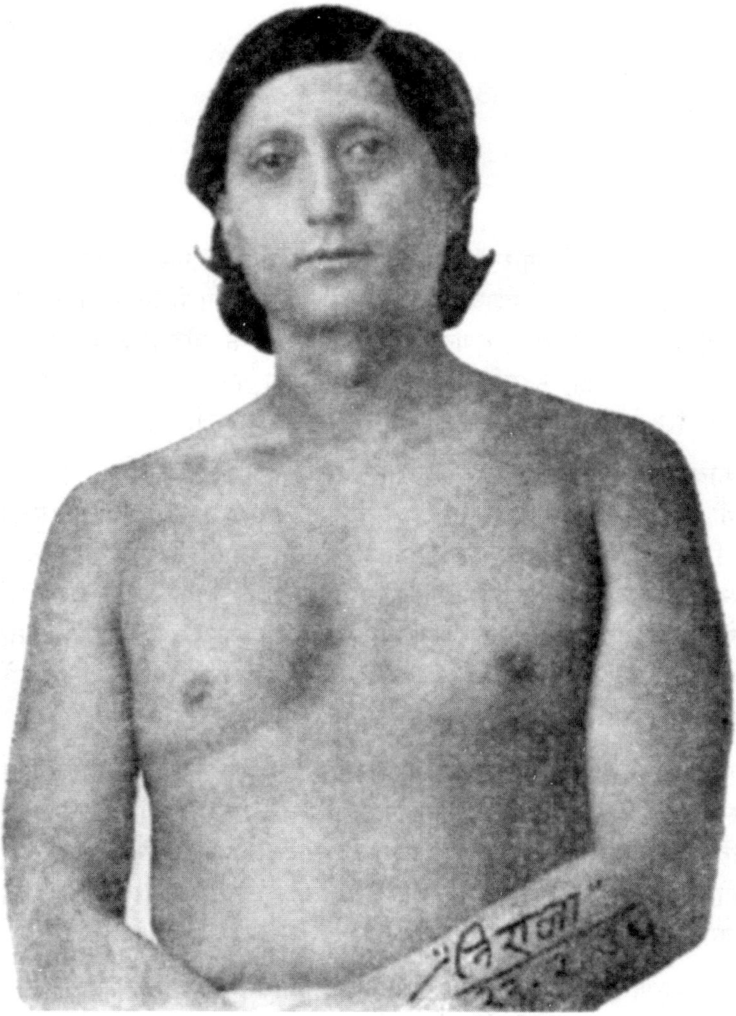

जीवन-वृत्त

भारतीय पद्धति में नारियों और कवियों की जीवनी लिखना उचित नहीं माना जाता। इसका आशय यह नहीं कि इनके जीवन में निश्चित रूप से कुछ वर्जनीय अथवा अवर्णनीय होता है। सभी के जीवन-क्रम-विकास में कुछ कठोरता, उदासी और कवित्व-हीनता का दोष आ ही जाता है और स्थितियों की रहस्यमयता भी अनिवार्य हो उठती है।

कवि भावन करता है, सृजन करता है और तटस्थ हो जाता है, नारी की भी यही स्थिति होती है। कवि का जीवन तो उसका काव्य है न कि उसका दैनिक कार्य-कलाप ? उसके आन्तरिक जीवन का परिचय उसकी प्रतिभा से मिलता है; बाह्य परिस्थितियों की प्रतिपल परिवर्तित होनेवाली घटनाओं में जीवन का वास्तविक तारतम्य खोजना भी तो सहज नहीं। और सच तो यह है कि कवि की जीवनी की अपेक्षा उसके काव्य का अनुशीलन हमें कवि का अधिक सच्चा और सजीव परिचय दे सकता है, देता है।

कवि किसी एक देश अथवा एक जाति का व्यक्ति नहीं होता, वह अपने समय की अखिल मानवता का प्रतिनिधित्व करता है और उसकी इस विशाल-व्यापकता का ग्रहण उसके जीवन की अपेक्षा उसकी कृतियों से ही सम्भव है, क्योंकि वस्तु जगत से बहुत ज्यादा अधिकार उसका भाव जगत में होता है।

इस कारण इस जीवन-वृत्त में निराला के जीवन की केवल कुछ प्रधान तथा उल्लेखनीय स्थितियों और घटनाओं की चर्चा मात्र से हमें संतोष करना है, विस्तार में नहीं जाना, क्योंकि निराला के पूर्ण परिचय के लिए उनके साहित्य के अध्ययन और मनन की ही अपेक्षा रहेगी।

ॠतुओं में वसन्त का स्थान सुन्दरतम है, वह ॠतुराज है। वसन्त के आते ही सारी प्रकृति सजीव और सौन्दर्यपूर्ण हो उठती है। सारी प्रकृति में एक यौवन हँसने लगता है। प्रसाद जी ने यौवन और वसन्त का रूपक इस प्रकार बाँधा है—

मधुमय वसन्त जीवन-वन के
बह अन्तरिक्ष की लहरों में
कब चुपके से तुम आये थे
रजनी के पिछले पहरों में!

उस समय लतायें फूलों से लद जाती हैं, जल में कमल भी खिल उठते हैं और वायु के साथ एक भीनी-भीनी सुगंध बहने लगती है। दिन लुभावने, सन्ध्या सुहावनी और रात उन्मादिनी होने लगती है। वसुंधरा सुसज्जित और आकाश स्वच्छ हो जाता है। वास्तव में अखिल प्रकृति और निखिल विश्व अत्यन्त मनोहर और रमणीय हो जाता है। निराला जी ने लिखा है—

घेर अंग-अंग को
लहरी तरंग वह प्रथम तारुण्य की,
ज्योतिर्मय-लता-सी हुई मैं तत्काल
घेर निज तरु-तन।
खिले नव पुष्प जग प्रथम सुगंध के,
प्रथम वसन्त में गुच्छ-गुच्छ।

फूलों के गुच्छे, कोयल की कूक, भ्रमरों का गुब्बार, तितलियों का नृत्य, पक्षियों का फुदकना सभी प्राणों को पुलकित कर देते हैं। लाल-लाल कोपलों तथा रंग-बिरंगे सुमनों से आभूषित, मंजरियों के भार से नमित, मुक्त कलरव से आपूरित वासन्ती छटा की महत्ता और उसका आकुल कर देनेवाला आकर्षण कौन नहीं जानता? कालिदास की इस उक्ति में प्राकृतिक शोभा जैसे स्पंदित हो उठी है—

मलयपवनविद्धः कोकिलालाप रम्यः
सुरभिमधुनिषेकाल्लब्ध गंध प्रबंधः
विविध मधुपयूथैर्वेष्ट्मानः समन्ता—
द्भवतु तव वसन्तः श्रेष्ठकालः सुखाय?

भारत में हिमालय और बंगाल का वसन्त और भी मुग्धकर होता है। 'वहाँ

(बंगाल में) मलय पवन बहता है युक्तप्रान्त (हिन्दी प्रान्त) में नहीं। बंगाल में ऋतु पहले आती है।' यह निराला ने लिखा है।

ऐसी ही प्राकृतिक सुषमा के बीच निराला का जन्म प्रभात-कालीन प्रकाशमान कोमल किरणों के साथ सन् १८९६ ई० में वसन्त-पंचमी के दिन महिषादल में हुआ। बालक की ओज-तेजमय मुखाकृति के अनुरूप 'सूर्यकान्त' नाम रखा गया। निराला के पिता पं० राम सहाय जी गढ़कोला, जिला उन्नाव के रहनेवाले थे। गार्हस्थिक परिस्थितियों की विपन्नता के कारण वे धनोपार्जन के लिए कलकत्ता चले गये, मेदिनीपुर जिले की महिषादल नाम की जमींदारी में नौकरी कर ली। राम सहाय जी शरीर से स्वस्थ और स्वभाव से आश्वस्त व्यक्ति थे। अपनी कार्यकुशलता और शारीरिक सौम्यता के बल पर उन्होंने शीघ्र ही अपने मालिकों की कृपा का अधिकार प्राप्त कर लिया। उनकी प्रथम पत्नी का देहावसान हो चुका था इसलिए करीब चालीस वर्ष की अवस्था में उन्होंने दूसरी शादी कर ली और पत्नी को भी बुढ़ौती की लकड़ी की भाँति अपने साथ ही महिषादल लेते गये। उनकी पत्नी बहुत ही स्वस्थ सुन्दर और समझदार थीं, थोड़ी-बहुत शिक्षित भी। निराला की माँ होने का सौभाग्य स्वयं उनके जीवन की सार्थकता का अद्वितीय प्रमाण है।

अभी निराला किशोर ही थे कि उनकी माँ का किसी रहस्यात्मक घटना के फलस्वरूप स्वर्गवास हो गया। निराला माँ की ममता और स्नेह-दुलार से वंचित हो गये। अब तक उनके मुख में विषादमयी कोमल करुणा की अमिट छाप इसी आघात की सूचना देती है। वास्तव में निराला का जन्म ही वेदना और कठिनाइयों की गोद में हुआ है। माँ की मृत्यु के बराबर शिशु के लिए कोई दूसरा अभिशाप नहीं होता। माँ के वात्सल्य से वंचित बालक अपने कुतूहल का सहानुभूतिमय समाधान और किसी से न पाकर प्रायः आत्मलीन हो जाता है, अपनी सारी जिज्ञासाओं का उत्तर स्वयं अपने मन से माँगने लगता है। माँ के धीरज के साथ बच्चे की बातों को और कोई शायद सुन भी नहीं सकता। पंत जी की माँ का भी, जब वे केवल छह माह के थे, स्वर्गवास हो गया था। निराला और पंत के काव्य में इन अप्रत्याशित दुर्घटनाओं का बहुत भारी प्रभाव परिलक्षित होता है।

माँ के रूप में ही मनुष्य को नारी का प्रथम परिचय प्राप्त होता है और संसार के सभी महापुरुषों के निर्माण में माँ का ममत्व बहुत बड़ा हाथ

रखता रहा है, किन्तु शैशव में ही माँ की मृत्यु भी अपना एक विशेष महत्त्व रखती है। कभी-कभी दुलार और स्नेह व्यक्ति के विकास में बाधा बन कर भी उपस्थित होते हैं और बिना माँ का बालक प्यार के सौभाग्य के साथ उसके दबाव से भी बच जाता है। माँ की ममता से नितान्तहीन व्यक्ति नारी-मनोविज्ञान की पूर्णता से यदि अनभिज्ञ रह जाय तो इसमें आश्चर्य नहीं। निराला को माँ के स्नेह-संसार का कुछ अंश मिला है। जबकि पंत जी इस ममता से एकदम अबोध हैं। स्वभावतः निराला का दृष्टिकोण नारी के प्रति एक दार्शनिक की अतृप्ति का भाव लिए हुए है तो पंत उसके प्रति केवल एक आश्चर्य का भाव रखते हैं। जहाँ नारी का बोध निराला को करुणा के रूप में हुआ है वहीं पंत को केवल उसकी कल्पना की रहस्यमयता ही अधिक मिली है। इन दोनों कवियों की नारी-विषयक कविताओं में भी यही अन्तर स्पष्ट है। निराला ने आगे चलकर पत्नी का प्यार पाया है, किन्तु पंत केवल 'भावी पत्नी' की ही कल्पना करते रहे। जहाँ निराला ने लिखा है—

> बिना अर्थ की—एक प्रेम ही अर्थ—और निष्काम,
> और बहाती हुई शान्ति-सुख की धारा अविराम!
> उसमें कोई चाह नहीं है,
> विषय-वासना तुच्छ, उसे कोई परवाह नहीं है।
> रहे देखते प्रिय को उसके नेत्र निमेष-विहीन
> मधुरभाव की इस पूजा में ही वह रहती लीन!

वहाँ पंत जी नारी का यह रूप नहीं दे सके। उनका दृष्टिकोण ही दूसरा है—

> बजा दीर्घ साँसों की भेरी,
> सजा सटे कुच कलशाकार,
> पलक पाँवड़े बिछा, खड़े कर
> रोओं में पुलकित प्रतिहार!
> बाल युवतियाँ तान कान तक
> चल चितवन के बन्दनवार,
> मदन तुम्हारा स्वागत करतीं
> खोल सतत् उत्सुक दृग-द्वार!

× × ×

सरकाती पट,
खिसकाती लट,
शरमाती झट,
वह नमित दृष्टि से देख उरोजों के घट!

इस प्रकार पंत ने नारी रूप को केवल उसकी स्थूल कमनीयता के कामिनी रूप में ही देखा है, किन्तु निराला का नारी-दर्शन अधिक सूक्ष्म और स्वस्थ है। निराला के सभी नारी चित्र संयमित और स्वाभाविक हैं। उनमें माँ की महिमा और पत्नी की स्नेहशीलता का उभार है। पंत के प्रायः नारी चित्र मांसल और स्थूल हैं; कामिनी अथवा प्रेयसी की क्रीड़ा-कलरव से मुखरित और काल्पनिक। निराला के चित्रों में कहीं भी वासना की गंध नहीं मिलती। उनका एक गीत इस प्रकार है—

(प्रिय) यामिनी जागी।
अलस पंकज-दृग अरुण-मुख—
तरुण अनुरागी!
खुले केश अशेष शोभा भर रहे,
पृष्ठ-ग्रीवा-बाहु-उर पर तर रहे,
बादलों में घिर अपर दिनकर रहे,
ज्योति की तन्वी, तड़ित—
द्युति ने क्षमा माँगी!
हेर उर-पट, फेर मुख के बाल,
लख चतुर्दिक चली मन्द-मराल,
गेह में प्रेय-स्नेह की जयमाल,
वासना की मुक्ति, मुक्ता
त्याग में तागी।

निराला का व्यक्तित्व कभी नारी-आसक्ति से स्खलित नहीं हुआ। वे श्रृंगार और सौन्दर्य के श्लथ से श्लथ चित्रण में भी सदा निर्लेप रहे हैं। प्रसाद और पंत दोनों से अधिक संयमित और सूक्ष्म। प्रसाद और पंत के काव्य में ऐन्द्रिकता का आभास पा लेना कठिन नहीं है, पर निराला में इसका एकान्त अभाव है। महादेवी का श्रृंगार भी शारीरिकता से परे और दिव्य है।

निराला के पिता राजा के प्रियपात्र होने के कारण सम्पन्न भी हो गये थे।

वस्तुत: निराला का पालन-पोषण करने में उन्हें किसी प्रकार की कठिनाई नहीं हुई। इसके अलावा उनके पिता ने एक भारतीय कृषक की मानसिकता और स्वाभाविकता के कारण निराला को किसी धाय के पास अथवा स्कूल में छोड़ना भी उचित नहीं समझा। निराला की स्वस्थ सुन्दर शिशुता और मातृहीन निरीहता पर मुग्ध होकर राजा महिषादल के छोटे भाई उन्हें गोद भी लेना चाहते थे पर दुर्भाग्य से अधिक सौभाग्य से वे स्वयं ही निराला के इस योग्य होते-होते मर गये और गोद का प्रश्न उनके साथ ही सदा के लिए स्थगित हो गया। अपने जीवन-काल में उन्होंने निराला को कलकत्ते के किसी 'कान्वेन्ट' में रखने की राय दी थी पर उनके पिता ने इसे नहीं माना और वे स्वयं निराला के माँ-बाप दोनों बने रहे। राम सहाय जी के सहारे वैसवाड़े के बहुत से लोग वहाँ नौकर हो गये थे। इन लोगों के साथ घर पर निराला बैसवाड़ी भाषा में बोलते थे, पर घर के बाहर राजपरिवार में उन्हें बँगला बोलना पड़ता था। निराला के लिए ये दोनों ही भाषायें मातृ-भाषा के समान हैं। उन्होंने प्रबंध प्रतिमा में लिखा है—बँगला मेरी वैसी ही मातृभाषा है जैसी हिन्दी।

निराला जब पाँच वर्ष के हुए तब उन्हें एक बँगला पाठशाला में पढ़ने के लिए भेजा गया। तीन-चार साल तक वहीं पढ़ाई होती रही। भावुक बंगाली अध्यापक निराला को शिक्षण के साथ-साथ अपना स्नेह भी देते रहे तो कुछ आश्चर्य की बात नहीं। इसके बाद ये महिषादल के हाई स्कूल में अंग्रेजी पढ़ते रहे। स्कूल में हिन्दी पढ़ने की कोई सुविधा नहीं थी, घर पर सिपाहियों के साथ वे रामायण और ब्रज- विलास के द्वारा हिन्दी भी सीखते रहे। लड़कपन से ही निराला का कण्ठ बहुत सुरीला था और इसके लिए वे रामायणियों के बीच काफी महत्ता भी पाते थे। काम से थके-माँदे सिपाहियों को गा-गाकर रामायण सुनाना एक तरह से इनका नियमित और दैनिक कार्य था। हाई स्कूल में निराला ने द्वितीय भाषा के रूप में संस्कृत ली थी। इस तरह हिन्दी-संस्कृत-बँगला-अंग्रेजी चारों भाषायें उन्होंने साथ-साथ सीखीं। निराला ने कक्षा में सदैव सबको पछाड़ा, पढ़ने और लड़ने दोनों में। पर शैशव काल से ही निराला के स्वभाव में यही बात आ गयी थी कि वे अपनी रुचि के विषय को खूब पढ़ते, किन्तु जो अच्छा न लगता उसे एकदम छोड़ भी देते।

आठवीं-नवीं कक्षा तक पहुँचते-पहुँचते उन्होंने अखबार तथा पत्र-पत्रिकायें

पढ़नी भी प्रारम्भ कर दीं और उसी समय हिन्दी की 'सरस्वती' से उनका परिचय हुआ। बँगला के दबाव की प्रतिक्रियास्वरूप वे हिन्दी की ओर अत्यधिक आकर्षित हुए। कौन जाने उस बंग-देश में हिन्दी का ज्ञान लेकर वे अपनी महानता भी सिद्ध करना चाहते रहे हों? अब तक वे बँगला में कुछ पद लिखा करते थे, किन्तु अब उनका मन हिन्दी लिखने की भी प्रेरणा पाने लगा। सबसे अलग एक विशेषता रखने की कल्पना से वे पुलकित हो उठे। अवधी और ब्रजभाषा मिश्रित भाषा में वे कुछ कवित्त-सवैया लिखने भी लगे। उन्होंने उस समय लिखे गये एक कवित्त का कुछ अंश इस प्रकार बताया—

करि अंग-भंग बंग-भाषा के समस्त छन्द
ब्रज-अवधी में अब कवित्त हमें लिखनो है।

उस समय कुछ संस्कृत पद भी लिखे थे। तब उनकी उम्र चौदह साल से अधिक नहीं थी। उस संस्कृत पद का कुछ अंश यह है—

जडो मूर्खो बालः पशुभरणकार्येषु निरतः
कृपादृष्ट्या जातः कविकुलशिरोभूषण मणि

दसवीं कक्षा तक निराला ने राज-पुस्तकालय के अंग्रेजी-बँगला तथा संस्कृत के बहुत-से काव्य पढ़ डाले, गीता और दर्शन का भी अध्ययन किया। फलस्वरूप क्लास का काम पिछड़ने लगा, किन्तु निराला ने इसकी ओर ध्यान नहीं दिया। माँ-हीन होने के कारण पिता ने भी कुछ अधिक जोर नहीं डाला और वे बाधाहीन अपने मन का अध्ययन करते गये।

अध्ययन के साथ-साथ सौ सिपाहियों के ऊपर के जमादार का लड़का बन्दूक चलाना न जाने तो निराला उसको कपूत कहेंगे। उन्होंने कभी बाप की चोरी में कभी जानकारी में बन्दूक का हथियाना भी शुरू किया और सीखा। निराला जी का कहना है कि लकड़ी-पटा और शैला खेलने में वे पटु थे और कुश्ती तो उन्होंने आज तक नहीं खाई; गामा का भी नाम लीजिये कि वह कह उठते हैं—लखनऊ नुमायश में दो मिनट में पटका था। उनकी इस चतुर्दिक दौड़ में घुड़दौड़ भी शामिल है, कहने की आवश्यकता नहीं। साधारण जनों के घर के सहपाठी से लेकर राजकुमार तक निराला का लोहा मानते थे। रवीन्द्र के ब्वाय आफ फोरटीन के पूरे कथानायक।

हाई स्कूल की परीक्षा कलकत्ते में होनी थी, निराला भी परीक्षा देने गये। उन दिनों की चर्चा में निराला ने सुकुल की बीबी नामक कहानी में लिखा है—

'मैं कवि हो चला था। फलतः पढ़ने की आवश्यकता न थी। प्रकृति की शोभा देखता था। कभी-कभी लड़कों को समझाता भी था कि इतनी बड़ी किताब सामने पड़ी है, लड़के पास होने के लिए सर के बल हो रहे हैं, वे उद्भिज कोटि के हैं। लड़के अवाक् दृष्टि से मुझे देखते रहते थे, मेरी बात का लोहा मानते थे। किताब उठाने पर और भय होता था, रख देने पर दूने दबाव से फेल हो जानेवाली चिंता। फलतः कल्पना में पृथ्वी-अन्तरिक्ष पार करने लगा। कल्पना की वैसी उड़ान आज तक नहीं उड़ा। वह मसाला ही नहीं मिला। और और लड़कों ने पूरी शक्ति लड़ाई थी, इसलिए परीक्षा-फल के निकलने से पहले, तरह-तरह से हिसाब लगा कर अपने-अपने नम्बर निकालते थे, मैं निश्चित, इसलिए निश्चिन्त था; मैं जानता था कि गणित की नीरस कापी को पद्माकर के चुहचुहाते कवित्तों से मैंने सरस कर दिया है; फलतः परीक्षा-समुद्रतट से लौटते वक्त, दूसरे तो रिक्त हस्त लौटे, मैं दो मुट्ठी बालू लेता आया,' इसका आशय यह कदापि नहीं कि निराला पढ़ने में किसी से कमजोर थे। उन्होंने सौ में नब्बे अंक तक पाये हैं। पर हाई स्कूल वाली परीक्षा की तो बात ही विचित्र है, जिसने परीक्षाओं की प्रणाली को ही तोड़-डाला।

किसी ने निराला से कह दिया कि प्रतिभाशाली व्यक्ति कभी परीक्षाओं के चक्कर में नहीं पड़ते, स्वयं रवीन्द्रनाथ नाइन्थ पास हैं कि निराला को पड़ी निधि मिली। उन्होंने सोचा—मुझे रवीन्द्र से कम थोड़े न होना है, और परीक्षा नहीं दी ताकि केवल नवीं कक्षा पास रहें। जीवन की ऐसी ही घटनायें अज्ञातरूप से अपने आदर्श का आकलन करती चलती हैं; व्यक्ति अपने को किसी अपने क्षेत्र के बड़े के साथ मिलाता-जुलाता चलने लगता है, 'आइडेन्टीफाई' करने लगता है। स्कूली परीक्षाओं की यहीं समाप्ति हो गयी।

'वंश मर्यादा की रक्षा के लिए विवाह बचपन में हो गया था।' चौदह वर्ष की अवस्था में चाँदपुर जिला फतेहपुर में निराला की शादी हो गयी। स्त्री-हीन गृह के गृहस्थ निराला के पिता पुत्रवधू को घर में देखने के लिए इतने उत्सुक हो उठे कि उन्होंने शादी के बाद शीघ्र गौना भी करा

लिया। बहू की अवस्था केवल ग्यारह वर्ष की थी। साधारण हिन्दी पढ़ी-लिखी गृह-काज में निपुण और स्वस्थ-सुन्दर पुत्रवधू पाकर निराला के पिता प्रसन्न हो गये। कुछ दिनों तक वे महिषादल में रहीं और बाद में अपनी ननिहाल में रहने लगीं। निराला का उनसे बहुत घनिष्ट प्रेम था। उनके पिता जी पेन्शन लेकर भी महिषादल में ही रहते थे, किन्तु निराला बीच-बीच में बराबर आते-जाते थे; कभी घर कभी ससुराल। पत्नी का एक छोटा-सा चित्र निराला ने सुकुल की बीबी में दिया है—एकान्त में पत्नी जी मिली, बड़ी तत्परता से बोली—वहाँ नाच देखकर भूल न जाइएगा। निराला जी एक जमींदार की बारात में जा रहे थे। उन्होंने उत्तर दिया—'राम भजो'—'क्व सूर्य प्रभवोवंशः क्व चाल्पविषयामतिः।' 'मैं इसका मतलब भी समझूँ?' वह एक कदम आगे बढ़कर बोलीं, मन में निश्चय कर कि तुलना में मैंने उन्हें श्रेष्ठ बताया है, समझ कर मैंने कहा—'कहाँ तुम्हारी बाँस-सी कोमल दुबली देह से सूरज का प्रकाश, कहाँ वह जहर की भरी मोटी रंडी।' 'चलो' कहकर वह गर्व-गुरु-गमन से काम को चल दीं। स्नेह-सिक्त इस माधुर्यमय लीलालाप का वर्णन दोनों की आस्थामयी आत्मीयता का एक छोटा-सा उदाहरण मात्र है। गीतिका का समर्पण भी उन्होंने अपनी पत्नी को किया है—

'जिसकी हिन्दी के प्रकाश से, प्रथम परिचय के समय मैं आँखें नहीं मिला सका—लजाकर हिन्दी की शिक्षा के संकल्प से, कुछ काल बाद देश से विदेश, पिता के पास चला गया था और उस हीन-हिन्दी प्रान्त में, बिना शिक्षक के 'सरस्वती' की प्रतियाँ लेकर, पद-साधना की और हिन्दी सीखी थी, जिसका स्वर गृहजन, परिजन और पुरजनों की सम्मति में मेरे (संगीत) स्वर को परास्त करता था; जिसकी मैत्री की दृष्टि क्षणमात्र में मेरी रुक्षता को देखकर मुस्करा देती थी, जिसने अन्त में अदृश्य होकर मुझसे मेरी पूर्ण-परिणीता की तरह मिलकर मेरे जड़ हाथ को अपने चेतन हाथ से उठाकर दिव्य शृंगार की पूर्ति की उस सुदक्षिणा स्वर्गीया प्रिया-प्रकृति श्रीमती मनोहरा देवी को सादर।'

इस समर्पण में निराला का अपनी प्रियतमा के प्रति जो भाव सामने आता है वह स्वाभाविक स्नेह के साथ-साथ निश्छल पवित्र-बंधन का भी महत्त्व प्रकट करता है। निराला जी का कहना है कि अपनी पत्नी के समान सुघर स्त्री उन्होंने नहीं देखी। उनके जन्मजात कवि स्वभाव और मानसिक

स्थितियों के अनुसार मनोहरा देवी अपने को इस प्रकार परिवर्तित करती चलती थीं कि स्वयं निराला को स्तब्ध रह जाना पड़ता था।

एक बार निराला ने उनको एक पद सुनाकर कहा कि वह उन (पत्नी) के प्रेम पर लिखा गया है, इस पर श्रीमती जी ने उत्तर दिया कि प्रेम व्यवहार की वस्तु है, लिखने से उसकी व्यावहारिक तीव्रता कम भी हो सकती है। निराला से इसका कुछ उत्तर नहीं बन पड़ा और वे चुप हो गये। चार-पाँच वर्ष दोनों ने एक दूसरे के साथ और सद्भाव का सुख पाया था कि नियति के कठोर हाथों ने एक को बरबस खींच लिया। पत्नी की मृत्यु से निराला का बढ़ता-चढ़ता उत्साह एकदम सिमटकर जम सा गया। वे कुछ खोये-खोये से रहने लगे। कुछ दिन बाद उन्होंने उस प्रेम को अपने काव्य के रूप में हिन्दी-संसार के सामने रखा। यही कारण है कि स्नेह-सौन्दर्य की अभिव्यक्ति में निराला एक दार्शनिक की तटस्थता और विदग्धहृदय की करुणा को नहीं छोड़ पाते। कविता के रूप में उनकी पत्नी का स्नेह व्यापक होकर उनमें समा गया, तो यह स्वाभाविक ही कहा जावेगा।

पाया अमर प्रसाद प्रणय का
मिला तत्त्व निर्मल परिणय का
लौटी स्नेह-भरी।

सन् १६ के करीब निराला जी के पिता को लकवा मार गया। निराला बंगाल से उन्हें घर ले आये, पर बीमारी ने मृत्यु के रूप में ही उन्हें ग्रहण किया। इसके पश्चात् निराला पर आपत्तियों की झड़ी लग गयी। सन् १८-१९ मैं निराला का पूरा परिवार ही मृत्यु के मुँह में समा गया। उसी समय उनकी पत्नी की भी मृत्यु हुई थी, जिसने अपनी स्मृति के रूप में एक पुत्र और एक पुत्री को अपने पीछे छोड़ा था। निराला जैसे स्वातन्त्र्य-प्रिय व्यक्ति के लिए इन अबोध बच्चों का भार एक स्थायी बंधन सा बन गया। पत्नी की असामयिक मृत्यु का शोक ही निराला के लिए वज्रपात से कम नहीं था ऊपर से बच्चों का पालन-पोषण एक विकट समस्या के रूप में सामने आया। निराला जैसे स्तब्ध रह गये। व्यापक कर्मठता और विचारों की अडिग दृढ़ता शैशव-काल से ही उनकी बहुत बड़ी विशेषता थी। अब निराला, साहित्य-जीवन में पूरे प्राण-प्रवेग के साथ प्रवेश करने को कटिबद्ध हो गये। साहित्य को उन्होंने अपनी पारिवारिक तथा सामाजिक क्षतिपूर्ति का साधन बनाया।

निराला ने जन्म से लेकर हाईस्कूल तक का अधिकतर जीवन महिषादल में ही बिताया था। वहीं राजकुमारों के साथ बढ़े और पढ़े थे। राज परिवार में संगीत का शौक था, निराला ने भी संगीत में निपुणता प्राप्त की थी। गाना-बजाना उनके लिए सहज ही लभ्य है। अभिनय की कला का भी निराला ने अभ्यास किया है—'मैंने गिरीशचन्द्र, डी०एल० राय आदि के बीसियों बँगला नाटक पब्लिक स्टेज पर खेले हैं!' (प्रबंध प्रतिमा)! ऐसी स्थिति में उस जगह के प्रति निराला का स्नेह स्वाभाविक ही है। अखाड़े की चर्चा छिड़ने पर निराला जी वहाँ के अखाड़े की बेहद तारीफ करते हैं। उनका अखाड़ा तेल से सींचा जाता था ताकि उसकी मिट्टी मुलायम बनी रहे। गिरनेवाले को चोट न लगे। किशोरकालीन अनेक स्मृतियों का स्थान महिषादल उन्हें बहुत प्रिय है। वे प्रायः उसका स्मरण उच्छ्वास के साथ करते हैं। यद्यपि अवध का हृदय वैसबाड़ा, कम सुन्दर नहीं, ताल-तलैया, छोटी नदियाँ और नाले, घनी और बड़ी-बड़ी अमराइयाँ इस प्रान्त की अपनी निजी शोभा हैं। अवधी का सबसे सुन्दर रूप यहीं बोला जाता है। हिन्दी के पंडित प्रतापनारायण, महावीरप्रसाद द्विवेदी आदि साहित्यिकों की जन्मभूमि भी यही प्रान्त है। जीवन के हर काम में कवियों की उक्तियाँ उद्धृत करना यहाँ के बोल-चाल की सबसे बड़ी खासियत है। वित्तहीन किसानों के मुँह से कवित्त सुनने को यहीं मिलते हैं। आल्हा तो यहाँ का जन-प्राण है। होली में फाग और सावन में झूले के गीत यहाँ की जनता की सम्पत्ति है। गद्य की अनेक कहानियाँ, कहावतों और मुहावरों को नवजीवन देती रहती हैं। निराला की अर्थवाद भाषा में इस मिट्टी की प्रेरणा प्रत्यक्ष है; तथापि बंगाल से उनको स्नेह अधिक है।

पिता और पत्नी की मृत्यु के बाद निराला ने महिषादल जाकर स्वयं नौकरी कर ली। राज के काम से प्रायः निराला को कलकत्ते आना-जाना पड़ता था। धीरे-धीरे लोग-बाग उन्हें कलकत्ते में भी मानने-जानने लगे। उनकी बँगला कविताओं की तारीफ महिषादल से कलकत्ते तक समान रूप से होने लगी। 'जुही की कली' का रोब सन् १६ से ही जम चुका था। जीवन के पचीसे में चढ़ते-चढ़ते वे पूरे सिद्धहस्त कवि बन गये। नौकरी से मन ऊबने लगा, और उन्होंने मन बहलाने के लिए अध्ययन और मनन का सहारा लिया। घर-आफिस सभी जगह कुछ-न-कुछ पढ़ते-सोचते रहते थे।

माँ-बाप की मृत्यु का आघात तथा पत्नी का अप्रत्याशित वियोग निराला का दृढ़ और दार्शनिक हृदय सहन तो कर गया, किन्तु उनके जीवन में एक प्रकार की अन्यमनस्कता भी निश्चित रूप से छा गयी। संसार से क्षोभ भरी उदासी की प्रवृत्ति भी अपना आभास देने लगी। नौकरी छोड़ने की बात सोचते ही बच्चों की समस्या सामने आ खड़ी होती थी और निराला चुपचाप अपने काम में जुट जाते थे। लोगों ने इस भाव-मुद्रा की सूचना वहाँ के अधिकारियों तथा राजा को भी दी जिसके फलस्वरूप निराला को लेकर एक विवाद ही चल पड़ा। इस बात से क्षुब्ध होकर सन् २० में निराला ने वहाँ से इस्तीफा दे दिया और घर चले आये।

बंगाल छोड़कर आने पर हिन्द-प्रान्त ने भी उनका स्वागत नहीं किया। घर आने से उनकी परिस्थितियाँ दिन पर दिन जटिल होती गयीं। एक दुर्निवार संघर्ष से निराला को भिड़ना पड़ा। इसी समय निराला ने अपनी प्रथम प्रौढ़ रचना 'जुही की कली' सरस्वती में छपने के लिये भेजी, किन्तु द्विवेदी जी ने उसे लौटा दिया। निराला ने सम्भवतः इसी को लक्ष्य करके लिखा है—

तोड़ो, तोड़ो, तोड़ो कारा
पत्थर की, निकले फिर, गंगा-जल-धारा।
गृह-गृह की पार्वती
पुनः सत्य सुन्दर शिव को सँवारती।
उर-उर की बनो आरती
भ्रान्तों की निश्चल ध्रुव तारा।

सरस्वती से कविता लौटने का दुख निराला को कुछ कम नहीं हुआ, पर इससे उनकी प्रतिभा के विकास में कोई बाधा नहीं पड़ी। जिस प्रकार एक स्वस्थ बीजांकुर पृथ्वी की सारी कठोरता को चीड़-फाड़कर बाहर निकल ही आता है उसी प्रकार एक सच्चे कवि की प्रतिभा भी अनेकानेक मानसिक, शारीरिक तथा सामाजिक बाधाओं के आवरण को छिन्न-भिन्न करके अपना आह्लादकारी आलोक फैला ही देती है। सरस्वती में निराला ने इस समय एक लेख और भेजा, जो छप भी गया। तभी से द्विवेदी जी से उनका पत्र व्यवहार भी चलने लगा। द्विवेदी नये होनहार लेखकों को प्रोत्साहन देने में कभी नहीं चूकते थे, पर नवीनता का उनका एक अपना अलग दृष्टिकोण था। निराला के मुक्त छन्द की मान्यता उनकी समझ-

सीमा के बाहर की वस्तु थी। इसके अलावा द्विवेदी जी की एक और आदत थी। अपने सयानेपन की प्रतिष्ठा वे उगाहने में अद्भुत थे। सन् २० के अन्त में श्री रामकृष्ण विवेकानन्द मिशनवाले 'समन्वय' नाम से एक हिन्दी का पत्र निकालनेवाले थे जिसके लिए उन्हें एक योग्य संपादक की आवश्यकता थी। द्विवेदी जी ने उन्हें निराला का नाम सुझाया। निराला जी ने भी अपनी उस विवशता में काम करना स्वीकार कर लिया। उधर महिषादल वालों ने भी उन्हें फिर बुला भेजा और निराला जी वहाँ चले गये!

वहाँ पहुँचकर निराला ने देखा कि राज-वंश की मनोवृत्ति ज्यों-की-त्यों बनी है, सम्भवतः उसमें कोई सुधार होना सम्भव भी नहीं था। स्वभावतः निराला के सम्बन्ध वहाँ समन्वित होने की अपेक्षा विशृंखलित होते गये। वैभव की स्वाभाविक मदान्धता से उन्मत्त स्वामी और साधना की शक्ति से सबल निराला की कवि-प्रकृति में मेल-जोल होना भी एक आश्चर्य की ही बात होती। निराला सहज रूप से बहुत उदार और सहृदय हैं पर किसी के दबाव और अन्याय को सहन करने की क्षमता उनमें नहीं है। वे किसी की स्वार्थगत चाटुकारी करना भी तो नहीं जानते। स्वभाव के इस वैषम्य तथा दो एक भीतरी घटनाओं के कारण निराला को महिषादल फिर छोड़ देना पड़ा। महिषादल वालों के व्यवहार से और उनकी निर्मम क्रूरता से निराला को बहुत बड़ी पीड़ा पहुँची और उनका अन्तर्द्वन्द्व और भी तीव्र हो उठा। निराला ने अच्छी तरह से समझ लिया कि नौकरी-चाकरी उनके बूते की बात नहीं।

इस समय उनकी अन्तरात्मा और बाहर की दुनिया से एक ऐसा संघर्ष चल पड़ा जो प्रायः कवि-जीवन की सनातन-सम्पत्ति है। निराला का मन मुक्त वातावरण के लिये लालायित हो उठा और वे वहाँ से सीधे 'समन्वय' में कलकत्ता चले आये। उस पत्र में बहुत दिनों तक उन्होंने अवैतनिक कार्य किया, पर बाद में परिस्थितियों की परवशता के कारण निज के खर्च के लिए कुछ थोड़ा-बहुत रुपया भी लेने लगे। समन्वय में आने के पहले वे 'जुही की कली' जैसी सुन्दर रचना कर चुके थे, मुक्त छन्द के बंद बाँध चुके थे, माइकेल मधुसूदन दत्त के साहित्य का पारायण कर चुके थे और हिन्दी के कवि गुप्त जी, हरिऔध जी तथा सनेही जी की कृतियाँ भी पढ़ चुके थे। निराला जी बताते हैं कि वास्तव में हिन्दी के इन आदि कवियों की कृतियों में भाव-भाषा तथा काव्य-सौन्दर्य की कोई

नवीनता उन्हें उस समय दिखाई नहीं पड़ती थी।

निराला को नवीनता की झक है। आधुनिक काव्य-शैली में उन्होंने स्वयं कई नवीन प्रयोग किये हैं और करते जा रहे हैं। कविता को सम्बोधित करके उन्होंने कहा भी तो है—

आज नहीं है मुझे और कुछ चाह,
अर्ध विकच इस हृदय-कमल में आ तू
प्रिये, छोड़कर बंधनमय छन्दों की छोटी राह?

—(अनामिका)

× × ×

मेरे प्राणों के प्याले को मार दो,
प्रिये, दृगों के मद से मादक कर दो;
मेरी अखिल पुरातन-प्रियता हर दो,
मुझको एक अमर बर दो;
मैंने जिसकी हठ ठानी
कल्पना के कानन की रानी।

—(गीतिका)

'समन्वय' काल में मुक्त छन्द में लिखी उनकी रचना 'पंचवटी प्रसंग' निराला की इसी मुक्त रुचि की प्रसूति है। निराला ने लिखा है—पुराण, इतिहास और समाज तीन मुख्य आधार नाटकों के लिए हैं। पौराणिक नाटकों की भाषा प्रवाहपूर्ण होनी चाहिये। प्राचीन युग का रूप तभी पूरा उतरता है। भाषा इतनी क्लिष्ट न हो कि जनता समझ न सके, पर ऐसी सीधी और शिथिल भी नहीं कि प्राचीनता का गम्भीर वातावरण नष्ट हो जाय। मेरा लिखा हुआ स्वच्छन्द छन्द ऐसे ही नाटकों के लिये उपयोगी है। इसी विचार से मैंने लिखा भी था। अवश्य काव्य लिखने के विचार से पहले मैंने उसे मिल्टन की तरह क्लिष्ट-भाषापूर्ण कर दिया था, पर मेरा असली मतलब उसे पौराणिक नाटकों में लाना ही था। 'पंचवटी-प्रसंग' की अवतारणा का यही कारण है। इसका उदाहरण पेश करने के लिए मैंने तो अपने लिखे एक सामाजिक नाटक के एक पार्ट में इसका समावेश कर दिया था और वह पार्ट कलकत्ता स्टेज पर मैंने खुद खेला था।

—(प्रबंध प्रतिमा)

इसमें सन्देह नहीं कि 'पंचवटी-प्रसंग' आधुनिक काव्य में अनन्य और आदर्श मुक्त नाट्य-गीत है। उन्होंने अपनी प्रथम कविता पुस्तक

'परिमल' की भूमिका में भी लिखा है—

> मनुष्यों की मुक्ति की तरह कविता की भी मुक्ति होती है। मनुष्यों की मुक्ति कर्मों के बंधन से छुटकारा पाना है और कविता की मुक्ति छन्दों के शासन से अलग हो जाना। जिस तरह मुक्त मनुष्य कभी किसी तरह भी दूसरे के प्रतिकूल आचरण नहीं करता, उसके तमाम कार्य औरों के प्रसन्न करने के लिए होते हैं—फिर भी स्वतन्त्र, इसी तरह कविता का भी हाल है। मुक्त काव्य कभी साहित्य के लिए अनर्थकारी नहीं होता किन्तु उससे साहित्य में एक प्रकार की स्वाधीन चेतना फैलती है जो साहित्य के कल्याण की ही मूल होती है।
>
> —(परिमल)

इस प्रकार वैदिक काल के मुक्त-स्वभाव कवियों के उदाहरण से निराला ने हिन्दी में मुक्त छन्द की उद्‌भावना की, जो निराला की एक अक्षय देन है। निराला के मुक्त छन्द के साथ ह्विटमैन का नाम लेना हास्यास्पद और उपहासास्पद भी है। निराला को काव्य की इस मुक्ति में बहुत सी यातनायें और आरोप सहने पड़े हैं पर उन्होंने कभी अपनी गति में विराम नहीं लगने दिया। अडिग धैर्य के साथ अपना, मन का साहित्य-सृजन करते रहे। 'परिमल' की ये पंक्तियाँ उनके मनोभावों और जीवन की वास्तविक परिस्थितियों के उद्‌घाटन में सहायक सिद्ध होती हैं—

> कवि तुम, एक तुम्हीं,
> बार बार, झेलते सहस्रों वार
>   निर्मम संसार के
> दूसरों के अर्थ ही लेते दान,
> महाप्राण! जीवों में देते हो
>   जीवन ही जीवन जोड़
>   मोड़ निज सुख से मुख!

यह कौन नहीं जानता कि कवि-कर्म एक साधना है, संसार के लिए अपनेपन का त्याग है। सत्य केवल कुछ दिनों के लिए दबाया जा सकता है, अन्त में वह अवश्य ही प्रतिष्ठित होता है—सम्भवत: उसी प्रकार अधिक तेजोमय बन कर जिस प्रकार बादलों में छिपा सूर्य जब प्रकट होता है तब अधिक प्रकाशमय ज्ञात होता है। सन् २२ में निराला की 'अनामिका' नामक कविता पुस्तक प्रकाशित हुई। सेठ महादेव प्रसाद ने

निराला की प्रतिभा का स्वागत और सम्मान किया। निराला की शक्ति-सामर्थ्य पर उन्होंने 'मतवाला' पत्र भी निकाला। निराला ने 'सुकुल की बीबी' में उस समय का स्मरण इस प्रकार किया है—

'बहुत दिनों की बात है। तब मैं लगातार साहित्य-समुद्र-मन्थन कर रहा था। पर निकल रहा था केवल गरल। पान करनेवाले अकेले महादेव बाबू! शीघ्र रत्न और रम्भा के निकलने की आशा से अविराम मुझे मथते जाने की सलाह दे रहे थे। यद्यपि विष की ज्वाला महादेव बाबू की अपेक्षा मुझे ही अधिक जला रही थी, फिर भी मुझे एक आश्वासन था कि महादेव बाबू को मेरी शक्ति पर मुझसे भी अधिक विश्वास है। इसी पर वेदान्त-विषयक नीरस एक साम्प्रदायिक पत्र (निराला का आशय 'समन्वय' से है) का संपादन भार छोड़कर मनसा-वाचा-कर्मणा सरस कविता-कुमारी की उपासना में लगा।' सन् २३ से इसी पत्र मतवाला में निराला नाम से लिखना प्रारम्भ किया और तभी से वे इस नाम से चिर प्रसिद्ध हैं। उपनाम तो अनेक हैं पर निराला वास्तव में एकदम निराला है। निराला के साहित्य ने इस नाम की सार्थकता को इतना सबल और सजीव बना दिया है कि उसके सामने सूर्यकान्त भी नहीं ठहरता। हिन्दी काव्य का यह महा-ग्रह वस्तुतः निराला है।

'समन्वय' और 'मतवाला' में निराला ने कविताओं के अतिरिक्त साहित्य और दर्शन पर बहुत प्रौढ़ और महत्त्वपूर्ण लेख भी लिखे थे। मतवाला में भी उन्होंने बहुत दिन काम नहीं किया, पर एक ही वर्ष में निराला की प्रखर प्रतिभा ने अपने अदम्य पावन-प्रवाह से हिन्दी-जगत को प्लावित कर दिया। निराला के मुख्यपृष्ठ पर लिखी ये दो पंक्तियाँ—

> अमिय गरल शशि सीकर रविकर राग-विराग भरा प्याला,
> पीते हैं जो साधक उनका प्यारा है यह मतवाला।

जीवन के विविध रसों का ऐसा ही समन्वय निराला-साहित्य में हमें मिलता है और यह भी सच है कि निराला के काव्यामृत पान करने के लिए एक प्रकार की साधना भी करनी पड़ती है। यों भी साधना के बिना सुफल दुर्लभ है।

'मतवाला' छोड़ने के बाद निराला ने बाजारू काम करना शुरू कर दिया, क्योंकि उस समय उनके लिए सभी मार्ग अवरुद्ध थे। नौकरी उन्होंने छोड़

दी, 'समन्वय' और 'मतवाला' से भी उनकी पटरी नहीं बैठी, पर उनके सिर पर बच्चों के पोषण का भार ज्यों-का-त्यों बना रहा। इसके अलावा स्वयं निराला को अपने बड़े-पेट के भरने के लिए किसी-न-किसी बड़े उपाय की आवश्यकता पड़ती है। वस्तुतः उन्होंने विज्ञापन बनाना, अनुवाद करना और दवाइयों के पैम्फलेट लिखना शुरू कर दिया। जीने के लिए मनुष्य को न जाने क्या-क्या करना पड़ता है, उनकी आर्थिक स्थिति दिन-प्रतिदिन खराब होती गयी। इस बाजारू काम में न तो उनको स्वतन्त्र-साहित्य-सृजन का अवसर मिला न उनकी आर्थिक स्थिति में ही कोई अन्तर आया। न माया मिली न राम की हालत देखकर निराला घबड़ा उठे और वह काम भी छोड़ दिया। कलकत्ता छोड़कर वे सन् २८ में लखनऊ आ गये। 'सुधा' ने उनकी कृतियों का स्वागत किया, पर विशाल-हिन्दी-क्षेत्र में भी निराला का पेट नहीं भरा। 'परिमल' का कापीराइट नगण्य मूल्य में बेच देना पड़ा। इसी समय 'अप्सरा', 'अलका' (उपन्यास) और 'लिली' (कहानी संग्रह) प्रकाशित हुए।

सन् १९-२० से लेकर अब तक आधुनिक काव्य ने अपना पर्याप्त विकास प्राप्त कर लिया था। किन्तु निराला के रबड़ छन्द और केचुआ छन्दों का अब भी लोग बराबर विरोध करते जाते थे। साहित्य-सेवियों और जनता पर निराला की धाक के साथ उनकी उपेक्षा भी बढ़ती जाती थी। काश कि उस समय लोगों ने यह सोचा होता कि यौवन स्वभावतः मुक्त होता है और निराला का मुक्त छन्द छायावाद की इसी अवस्था का प्रतीक है तो बहुत अच्छा होता, किन्तु ऐसा हुआ नहीं। और तो और स्वयं पंत जी ने 'पल्लव' की भूमिका में निराला के नये छन्दों का मजाक उड़ाया और विवश होकर निराला को 'पंत जी और पल्लव' लिखना पड़ा। 'सुधा' में प्रकाशित जोशी बन्धुओं के लेख 'साहित्य-कला और विरह' का भी निराला ने उत्तर 'कला के विरह में जोशी बन्धु' नामक निबंध से सन् २९ में दिया।

लेख के प्रारम्भिक अंश से उस समय की साहित्यिक स्थिति का कुछ आभास अवश्य मिलता है—'कभी सोचा था, दलबंदी के दलदल में न फँसूँगा, मार का जवाब प्यार से दूँगा; परन्तु 'आपन चेती होय नहिं, हरि चेती तत्काल' की आफत का पहाड़ हरि की इच्छा से मुझी पर आ टूटा। जिस रोज मैंने साहित्य के खाते में नाम लिखवाया, उसी रोज से हिन्दी

साहित्य के आचार्यों ने पाठ पढ़ाना शुरू कर दिया कि जब तक जियो, अपने हाथों अपनी नाक काटकर दूसरों का सगुन बिगाड़ते रहो, बस, साहित्य सेवा के यही माने हैं। कुछ ही काल की साहित्य-सेवा के फलस्वरूप जब चारों ओर से साहित्य के स्वाधीनचेता महापुरुषों ने बगावत का झंडा खड़ा किया, डेढ़ इंच की कविता की खाई को पार कर जाने की सलाह साहित्य के वृद्ध सम्पाती ने समागत लंगूर दल को दी। किसी ने कहा यह तो डेढ़ इंच की चौड़ी खाई, लेकिन छायावाद की माया से कभी डेढ़ हाथ की और कभी-कभी गज भर की भी हो जाती है। उस समय समस्त छायावादी साहित्य का, खासकर निराला-साहित्य का पुराने पंडों और नये गुंडों द्वारा डटकर विरोध हो रहा था। निराला का मुक्त छंद सारे साहित्य-समाज के द्वारा एक ऐसा 'हौवा' बना दिया गया था जिसे देखकर एक बार सभी चौंक पड़ते थे और निराला को भला-बुरा कहे बिना उन्हें संतोष नहीं होता था। वह यौवन और स्फूर्ति, जो निराला, साहित्यिक स्वास्थ के लिए अपने प्राणों की बाजी लगाकर भी हिन्दी की जीर्ण-शीर्ण धमनियों में भर देना चाहते थे, उसकी ऐसी संगठित उपेक्षा उस समय के पदवी धर साहित्यिकों की बुद्धि-विकृति का चरम उदाहरण है। अन्यथा इस युग के काव्य में निराला ने जिस यौवन और ओज की स्थापना की है, वह उनकी प्रतिभा का हिन्दी के लिए सबसे बड़ा दान है। सन्देह नहीं कि प्रसाद जी ने इस युग को एक सुष्ठ प्रौढ़ता दी पर निराला ने तो उसमें एक नवजीवन भर दिया। निराला ने हिन्दी के लिये अपने को खपा दिया, राज की नौकरी छोड़ी और भूखे रहकर भी हिन्दी की सेवा की। निराला जैसे कवियों के लिए ही तो कहा जा सकता है—

> राजा से आसन उठता है—
> ऊँचा कभी फकीरों का
> मुकुटों से भी कभी मान—
> बढ़ जाता है जंजीरों का!
> मस्ती के दीवाने कवि को
> मोद न मिला अमीरी में
> आग लगा दौलत में आखिर
> ढूँढ़ी शान्ति फकीरी में!

निराला की प्रतिमा, एक स्वत:स्फूर्ति लिए हुए जलप्रवाह की तरह अपने

पथ का निर्माण करती हुई अविरल गति से आगे बढ़ती जाती है। निराला के लिए यह कहने में किसी प्रकार का संकोच नहीं होता कि—

चौड़ी छाती फुला अकड़ता
अल्हड़ धूम मचाता,
छाता चारों ओर एक
जल-पथ का समाँ रचाता!
बड़े-बड़े बाँधों को टक्कर मार
तोड़कर बहता,
अपने ही बल के वेगों से—
व्याकुल उमग उमहता।

निराला ने कभी 'ज्ञानलव दुर्विदग्ध' आलोचकों की चिंता नहीं की, वे तो—

टोकों को अनसुनी किये सा
रोकों से टकराता
ताल ठोंक सब ओर जवानी
के जौहर दिखलाता।

वास्तव में जवानी का दुर्दम्य जोश और गति की तीव्रता निराला में कूट-कूटकर भरी है।

भावों और छंदों की क्रान्ति छायावाद में सबसे अधिक हुई। नवीनता की जो प्रवृत्तियाँ और प्रणालियाँ द्विवेदी युग में बन्दी कर ली गयी थीं वे सबकी सब छायावाद की शीतल छाया में मुक्त होकर फिर लहलहा उठीं। छायावाद की धारा चूँकि किसी भाव-विशेष से नहीं फूटी थी, वरन् उसमें जीवन व्यापी विविध भावों का समावेश था, वस्तुतः उसने युग धारा का विशेषण-आभूषण पाया। उसके भीतर राजनीति का ताप भी था और समाज का क्षोभ भी, नयी सृष्टि रचने की उमंग थी और रूढ़ियों को तोड़ फेंकने का उन्माद भी। उसमें मानव-हृदय की स्वच्छन्द पुकार और मानव मन की मुक्त मनोदशा की गुहार का उद्दात स्वरों में आह्वान था और इस कार्य में छन्दों-बन्दों की अवहेलना भी अनिवार्य थी, क्योंकि अभिव्यक्ति की अनुकूलता के लिए माध्यम खोजना भी तो आवश्यक होता है।

निराला जी भाषा, भाव, छन्द, वेशभूषा की सम्पूर्ण परम्परा से विद्रोह करते हुए आये थे और उनके लिए यह स्वाभाविक ही था कि उनकी बातचीत, चाल-ढाल सभी में एक नवीनता का आभास मिले। निराला ने अपनी शक्ति-साहस से समाज में कवि का एक अलग स्थान बनाया और साहित्यकार की, जीवन में प्रतिष्ठा और महत्ता को उद्घाटित किया। चारों ओर निराला के छन्दों की पैरोडी बनने लगी पर निराला इससे घबड़ाने वाले नहीं थे। उन्हें अनेक प्रकार से चिढ़ाने की भी चेष्टा की जाती थी, किन्तु निराला कह दिया करते थे—'कुत्ते भूँखते ही रहते हैं, हाथी अपनी चाल में चला जाता है, मेढकों की टर्र-टर्र से बादलों का गरजना नहीं रुकता'। हुआ भी यही, क्योंकि धीरे-धीरे इस नवीन भाव धारा के पाँव जमने लगे और वह सर्व सम्मति से इस युग की मूल प्रेरणा-शक्ति के रूप में स्वीकार भी कर ली गयी।

निराला ने 'परिमल' की भूमिका में लिखा है—

'इस युग में कुछ, प्रतिभाशाली अल्प-वयस्क साहित्यिक प्राचीन गुरुडम के एकछत्र साम्राज्य में बगावत के लिए शासन-दण्ड ही पा रहे हैं, अभी उन्हें साहित्य के राज-पथों पर साधिकार स्वतन्त्र-रूप से चलने का सौभाग्य नहीं मिला। परन्तु ऐसा जान पड़ता है कि इस नवीन जीवन के भीतर से शीघ्र ही एक ऐसा आवत बँधकर उठनेवाला है जिसके साथ साहित्य के अगणित जल कण उस एक ही चक्र की प्रदक्षिणा करते हुए उसके साथ एक ही प्रवाह में बह जायेंगे और लक्ष्य-भ्रष्ट या निदाघ से शुष्क न हो एक ही जीवन के उदार महासागर में विलीन होंगे। अभी प्रतिभाशाली साहित्यिकों को निष्प्रभ तथा हेय सिद्ध करके ससम्मान आसन ग्रहण करनेवाले महालेखक और महाकविगण साहित्य में अपनी प्राचीन गुलामी-प्रथा की ही पुष्टि करते जा रहे हैं।

ऐसी स्थिति में 'परिमल' निकल रहा है। इसके मैंने तीन खण्ड किये हैं। प्रथम खण्ड में सममात्रिक सान्त्यानुप्रास कवितायें हैं जिनके लिए हिन्दी के लक्षण-ग्रंथों के द्वारपालों को 'प्रवेश-निषेध' या 'भीतर जाने की सख्त मुमानियत है'। दूसरे खण्ड में विषम-मात्रिक-सान्त्यानुप्रास कवितायें हैं। तीसरे खण्ड में स्वच्छन्द छन्द हैं, जिसके विषय में मुझे विशेष कहने की जरूरत है, कारण इसे ही हिन्दी में सर्वाधिक कलंक का भाग मिला है।

लाखों ब्राह्मण गायत्री-मंत्र का जप करते हैं। उसके जप के साथ-साथ भाषा की मुक्ति का प्रवाह प्रतिदिन उनके जिह्वाग्र से होकर बहता है, पर वे उसका अर्थ, उसकी सार्थकता, सब कुछ भूल गये। जिस तरह ब्रह्म मुक्त स्वभाव है, वैसे ही यह छन्द भी। पर आज इस तरफ कोई दृक्‌पात भी नहीं करना चाहता। इतनी बड़ी दासता-रूढ़ियों की पाबन्दी इस मंत्र के जपनेवालों पर भी सवार है। वेदों में काव्य की मुक्ति के ऐसे हजारों उदाहरण हैं।

साहित्य की मुक्ति उसके काव्य में दीख पड़ती है। इस तरह जाति के मुक्ति-प्रयास का पता चलता है। धीरे-धीरे चित्रप्रियता छूटने लगती है। मन एक खुली हुई प्रशस्त भूमि में विहार करना चाहता है। इस तरह चित्रों की सृष्टि असीम सौन्दर्य में पर्यवसित की जाती है। और यही जाति के मस्तिष्क में विराट् दृश्यों के समावेश के साथ ही साथ स्वतन्त्रता की प्यास को भी प्रखरतर करते जा रहे हैं। यही बात छन्दों के सम्बन्ध में भी है। मुक्त छन्द भी अपनी विषम गति में एक ही साम्य का अपार सौन्दर्य देता है, जैसे एक ही अनन्त महासमुद्र के हृदय की सब छोटी-बड़ी तरंगें हों, दूर प्रसारित दृष्टि में एकाकार, एक ही गति में उठती और गिरती हुई।

मुक्त छन्द तो वह है जो छन्द की भूमि में रहकर भी मुक्त है। मुक्त छन्द का समर्थक उसका प्रवाह है। वही उसे छन्द सिद्ध करता है और उसका नियमराहित्य उसकी मुक्ति। यदि हिन्दी का जातीय छन्द चुना जाय तो वह यही होगा। नाटकों में सबसे अधिक रोचकता इसी स्वच्छन्द छन्द द्वारा आ सकती है। अब इसके समर्थन में अधिक कुछ नहीं लिखना। कारण, समर्थन की अपेक्षा अधिकाधिक रचना इसके प्रचार तथा प्रसार का योग्य उपाय है।'

निराला ने प्रथम बार हिन्दी काव्य में इस छन्द का प्रयोग और प्रसार किया। उनके पहले किसी ने इसका उपयोग करने की क्षमता नहीं दिखलायी। वे इस छन्द के जन्मदाता और त्राता दोनों ही तो हैं। छंदोबद्ध से कविता को मुक्त करनेवाले मनीषी और उद्धारक के रूप में वे अजर-अमर रहेंगे। यह विशेषता उनके किसी भी समकालीन कवि में दिखाई नहीं पड़ती। यही नहीं, उन्होंने कई प्रकार के अन्य पुराने छन्दों को भी परिष्कृत किया है। ऐसे छन्दों की सफलता का मुख्य आधार निराला जी की लय-ताल विषयक ज्ञान की पूर्णता और उनके हृदय की अजस्र

तब भी मैं इसी तरह समस्त
कवि-जीवन में व्यर्थ भी व्यस्त
लिखता अबाध गति मुक्त छन्द,
पर संपादक गण निरानन्द
वापस कर देते पढ़ सत्वर
दे एक-पंक्ति-दो में उत्तर?

लौटी रचना लेकर उदास
ताकता हुआ मैं दिशाकाश
बैठा प्रान्तर में दीर्घ प्रहर
व्यतीत करता था गुन-गुनकर
संपादक के गुण; यथाभ्यास
पास की नोचता हुआ घास
अज्ञात फेंकता इधर-उधर
भाव की चढ़ी पूजा उन पर

से स्पष्ट है। इसलिए निराला ने बहुत सोच-विचार के पश्चात् अपनी पुत्री की शादी कलकत्ते के परिचित नवयुवक श्री शिवशेखर द्विवेदी जी से सारे सामाजिक बंधनों की उपेक्षा करके कर दी। न लगन न मुहूर्त न बाजा-गाजा। और न बारात, यों ही विवाह सम्पन्न कर दिया और पड़ौसी टुकुर-टुकुर देखते रहे, किन्तु पाँच वर्ष में सरोज की मृत्यु हो गयी। निराला ने 'सरोज स्मृति' में इन तमाम घटनाओं का हृदय विदारक चित्रण किया है। 'सरोज स्मृति' आधुनिक युग की सबसे अधिक मार्मिक दुखान्त कविता (एलजी) है। विवाह के बाद का एक चित्र निराला ने खींचा है—

देखा विवाह आमूल नवल
तुझ पर शुभ पड़ा कलश का जल।
देखा, मैंने वह मूर्ति-धीत
मेरे वसन्त की प्रथम गीति—
शृंगार, रहा जो निराकार,
रस कविता में उच्छ्वसित धार

गाया स्वर्गीया-प्रिया-संग
भरता प्राणों में राग-रंग
रति-रूप प्राप्त कर रहा वही,

आकाश बदलकर बना मही।
प्रिय मौन एक संगीत भरा
नव जीवन के स्वर पर उतरा।

'सरोज' के लड़कपन का भी एक चित्र बहुत सुन्दर है। माँ की मृत्यु के पश्चात् सरोज अपने भाई के साथ ननिहाल में रहती थी। वहीं का यह स्मरण है—

सब किये वहीं कौतुक विनोद
उस घर निशिवासर भरे मोद,
खाई भाई की मार, विकल
रोई उत्पल दृग जल छल छल,
पुचकारा, फिर उसने निहार
फिर गंगा-तट शैकत विहार,
करने को लेकर साथ चला
तू गहकर हाथ चली चपला
आँसुओं धुला मुख हासोच्छल
लखती प्रसार वह उर्मि-धवल।

और तारुण्य का चित्रण तो अपना सानी नहीं रखता—

धीरे-धीरे फिर बढ़ा चरण,
बाल्य की केलियों का प्रांगण
कर पार, कुंज-तारुण्य सुघर
आई, लावण्य-भार थर-थर
काँपा कोमलता पर सत्वर
ज्यों मालकौश नव वीणा पर;
नैश स्वप्न ज्यों तू मन्द-मन्द
फूटी ऊषा जागरण छन्द,
काँपी भर निज आलोक-भार
काँपा वन, काँपा दिक प्रसार।
परिचय-परिचय पर खिला सकल—
नभ, पृथ्वी, द्रुम, कलि, किसलय दल!

और फिर अन्तिम चित्र में तो जैसे निराला की समस्त वेदना सँभलकर बोल उठी हो—

दुख ही जीवन की कथा रही,
क्या कहूँ आज जो नहीं कही।
कन्ये, गत कर्मों का अर्पण
कर, करता मैं तेरा तर्पण।

एक जगह एक गीत में निराला ने अपनी पत्नी की मृत्यु की भी करुण कथा कही है। उनका जीवन, धन और सम्मान से सदैव वंचित रहा, क्योंकि वे न तो धन कमाने की चालाकी-चाटुकारी जानते और न धनियों की कुतिया खिलाते। इसीलिए वे कभी भी धनी-मानी नहीं हो पाये। श्रीमती की बीमारी में भी ये विपन्न थे, इतने कि उनकी दवा का भी ठीक प्रबंध नहीं कर पाते थे। निराला की इस स्थिति को समझ कर श्रीमती ने कहा कि अब मरना ही ठीक है, क्योंकि एक व्यक्ति का भार हलका हो जायेगा, वे मर भी गयीं—

कह रही हो—'दुख की विधि—
यह तुम्हें ला दी नयी निधि।'
जो दिये थे स्नेह चुम्बन,
आज प्याले गरल के घन,
कह रही हो हँस—'पियो, प्रिय
पियो, प्रिय, निरुपाय
मुक्ति हूँ मैं, मृत्यु में
आई हुई, न डरो।'
कहा जो न, कहो।

इन दैवी आपत्तियों के अतिरिक्त निराला को पुरानपंथी ढोंगियों से भी बहुत-से आघात मिले हैं, किन्तु सन् ३२ की बात तो हिन्दी-साहित्य के इतिहास में रक्त से ही लिखी जाने लायक है। 'भारत' में निराला जी ने 'वर्तमान धर्म' नाम का एक लेख लिखा और उसमें वर्तमान धर्म कैसा होना चाहिये, किस तरह के विचार के प्रसार से ज्ञान-जन्य एकता हो सकती है, पौराणिक रूपकों में एकमात्र कौन-सा सत्य छिपा हुआ है, यही समझाया गया था। इस लेख का मुख्य प्रतिपाद्य विषय यही था, साथ ही इसमें भारतीय पौराणिक रूपकों के भीतर निहित सत्य को ग्रहण करने की भी बात सुझाई गयी थी।

विशाल भारत के संपादक श्री बनारसीदास चौबे ने उसी 'वर्तमान धर्म'

को 'साहित्यिक सन्निपात' शीर्षक देकर अपने पत्र में प्रकाशित किया और लोगों की सम्मति माँगी। चौबे जी कुछ दिन गांधी जी के साथ और कुछ दिन रवीन्द्र के यहाँ, रह चुके थे। विशाल भारत के संपादक के लिए यही इनकी सबसे विशाल योग्यता थी। मसल मशहूर है कि 'देत हिमायत की गधी ऐरावत को लात' के अनुरूप चौबे जी ने उस लेख का शीर्षक ही बदल डाला। इससे पहले उन्होंने उस 'वर्तमान धर्म' का अर्थ कर देनेवाले व्यक्ति को पचीस रुपये का पुरस्कार भी अपने पत्र में उद्घोषित किया था। इस घोषणा के साथ ही उन्होंने निराला के पास विशाल भारत भेजना भी बंद कर दिया और निराला को अपनी घोषणा के ज्ञान से वंचित रखना चाहा।

इस बीच निराला जी चार-पाँच बार उनसे मिले भी पर उन्होंने उस लेख की कोई चर्चा नहीं चलाई, छिपे-छिपे अपने पत्र में निराला को गाली देते रहे। 'साहित्यिक सन्निपात' के तीसरे खण्ड में चौबे जी ने लिखा कि स्वयं निराला जी इसका अर्थ नहीं बता पाते, और भी बहुत-सी झूठी, मनगढ़ंत बातें उन्होंने लिखीं। निराला जी ने आक्षेप के प्रथम खण्ड के बाद उनको एक पत्र लिखा था और अन्य विद्वानों की उस विषय की रायों को भी भेजा था, पत्र छापने का आग्रह भी था पर तिकड़मी चौबे जी ने उसे नहीं छापा और तीसरे खण्ड में अपने मन की ऊटपटाँग बातें छापीं। चौबे जी को इतनी धूर्तता से संतोष नहीं हुआ इसलिए उन्होंने दैनिक 'लोकमान्य' में 'साहित्यिक सन्निपात' शीर्षक से निराला जी पर फिर आक्षेप किया। उस आक्षेप में निराला के प्रति कही गयी सारी बातें उलट कर चौबे जी पर इतनी चौकस बैठती हैं कि उनके आक्षेप उन्हीं की प्रतिकृति से जान पड़ते हैं। निराला का पत्र पाने के पश्चात् ही चौबे जी ने अपनी प्रोपेगैंडा-वृत्ति को पूरे योग से आगे बढ़ाने की कोशिश की थी, क्योंकि पत्र में निराला जी ने लिखा था—'सच बतलाइएगा, बिना कोष देखे, पूछे, सन्निपात की व्युत्पत्ति जानते हैं आप? यह पत्र भी छापिये।'

चोर की ढाढ़ी में तिनका, चौबे जी चौंक उठे और निराला को हिन्दी से उखाड़ फेंकने की ठान ली। उपन्यासकार उग्र के खिलाफ भी वे मुखालफत कर चुके थे। उनकी नीति ही यह रही है। जीवन भर वे इसी का पानी, पीते रहे हैं और अब बुढ़ौती में महाराजा ओरछा की सेवा करते हैं, पीड़ित और पराजित। उनका आधुनिकतम अड्डा विन्ध्य प्रदेश बना है।

अगहन का विशाल भारत रायों के साथ निकला। रायों के देनेवाले भी सभी एक से एक विद्वान थे। श्री रामदास गौड़ और श्री मोहन लाल महतो, विशेष उल्लेखनीय। गौड़ जी का साहित्य में कोई स्थान नहीं, हाँ उन्होंने कुछ टीकायें अवश्य लिखी हैं और जैसा कि निराला जी ने लिखा है, महतो जी के लिए मैं क्या कहूँ? एक और महोदय की भी राय छपी थी। डॉ० नरोत्तमदास (हैदराबाद) की। इन सभी महान पंडितों (पंडों) ने निराला को बुरा-भला सुनाया था और लेख को पागल का प्रलाप बताया था। बहुत-से विश्वस्त साहित्यिकों ने उस लेख का अर्थ पत्रों में लिखा और बताया पर चौबे जी कब सुननेवाले थे। 'समन्वय' के संपादक स्वामी माधवानन्द जी ने भी उस लेख की महत्ता और सार्थकता का समर्थन किया तब जाकर मुँह की खाकर चौबे जी शान्त हुए और निराला को पागल सिद्ध करने की चेष्टा में स्वयं मस्तिष्क-विकार के आधार बने। चौबे जी के कुछ चेले-चपाटी अब भी साहित्य में ऐसे दुर्पातों के उठाने की कभी-कभी हिमाकत करते हैं पर अब जनता उनसे सावधान है।

इस विरोध और व्यर्थ के आघातों से निराला को कष्ट तो हुआ, किन्तु वे अपनी सहज उदारता में बहुत आगे हैं, इसे कुछ दिनों बाद भूल गये, पर चौबे जी अब भी उनकी टोह में रहते हैं, ओरछा के राज-दरबार में निराला को लेकर विदूषक का काम करते रहते हैं।

निराला मौलिक सूझ और बहुत बड़े जीवट के व्यक्ति हैं, उनकी कलात्मक रचनाओं को समझ सकना बहुत सहज नहीं और अपनी समझ के बाहर की चीज को पागलों का प्रलाप कहनेवालों की इस देश में क्या सारे संसार में कमी नहीं। एक कथानक से यह बात स्पष्ट हो जाती है—

एक बार अनातोले फ्रान्स किसी सभा में भाषण दे रहे थे। एक पगले ने आकर भीड़ में कहना शुरू किया कि वह अनातोले से बढ़िया बात कह सकता है पर उसकी कोई सुनता नहीं। लोगों ने ध्यान नहीं दिया। तब उसने पटाखे छोड़ने शुरू किये। लोगों का ध्यान स्वभावत: उसकी ओर आकर्षित हुआ और वह हँसकर बोला—अच्छा सब लोग मेरी तरफ आकर्षित हैं? बोलो मैं बड़ा कि अनातोले फ्रान्स? ठीक यही हाल निराला को लेकर हिन्दी में रहा। कई पागलों ने उन्हें पागल कहा और उन पर कीचड़ उछाला पर निराला ने ठीक ही लिखा है—'जो लोग होमग्नि से हबि का उद्गम, उससे भगवान श्री रामचन्द्र आदि की उत्पत्ति, ऋषियों

के रक्त से भरे घट से भगवती सीताजी का आविर्भाव, पवन–नन्दन भक्त–प्रवर हनुमान का समुद्र लंघन एक ही रात में उत्तराखण्ड से औषधि का पहाड़ उखाड़कर लंका वापस जाना और ऐसे महावीर का भरत के 'सींक–सायक' से मूर्च्छित होना, भगवान श्री कृष्णजी के भूमिष्ठ होते ही बज्र–द्वार का खुलना, भादों की यमुना का घुटनों तक हो जाना, कृष्ण का गोवर्धन उठा लेना आदि–आदि असम्भव बातों पर उसी–उसी रूप में विश्वास करते हैं, अथवा जो नास्तिक हो गये हैं पर जनता के सामने आस्तिक होने का ढोंग करते हैं, मेरी दृष्टि से ऐसे मनुष्यों का 'वर्तमान धर्म' का अर्थ न समझना ही स्वाभाविक है। ऐसे महापुरुषों की विरोधी उक्तियों पर लिखने की अपेक्षा मौन रहना अच्छा है'। (प्रबंध प्रतिमा)

इस विरोध और प्रचार का परिणाम यह हुआ कि निराला जी ने उस लेख को आगे नहीं बढ़ाया अन्यथा उनकी इच्छा थी कि वे समस्त विशिष्ट भारतीय पौराणिक रूपकों का मूल रहस्य उनकी व्याख्या हिन्दी भाषा में करें, पर वह पूरा न हो सका। इस कलंक के साथ चौबे जी का नाम बहुत दिनों तक लोग स्मरण रखेंगे, और शायद वे चाहते भी यही थे। अपनी नाक काटकर दूसरों का अपशकुन मनानेवाले व्यक्तियों का साहस कम सराहनीय नहीं होता?

जो भी हो, गणेश लक्ष्मी आदि के रूपक बहुत ही भावपूर्ण और सारगर्भित हैं निराला जी ने कहा था—'हिन्दुस्तानी धनियों को उल्लू पर चढ़ना चाहिये पर वे मोटर पर चढ़ते हैं और तुर्रा यह कि अपने को देशभक्त भी कहते हैं।' यह स्मरण रखना होगा कि लक्ष्मी का वाहन उलूक ही है। निराला जी ने साहित्य सृजन के साथ–साथ अपनी संस्कृति के भी पुनरुत्थान करने की साधना ली है, क्योंकि वे दार्शनिक प्रकृति के विचारशील व्यक्ति हैं, वे केवल कवि नहीं उनका निर्माण– सृजन बहुमुखी और जीवनव्यापी है। साहित्यिक, सामाजिक, राजनीतिक, सांस्कृतिक और शिक्षा सम्बन्धी प्राय: सभी विषयों में उनकी अपनी विशेषता और सूझ–बूझ रही है। उन्होंने इन सभी विषयों में बहुत साहस और शक्ति के साथ अपने विचारों और अपने चिंतनों को हिन्दी के माध्यम से देश के सामने रखा है और रखते जाते हैं।

किन्तु, 'मैं तारीफवाली बाहरी बातों में पहले से पीछे रहा; किताबों का गेटअप साधारण, तस्वीर नदारद, छपाई मामूली। मेरी तस्वीर तो मेरे साथ

वालों के बहुत बाद निकली है, वह भी वैसी भड़कीली नहीं, निकली भी पत्रिकाओं में, मेरी पुस्तकों में नहीं। पर हर तरह बचता हुआ भी बदनामी में पहले रहा। जिन-जिन लोगों ने अपना काँवला भूलकर मुझे पीला बतलाया है, उनकी कार्यावली की लम्बी तालिका न पेश करूँगा। यह मानी हुई बात है कि जब भ्रम एक के पास न होगा, तब दूसरे के पास अवश्य होगा, क्योंकि स्वामी दयानन्द सरस्वती के अनुसार अनादि तीन हैं, जिनमें भ्रम मजे में आता है। इस तरह जब मेरे पास जगह न पा सका तब दूसरों के सर चढ़कर मेरी ओर मुँह करके बोला।

मैं खड़ी बोली का वाल्मीकि नहीं, न 'वाल्मीकि की प्रिये, दास यह कैसे तुझको भाया, मेरी पंक्ति है; पर 'भयोसिद्ध करि उलटा जापू' अगर किसी पर खप सकता है तो हिन्दी के इतिहास में एकमात्र मुझ पर। कबीर उलटबाँसी के कारण विशेषता रखते हैं, पर वहाँ छन्दों का साम्य है, उलटबाँसी नहीं; यहाँ छन्द और भाव, दोनों की उल्टी गंगा बहती है। यह सब उलटापलट मैंने जानबूझकर नहीं किया, और यह उलटापलट है भी नहीं, इससे सीधा और प्राणों के पास तक पहुँचता रास्ता छन्दों के इतिहास में दूसरा नहीं'। पर यह शक्ति हिन्दी में, पीढ़ी-से-पीढ़ी में मुखरित होती हुई अमरता का अधिकार पायेगी, यह मेरा विश्वास है। अध्यात्म के प्रति एक संस्कारात्मक विश्वास होने के कारण उनका बुद्धि प्रधान स्वभाव श्रद्धा और आस्था से हिल-मिल गया है, पर निराला अपनी श्रद्धा का भी विश्लेषण करना चाहता है और अन्त में भाग्य के ऊपर कर्तव्य का महत्त्व मानने को विवश होता है, लड़खड़ाता है, टकराता है और झटके के साथ आगे बढ़ जाता है—

> मोढ़े पर, से कुण्डली हाथ
> अपने जीवन की दीर्घ गाथ,
> पढ़ लिखे हुए शुभ दो विवाह
> हँसता था, मन में बड़ी चाह—
> खण्डित करने को भाग्य अंक,
> देखा भविष्य के प्रति अशंक।

इस प्रकार ईश्वर, भाग्य सभी से विद्रोह करने की निराला में हठ है और शक्ति भी। संघर्ष से दूर व्यक्ति कभी निराला-साहित्य का मर्म नहीं समझ सकता, यह निश्चय है।

ऐतिहासिक चरित्रों के माध्यम से देखा जाय तो निराला कर्ण के अवतार मालूम पड़ते हैं, उसी की भाँति निष्ठा में दृढ़, उदारदाता, धीर-वीर, स्वस्थ शरीर और मन। सम्भवतः कर्ण की जन्मजात हीनत्व भावना की सी कोई गाँठ निराला में भी है। उसी की प्रतिक्रियास्वरूप निराला के निर्लिप्त व्यक्तित्व में भी दुर्द्धर्ष अहंभाव और संसार के प्रति एक उपेक्षा-भाव दिखाई पड़ता है। किसी व्यवस्था के प्रति अखण्ड और दुर्दमनीय विद्रोह की अभिव्यक्ति में निराला अपनी सारी शक्ति लगा देने को तैयार रहता है। 'युद्धे अपलायनम्' निस्सन्देह एक कर्मठ की धुन और लगन होनी चाहिये, किन्तु बरबस युद्ध को मोल लेना भी ठीक नहीं, पर निराला तो शान्ति को मुर्दों की चीज समझता है। जीवन भर विषम परिस्थितियों से लड़ने के कारण ही निराला लड़ाकू बन गया है।

संसार जिसके लिए कभी एक इंच भी नहीं झुका, भला वह उसके लिए क्यों झुके? निराला का व्यक्तित्व वास्तव में इतना शक्तिशाली और पौरुषमय है कि वह अनवरत संघर्ष के बिना जैसे जी ही नहीं सकता। जीवन, यौवन और जागृति यही उसकी साँस उच्छ्वास है। ओज और तेज उसके शब्द-शब्द में चमकते-टमकते हैं। निराला को भली-भाँति ज्ञात है कि उसके साहित्य और उसके व्यक्तित्व के मर्म को समझनेवाले बहुत कम लोग हैं, पर वह इससे निराश नहीं। भव-भूति की भाँति अनन्त काल और विस्तृत संसार में कभी न कभी किसी समान-धर्मा व्यक्ति का उसे पूरा विश्वास है। जैसे वह कहना चाहता है कि संसार में एक नहीं अनेक ऐसी परिष्कृत प्रतिभा के लोग हुए हैं और आगे भी होंगे जिनको वातावरण की कभी कोई अनुकूलता और समाज का कोई स्नेह नहीं मिला; फिर भी वे अपने निश्चित मार्ग में बराबर बढ़ते रहे हैं और साहस के साथ अपने लक्ष्य तक पहुँचे हैं। जिस व्यक्ति को जन्मजात प्रतिभा और विधायिनी कल्पना का वरदान मिला है उसकी गति को रोकनेवाली संसार की कोई शक्ति स्वयं अपना उपहास कराने के अतिरिक्त और कुछ नहीं कर सकती। इतने प्रचंड विरोधों के होते हुए भी निराला के विश्वास और उसकी गति में तिल भर का भी अन्तर नहीं आया।

सन् ३२ से सन् ३५ तक निराला जी चौबे जी के चक्रजाल से उलझते-सुलझते रहे और अपनी पूरी शक्ति के साथ मौलिक साहित्य का सृजन करते गये। स्वावलम्बी हो जाना ही शक्ति की सूचना है और इस दृष्टि से

निराला पूर्ण शक्तिशाली के रूप में अपनी प्रतिभा की किरणों का प्रकाश विकीर्ण करने में अनन्य सिद्ध हुए। समय की एक आवश्यकता भी होती है, उसी के अनुसार मानवता का भाव-लोक भी अपना स्वरूप ग्रहण करता है। भाषा जिस प्रकार अर्थ-साम्य रखने पर भी स्वरूपत: बदलती चलती है, उसी प्रकार समयानुसार भाव भी नये-नये रूपों को ग्रहण करते चलते हैं। इस प्रकार साहित्य, जीवन की समीपता और उससे सामंजस्य स्थापित करता रहता है। प्रत्यक्ष वस्तु के साथ साहित्यकार की भावना और कल्पना के सहयोग से ही साहित्य स्थायित्व पाता है, इसलिए जीवन के साथ-साथ विकसित तथा परिवर्धित एवं परिवर्तित होते चलने का उसका शाश्वत स्वभाव है।

वेदों में व्यापक सत्ता अथवा ब्रह्म को जानने या प्राप्त करने के लिए पहले उस आदि युग के मनीषियों ने बुद्धि (ज्ञान) को माध्यम माना था, किन्तु उपनिषद काल तक आते-आते इस चरम सत्य की प्राप्ति का माध्यम बुद्धि से उठकर भाव में आधारित हुआ। वेदों में जो ऋचायें काव्य की उत्कृष्टता की कोटि में रखी जा सकती हैं वे प्राय: सभी भाव-प्राण हैं, उनमें बुद्धि-वैभव की दार्शनिकता की अपेक्षा भाव विह्वलता का ही आधिक्य पाया जाता है। भाषा भी अधिक मधुर और सांकेतिक होती गयी है। आधुनिक युग की छायावादी काव्य-धारा भी भाव-सत्ता का समर्थन लेकर सामने आई। वस्तुत: उसकी शैली भी बदली हुई थी। इस काव्य में मस्तिष्क का नीरस आल जाल न होकर हृदय के माधुर्य की मिठास का महत्त्व माना गया है, और यौवन, माधुर्य, वृद्धों को चिढ़ाने का ही काम करते हैं। इसलिए इस भाव-धारा से तन-मन के बूढ़े, बुद्धि के बाबर्चियों का असहयोग होना अनिवार्य था। किन्तु इस असहयोग में वह दम नहीं थी कि वह इस प्रवेग को रोक सके, क्योंकि युग विशेष की उद्‌बुद्‌धता को थाम लेना किसी प्रकार भी सम्भव नहीं होता। जिस प्रकार व्यक्ति-विशेष अपनी भावाभिव्यक्ति के लिए एक विशेष प्रकार की शैली का सृजन करता है उसी प्रकार युग विशेष भी अपनी अभिव्यक्ति का नया माध्यम खोज निकालता है। गर्मी की निंदा करके जिस प्रकार उसे जाड़ा नहीं बनाया जा सकता उसी प्रकार किसी युग-व्याप्त भाव-धारा की निंदा करके उसे परिवर्तित नहीं किया जा सकता, किन्तु विरोधियों में समझदारी और ईमानदारी की कल्पना करना भी तो हास्यास्पद है। जो भोजन स्वास्थ्य

के लिए अनिवार्य है वही रोग का भी कारण बनता है, छायावाद का विरोध करनेवाले सयानों–समझदारों को रोगी मानकर ही छोड़ देना ठीक है। यों भी जीवन के किसी भी क्षेत्र की क्रान्ति का समर्थन बूढ़ों से नहीं होता, उसे गति देने के लिए सदैव नवीन उष्ण रक्त की स्फूर्ति ही अपेक्षित रहेगी।

सन् ३५ में सरोज की असामयिक मृत्यु ने निराला को बहुत भारी आघात पहुँचाया। चारों ओर के विरोध और साहित्यिक व्यवसायियों के छलों से पीड़ित कवि के लिए यह दुर्घटना महान क्षोभ का कारण बन गयी। निराला का जीवन झंझा के बीच में एकाकी तरु की भाँति झकझोर गया, हिल गया, पर हिन्दी के सौभाग्य से उखड़ा नहीं। साहित्य–सृजन के साथ–साथ निराला ने अपने युग की राजनीति में भी बराबर भाग लिया है। सन् २५ में चर्खे को लेकर गांधी जी से जो विवाद रवीन्द्र का चला था उसके उत्तर में निराला ने एक बहुत लम्बा लेख लिखकर रवीन्द्र की बहुत–सी गलतियाँ बताई थीं। यद्यपि निराला कभी भी गांधीवाद के समर्थक नहीं रहे पर नये राष्ट्रीय–आन्दोलन की गति में वे स्फूर्ति भरने की चेष्टा में सतत् प्रयत्नशील रहे हैं। राष्ट्रीय–आन्दोलनों के प्रति निराला कितनी जागरूकता और सक्रिय सहयोग उनके किसी अन्य समकालीन साहित्यकार से नहीं सम्भव हुआ। निराला ने राजनीतिक दासता और सामाजिक रूढ़ियों के प्रति सदैव विद्रोह किया है। पर किसी ने सच कहा है कि गुलाम देश का नेता भी गुलाम मनोवृत्तियों का शिकार होता है, विशेषकर भारत तो इसका अद्‌भुत उदाहरण है। इसलिए निराला की राजनीतिक सूझों का महत्त्व नेताओं ने नहीं माना। सन् ३१ में निराला ने 'अधिकार–समस्या' नामक एक निबंध लिखकर देश की स्थिति और उसके सुधार का सुझाव सामने रखा। जिसमें उन्होंने लिखा कि अधिकारों को लेकर ही सभ्यता का विकास हुआ है क्योंकि मनुष्य अपने अधिकारों के लिए आकुल–व्याकुल है। अधिकार भेद के ही कारण आपस में कलह–कोलाहल का सूत्रपात होता है, इसलिए सब व्यक्तियों को समानाधिकार देकर ही शाश्वत शान्ति की स्थापना की जा सकती है अन्यथा नहीं। संसार की प्रत्येक जाति की विशेषता के रूप में उसके अधिकार उसके पृथक व्यक्तित्व का साक्ष्य दे रहे हैं, जिनके द्वारा एक जाति दूसरी जातियों से भिन्न और मौलिक है। किन्तु संसार के भिन्न–भिन्न देशों के नवीन संस्कारों को

देखकर अंग्रेजी प्रभाव में पले हमारे अधिकांश नेता भारत के लिए भी उन्हीं उपायों का प्रयोग करना चाहते हैं, किन्तु सत्य अनुकरण से नहीं वरन् साधना से प्राप्त होता है। इसे कौन नहीं जानता कि अनुकरण किसी आदर्श की पुष्टि नहीं कर सका। इसके लिए मौलिक उद्भावना ही दरकार रहेगी।

मौलिकता का मूल साम्यावस्था है, और इसी का नाम यथार्थ स्वतन्त्रता भी है। ऐसी ही स्थिति की प्रेरणा मनुष्य के अधिकारों की रक्षा करती हुई उन्हें वास्तविक रूप में स्वतन्त्र बनाती है। पर नेता लोग इन मौलिक विचारों की कल्पना से परे जड़ अधिकारों की रक्षा में व्यस्त रहते हैं। 'हमारे देश के अधिकांश नेता लोग त्याग तथा मनुष्यता में बहुत आगे बढ़े हुए भी केन्द्रच्युत हैं, इसलिए ऐसी आवाज नहीं उठाते जिससे अधिकारवाद का मौलिक परिवर्तन हो। कुछ नेता योरुप का स्वप्न देखते हैं।' क्योंकि उनकी शिक्षा–संस्कृति योरुप से प्रभावित है। वास्तव में यह बड़े दुख की बात है कि नेताओं में ज्यादातर विदेशी शिक्षाप्राप्त व्यक्ति ही हैं। हिन्दी प्रान्त के केन्द्र प्रयाग में रहकर भी पं० जवाहरलाल ऐसे नेता भी हिन्दी नहीं जानते और संस्कृत की तो उनके सामने बात करनी व्यर्थ है। यह बात ऊपर से मामूली सी जान पड़ती है पर इसका प्रभाव बहुत व्यापक होता है। दरिद्र भारत के नेता धनी लोग भी हैं। जहाँ नेता त्याग नहीं कर सके वहाँ अनुयायी अथवा धन के बड़े–बड़े उत्तराधिकारी अपने अधिकारों का त्याग कैसे कर सकते हैं? अभी तो महलों में रहकर, कुटियों की सैर करके देहात–दर्शन और देहातियों को उपदेश देते हैं—पुनः मोटर पर भ्रमण करते हुए। देश की यही हालत है। निराला जी जीवन में बहुत बड़े आशावादी भी हैं इसलिए नेताओं की स्थिति पर क्षोभ प्रकट करते हुए भी उन्होंने लिखा है—'अवश्य वह युग आयेगा। हमें यथाशक्ति सत्य का उपहास न करते रहना चाहिये। इस भावना से भरा हुआ कोई भी कार्य साम्य–स्थिति के लिए कोई भी विचार अपूर्ण न रहेगा क्योंकि—स्वल्पमप्यस्य धर्मस्य त्रायते महतो भयात्।

इस प्रकार राजनीति में भी वे अपने विचारों का प्रचार करते जाते थे, देश के कर्णधारों को सुझाते जाते थे, पर यह भी ठीक है कि दुर्भाग्य की चक्की में पड़ा देश निराला के अमूल्य विचारों का महत्त्व नहीं समझ सका। किसी बिड़ला अथवा डालमिया ने उन्हें अपने विचारों के प्रचार के लिए

हवाई जहाज नहीं दिया, पत्र-पत्रिकाओं ने भी साथ नहीं दिया। और आज बिना भोंपू के कौन किसकी बात सुनता है? इसके अतिरिक्त सन् ४२ के पहले तक गरीब का नेता होना भी नितान्त असम्भव था। बड़े बाप के बेटे और बड़े बनिये के लिए नेता होना आसान था, किन्तु योग्य होते हुए भी गरीब का नेता होना एकदम मुश्किल।

राजनीति ही नहीं, धर्म के ढोंग पर भी निराला ने कठोर से कठोर व्यंग्य किये हैं और वास्तविक धर्म का स्वरूप जनता के सामने रखा है। सन् ३५ की लिखी 'दान' नामक कविता में निराला ने प्रचलित धर्म की बहुत ही मार्मिक भर्त्सना की है—

मैं प्रातः पर्यटनार्थ चला
लौटा, आ पुल पर खड़ा हुआ;
सोचा, 'विश्व का नियम निश्चल,
जो जैसा, उसको वैसा फल
देती यह प्रकृति स्वयं सदया,
सोचने को न कुछ रहा नया;
सौन्दर्य, गीत, बहुवर्ण, गंध,
और भी उच्चतर जो विलास,
प्राकृतिक दान वे, सप्रयास
या अनायास आते हैं सब,
सबमें है श्रेष्ठ, धन्य, मानव'।
फिर देखा, उस पुल के ऊपर
बहु संख्यक बैठे हैं बानर।
एक ओर पथ के कृष्णकाय
कंकाल-शेष नर मृत्युप्राय
बैठा सशरीर दैन्य दुर्बल,
भिक्षा को उठी दृष्टि निश्चल;
अति क्षीण कण्ठ, है तीव्र श्वास
जीता ज्यों जीवन से उदास
ढोता जो वह, कौन सा शाप?
भोगता कठिन कौन सा पाप?
यह प्रश्न सदा ही है पथ पर
पर सदा मौन इसका उत्तर!
जो बड़ी दया का उदाहरण,

वह पैसा एक उपाय करण!
मैंने झुक नीचे को देखा,
तो झलकी आशा की रेखा:—
विप्रवर स्नानकर चढ़ा सलिल
शिव पर दूर्वादल, तन्दुल, तिल
लेकर झोली आये ऊपर
देखकर चले तत्पर बानर!
झोली से पुए निकाल लिए,
बढ़ते कपियों के हाथ दिए;
देखा भी नहीं उधर फिर कर
जिस ओर रहा वह भिक्षु इतर
चिल्लाया किया दूर दानव
बोला मैं—'धन्य श्रेष्ठ मानव'।

इस प्रकार की धार्मिकता इस देश के लिए कोई नयी बात नहीं। सुना है कलकत्ते में कुछ ऐसे भी मारवाड़ियों के धर्मशाले हैं जहाँ की चारपाइयों से खटमलों को किसी प्रकार भी मारा अथवा भगाया नहीं जाता। उलटे, जो आदमी उन चारपाइयों पर लेट कर खटमलों को अपने रक्त से तृप्त करने को तैयार होता है उसे धर्मशाले के अधिकारियों की ओर से कुछ रुपया भी दिया जाता है, शायद एक रात का एक रुपया। अगर यह नहीं भी सत्य हो तो निराला ने ऊपर जिस घटना का उल्लेख किया है वह कम रोमांचकारी नहीं है। धर्म के नाम पर यहाँ रोज ही ऐसी अमानुषिक घटनायें घटती रहती हैं। फिर भी वास्तविक तत्त्व की ओर ध्यान दिलाने पर निराला जी को उन पंडित-प्रवर का क्रोध ही मिला, सहानुभूति तो कदापि नहीं।

देश की धार्मिक, सामाजिक तथा राजनीतिक विकृतियों की कड़ी-से-कड़ी आलोचना करते हुए भी निराला ने इनके सुधार की समस्याओं के हल के समय सब दिन अपनी प्रसन्नता जाहिर की है। पिछली कांग्रेस मिनिस्टरी के बाद निराला ने लिखा था—

बहुत दिनों बाद खुला आसमान।
निकली है धूप, हुआ खुश जहान!
दिखीं दिशायें, झलके पेड़,
चरने को चले ढोर—गाय-भैंस-भेड़

खेलने लगे लड़के छेड़-छेड़—
लड़कियाँ घरों को कर भासमान!

इस कविता में राजनीतिक कुहासे से मुक्ति का स्वरूप स्पष्ट रीति से सामने रखा गया है। जनता कांग्रेसी शासन से इसी प्रकार के मुक्त वातावरण की आशा भी बाँधे बैठी थी, यद्यपि वह पूरी नहीं हो सकी, यह भी प्रत्यक्ष है। इस राजनीतिक अधिकार के प्रति निराला ने यह भी कामना की थी—

मेरी छवि उर-उर में ला दो!
मेरे नयनों से ये सपने समझा दो।
जिस स्वर से भरे नवल नीरद,
हुए प्राण पावन गा हुआ हृदय भी गद-गद,
जिस स्वर-वर्षा ने भर दिए सरित-सर-सागर,
मेरी यह धरा धन्य हुई भरा नीलाम्बर,
वह स्वर शर्मद उनके कण्ठों में गा दो!

किन्तु निराला की यह आशा पूरी नहीं हुई और मिनिस्टरी ने इस्तीफा तक दे दिया।

साधारणजन इस प्रकार की चारों ओर की विकृतियों से घबड़ाकर या तो वैराग्य की शरण ले लेता है या क्रांति का कारण बनता है। निराला का निर्वाह वैराग्य में नहीं था, क्योंकि वे जन-सेवा का—साहित्य-सृजन का व्रत ले चुके थे। इस कारण उन्होंने अपने मन में नया उत्साह भरने की कोशिश करते हुए लिखा—

बादल गरजो!—
घेर घेर घोर गगन, धारा धर ओ!
ललित-ललित काले घुँघराले
बाल-कल्पना के-से पाले
विद्युत-छविउर में, कवि, नव जीवन वाले!
बज्र छिपा, नूतन कविता
फिर भर दो :—
बादल गरजो!

सन् ३८ तक निरन्तर संघर्ष करते-करते निराला जी कुछ श्रान्त से हो गये। उनका आत्म-विश्वास तो ज्यों-का-त्यों अटल रहा, पर विद्रोह का स्वर कुछ मन्द पड़ गया। उन्होंने अपनी इस मनोदशा का चित्रण अपनी

एक 'उक्ति' में किया है, जिससे अपनी कविता को लेकर उन्होंने अपनी अन्य सारी असफलताओं की उपेक्षा-सी की है। आत्म-विश्वास के स्वर विरोध और बौखलाहट की सनसनाहट में भी स्पष्ट है—

कुछ न हुआ न हो
मुझे विश्व का सुख, श्री, यदि केवल
पास तुम रहो!

इसके पहले भी कभी-कभी निराला का मन क्षुब्ध होकर खिन्न हो उठता था और वे तीन-चार दिन तक किवाड़ा बंद किये अकेले पड़े रहते थे, किन्तु इस बार की प्रतिक्रिया निश्चय ही कुछ अधिक वेगवती थी। उन्होंने अपने बड़े-बड़े बाल कटा डाले और भविष्य में कविता न लिखने का निश्चय सा कर लिया। दो-चार माह के बाद उनका यह निश्चय इधर-उधर फैलते हुए प्रयाग तक पहुँचा। निराला के समझनेवाले उनके आत्मीयजनों को इससे बहुत कष्ट भी पहुँचा। किसी ने मजाक भी उड़ाया, पर अधिकतर लोगों ने सहानुभूति ही दिखलाई, इसमें सन्देह नहीं।

प्रसाद जी का स्वर्गवास हो चुका था, पंत जी अपनी काव्य-भूमि बदल चुके थे और निराला का यह निश्चय जैसे आधुनिक युग की वृहत्त्रयी में घुन का काम कर गया। सन् ३५ के पश्चात् साहित्य में एक नये आन्दोलन का भी सूत्रपात हो चुका था जिसे 'प्रगतिवाद' के नाम से पुकारा जाता था और जिसके उन्नायक-रूस के जूस से पनपनेवाले कुछ बाबू लोगों का दल भी छायावाद पर कुठाराघात करना अपना परम कर्तव्य समझ रहा था। इस धारा में जीवन की सम्पूर्ण प्रगति का ध्यान न रखकर केवल राजनीतिक विचारधारा का प्राधान्य था, इसलिए साहित्य के सच्चे पारखी उससे कतरा रहे थे। और छायावाद का तो अभी प्राचीन-प्रेमी पंडों से विरोध चल ही रहा था कि उसके सामने एक नये मोर्चे के रूप में यह प्रगतिवाद आया। छायावादी कवियों में केवल निराला जी ही ऐसे कवि थे जिनको प्रगतिवादी भी अपना कवि मानते थे। प्राय: प्रगतिवाद पर लिखे गये लेखों में निराला की कविता के उद्धरण भी दिये जाते थे। निराला के इस निश्चय ने छायावाद को क्षति पहुँचाने के साथ-साथ प्रगतिवाद पर भी भारी आघात पहुँचाया, इसमें सन्देह नहीं।

छायावाद की चरम परिणति—श्री महादेवी जी को इस समाचार से अत्यन्त

दुख हुआ और वे निराला की मानसिक स्थिति का ठीक-ठीक पता चलाने के लिए लखनऊ गयीं और उनसे पुन: कविता लिखने का वचन ले लिया। निराला जी ने एक पत्र के द्वारा अपने कविता लिखने के अभिनव संकल्प की मुझे भी सूचना दी और यह भी लिखा कि अब दुनिया इतनी गद्यमय हो गयी है कि कविता लिखते हुए भी वे अब काव्योचित प्रसाधनों का संविधान-शृंगार फिर कभी न करेंगे। सिर तो घुटा ही रहेगा। इस पत्र से निराला की तत्कालीन मानसिक स्थिति का साफ पता चलता था। उन्होंने सन् ३० में एक कविता 'हिन्दी के सुमनों के प्रति पत्र' में भी कुछ ऐसा ही लिखा था—

ईर्ष्या कुछ नहीं मुझे, यद्यपि
मैं ही वसन्त का अग्रदूत,
ब्राह्मण समाज में ज्यों अछूत
मैं रहा आज यदि पार्श्वच्छवि!

निराला ने फिर कविता लिखने का निश्चय तो कर लिया पर उनकी भीतरी अन्तर्दशा ज्यों-की-त्यों अस्थिर बनी रही और वे एक जगह जमकर रहने की अपेक्षा यात्रायें अधिक करने लगे। इन दिनों कवि-गोष्ठियों का भी खूब प्रचार था और निराला जी ने आना-जाना भी जोरों से शुरू कर दिया। राजनीतिक क्षेत्रों में एक नयी चर्चा भी उन्हीं दिनों चल पड़ी। महात्मा गांधी ने हिन्दी छोड़कर हिन्दुस्तानी की आवाज उठाई और साहित्य की गतिविधि पर भी अपनी राय देने लगे। निराला का स्वभाव अनौचित्य सहने का नहीं है, फिर चाहे वह जिसके द्वारा भी प्रचारित किया जाय वे उसका विरोध अवश्य करते हैं।

सन् ३८ में प्रान्तीय साहित्य सम्मेलन फैजाबाद में हुआ। उस समय निराला जी वहीं थे। श्रीनारायण चतुर्वेदी ने मुर्दा सम्मेलन को जिलाने के लिए निराला का सहयोग चाहा और सभापतियों का जिक्र किया। निराला ने आचार्य शुक्ल को पूर्ण सम्मेलन का सभापति चुनने की राय दी। उस वक्त बातचीत यही हुई थी कि सम्मेलन में राजनीतिकों का प्राधान्य हो रहा है इसलिए इस सम्मेलन में साहित्यिकों की इज्जत की जायेगी, किन्तु बाद में शुक्ल जी सिर्फ साहित्य-शाखा के सभापति बनाए गये और टंडन जी पूर्ण सम्मेलन के। निराला जी को यह बात अच्छी नहीं लगी और न किसी साहित्यकार को अच्छी लग सकती, पर वे चतुर्वेदी जी से प्रतिश्रुत

थे, अतएव सम्मेलन में गये। निराला जी ने लिखा है कि वह एक साहित्य-सम्मेलन न होकर प्रहसन मात्र था। उसे सभापतियों ने ही—राजनीतिक सभापतियों ने प्रहसन बनाया था। उपस्थिति स्कूल मास्टरों की अधिक थी, क्योंकि वे कांग्रेस-सरकार के मातहत थे और टंडन जी तथा सम्पूर्णानन्द जी उसके मंचनायक।

पहले रोज माननीय सम्पूर्णानन्द जी कला-प्रदर्शनी खोलने के लिए आये। बोलते समय कला-प्रदर्शनी को छोड़कर कविता पर बोलने लगे। आवेग में आये और बोले—'कवियों को राजनीतिज्ञों का साथ देना है।' निराला जी से न रहा गया और उन्होंने कहा—हिन्दी के कवि राजनीतिज्ञों से और आगे हैं।'

दूसरे दिन टंडन जी सम्मेलन के सभापति पधारे। साथ में सम्पूर्णानन्द जी, आचार्य नरेन्द्रदेव और दो-एक असेम्बली के सज्जन। आचार्य जी ने स्वागताध्यक्ष की हैसियत से कहा—'आपके यहाँ दो-दो महापुरुष पधारे हुए हैं, एक हैं पूज्य माननीय बाबू पुरुषोत्तमदास टंडन, दूसरे माननीय सम्पूर्णानन्द जी।' निराला ने लिखा है—

'मेरे मन में बड़ी ग्लानि पैदा हुई—वहीं आचार्य रामचन्द्र शुक्ल बैठे थे। अगर साहित्यिकों में अन्य कोई महापुरुष नहीं थे तो साहित्य विभाग के सभापति आचार्य रामचन्द्र शुक्ल तो थे ही; लेकिन आचार्य नरेन्द्रदेव ने उनका उल्लेख नहीं किया। उनकी निगाह में दो ही महापुरुष थे। आप समझ सकते हैं, राजनीतिक किस दृष्टि से साहित्यिक को देखता है। आचार्य शुक्ल जी उम्र में भी टंडन जी से शायद ही छोटे होंगे। मेरा तो खयाल है कुछ बड़े होंगे। साहित्य में शुक्ल जी की ख्याति हिन्दी भाषियों से छिपी नहीं। लेकिन उदार बननेवाले राजनीतिक ने अपने हृदय का भाव व्यक्त कर दिया'।

भाषण सभी के मौखिक थे। टंडन जी का भी जो सम्मेलन के सभापति थे। निराला जी की राय से साहित्य-सम्मेलन के सभापति का भाषण मौखिक नहीं होना चाहिये था। ठीक उसी तरह जैसे नेशनल कांग्रेस या प्रान्तीय कांग्रेस के सभापति के भाषण प्राय: मौखिक नहीं होते। टंडन जी हिन्दी-हिन्दू के प्रसंग पर एक जगह कह रहे थे, 'सूर और तुलसी ने इन शब्दों के प्रयोग नहीं किये'। निराला ने कहा—'कबीर ने किया है।' फिर

क्या था, 'जिमि छुय गयो पाक बरतोरू' की भाँति टंडन जी का स्वर बिगड़ना शुरू हुआ। 'बिगड़ते-बिगड़ते वह इतने बिगड़े कि साहित्यिक शिष्टता का खयाल भी जाता रहा। राजनीति में प्रोपेगैंडा करनेवाले, एक-दूसरे के खिलाफ, इतर शब्दों का प्रयोग करते हैं, साहित्य में कहीं-कहीं व्यंग्यपूर्ण इतरता लक्षित होती है, लेकिन साहित्य के मंच पर टंडन जी जैसे प्रान्त के समादृत व्यक्ति का भाषण के रूप में प्रलाप या आलाप किसी तरह भी मार्जनीय नहीं हो सकता।

इसके बाद टंडन जी पूर्ण रूप से राजनीति को प्राधान्य दे चले, जैसे सरस्वती राजनीति की दासी हो। साहित्य के मंच पर समवेत साहित्यिकों के सामने राजनीति के महत्त्व की घोषणा उस आसन का अपमान है, इसके समझाने और समझने के लिए अधिक शब्दों की आवश्यकता नहीं। टंडन जी द्वारा उस आसन के सम्मान की रक्षा नहीं हुई। इस प्रकार उन्होंने साहित्यिकों का भी अपमान किया। मैं दावे के साथ कहता हूँ इस प्रान्त में राजनीति ने जो काम किया है, उससे अधिक काम साहित्य ने किया है। इस प्रान्त के राजनीतिक जितने बड़े-बड़े व्यक्ति हैं, निस्सन्देह, साहित्यिक उनसे बड़े हैं। यह है कि यहाँ के साहित्यिक आठ मर्तवा अटलांटिक या सोलह मर्तवा पैसफिक क्रास नहीं कर चुके, न ऐरोप्लेन पर चढ़कर अभी पृथ्वी का आकाश पार किया है, उनमें शायद ही किसी ने योरुप में पूर्ण शिक्षा पायी हो, लेकिन यथार्थ ज्ञान, अध्ययन कार्य और तपस्या से जहाँ तक ताल्लुक है, यहाँ के साहित्यिक राजनीतिकों से आगे हैं—विशेषतः इसलिए कि वे 'फालोअर' नहीं 'ऑरीजनल' हैं।

राजनीतिक अपने स्वार्थ को छोड़ नहीं सकता और स्वार्थ व्यक्तिगत हो या देशगत, वह सीमित है, इसलिए छोटा होता है' परन्तु साहित्य कभी भी दायरे की किसी भावना में नहीं बँधता, क्योंकि उसके सामने मनुष्य भाव के कल्याण का लक्ष्य रहता है।' वस्तुतः निराला ने साहित्य का अपमान होता देखकर उस स्थान को छोड़कर चले आने की ठानी और तीसरे दिन आचार्य शुक्ल के सभापतित्व में सबको मुँह-तोड़ जवाब भी दिया। इस सम्मेलन में जो-जो ग्लानिकर और अपमानकर बातें साहित्यिकों को, निराला को कही गयीं उनका पूर्ण उल्लेख कर मैं अपनी लेखनी को दूषित नहीं बनाना चाहता, पर इतना अवश्य कहना चाहता हूँ कि साहित्य यदि सिर है तो राजनीति उसकी पद रज और साहित्यकार के सामने एक

राजनीतिक व्यक्ति का स्थान भी उसी हिसाब से निश्चित होगा। टंडन जी के उत्तर में निराला ने यह कविता पढ़ी थी—

टूटे सकल बंध
कलिके, दिशा-ज्ञानगत हो बहे गंध।
रुद्ध जो धार के, शिखर निर्झर झरे,
मधुर कलरव भरे शून्य शत-शत रंध।

और समाजवादी कहे जानेवाले सम्पूर्णानन्द जी के भाषण के उत्तर में अपनी एक पुरानी कविता—बहुत पुरानी, इतनी पुरानी जब शायद सम्पूर्णानन्द जी सिर्फ स्कूल मास्टर रहे होंगे—निराला ने सुनाई—

तिरती है समीर सागर पर
अस्थिर सुख पर दुख की छाया—
जग के दग्ध हृदय पर
निर्दय विप्लव की प्लावित माया—
यह तेरी रणतरी
भरी आकांक्षाओं से,
घन! भेरी गर्जन से सजग सुप्त अंकुर
उर में पृथ्वी के, आशाओं से
नवजीवन की, ऊँचा कर सिर
ताक रहे हैं ऐ विप्लव के बादल! फिर फिर!

किन्तु यह नहीं कहा जा सकता कि इन महान नेताओं ने इन कविताओं का अर्थ भी समझा या नहीं, क्योंकि उनके रुख में कोई प्रत्यक्ष परिवर्तन नहीं दिखा। जो भी हो निराला लिखित 'प्रान्तीय साहित्य सम्मेलन फैजाबाद' लेख जो उनकी 'प्रबंध प्रतिमा' में संगृहीत है, देखकर कोई भी समझदार व्यक्ति इन राजनीतिकों की ज्यादती से पूर्ण परिचित हो सकता है, यह निर्विवाद है। आध्यात्मिक स्वर के समर्थक होते हुए भी निराला ने सामाजिक और राजनीतिक जीवन की प्रगतियों के प्रति सदैव अपनी सहानुभूति प्रकट की है। उनकी सभी रचनाओं में समाजवादी सिद्धान्तों का देश की संस्कृति के साथ सामंजस्य पाया जाता है। यही कारण है कि वे अपनी जीवन-व्यापी दृष्टि और विवेचना का प्रयोग सदैव नवीन रूपों में करते आये हैं। निराला को हिन्दी-साहित्य के सम्मान का प्रतीक कहा जा सकता है। फैजाबाद में राजनीतिकों द्वारा हिन्दी और उसके साहित्य की

अवस्था देखकर जिस साहस और स्पष्टता से निराला ने नेताओं की इस असाहित्यिक नीति का विरोध किया था उसकी प्रशंसा आचार्य शुक्ल जी गद्गद कण्ठ से आजीवन करते रहे।

यहाँ पर यह स्मरण रखना चाहिये कि फैजाबाद में और भी बहुत से साहित्यिक कहे जानेवाले जीव थे, पर वे सभी मानो कौरवों की सभा के सभासद थे, कुछ बोले नहीं। इसका कारण स्पष्ट है। इस युग के प्रायः साहित्य पारखी स्कूल-कालेज के अध्यापक रहे हैं और वे भला एजूकेशन मिनिस्टर की बात काटने का साहस कहाँ पायें? उन्हें साहित्य के पहले रोटी चाहिये। सन् २० से लेकर आज तक ऐसा समालोचक नहीं आया जो राजनीतिकों के दबाव से बाहर खड़ा होकर साहित्य का विवेचन कर सके। प्रायः सभी या तो स्वयं किसी राजनीतिक दल के गुट में थे या किसी गुट के मातहत, अर्थ या सिद्धान्त रूप में। इसलिए उनसे दल के दलदल के बाहर के साहित्य की समालोचना किसी प्रकार से भी सम्भव न थी। 'प्रबंध-प्रतिमा' की भूमिका में निराला ने ठीक ही लिखा है—'भारत में विचार-शुद्धि के लिए धन ही नहीं समाज, शरीर और मन भी देना पड़ता है, तब विश्व मानवता की पहचान होती है। हमारे पीड़ित, अशिक्षित, पतित, निराश्रय, निरन्न मानवों का तभी उद्धार होगा, तभी भारत की भारती जागृत कही जायेगी, तभी उसकी अपनी विशेषता सर उठाएगी।'

इसी महामानवता को ग्रहण करने के लिए निराला को समाज और संसार से इतना कठोर संघर्ष करना पड़ा है, क्योंकि संघर्ष ही से विषय की स्पष्टता सामने आती है। निराला का विचार है—'साहित्य की स्वतन्त्रता कभी भी बाहरी उपकरण को बहुत ज्यादा साथ नहीं ले सकती। बाहरी वस्तु सापेक्षवाद की तरह रहे, लेकिन किसी की अपेक्षा में वही रहता है जो सत्ता वाला है या सत्ता स्वयं अपेक्षा में रहती है जब बहिर्मुखी होती है। स्वतन्त्रता बहुमुखी है और साहित्य का मतलब है—वह सबको साथ लिए रहे। एक देश कुल विश्व के साथ राजनीतिक व्यावसायिक और साहित्यिक दृष्टियों से जुड़ा हुआ है। ऐसे उदार विस्तृत साहित्य निर्माण में जो लगेंगे, वे कभी भी दलबंदी में आकर एक वस्तु विषय को सत्य नहीं कहेंगे। विचारों की शुद्धि तब हो सकती है जब वह हवा की तरह सबके हृदय से लगे, चाँदनी की तरह सबकी आँखें ठण्डी कर दे। जिस प्रकार

मेघ मुक्त होकर किसी भी देश का जल देश की मिट्टी को छूने से पहले तक एक ही सा निर्मल और दोष रहित रहता है उसी प्रकार एकमात्र मनुष्यता के आधार पर किसी राष्ट्र का सच्चा साहित्यिक है—सभी राष्ट्रों को बराबर प्यार करनेवाला मनुष्य-मात्र का मित्र। विचार की इससे बढ़कर दूसरी शुद्धि नहीं हो सकती।'

अपनी इन्हीं उदार भावनाओं को कार्य रूप में परिणत करते हुए निराला ने अपना जीवन और साहित्य सँजोया है और तरह-तरह के उत्पात भी सहे हैं। राजनीतिकों ने तो उनको बहुत बड़े-बड़े प्रत्यक्ष और अप्रत्यक्ष आघात पहुँचाए हैं, पर उन्होंने एक भी नहीं माना और बराबर उनकी निर्ममता से लोहा लेते रहे। सन् ३९ में गांधी और नेहरू जैसे महा नेताओं के समक्ष भी उन्होंने निर्भीकतापूर्वक हिन्दी का समर्थन किया और उन्हें अवाक् कर दिया।

गांधी जी का अथवा किसी अन्य राजनीतिक व्यक्ति का जीवन स्वतन्त्रता की बाहरी लड़ाई की ओर अधिक उन्मुख रहता है, इसलिए राजनीतिक प्रयासों में किसी पार्टी का सहयोग भी आवश्यक हो उठता है। राजनीतिक जागरण में बहुत से साथियों के बिना काम नहीं चलता, किन्तु एक साहित्यिक या दार्शनिक ऐसी दलबंदी में काम नहीं कर सकता। आशय यह कि राजनीतिक कार्य कभी निरपेक्ष नहीं हो सकते। उनमें एक प्रकार की सापेक्षता रहेगी। गांधी जी की कुल क्रियायें एक सापेक्षता लिए हुए हैं। तिलक के मुकाबले में सर उठाते हुए गांधी जी ने हिन्दी को राष्ट्रभाषा बताकर हिन्दी भाषा-भाषियों को अपनी ओर खींचा। यहाँ तक कि वे साहित्य सम्मेलन के सभापति भी बन गये। नेता को जनता की सहानुभूति निश्चित रूप से चाहिये, अन्यथा लोकप्रियता नहीं मिल पाती। उन्हीं गांधी जी ने अपने नेतृत्व की सीमा बढ़ाने के लिए हिन्दुस्तानी की भी आवाज उठाई और साहित्य-सम्मेलन छोड़ बैठे। इससे साफ जाहिर है कि किसी भाषा के सँवारने की अपेक्षा उनका उद्देश्य राजनीतिक है। जान पड़ता है हिन्दी को राष्ट्रभाषा कहकर गांधी जी ने हिन्दी वालों को अपनाया और उनके नेता (सभापति) बने, किन्तु इससे मुसलमानों ने उन्हें अपना नेता स्वीकार नहीं किया। वस्तुतः मुसलमानों का भी नेता बनने के लिए गांधी जी ने हिन्दुस्तानी का पल्ला पकड़ा। इस नेतागिरी में हिन्दी के राष्ट्रीय महाकवि भूषण का जो तिरस्कार उन्होंने किया, वह चिरस्मरणीय है।

इसके अलावा इन्दौर में गांधी जी ने एक नया सस्वर छेड़ा—कौन है हिन्दी में रवीन्द्रनाथ, जगदीशचन्द्र और प्रफुल्लचन्द्र राय? इस बात को लेकर पत्र-पत्रिकाओं में कुछ विवाद भी चला, पर शीघ्र ही गांधी जी के प्रभाव से शान्त भी हो गया। निराला ने भी इस विषय पर गांधी जी से बातचीत करनी चाही और वे लखनऊ कांग्रेस के अवसर पर उनसे मिलने गये। उनके भक्तों ने कहा कि पता बताना मना है, लोग महात्मा जी को परेशान करते हैं। निराला ने देखा कि एक बकरी ताँगे पर गोमती पार ले जाई जा रही है। वे फौरन ताड़ गये कि यह गांधी जी की बकरी ही हो सकती है और उससे उन्हें उनके ठहरने का पता भी चल गया। निराला जी उनसे मिलने गये, श्री वाचस्पति पाठक और कुँवर चन्द्रप्रकाश सिंह भी साथ हो लिए। दरवाजे पर एक स्वयंसेवक पहरा दे रहा था। उसने बताया कि मुलाकात नहीं हो सकती। पर निराला जी के व्यंग्यों के बाद वह चेता और चिट्ठी लेकर भीतर गया। इसी समय शीतलासहाय जी बँगले के बाहर निकले। उन्होंने निराला जी से आने का कारण पूछा और जानने के बाद कहा कि महात्मा जी आजकल किसी से मिलते नहीं। पर निराला जी तो जैसे मिलने के लिए तुले बैठे थे, बोले कि उन्होंने बहुतों से बातचीत करते देखा है। शीतलासहाय जी ने बताया कि वे लोग बड़े-बड़े नेता हैं, गांधी जी से सलाह करने आते हैं। निराला ने बहुत ही उचित उत्तर दिया कि वे जितने बड़े नेता हैं, वे उनसे बड़े साहित्यिक हैं। हिन्दी साहित्य-सम्मेलन का सभापति निराला से मिलने में कोई संकोच नहीं कर सकता?

प्रार्थना के समय वे देसाई जी से मिले तो मालूम हुआ कि उन्हें निराला की कोई चिट्ठी नहीं मिली। पर देसाई जी ने कृपापूर्वक पूछा कि निराला महात्मा जी से आखिर क्यों मिलना चाहते हैं? निराला ने बताया कि वे राजनीतिक महात्मा जी से नहीं वरन् हिन्दी-साहित्य के सभापति गांधी जी से मिलना चाहते हैं। देसाई जी, प्रतीक्षा करने को कहकर चले गये। बाद में निराला जी को बीस मिनट का समय दिया गया और वे भीतर जाकर गांधी जी से मिले। कमरे के भीतर जाने के साथ निराला जी की निगाह महात्मा जी की आँखों पर पड़ी, पुतलियों में बड़ी चालाकी-सी मालूम दी। निराला जी ने खड़े-खड़े हाथ जोड़कर प्रणाम किया, पर गांधी जी ने उसका प्रति-नमस्कार निराला के उनके सामने बैठ जाने पर दिया। निराला ने गांधी-दर्शन का चित्रण इस प्रकार किया है—'वहाँ का वायु

मंडल, मनोमंडल, बदन मंडल, भावमंडल मुझे बड़ा अच्छा लगा। गांधी की आँखों में दिव्यता, जो बड़े आदमी में ही दिखती है—बड़े धार्मिक आदमी में, लेकिन दृष्टि आधी बाहर—दुनिया को दी हुई जैसे—आधी भीतर अपनी समझ की नाप के लिए'।

निराला जी का पहनावा विशुद्ध बंगाली था, कुर्ता-धोती कोंछीदार, ऊपर से खद्दर की चद्दर। गांधी जी ने पूछा—आप किस प्रान्त के रहनेवाले हैं? इस प्रश्न का गूढ़ सम्बन्ध बहुत दूर तक आदमी को ले जाता है। यहाँ नेता, राजनीति और प्रान्तीयता का प्रश्न यदि न भी उठाया जाय तो भी निराला की बंगाली वेश-भूषा गांधी जी को कुछ आश्चर्यमय अवश्य ही लगी होगी। क्योंकि जब निराला जी ने अपने को उन्नाव जिले का बताया तब गांधी जी की ललाट-रेखायें आश्चर्य में तनतना-सी उठी थीं। निराला ने हिन्दी साहित्य की आधुनिक दशा का विवेचन करते हुए बताया, 'अब यहाँ भी नये-नये रूप, नये-नये छंद और नये-नये भाव दिये जाने लगे हैं, पर साधारणजन तो इनसे दूर हैं ही, संपादक और साहित्यिक भी, अधिक संख्या में, इनसे अज्ञ हैं। वे समझने की कोशिश भी नहीं करते, उल्टे मुखालिफत करते हैं। हम लोगों के भाव इसलिए प्रचलित नहीं हो पाये। देश की स्वतन्त्रता के लिए पहले समझ की स्वतन्त्रता जरूरी है। मैं आपसे निवेदन करने आया हूँ कि आप हिन्दी की इन चीजों का कुछ हिस्सा सुनें।'

महात्मा जी ने सीधा-सादा उत्तर दे दिया कि वे हिन्दी, कुछ भी नहीं जानते और चुप लगा गये। निराला जी ने पूछा—'तो आपको क्या अधिकार है कि आप कहें कि हिन्दी में रवीन्द्रनाथ ठाकुर कौन है?' निराला जी का प्रश्न बहुत ही औचित्यपूर्ण था, क्योंकि जो व्यक्ति जिस विषय को नहीं जानता उसे उसमें राय देने की अथवा समालोचना करने की धृष्टता भी नहीं करनी चाहिये। निराला जी के इस प्रश्न से सभी उपस्थित सज्जन सन्न हो गये और निराला जी ने स्वस्थ-चित्त से कहा—'बँगला मेरी वैसी ही मातृभाषा है, जैसी हिन्दी। रवीन्द्रनाथ का पूरा साहित्य मैंने पढ़ा है। मैं आपसे आधा घंटा समय चाहता हूँ। कुछ चीजें चुनी हुई रवीन्द्रनाथ की सुनाऊँगा, उनकी कला का विवेचन करूँगा, साथ कुछ हिन्दी की चीजें सुनाऊँगा।' मगर महात्मा जी ने साफ कह दिया—'मेरे पास समय नहीं है।' उस समय निराला जी की जो स्थिति थी वह इस अवतरण से साफ

है—'मैं हैरान होकर हिन्दी-साहित्य-सम्मेलन के सभापति को देखता रहा, जो राजनीतिक रूप से देश के नेताओं को रास्ता बतलाता है, बेमतलब पहरों तकली चलाता है, प्रार्थना में मुर्दे गाने सुनता है, हिन्दी-साहित्य-सम्मेलन का सभापति है, लेकिन हिन्दी के कवि को आधा घंटा वक्त नहीं देता—अपरिणामदर्शी की तरह जो जी में आता है, खुली सभा में कह जाता है, सामने बगलें झाँकता है।'

अन्त में निराला जी ने कुछ अपनी चीजें सुनाने की इच्छा प्रकट की, पर गांधी जी ने मना करते हुए कहा—'अपनी किताबें मेरे पास भेज दीजियेगा।' निराला के जैसे किसी ने चाँटा मारा और उन्होंने सोचा—'अब किसी की आलोचना से, किसी की तारीफ से आगे आने की अपेक्षा मुझे नहीं रही। मैं खुद तमाम मुश्किलों को झेलता हुआ, अड़चनों को पार करता हुआ, सामने आ चुका हूँ।' उन्होंने मजाक में गांधी से कहा—'आप अपने यहाँ के हिन्दी के जानकारों के नाम बतलाइए जो मेरी किताबों पर राय देंगे। आप को हिन्दी नहीं आती, आप कह ही चुके हैं।' यह कहकर निराला जी हँस पड़े।

वास्तव में यह दावे के साथ कहा जा सकता है कि इस देश का एक भी नेता ऐसा नहीं जो निराला के काव्य का विवेचन कर सके, अर्थ समझ सके, क्योंकि नेताओं ने हिन्दी पढ़ी ही नहीं बल्कि उसको बराबर उपेक्षा की दृष्टि से देखते आये हैं। हिन्दी-प्रान्त के होकर भी नेता अंग्रेजी के शौकीन रहे हैं, यह कहने की आवश्यकता नहीं। स्वयं गांधी जी ने 'साकेत' की भाषा को मुश्किल बताया है। बीस मिनट भी पूरे हो रहे थे, निराला जी उठकर चले आये। वापस आने पर गांधी जी की राय पर निराला जी को एक लोकोक्ति याद आई जिसे वे उनके पास लिख भेजना चाहते थे पर श्रीसियारामशरण जी के मना करने पर नहीं भेजा। लोकोक्ति यह है—

किसी महाजन के एक घोड़ा था। वह उसकी देखभाल रखते थे। एक दिन उसके पड़ोसी को कहीं जाना था। वे महाजन के यहाँ गये और कहा, सवारी के लिए मुझे आप अपना घोड़ा दे दीजिये। महाजन ने कहा, घोड़ा नहीं है। पड़ोसी को विश्वास न हुआ, वे वहीं खड़े रहे। कुछ देर बाद घोड़ा हिनहिनाया। पड़ोसी ने कहा, आप कहते थे, घोड़ा नहीं है, घोड़ा तो है। महाजन ने कहा, तुम हमारी आवाज नहीं समझे, घोड़े की आवाज समझे। निराला जी लिखनेवाले थे—महात्मा जी, मैं आपकी ही आवाज

पहचान गया। किताब भेजकर आप के घोड़े की आवाज नहीं पहचानना चाहता।

इसी वर्ष एक दूसरे महान नेता नेहरू जी से भी निराला की मुलाकात हुई। लखनऊ से देहरा—एक्सप्रेस के द्वारा निराला जी कलकत्ता जा रहे थे। उसी गाड़ी में इत्तफाक से नेहरू जी भी थे। तब वे कभी-कभी ड्योढ़े दर्जे में भी सफर कर लेते थे। निराला जी भी उसी डिब्बे में चढ़े। उनके सिर पर एक ऐसा टोप था जिसे मंकी कैप कहा जाता है। सभी प्रकार से वेश-भूषा लस्टम-पस्टम पर निराला का व्यक्तित्व तो लाखों में भी नहीं छिपता, इसे कौन नहीं जानता? जब नेहरू जी भीतर आकर बैठे तब निराला की तरफ उनकी निगाह उठी और वे विस्मय के भाव से देखने लगे। निराला ने नेहरू जी की तरफ मुँह करके कहा—'आपसे कुछ बातें करने की गरज- से अपनी जगह से यहाँ आया हूँ।' नेहरू जी ने आँखों से प्रश्न किया—आप कौन हैं? निराला जी ने अपना परिचय देते हुए कहा—'इधर हिन्दुस्तानी के सम्बन्ध में आपके विचार देखकर आपसे बातें करने की इच्छा हुई। जुबान जब अपने भावों के व्यक्तीकरण में समर्थ से—समर्थ होती चलती है तब वह साधारण-से-साधारण हो या न हो, उच्च-से-उच्च जरूर होती है। भाषाजन्य बहुत-सी कठिनाइयाँ सामने आती हैं जो हिन्दुस्तानी जुबान को मद्देनजर रखते हुए दूर नहीं की जा सकतीं। आदमी के जीवन में साधारण-सी बातें भी हैं, उनके साथ सूक्ष्मतम, साधारणजनों के मस्तिष्क से दूर असाधारण तत्त्व भी। भाषा जब साहित्य का रूप पाती है, तब वह दोनों को लिए हुए चलती है। आप अधिकांश जनों को खुश करने के लिए हिन्दुस्तानी जुबान का प्रचार करें, यह और बात है, लेकिन भाषागत और भावगत चारुता के उदाहरण उपस्थित करते हुए, उनका हिन्दुस्तानी रूप कैसा होगा, अगर आपसे पूछा जाय, तो क्या आप बता सकेंगे?'

नेहरू जी चुपचाप निराला जी की तरफ देखते रहे। निराला जी ने अपना आशय और स्पष्ट किया—'मैं हिन्दी के कुछ वाक्य आपको दूँगा जिनका अनुवाद आप हिन्दुस्तानी में कर देंगे, मैं आपसे प्रार्थना करता हूँ।' नेहरू जी बहुत व्यस्त हैं, उन्हें फुरसत नहीं है, संकोच के साथ कुछ ऐसा ही भाव जाहिर किया। निराला जी ने दूसरा प्रसंग छेड़ा—'हमारा समाज भी तैयार नहीं है।' समाज के नाम से नेहरू जी ने जरा गरदन ऊँची की और

अपनी स्वाभाविक तेजी से कहा—'रूस-रूस में कैसे हुआ?' निराला जी ने प्रश्न किया—'लेकिन आप क्या हिन्दुस्तानी की दशा वैसी ही समझते हैं? संस्कृति हिन्दू-मुसलिम मनोवृत्तियाँ—क्या वैसे ही वर्गयुद्ध से दुरुस्त होंगी? यहाँ के ऐतिहासिक विवर्तन देखने पर मालूम देता है, यहाँ के मन की दूसरी परिस्थिति है। यहाँ सुधार ज्ञान से हुआ है। एक हिन्दू-मुसलिम समस्या को ही लीजिये। मैं समझता हूँ, इसका हल हिन्दी के नये साहित्य में जितना सही पाया जायेगा, राजनीतिक साहित्य में नहीं। इसका कारण है, राजनीति प्रभावित है पश्चिम से; साहित्य मौलिकता से पनपा है।'

नेहरू जी बीच-बीच में एक-आध शब्द बोलकर देखते रहे। निराला जी को उनकी आत्मकथा की याद आई। साथ ही उसका वह अंश जिसको लेकर कुछ साल पहले हिन्दी में लिखा-पढ़ी हो चुकी थी। प्रसाद, प्रेमचन्द, रामचन्द्र शुक्ल ने नेहरू जी को काशी में बुलाकर सम्मानित किया था। उस अवसर पर नेहरू जी ने कहा था—'हिन्दी में दरबारी ढंग की कविता प्रचलित है'। कारण यह कि नेहरू जी न हिन्दी जानते न पढ़ते न लिखते थे, पर योंही अन्दाज से यह राय दे बैठे थे। निराला जी ने कहा—'पंडित जी, यह मामूली अफसोस की बात नहीं कि आप-जैसे सुप्रसिद्ध व्यक्ति इस प्रान्त में होते हुए भी इस प्रान्त की मुख्य भाषा हिन्दी से प्रायः अनभिज्ञ हैं। किसी दूसरे प्रान्त का राजनीतिक व्यक्ति ऐसा नहीं। बनारस के जिन साहित्यिकों की मंडली में आपने दरबारी कवियों का उल्लेख किया था, उनमें से तीन को मैं जानता हूँ। तीनों अपने-अपने विषय के हिन्दी के प्रवर्तक हैं। प्रसाद, प्रेमचन्द, रामचन्द्र शुक्ल के बीच आपका दरबारी कवियों का उल्लेख कितना हास्यास्पद हो सकता है? उन्होंने आपके सम्मान के लिए आपको बुलाया था, इसलिए आपके विरोध में कुछ नहीं कहा। आप जिस दरबारीपने का उल्लेख करते हैं, वह हिन्दी-साहित्य से बीसियों साल से दूर है। अगर हिन्दी की सच्ची जानकारी, उसकी कमजोरी और सहजोरी—दोनों की आपको होती, अगर आप भी हिन्दी के साहित्यिकों में शुमार किये जाते तो उस भाषा को कितना बड़ा बल प्राप्त होता। एक तो हिन्दी के साहित्यिक साधारण श्रेणी के लोग हैं एक हाथ से बार झेलते दूसरे से लिखते हुए, इस पर आप जैसे बड़े-बड़े व्यक्तियों को मैदान में मुखालिफत करते देखते हैं।

अगर आप या आपकी तरह के व्यक्ति एक भिन्न दृष्टिकोण लेकर दूसरे तौर-तरीके अख्तियार करते हुए आवाज उठायें तो सम्भवतः बीसियों साल की मार सहकर एक चीज तैयार करनेवाले आदमी जनता को साथ लेने की जगह उसके हाथ से छूट जाते हैं,। लेकिन यह तो बताइए, जहाँ सुभाष बाबू अपने सभापति के अभिभाषण में शरतचन्द्र के निधन का जिक्र करते हैं वहाँ क्या वजह है कि आपकी जुबान पर प्रसाद का नाम नहीं आता। क्या आप जानते हैं कि हिन्दी के महत्त्व की दृष्टि से प्रसाद कितने महान हैं?' जवाहरलाल ने दृप्त होकर देखा कि अयोध्या स्टेशन आ गया और निराला जी बाहर चले आये।

इस प्रकार इस युग के नेताओं ने हिन्दी-साहित्य और साहित्यिकों का कभी कोई ध्यान नहीं रखा और समय-समय पर अपने मन की उलटी-सीधी बातें करते रहे। इस स्थिति का विश्लेषण करने से साफ पता चल जाता है कि दोष राजनीतिकों का ही है। अंग्रेजों के भारत में आने और ब्रिटिश राज्य की स्थापना के साथ ही हमारे साहित्य में एक अभिनव संघर्ष का सूत्रपात होता है। राष्ट्रीयता की लहर चल पड़ती है, भारतेन्दु, तिलक और बंकिम से लेकर मैथिलीशरण गुप्त तक ऐसी ही देशज राष्ट्रीयता का प्रचार होता रहा, किन्तु बीसवीं सदी के प्रारम्भ से ही साहित्य में कई नयी समस्यायें सामने आने लगीं। पुराने आदर्श ढहने लगे और नवीन विज्ञान-सिद्ध सिद्धान्तों का प्रचलन बढ़ने लगा। ब्रह्म समाज का आन्दोलन, आर्य-समाज का सुधार, अफ्रीका से लौटे हुए गांधी का राजनीति में प्रवेश आदि घटनाओं में देश के सामाजिक, सांस्कृतिक एवं साहित्यिक क्षेत्रों में उथल-पुथल मचा दी। सन् १४ के महायुद्ध और सन् १८ की रूसी क्रान्ति ने उसको और भी उत्तेजित कर दिया और एक नये युग का प्रारम्भ हुआ।

बीसवीं सदी के आरम्भ में जिस प्रकार राजनीतिक क्षेत्र में आतंकवाद और गांधीवाद का जोड़ा आपस में टकराता हुआ आगे बढ़ रहा था उसी प्रकार साहित्य में भी दो भावधाराओं का उत्थान हुआ। सन् २० के असहयोग आन्दोलन और सन् ३० के सत्याग्रह का विफल प्रयास भी साहित्य में अपना प्रभाव छोड़े बिना नहीं रहा। बंगाल और महाराष्ट्र आदि अन्य प्रान्तों में इन राजनीतिक आन्दोलनों का उतना प्रभाव नहीं पड़ा जितना हिन्दी प्रान्त में। गांधी का राष्ट्रीय जागरण हिन्दी-साहित्य में जितना

प्रतिफलित हुआ, अन्यत्र किसी भी देशी भाषा में नहीं हुआ। गुप्त जी, माखनलाल जी, नवीन जी, सुभद्रा कुमारी जी की कविताओं में तत्कालीन राष्ट्रीय भाव-धारा का आवेग प्रत्यक्ष है। गांधी के गढ़ गुजरात तक में उनकी इस राष्ट्रीयता को इस हद तक साहित्य ने नहीं अपनाया। हिन्दी की यह राष्ट्रीयता उसके सौभाग्य का कारण नहीं कही जा सकती, क्योंकि साहित्य कभी पर प्रकाशी नहीं होता, मौलिकता उसकी सबसे बड़ी शक्ति होती है। भूखी जनता को रोटी का राग न सुनाकर गांधी-गौरव की रट लगाना, साहित्य का स्वभाव नहीं। परिणामस्वरूप साहित्यिकों का एक ऐसा दल सामने आया जो नेताओं की अपेक्षा जनता की आकांक्षाओं का प्रतिनिधित्व करने लगा, नेता-वन्दन से उठकर साहित्य जनता- अभिनन्दन की ओर उन्मुख हुआ, गांधीवाद को छोड़कर समाजवाद की ओर मुड़ा और यहीं से छायावाद का प्रारम्भ हुआ। कारण, गांधीवाद आचार-धर्म पर आस्था रखता है, रचना-कौशल से उसका कोई सम्बन्ध नहीं। धर्म की तरह वह दलगत या साम्प्रदायिक भी है। वस्तुतः साहित्य में उसका स्थान नहीं रह जाता। गांधीवाद ऊपर से थोपा हुआ एक ऐसा आदर्शवाद है जो नितान्त अव्यावहारिक और असामयिक है। उदाहरण के लिए गांधीवाद का एक प्रमुख अंश हरिजन आन्दोलन ले लीजिये। क्या हरिजनों का कुछ भी उद्धार इस गांधीवाद ने किया? स्कीमें बनीं, भाषण हुए, आश्रम खुले, पर बेचारे हरिजन जहाँ के तहाँ? किसी भी ऐसे व्यक्तिवादी आदर्श की शाब्दिक चर्चा ही सुन्दर हो सकती है, सक्रियता की शक्ति उसमें नहीं होती। कांग्रेस मंत्रिमंडल की पिछली और वर्तमान स्कीमें इसकी साक्षी हैं। इस तरह गांधीवाद की सबसे बड़ी विशेषता यह रही है कि वह सदैव 'काम के समय असर-पसर और प्राप्ति के समय तीन पसर' की नीति मनानेवाला रहा है। राजनीति के साथ देश के समस्त जीवन को उसने हथियाने की चेष्टा की है, पर उसे और जनता दोनों को, केवल निराशा ही मिली है, इतिहास इसके लिए सामने है। गांधीवाद के घोर तथा आत्यन्तिक व्यक्तिवाद से छायावाद की वैयक्तिक विचारधारा का संघर्ष अनिवार्य था। कहावत है कि 'सोनार-सोनार के सोने में जरन नहीं जाता', क्योंकि दोनों उसकी गतिविधि से परिचित होते हैं। राजनीति में गरम-नरम दल की द्वयता जिस प्रकार गांधीवाद से अलग साँस लेने की सूचना देती है उसी प्रकार छायावाद की राष्ट्रीयता भी गांधीवाद के एकदम दूर है—

भारति, जय, विजय करे!
कनक-शस्य-कमल धरे!
लंका पदतल-शतदल
गर्जितोर्मि सागर-जल
धोता शुचि चरण युगल
स्तव कर बहु अर्थ भरे।
तरु-तृण-वन-लता वसन
अंचल में खचित सुमन,
गंगा ज्योतिर्जल-कण
धवल-धार हार गले।
मुकुट शुभ्र हिम-तुषार
प्राण प्रणव ओंकार
ध्वनित दिशायें उदार
शत मुख-शतरव-मुखरे!

में निराला ने धरती का शृंगार किया है। हिन्दू-मुसलमान-ईसाई किसी को भी भारत की भूमि का यह रूप अप्रिय नहीं हो सकता, क्योंकि इसमें कहीं भी व्यक्ति या दल अथवा सम्प्रदाय की गंध नहीं, पर राजनीतिक दलबंदी के बाहर नहीं सोच सकता। सुभाष बाबू के चुनाव में जीतने और पट्टाभि सीतारमैया के हारने पर गांधी ने उसे अपनी हार बताया था और उसके बाद सुभाष के प्रति जिस प्रतिहिंसा का व्यवहार गांधी परिचालित कांग्रेस सभा ने किया उसकी चर्चा यहाँ व्यर्थ है, पर उस घटना के स्मरण से इतना तो साफ पता चलता है कि कांग्रेस संस्था कुछ चुने हुए व्यक्तियों का ऐसा दल है जो अपने दल के बाहर वालों पर किसी प्रकार का अविवेकपूर्ण प्रयोग करने में नहीं हिचकिचाता। पिछले मंत्रिमंडल में जनता की जो सेवा इस दल ने की वह भी किसी से छिपी नहीं। जनता की भूख-प्यास, अकाल, भूकम्प को ईश्वर की मर्जी पर आधारित करके उसे शान्ति ग्रहण करने का उपदेश देते हुए गांधीवाद ने उसकी आस्था को मर्माहत कर डाला तो आश्चर्य नहीं। सन् ४२ में तो जनता ने जैसे गांधीवाद के ऊपर बैठकर शव-साधना के रूप में ही क्रान्ति का कर्म किया। इसमें राजनीतिक क्षेत्र के वामपक्ष और साहित्य के नवीन चेतना-उन्मेषक विचारों की चिनगारियाँ थीं। आज भी गांधी की स्वीकृति उसे स्वतन्त्रता-संग्राम के रूप में नहीं मिली; पर साहित्य में तथा देश के जीवन में उसका महत्त्व

अक्षुण्ण है। कांग्रेस को सदा से पूँजीपतियों का सहयोग प्राप्त रहा है और इसलिए उस संस्था के कार्यों में उनके अनुयायियों के स्वार्थों तथा दबावों का प्रच्छन्न रूप सन्निहित रहता चला आया है। फल यह हुआ है कि देश का जीवन राजनीतिक अखाड़ों का केन्द्र बन गया है। दक्षिणपक्ष, वामपक्ष, समाजवादी, साम्यवादी, मुसलिम लीग और रायिस्ट।

इस बहुमुखी संघर्ष में नेता लोग हिन्दी–साहित्य को अपने विचारों के अनुगमन का उपदेश दे–देकर अपना ही मजाक उड़ाते फिरते हैं। चूँकि गांधी–कांग्रेस का प्रभाव इस साहित्य में एक समय तक काफी रहा है, इसलिए उनका सारा दबाव भी इसी क्षेत्र में टूटता है। युक्तप्रान्त में कांग्रेसी–शासन भी इसकी सफलता अपनी प्रसन्नता की नोक पर उठाए रखना चाहता है। टंडन जी की वजह से साहित्य सम्मेलन नामधारी संस्था भी राजनीतिक व्यक्तियों के महत्त्व का मनमाना प्रयोग करती हुई साहित्यकारों का अपमान तक करने की धृष्टता करती है। पर क्या कभी कांग्रेस ने, सम्मेलन ने, साहित्य का कुछ हित भी किया है? साहित्यकारों को सम्मानित किया है? क्या किसी राजनैतिक नेता ने कभी विदेशियों के सामने अपने देश के साहित्य की भी कोई चर्चा की है? युक्तप्रान्त की सरकार ने (राष्ट्रीय सरकार) कुछ भी कार्य हिन्दी के हित में किया है? कितने शर्म और ग्लानि की बात है कि हिन्दी में कोई विश्व–कोष तक नहीं। फिर सामाजिक क्रान्ति पर विश्वास रखनेवाले निराला जैसे साहित्यिकों का कांग्रेस या सम्मेलन साथ कैसे दें? आत्म–समर्थन के दुराग्रह में गांधीवाद की बराबरी करना और किसी भी सिद्धान्त के लिए असम्भव है। व्यक्तिगत पूँजी पर स्वामित्व और अनियंत्रित नफाखोरी पर आधारित व्यापार, यही तो कांग्रेसी शासन की देन है, और इस पर नेताओं का साहित्यिकों के लिए उपदेश तो ऐसा ही लगता है जैसा मरने पर माहुर देना।

सन् ४२ के स्वतन्त्रता–संग्राम ने सारे देश में एक ऐसी सशक्त तथा आवेगपूर्ण भावधारा का उत्थान किया जिसकी लहरें सम्पूर्ण भारत में लहरा उठीं और अपने उच्छलित थपेड़ों से गांधीवाद को चूर–चूर कर दिया। गांधी–अभिनन्दन ग्रंथ भेंट करनेवाले और बापू की स्तुति लिखनेवाले कवि, साहित्यकार भी उसी बाढ़ में बह से गये। साहित्य में इससे बड़ा गतिरोध कभी नहीं उपस्थित हुआ। पंत ने 'ग्राम्या' के बाद चुप साधी तो महादेवी ने भी 'दीपशिखा' के साथ मौन लिया, किन्तु आधुनिक कवियों

में निराला बराबर ही लिखते रहे और पुनः कांग्रेस–शासन ग्रहण में भी लिखते जा रहे हैं। युद्धकालीन कष्टों का सामना साहित्यिकों में से निराला को सबसे ज्यादा करना पड़ा है फिर भी अदम्य उत्साह से आगे बढ़ने का आश्वासन देते हुए निराला ने आत्मनिर्णय पूर्ण सर्व–सामान्य के अधिकारों की माँग को अपने साहित्य में उद्‌घोषित किया है। राजनीतिक स्वतन्त्रता, आर्थिक शोषण से छुटकारा, साम्प्रदायिकता का तिरस्कार, साहित्य में नवीन प्रयोगों का प्रचलन और आविष्कार विचारों और भावों की निर्मम मीमांसा तथा साहित्य की सामूहिकता पर निराला ने अबाध रूप से लिखा है और आवश्यकता पर ढोंगियों की कर्मठता का भंडाफोड़ भी किया है। इसी कारण उनको समाज, नेता और साम्प्रदायिक मनोवृत्तियों के संकुचित दृष्टिकोण रखनेवाले व्यक्तियों से उलझना भी पड़ा है।

प्रकाशन व्यवस्था पूँजीपतियों के हाथ में होने से निराला को प्रकाशन की भी दिक्कतें उठानी पड़ी हैं, क्योंकि पत्र–पत्रिकायें निराला के विचार छापने की अपेक्षा किसी सेठ–साहूकार के विचार छापना अधिक उपयुक्त समझती हैं। 'जैनेन्द्र के विचार' के सामने किसी भी राजनीतिक के विचारों का मूल्य प्रकाशक के लिए अधिक महत्त्व रखता है। कांग्रेस सरकार ऐसे प्रकाशकों को प्रश्रय भी देती है, क्योंकि आजकल कांग्रेसी नेता भी लेखक बनने की ठान चुके हैं। प्रायः पत्रों में किसी मिनिस्टर का सुसज्जित चित्र, किसी की प्रशस्ति तो किसी का आशीर्वाद दीखता है। किसी पार्टीवाले राजनीति के व्यक्ति को महान् साहित्यकार कहना उसी तरह भ्रमपूर्ण लगता है जिस तरह माननीय सम्पूर्णानन्द को समाजवादी कहना। आशय यह कि राजनीति की तरह साहित्य में भी अराजकता का आविष्कार हो रहा है। ऐसी स्थिति में भूखे पेट और निवासहीन सत् साहित्यिकों की दशा जो होनी चाहिये वह निराला की है। समालोचना की भी दिशा भ्रान्त है। सभी आलोचक प्रायः स्कूली मास्टर हैं, उन्हें शासन–सत्ताधारियों की चिंता साहित्य से अधिक है। वे निराला को गाली देकर मिनिस्टर की वन्दना कर सकते हैं, करते हैं।

सन् ३९ के गांधी तथा नेहरू की बातचीत तथा व्यवहार से निराला को अत्यन्त क्षोभ हुआ और वे कुछ शमित–दमित से रहने लगे। उनकी लेखनी अब भी चलती जाती थी, किन्तु इसके लिए उन्हें बड़ी–बड़ी अड़चनों का भी सामना करना पड़ता था। लखनऊ में बाजार के काम की दर घटती

जाती थी, मौलिक प्रकाशन की भी सुविधा नहीं थी, निराला जैसे घबड़ा गये। उधर दूसरा महायुद्ध भी शुरू हो गया और भारत भी अंग्रेजों की गुलामी में रहने के कारण उसका शिकार बना। चीजों की कमी होने लगी और दाम बढ़ने लगे। निराला का मन उचाट खाकर इधर-उधर की यात्राओं में भटकने लगा। वे सन् ४१ के अन्त में उन्नाव चले गये और सन् ४२ के आरम्भ तक वहीं रहे। 'बिल्लेसुर बकरिहा', 'अणिमा', 'कुकुरमुत्ता' रचनायें वहीं से इसी समय निकलीं। वहाँ भी उनका मन नहीं लगा। साथ ही वे साहित्य के सम्मान में भी किसी प्रकार का कलंक नहीं लगने देना चाहते थे अस्तु चुपचाप एकान्त जीवन बिताने के लिए करवी—अपने मित्र रामलाल के यहाँ चले गये।

निराला के इस निर्वासन का श्रेय नेताओं और सम्मेलन के कर्णधारों को ही मिलना चाहिये, इसमें सन्देह नहीं। इस समय प्रसिद्ध दार्शनिक और साहित्यिक शापनहावर की एक उक्ति का उद्धरण देने का लोभ मैं नहीं सँभाल पाता—

> When patriotism tries to urge its claim in the domain of literature, it commits an offence which should not be tolerated for in those purely human questions which interest all men alike, where truth, insight, beauty, should be of sole account, what can be more impertinent than to let preference for the party to which a man's precious self happens to belong, affect the balance of judgment and thus supply a reason for doing violence to truth and being unjust to the great minds in order to make much of the smaller minds of their own party. Still, there are persons in every nation who afford examples of this vulgar feeling.

संसार में अपने सिर के ऊपर अपना पेट चढ़ानेवालों की कमी नहीं रही और हमारा देश तो कबंध का देश है, फिर यहाँ के राजनीतिज्ञों से यदि साहित्यिकों को ऐसी उपेक्षा मिले तो अनुचित नहीं। इसके अतिरिक्त सारे विश्व में इस समय कुछ हवा ही ऐसी बह चली थी जिसमें केवल राजनीतिज्ञों की रक्षा का प्रश्न था, साहित्य और कला की तो बात तक करना गुनाह बन गया था। यह सारा युग ही एक विलक्षण युग है। गण-तन्त्र की इस चेतना में भी डिक्टेटर का प्रभाव और प्रादुर्भाव हो सकना एक अभूतपूर्व घटना है। राजनीतिक व्यक्तियों के दम्भ, दर्प और स्वार्थ को बढ़ावा देनेवाले लाखों सभ्य तथा शिक्षित लोग अपनी जीभ बिछाये

रहते हैं ज्ञान-विज्ञान से आपूरित विश्व में अलग-अलग मत, वाद, दल और नीति का नित्य प्रचार हो रहा है, जिनकी पारस्परिक कट्टरता मध्य युग की धार्मिक कट्टरता से भी अधिक कठोर है। स्वाधीनता, समानता और अहिंसा की आवाज उठानेवाले अपने कार्यों से भेद, वैषम्य, हिंसा और घृणा का निर्लज्ज प्रचार करते हुए देखे जाते हैं। अहंकारोन्मत्त-पदवीधर अपनी स्वार्थ पूर्ति के लिए समर्थ और सच्चे सज्जनों का गला घोंट रहे हैं। मानव मन की अखिल कल्याणकारी स्वतन्त्रता और उसकी विचार-बुद्धि तथा सौन्दर्य-रुचि का रूप जितना इस युग में संकुचित और पद्दलित हुआ और कभी नहीं हुआ था।

देश में इस समय मनुष्य के मनुष्यत्व की मर्यादा को मर्दित करके उसके वास्तविक व्यक्तित्व को नष्ट करके दल अथवा पार्टी को महत्त्व दिया जाता है। मनुष्य का सम्मान उसके गुणों पर नहीं उसकी दल-संगठन की शक्ति-क्षमता पर किया जाता है। जो राजनीतिज्ञ जितना ही अधिक धूर्त, कुटिल और लोलुप होता है उसकी उतनी ही अधिक मान्यता बढ़ती है। वह बहुत बड़ा बुद्धिमान समझा जाता है, जो नीति या दुर्नीति से चुनाव जीतने में सफल होता है। स्वराज का अर्थ हो गया है किसी भी धनी-मानी कूटनीति निपुण वर्ग-विशेष का शासन और स्वाधीनता का अर्थ हो गया है वोट देने की स्वाधीनता के साथ आर्थिक दासता की स्वीकृति। सबसे बढ़कर बात यह है कि इन राजनीतिक व्यक्तियों के विरुद्ध कुछ कहनेवाले व्यक्ति की दुर्दशा भी अवश्यम्भावी है। यहाँ की जनता अभी अपने वास्तविक हित और हिन्दुओं को पहचानती ही नहीं, क्योंकि प्रार्थना और प्रायश्चित के द्वारा मानव मात्र के दिव्यीकरण का भ्रम उसके बीच में खूब प्रचारित किया गया है।

ऐसी दशा में साहित्यकार का कर्तव्य सुस्पष्ट और सुनिश्चित होते हुए भी उसे घोर नारकीय कष्ट का सामना करना पड़ता है, क्योंकि आस्था की आधारशिला पर आरूढ़ रहनेवाले मानव-जीवन के तीनों प्रधान साहित्यिक आदर्शों का वह सच्चा उपासक होता है—सत्य, शिव, सुन्दर की सामूहिक संवर्द्धना ही उसकी साहित्यिकता की शपथ है। साहित्यकार बुद्धि के साथ विश्वास का भी महत्त्व मानता है, क्योंकि बुद्धि की सीमा होती है, उसका पथ उलझा हुआ होता है, प्रशस्त नहीं होता, पर विश्वास की सीमा बाँधना सम्भव ही नहीं। साहित्यकार अपने प्रकृत और मुक्त व्यक्तित्व का उन्मेष

इसी विश्वास के बल से कर लेता है जबकि राजनीतिज्ञ बौद्धिक-समस्याओं और स्थूल-चेतनाओं के बंधन में पड़कर अपने स्व को विस्तृत नहीं कर पाता। राजनीति में अर्थ, स्वार्थ का रूप ग्रहण करता है, किन्तु साहित्य में वह सार्थ बनता है। राजनीति यथार्थवाद को छोड़कर आगे नहीं बढ़ सकती, और यथार्थवाद और सत्य में साम्य आवश्यक नहीं, क्योंकि दृष्टि और अन्तर्दृष्टि में बहुत अन्तर होता है। दृष्टि में सूरज घूमता दीखता है पर अन्तर्दृष्टि पृथ्वी को घूमती हुई बताकर सूरज को अचल मानती है। इसी तरह साहित्यकार अपने पड़ोसियों के, देशवासियों के कष्टों को अपनी अन्तर्दृष्टि से राजनीतिक को अपेक्षा अधिक कुशलता और सहानुभूति के साथ जानता-पहचानता है और उससे मुक्त होने की बात सुझाता-कहता है।

पर राजनीतिक ऐसा नहीं करता, क्योंकि यदि जनता को अपने मुख्य रोग का निदान और उपचार मालूम हो जाय तो फिर नेता की जरूरत ही क्या रहेगी? व्स्तुतः, राजनीतिक अपनी नेतागिरी को स्थायी रखने के लिए रुपये खानेवाले ठग डाक्टर की तरह केवल लाल-पीला पानी आश्वासन के रूप में पिलाता रहता है और साहित्यकार से उसका विरोध भी इसी कारण होता है, क्योंकि वह जनता के भीतर आत्मविश्वास जगाकर उसे उद्बुद्ध करना चाहता है, स्वावलम्बी बनाना चाहता है। दूसरे शब्दों में, राजनीतिक पेशे में विघ्न डालना चाहता है। वह जनता को बता देना चाहता है कि यह दासता का रोग, देह धर्म नहीं, यह राजनीतिकों का ढोंग है। इस प्रकार साहित्यकार जनता के न केवल दैनिक वरन् मन के अतीन्द्रिय क्लेशों के निवारण का भी विधान करता है, यहीं उसकी राजनीतिक से नैतिक विजय होती है। यह सच है कि निराला इन राजनीतिक नेताओं की तरह वैभव-विलास, मोटर-हवाई-जहाज, दावत-चाय-पार्टी का सुख नहीं पा सका, पर भारत के इतिहास में, जनता के हृदय में उसका स्थान सुरक्षित है, जबकि राजनीतिक उलटफेर होते ही रहते हैं और आगे भी होंगे।

इस वैज्ञानिक युग के डाक्टर लोग भी जो स्वभाव और शिक्षा से अविश्वासी होते हैं अब धीरे-धीरे इस बात पर विश्वास करने लगे हैं कि मन की स्थिति का शरीर पर बहुत भारी प्रभाव पड़ता है। मन की सम्यक् साधना से शरीर में भी एक प्रकार की संगति विकसित हो उठती है। मन और शरीर की इसी साम्यावस्था में मनुष्य को आत्मा की शक्ति का आभास मिलता है जिसमें जीवन के शाश्वत सत्यों का स्वरूप निहित है और जो

अखिल कल्याणमय और सार्वभौमिक है। बुद्धि यहीं पहुँचकर स्वच्छ और पवित्र होती है। मनुष्य केवल इसलिए मनुष्य है कि उसमें देवत्व की सम्भावनायें छिपी हैं अन्यथा पशु बनने में उसको कुछ प्रयास नहीं करना पड़ता। राजनीतिक अपने पद के उन्माद में इस सत्य को भूल जाता है और साहित्यकार हमेशा जागरूक रहता है, क्योंकि वह किसी दल की रीति–नीति का नहीं वरन् समस्त मानवता का सजग प्रहरी होता है। निराला को अपमानित करनेवाले राजनीतिकों का विश्लेषण यदि इस विधि से किया जाय तो उनके राजनीतिकों के दोषों का परिहार हो सकता है। सूरज पर धूल फेंकने की चेष्टा करनेवाले बालक के समान वे क्षम्य हैं, क्योंकि अपनी फेंकी धूल से स्वयं धूल–धूसरित भी हो चुके हैं। सन् ४२ की क्रान्ति के बाद साम्प्रदायिकता की बाढ़, हड़तालों की लहर देश के राजनीतिक व्यक्तियों की असफलता के अनोखे और अच्छे तगड़े उदाहरण हैं।

सन् ४२ की क्रान्ति में हर एक व्यक्ति, वर्ग और जाति में एक नवीन जागृति फैली थी। यदि यहाँ के राजनीतिकों ने बुद्धिमानी और उदारता से काम लिया होता तो आज देश की यह दशा न हुई होती। यह कौन नहीं जानता कि लड़ाई समाप्त होते ही और देश में कांग्रेसी तथा लीगी शासन की व्यवस्था होते ही हड़तालों और दंगों की एक उत्ताल तरंग फूट निकली। रेल–मजदूरों का संगठन, डाक–विभाग की हड़ताल, पुलिस–फौज की माँग आदि राजनीतिकों की बुद्धि का उपहास मात्र है। ये घटनायें इस देश के इतिहास में बहुत महत्त्वपूर्ण हैं, पर अब भी नेता लोग इन्हें संगीन की नोंकों से दबा देने का स्वप्न देखते हैं किन्तु उनको यह समझ रखना चाहिये कि इन तमाम अव्यवस्थाओं का सुधार तलवार से न होकर समाजवादी क्रान्ति से ही सम्भव है। कांग्रेस को चाहिये कि वह इस क्रान्ति की सम्भावनाओं को सहायता दे, और जनता के आर्थिक आधार को सुदृढ़ करे, किन्तु उसका रास्ता इसके प्रतिकूल है। जनता को विश्वास था कि कांग्रेस उसकी भीषण आर्थिक कठिनाइयों को दूर करेगी, पर अभी तक उसने कोई ऐसी आर्थिक योजना सामने नहीं रखी जिससे जनता को दृढ़ आश्वासन मिलता। धर्म के क्षेत्र में भी उसके अंध–आग्रह को गांधी जी ने बहुत बड़ा बढ़ावा दिया, क्योंकि उनका सम्मिलित प्रार्थनावाला कार्यक्रम परोक्ष रूप से उसकी (जनता की) धार्मिक मनोवृत्ति

को और भी भ्रामक बनाता रहा।

इस परिस्थिति के अध्ययन से सहज ही यह निष्कर्ष निकलता है कि विधान की अपेक्षा क्रान्ति की आवश्यकता अधिक ध्यान देने लायक है। जनता की साम्प्रदायिक भावना तब तक नहीं दूर होगी जब तक समाजवादी व्यवस्था का प्रचलन नहीं होगा। साम्प्रदायिकता आज जाति अथवा वर्ग को छोड़कर वर्ग-संस्थाओं में भी प्रवेश पा रही है, और इसको समाप्त करने का सबसे उत्तम पथ वर्ग-चेतना को और अधिक तीव्रता देना है। कांग्रेस ने यदि शीघ्र ही क्रान्ति का पथ न पकड़ा, तो उसके अस्तित्व की भी आशंका सामने बोल उठेगी। निराला ने अन्तर्कालीन सरकार की व्यवस्था को सुन कर कहा था—'आज जनता की चिंता-धारा और कांग्रेस की कार्य-प्रणाली में कोई तारतम्य ही नहीं रहा। भारतीय राजनीति में आज एक ही रास्ता साफ है, क्रान्ति पथ, संघर्ष का पथ और अन्त में समाजवाद का पथ, इसके अलावा कोई दूसरा पथ नहीं।'

करवी जाकर निराला जी बीमार पड़ गये। उनका मन और शरीर, निरन्तर आघातों और संघर्षों से शिथिल हो गया था, वहाँ पहुँचकर उनको ज्वर आने लगा, और वे धीरे-धीरे पहाड़ी जूड़ी से जकड़ गये। मैंने करवी के पते से दो पत्र भी लिखे, पर उत्तर नहीं आया। बाद में पता चला कि वे बहुत बीमार हैं। उनको प्रयाग बुलवाया गया और वे दारागंज में टिकाए गये। जिस समय वे प्रयाग आये उनकी हालत बहुत खराब थी, वे आदमी को जल्दी से पहचान भी नहीं पाते थे। दवा का बहुत ही उचित प्रबंध था, इसलिए निराला दो-तीन माह में स्वस्थ हो गये। बीमारी के दिनों में वे श्री श्रीनारायण चतुर्वेदी के यहाँ थे, पर अच्छे होते ही एक मकान लेकर अलग रहने लगे। बीमारी को कमजोरी, समुचित सेवा और पोषण तथा वातावरण की अनुकूलता के अभाव में निराला जी के मस्तिष्क में कुछ विक्षेप के बहुत ही सूक्ष्म लक्षण भी कभी-कभी प्रकट होने लगे। उनके बलिष्ट शरीर की क्षीणता के साथ-साथ उनका वीर्यवान मस्तिष्क भी कुछ शिथिलता का स्वरूप पकड़ने लगा।

सन् १४ के युद्ध के पश्चात जो स्थिति योरोपीय लेखकों की थी, उसने भी अधिक उदासीनता, विषणता और व्यंग्यपूर्णता इस युद्ध के समय से भारतीय लेखकों के ऊपर छा गयी। उनके सारे स्वप्न जैसे भंग हो गये और वे एक साथ ही सिहर उठे। निराला पर भी इसका प्रभाव पड़ा। युद्ध

के दिनों में निराला जी की स्थिति बहुत ही भयावह थी। न भोजन, न वस्त्र न, कागज, न कलम, न छपाई, न लिखाई। पूँजीपति प्रकाशक और पत्र सभी अंग्रेजों की प्रत्यक्ष-अप्रत्यक्ष सहायता में व्यस्त थे, उन्हें देश के साहित्य की चिंता नहीं थी। कागज पर कंट्रोल हुआ नहीं कि प्रायः शुद्ध पत्र-पत्रिकायें समाप्तप्राय हो गयीं। साहित्यिक निराला के पास जीवन-यापन का कोई अन्य साधन भी नहीं। पिछली सभी कृतियों का कापी राइट बिक चुका था। वे इतनी विकट परिस्थिति में फँस गये कि जिसके स्मरण मात्र से रोमांच होता है।

नंगे पैर और नंगे सिर, कंधे में फटा कुर्ता टाँगे और गंदी लुंगी जो कभी-कभी केवल घुटनों तक ही पहुँचती थी, पहने हुए निराला को प्रयाग की सड़कों में घूमते देखकर मन बैठ जाता था। कवितायें लिए हुए वे प्रायः लीडर-प्रेस और इंडियन प्रेस तक दारागंज से पैदल ही आया-जाया करते थे। उनकी उस समय की आर्थिक विपन्नता इतनी भयानक थी कि अपरिचित व्यक्ति को सहज ही में विश्वास भी नहीं हो सकता। उसके लिए तो यही बस है जो हनुमान ने राक्षसों के बीच फँसी सीता के कष्ट के लिए भगवान राम से कहा था—'सीता की अति विपति विशाला, बिनहि कहे भल दीन दयाला'। वास्तव में निराला ने सन् ४३ से लेकर सन् ४६ तक प्रयाग में ऐसी यातनायें झेली हैं, जो किसी भी दूसरे व्यक्ति के लिए आत्महत्या का कारण बन सकती थीं।

इसी यातना-काल में एक संपादक महोदय ने कहा था—'निराला जी, अगर आप अमुक विषय पर एक कविता लिख दें तो हम उसका पेमेंट काफी तगड़ा कर देंगे।' निराला जी ने बड़ी गम्भीरता से उत्तर दिया—'साहित्य मेरे जीवन का उद्देश्य है जीने का नहीं, यह सच है कि मैं जीता भी अपने साहित्य से हूँ, किन्तु वह मेरे जीने का साधन मात्र नहीं ? जो मैं नहीं लिखना चाहता वह चाहे भूखों मर जाऊँ, न लिखूँगा और जो लिखना चहता हूँ, लाखों रुपये के बदले में भी उसे न लिखने की बात न सोचूँगा'। निराला के इस उत्तर पर मैं ही नहीं स्वयं संपादक जी भी स्तब्ध से रह गये थे। जीवन के इन बाह्य कष्टों की निवृत्ति के लिए आवश्यक अप्रमाद और पौरुषपूर्ण कर्म का संदेश जिस ओजस्विनी भाषा में निराला से मिलता है, वह अन्यत्र दुर्लभ है। यावज्जीवन लोक-संग्रह के लिए निष्काम भाव से कर्म करना जैसे उनके जीवन का प्रकाश-पथ है। महाकवि गेटे ने

कहीं लिखा है कि महान प्रतिभाशाली व्यक्ति को जीवन के महान संघर्ष और अधिक ऊपर उठा देते हैं।

'A great crisis uplifts a man, little once depress him' निराला पर यह उक्ति सर्वथा लागू होती है क्योंकि he alone is great and glad who can be of use without either commanding or obeying.

निराला का सारा जीवन संघर्षमय और स्वनिर्मित रहा है। किन्तु सन् ४३ से प्रारम्भ होनेवाले संघर्ष ने उनमें एक प्रकार की ऐसी अटूट दृढ़ता भर दी है जो उन्हें सहज ही में इस युग की महान प्रतिभा का प्रतिनिधित्व देने में समर्थ है। वास्तव में बिना तपन के तेज नहीं आता, निराला को जीवन के तापों ने तपस्वी बना दिया है। उनके स्वर की शक्ति सम्पूर्ण मानवता की प्राण-पुकार है। उन्होंने जीवन की पवित्रता और न्यायप्रियता की ऊँचाई में उठकर सबके जीवन की मूल-चेतना को अपना लिया है।

जीवन-व्यापी आधुनिक विपन्न वातावरण के बीच में विश्व मानवता के आदर्श की स्थापना के लिए निराला ने अपनी विवेक-शक्ति का जो उपयोग किया है उसका जोड़ मिलना दुर्लभ है, और दुर्लभ की प्राप्ति का प्रयत्न करना ही मानो निराला की बान है। समाज, राष्ट्र और संसार में जब आधुनिक युग की भाँति मिथ्या और धूर्ततापूर्ण-आदर्शों की पूजा होने लगती है, सत्य का गला घोंटा जाने लगता है, व्यक्तिगत महत्ता के नाम पर पाखण्ड को बढ़ावा मिलने लगता है उस समय साहित्य में निराला जैसे किसी महान कलाकार का व्यंग्यात्मक तथा विद्रूपात्मक हो जाना अनिवार्य हो उठता है। निराला ने भी सन् २४ के बाद से अपने साहित्य में व्यंग्य को प्रधानता दी है। राष्ट्र तथा समाज में प्रचलित कुरीतियों और भ्रमपूर्ण धारणाओं के ऊपर उन्होंने बहुत ही मर्म-भेदी और निष्ठुर-कशाघात किये हैं। भ्रान्त विश्वासों और प्रचार-जन्य-मान्यताओं के विरुद्ध अपने व्यंग्य-बाणों को छोड़कर उन्होंने जनता के जीवन को स्पष्ट और नूतन चेतना के कल्याणकारी मार्ग पर आरूढ़ करने का प्रयत्न किया है। इस प्रकार के कठोर व्यंग्य-विद्रूप का सृजन केवल वही महान कलाकार कर सकता है, जो समस्त मानवता की व्यथा-वेदना को अपनी अनुभूति में बाँध सकता है, दूसरा नहीं। व्यंग्य की तीव्रता बुद्धि से न बढ़कर विषय की अनुभूति से बढ़ती है। निराला ने इस युग की समस्त दुर्नीतियों और मानवता को कलंकित करनेवाली कुरीतियों का स्वयं अनुभव किया है,

इसलिए उनके व्यंग्यों में उनके अन्तर की गहनतम अनुभूतियों का आभास है, और सम्भवतः इसी कारण वह समस्त राष्ट्र के प्राणों को स्पर्श करने की क्षमता भी रखता है।

अनुभव के आधार पर विकसित व्यंग्य में समाज को जागरूक करने की बहुत बड़ी शक्ति होती है, जो किसी दूसरे प्रकार से सम्भव नहीं होती। मनुष्य स्वभाव से अपनी निजी दुर्बलताओं को दुलरानेवाला प्राणी है। मन प्राय: अपनी भूलों के प्रति अचेतन सा बना रहता है। अपनी प्रवृत्तियों के आवेग में कभी-कभी मनुष्य ऐसे असंगत कार्य भी कर बैठता है जिनका स्मरण स्वयं उसे हास्यास्पद लगता है। ग्लानि और पश्चाताप का जीवन मानव की ऐसी ही भ्रान्तियों का परिणाम है। अपने 'अहम्' की उत्तेजना में बड़े-बड़े महापुरुषों तक से ऐसे कार्य हो जाते हैं, जो उनके समाज के अहित का कारण बनते हैं। व्यक्तिगत राग-द्वेष की मोह-माया में पड़कर अनजान में ही मनुष्य ऐसी भूलों का शिकार बनता रहता है जो अत्यन्त हास्यास्पद और असंगतिपूर्ण होती हैं। व्यक्ति तथा समाज की ऐसी ही भूलों पर चोट करने के लिए साहित्य में व्यंग्य का विधान किया गया है। आधुनिक युग ऐसी विकृतियों का अखाड़ा है, और निराला उन्हें पछाड़ने के लिए व्यंग्यमय पहलवान।

समय-समय पर विश्व-साहित्य में ऐसे प्रतिभाशाली लेखकों का उदय हुआ है, जिन्होंने अपने व्यंग्य एवं विद्रूप की अवतारणा से प्रचलित अंध-विश्वासों की धज्जियाँ उड़ाई थीं, और पंडागिरी के पाखण्डी रूप को समाज के सामने रक्खा था। स्विफ्ट और वालटेयर के व्यंग्य संसार प्रसिद्ध हैं। निराला की अग्निमयी लेखनी भी इनसे कम नहीं। सन् ४२ से लेकर आज तक भारत जिस विकट स्थिति से गुजर रहा है, वह किसी से छिपा नहीं है। निराला ने बराबर अनेकानेक विघ्न-बाधाओं के बीच में भी अपनी लेखनी को एक दिन के लिए विश्राम नहीं दिया। उनके साथी प्राय: मौन थे, पर वे बराबर इस विपन्न स्थिति पर कुठाराघात करते हुए कुछ-न-कुछ लिखते ही गये। प्राणों की बाजी लगाकर भी उन्होंने साहित्य-सृजन किया और करते जा रहे हैं।

हास्य एवं व्यंग्य-विद्रूप के विचारोन्मेषक स्निग्ध प्रकाश के साथ बुद्धि-वैशिष्ट्य के साथ गतिशील होनेवाली निराला की रचनायें साहित्य की अमूल्य निधि हैं। क्या समाज, क्या राष्ट्र सभी के प्रति उन्होंने सुझावमय

व्यंग्य किया है। पाखण्ड के प्रति क्षमा तो निराला जानते ही नहीं चाहे वह गांधी का हो चाहे जिन्ना का। सत्य की अग्नि-शिखा का प्रकाश जितनी निर्भीकता के साथ निराला ने साहित्य में विकीर्ण किया है किसी दूसरे ने नहीं किया। समाज और राजनीति के ठेकेदारों के प्रतिक्रियात्मक परिणामों को निराला ने साहस के साथ सहन करते हुए उनकी दुर्बलताओं पर आघात करना नहीं छोड़ा और संसार के सारे प्रलोभनों को ठुकराकर सत्य का पक्ष ग्रहण किया है! 'बेला' और 'नये पत्ते' में संगृहीत एक-एक कविता मानो अग्नि की दहकती हुई चिनगारी है। व्यंग्य की इन बौछारों से निराला ने राष्ट्र में जो प्राण फूँके हैं उनकी समता में किसी भी आधुनिक नेता के सुधार तुच्छ से जान पड़ते हैं। जो काम सरकार की तलवार और नेताओं की मनुहार नहीं कर सकी उसे निराला ने अपने इन व्यंग्यों से सम्पन्न किया है। आधुनिक हिन्दी-साहित्य में व्यंग्य एवं विद्रूप का जितना तीक्ष्ण और सधा हुआ प्रयोग निराला ने किया है उतना किसी अन्य कलाकार ने नहीं। इस दृष्टि से जो स्थान बर्नाड शा का अंग्रेजी में है वही स्थान निराला का हिन्दी में है।

सामीप्य की कठिनाई और गुलाम मनोवृत्ति के कारण आज हम निराला का वह सम्मान, जो शा का अंग्रेज करते हैं, नहीं कर पाते या नहीं करते, किन्तु ज्यों-ज्यों गुलामी का आवरण हटता जायेगा त्यों-त्यों इस महान कलाकार की क्रान्तिकारी प्रवृत्तियाँ हमारे सामने स्पष्ट होती जायेंगी। हिन्दी आलोचना में तत्त्व-विश्लेषण की क्षमता के साथ ही निराला का सम्पूर्ण साहित्य बोधगम्य होकर सबको समान रूप से विमुग्ध करने में निश्चय ही समर्थ होगा। निराला की भाँति जीवन की सभी प्रकार की अनुभूतियों का स्वस्थ सृजन कर सकना साधारण सी बात नहीं, इसके लिए बहुत बड़ी प्रतिभा की अपेक्षा होती है। उनकी पूर्ववर्ती तथा परवर्ती काव्य-प्रेरणाओं में अनुभूतियों का जो काव्य-स्वरूप सामने उपस्थित हुआ है वह उनकी महान काव्य-शक्ति का परिचायक ही नहीं वरन् इस युग की महान साहित्य-शक्ति का प्रतीक है। छायावादी युग और प्रगतिवादी युग—दोनों युगों के वे महाकवि हैं, क्योंकि दोनों युगों की युग-शक्तियाँ उनके काव्य में निहित हैं। यहाँ तक कि व्यक्ति के नाम पर युग का नामकरण यदि किया जाय तो सन् १६ से लेकर सन् ४६ तक साहित्य के जिस अटूट साहस और जीवन के साथ चलने की शक्ति का परिचय

निराला ने दिया है उसके बल पर हम सहज ही में इस युग को निराला युग कह सकते हैं। यों भी निराला जैसी विविधता, बहुलता इस युग के किसी भी अन्य कलाकार में नहीं है। तुलनात्मक दृष्टिकोण से देखने पर निराला Rich in quality and quantity दोनों पड़ते हैं। घोर कष्टमय पचासा पार करके भी वे बराबर लिखने के साथ दण्ड-बैठक भी लगाते हैं। भीमकाय निराला अपनी सभी शक्तियों में भीम हैं।

भारतीय साहित्य में छायावाद युग अपनी एक विशेष प्रकार की ऐतिहासिक महत्ता रखता है। भारतीय चेतना में राष्ट्रीयता का उदय हो रहा था। समाज नये जीवन-कल्पना का आकलन कर रहा था। अभिशप्त भारत में स्वाधीनता की कौतूहलमयी साँस सजग हो रही थी कि निराला ने साहित्य में सर्वांगीण-सौन्दर्य की स्वतन्त्र अभिलाषा की उत्कृष्ट रचना स्वतन्त्र छन्द में 'जुही की कली' के रूप में सन् १६ में हिन्दी-साहित्य को दी। संवेदनशील हृदयों ने इसके द्वारा नयी भाव-दशा और दिशा का संकेत पाया। कहना न होगा कि गांधी का सन् २० वाला आन्दोलन इस कविता के चार वर्ष बाद होता है। किसी ने कहा है कि—Men of delicately cultured temperaments should not trouble themselves greatly about politics. क्योंकि कुछ ऐसे भी व्यक्ति होते हैं जिनके मस्तिष्क में स्वदेशानुराग की भावनायें ही सर्व प्रधान नहीं होतीं, बल्कि जो कल्पना की उन स्थितियों और भावों की उन सम्भावनाओं पर अधिक विश्वास करते हैं जो अखिल विश्व की अनुराग-जनित पुलक से पुलकित और परिवर्धित होती हैं। ऐसी स्थिति में स्वदेशानुराग के नाम पर वे अपने को किसी राजनीतिक सिद्धान्त में नहीं बाँध पाते, और साहित्यकार तो और भी ऐसा नहीं कर पाता। आशय यह कि निराला ने भले ही अपने को किसी राजनीतिक सिद्धान्त अथवा दल का हिमायती न उद्घोषित किया हो, पर सदियों से पीड़ित मानवता और उसके साहित्य की मुक्ति की इस युग में सबसे पहली आवाज उन्हीं की है। युग की यथार्थ परिस्थितियों की गहरी-से-गहरी अनुभूतियों की सजग-आकुल चेतना निराला के काव्य में बराबर मिलती जाती है। राष्ट्रीय आन्दोलनों के साथ-साथ कभी-कभी तो आगे-आगे निराला ने भाव-जगत में क्रान्तिकारी परिवर्तन किये और सामाजिक पुनर्निमाण के दार्शनिक सुझाव सामने रखे।

जिन सामाजिक परिस्थितियों के कारण छायावाद का उदय हुआ था उससे

निराला का निकट सम्पर्क रहा, इसलिए उसके विकास के साथ वे बराबर चलते रहे। वस्तुतः छायावादी कोरी कल्पना का उनमें अभाव है। उन्होंने छायावाद के स्वर्ण काल में भी केवल भावों को आधार मानकर अपने साहित्य को नहीं रचा। उनकी कल्पना का विस्तार और भाव का आधार सदैव उनकी गहन जीवन अनुभूति ही रही है, इसके लिए उन्हें सरकार अथवा समाज से किसी से कम यातनायें नहीं मिलीं। पर सुन्दर जीवन की सामूहिक प्रतिष्ठा के लिए निराला ने सदैव कोशिश की है, इसमें सन्देह नहीं। द्विवेदी युग के द्वितीय उत्थान काल से आज तक वे साहित्य के महारथी रहे हैं। कविता, रेखाचित्र तथा निबंधों में निराला ने युग का नेतृत्व किया है और इसके अतिरिक्त साहित्य के सभी क्षेत्रों में उनकी देन महत्त्वपूर्ण रही है। छायावादी मुक्त रचनाओं और गीतों में सौन्दर्य-शक्ति का समावेश सर्वप्रथम निराला ही ने किया, प्राचीन छन्द कवित्त को समयानुकूल बनाकर जीवन के साथ साहित्य के विकास का शिलान्यास करने में वे सबसे आगे रहे हैं। गीतों में संगीत का समन्वय जिस जागरूकता और अभिनव चेतनता के साथ निराला ने किया है उस तक किसी दूसरे की पहुँच ही नहीं। उन्मुक्त छन्द और मुक्त संगीतात्मकता के लिए छायावाद उनका चिर-ऋणी रहेगा। उन्मुक्त छन्दों का स्वच्छन्द प्रवाह और स्वर के सधे संगीतमय लहरित भाव का समन्वय निराला की ही लेखनी का निरालापन है। मन-बुद्धि की प्रेरणाओं को कठोर धरातल पर रखकर उनमें रस की सिद्धि प्राप्त करना केवल निराला का ही काम है।

शक्ति का ऊर्जस्वित अदम्य प्रवाह, सौन्दर्य का सात्विक प्रस्फुटन ओज और शौर्य का यथार्थ अनुलेखन और जन-सहानुभूति का आकलन एक साथ ही संगठित करना निराला की सबसे बड़ी महानता है। जीवन का सजीव-सुन्दर-कोमल साहचर्य, निराला की करुणा को यथार्थ की कठोर भूमि पर खड़ा करने में समर्थ रहा जिसके माध्यम से कवि ने छायावादी निमोहक मुग्धता को छोड़कर सुख-दुख की वस्तुगत स्थूल गहराई को स्पष्ट करने में बड़ी भारी सफलता पायी है। निराला ने अपनी काव्य-प्रगति से यह सिद्ध कर दिया कि प्रवृत्ति और प्रगति का समन्वय साहित्य में बड़ी सफलता से हो सकता है। निराला ने अन्य छायावादी कवियों की भाँति स्वर्ग से उतरकर पृथ्वी की चोटें नहीं सहलाईं, वे जीवन की विषमता से पूर्ण परिचित होने के कारण उसके हथौड़ों को स्वाभाविक रीति से

अपनाते चलते हैं। पूरे छायावादी युग की स्निग्ध चाँदनी में निराला की प्रकाश किरण की उष्णता और मौलिकता पूर्ण रूप से परिव्याप्त है।

छायायुग के आवरण को छेदकर आगे बढ़ने में कवि ने जिस प्रगति का परिचय दिया वही आगे चलकर प्रगतिवाद के नाम से प्रतिष्ठित हुआ। साधारण के प्रति सहानुभूति का जो स्रोत 'वह तोड़ती पत्थर इलाहाबाद के पथ पर' से छायायुग में फूटा था वही आगे चलकर प्रगति की सरिता में परिवर्तित हो गया। इसके विरोधियों के लिए निराला ने व्यंग्य का प्राणवान उपयोग किया। 'कुकुरमुत्ता' साधारण और सहानुभूति के पात्रों के प्रति अपनी जड़ता दिखानेवालों के प्रति बहुत ही कठोर व्यंग्य है। इस कविता में व्यंग्य-विनोद और हास्य की सरस त्रिवेणी का स्निग्ध प्रवाह मन को मुग्ध कर लेनेवाला है। भाषा के प्रयोग में भी कवि ने व्यंग्य का आधार लिया है। भाषा का दृष्टिकोण से जब कभी निराला के साहित्य का मूल्यांकन किया जायेगा तब पता चलेगा कि वे एक महान शब्द-स्वर-रसायनिक हैं। यह तो बिना किसी संशय के कहा जा सकता है कि 'कुकुरमुत्ता' आधुनिक युग का सबसे बड़ा व्यंग्य है और निराला सबसे बड़ा Satirist.

इधर युद्धकाल से निराला ने व्यंग्य को अधिक अपनाया है, क्योंकि अपने को सभ्य और शिक्षित कहनेवाले मानव की घोर हिंसात्मक वृत्तियों और युद्ध प्रवृत्तियों पर कुठाराघात करने के लिए एक साहित्यकार के पास व्यंग्य की सेना के अतिरिक्त और साधन भी क्या शेष रह जाता है। मानवोचित नैतिकता की रक्षा के लिए निराला ने मीठे-तीखे व्यंग्य बाणों का प्रहार करके समाज में एक नयी चेतना भरने की चेष्टा की है। स्वार्थी सड़े समाज के पंडों और शासन की लोलुपता में पड़े नेताओं ने निराला के लिए वैसा ही भला-बुरा कहा जैसा लुई सोलहवें ने रूसो और वाल्टेयर के लिए कहा था तो इसमें कुछ विचित्रता नहीं। पर इसमें भी सन्देह नहीं कि निराला ने अपने व्यंग्यों से जीर्ण-शीर्ण पुरातन संस्कारों और अंधविश्वासों को भस्मीभूत करके देश के जीवन में नवीन उन्मेष का जो मंत्र फूँका वह किसी और तरह सम्भव भी नहीं था। यहाँ पर यह स्मरण रखना होगा कि निराला ने कुरीतियों और भ्रम फैलानेवाले ढोंगों पर केवल व्यंग्य ही नहीं लिखा वरन् उनका सक्रिय उच्छेदन भी किया है, सामाजिक और राजनीतिक दोनों क्षेत्रों में। निराला का 'चाबुक' समाज

की पोल–पीठ पर चाबुक की तरह चोट करता है। उनके व्यंग्य बिच्छू के डंक की तरह घातक होते हैं। स्वतन्त्र देशों में लोग ऐसे व्यंग्यों को बड़ी कृतज्ञतापूर्वक सहन कर लेते हैं, और अपने सुधार की चेष्टा करते हैं, पर गुलाम भारतवासी वैसा नहीं कर पाते। फलस्वरूप निराला को सबके क्रोध का, बैर का तथा मनोमालिन्य का भी भार उठाना पड़ा है, संगठित बर्बरता और अत्याचार का शिकार होना पड़ता है। 'शा' ने ठीक ही लिखा है—

'सभ्य मनुष्य का आज जो रूप हम अपनी आँखों के सामने देख रहे हैं वह उसका आदिम बर्बर रूप है। जहाँ तक जीवन–यापन का सम्बन्ध है, मनुष्य उसमें जरा भी गतिशील नहीं हुआ है। दो सौ साल पहले जिस रूप में वह घर में वास करता था, भोजन करता था, वैसा ही आज भी कर रहा है। किन्तु मृत्यु के कार–बार में वह बहुत आगे बढ़ गया है। नये–नये मारण–अस्त्रों का आविष्कार करके वह वन्य–पशुओं की हिंस्रकता को भी मात कर रहा है। अपने मशीनगन, सबमेरिन और टारपीडो को लेकर उसने सारे संसार में हत्या का उत्सव आरम्भ कर दिया है। धर्म को उसने ग्रहण किया है दूसरों से घृणा करने के लिए; बिना विचारे निर्दोष को निर्वासित करने के लिए उसने कानून को हथियार बनाया है। स्वयं परिश्रम न करके दूसरे के श्रम से उत्पन्न सामग्री का जो भोग करता है, उस निर्लज्ज परस्वादहारी व्यक्ति को सभ्य एवं भद्र माना जाता है'।

युद्ध में शरीक इंग्लैंड ने 'शा' को उसके लिए कोई दण्ड नहीं दिया, पर युद्ध के समय यदि भारत में किसी ने यही बात कही होती तो उसकी दशा कल्पनातीत होती।

विदेशी शासन ही ऐसा करता है सो बात नहीं। भारत सदियों से गुलाम रहते–रहते अपनी नैतिकता खो चुका है, उसकी जड़ों में स्वार्थ और हीन–भावना के कीटाणु अपना घर बना चुके हैं, इसलिए अभी यहाँ के लोग सच होते हुए भी खरी–खोटी सुनने के आदी नहीं बन पाये। दबाव में रहते–रहते दबाव देने की प्रतिक्रिया यहाँ का मूल धर्म सी बन गयी है। हिन्दी बोलने के अपराध के लिए असेम्बली में नेहरू जी का उत्पात, त्यागी जी को यू.पी. कांग्रेस मिनिस्टरी की धमकी आदि अनेक बातें इसके प्रमाण में सामने रखी जा सकती हैं। राजनीति के अनुशासन और साहित्य के अनुसंधान में यही सबसे बड़ा अन्तर होता है। आज हमारे

साहित्य में ऐसे व्यंग्य-विद्रूप की परम आवश्यकता है जो हमारी अहंपूर्ण कपट नीतियों की दुर्बलताओं को हमारे सामने उभार-उभारकर रखे और उनके सुझाव का मार्ग सुझाए। धर्म के नाम पर अंध-परम्पराओं का पोषण, आध्यात्मिकता के नाम पर कापुरुषता का तोषण और भलाई के नाम पर भोली-भाली जनता का शोषण इस समय देश के कोने-कोने में इस तरह परिव्याप्त है कि उसके विरुद्ध तीक्ष्ण-से-तीक्ष्ण व्यंग्यों का प्रहार भी थोड़ा है। संसार का इतिहास इस बात का साक्षी है कि दुर्जेय संकल्प के साथ सत्य की अभिव्यक्ति देनेवाला व्यंग्य राष्ट्रीय जीवन के खोखलेपन को चकनाचूर करने में अवश्य समर्थ होता है, क्योंकि प्रबलों का अबलों पर बलप्रयोग और अधिकारों का औद्धत्य सहन करनेवाला राष्ट्र कभी उन्नति नहीं कर सकता।

निराला ने अपने व्यंग्यों में देश की सुषुप्त मानवता को उद्‌बुद्ध करने की चेष्टा की है क्योंकि अपनी हल्की-फुलकी थपकियों में समय की प्रयोजनीयता का उन्होंने सदैव स्मरण रखा है। देश के, समाज के कुहाछन्न वातावरण को विद्ध करने के ही लिए निराला ने व्यंग्यों के अग्निबाण छोड़े हैं। व्यक्तिगत उनका किसी से राग-द्वेष नहीं, पर साथ ही उनके जीवन का कोई द्वार सत्य की अभिव्यक्ति के लिए कपट के किवाड़ों से बंद नहीं। निराला राजनीतिज्ञ क्या नीतिज्ञ भी नहीं हैं। जीवन की सहज निश्छलता में नीति या नीति विशेष के मटमैलेपन की आवश्यकता नहीं रहती, कवि छली नहीं होता, इसलिए निराला के व्यंग्यों में व्यक्तिगत सीमाओं का आरोप करना अनुचित ही नहीं उनके प्रति अन्याय है, किन्तु जीवन की किसी भी विकृति-बिगाड़ में पड़े व्यक्ति को चाहे जो भी हो, निराला अपने प्रहारों से मुक्त नहीं कर पाते। इस स्थिति में व्यक्ति की उपेक्षा और सत्य का आग्रह साहित्यकार के लिए आवश्यक भी हो उठता है।

निराला की प्रबंध-पुस्तक 'प्रबंध-प्रतिमा' में प्रकाशकीय वक्तव्य में लिखा गया है—'इसके कुल निबंधों में हमारे दो-एक प्रमुख साहित्यिक और राजनीतिक व्यक्ति आलोचित हुए हैं, किन्तु साहित्य की प्रगति का इतिहास भी ऐसे लेखों से बनता रहा है इसलिए साहित्य के विद्यार्थियों के निकट इसकी बहुत उपयोगिता है। साहित्य के नाते यह दुर्भाव का कारण न होगा।'

वास्तव में साहित्य में दुर्भाव का स्थान नहीं। निराला जी ने जिन व्यक्तियों के प्रति, जिन व्यवस्थाओं के प्रति, जिन रूढ़ियों के प्रति कभी आरोप भी किया है उनसे कभी उनका कोई व्यक्तिगत दुर्भाव रहा भी नहीं। गांधी जी को साहित्य-सम्मेलन के सभापतित्व की मर्यादा की रक्षा के लिए निराला जी ने जो भी सुझाव दिये वे बहुत ही समुचित और साधु हैं। उनकी भाषा सम्बन्धी परिवर्तित होती हुई नीतियाँ भी हिन्दी साहित्य के निर्माण में सहायक नहीं सिद्ध हो सकीं, यह भी सच है। तब इन बातों को लेकर गांधी से वाद-विवाद करना कोई पाप नहीं है। यों गांधी के प्रति निराला जी के हृदय में काफी सम्मान है। चर्खे को लेकर गांधी-रवीन्द्र में जो विवाद चला था, उस विवाद में निराला जी ने गांधी के पक्ष का समर्थन करते हुए रवीन्द्र की बहुत बड़ी आलोचना की थी, क्योंकि राष्ट्र के नवीन संगठित आन्दोलनों के वे बराबर समर्थक रहे हैं, और इन आन्दोलनों के अधिनायक गांधी से उनका किसी तरह दुर्भाव सम्भव नहीं।

नेहरू जी पर तो निराला जी ने कई कवितायें तक लिखी हैं। मि० पंडित की अकाल मृत्यु पर लिखी गयी उनकी कविता हिन्दी की दुखान्त कविताओं में एक है और रहेगी। मिसेज पंडित पर तो निराला ने बहुत ही सुन्दर कविता लिखी है। लेकिन यह भी ठीक है कि उन्हें इस परिवार की विदेशी रीति-नीति खटकती रही है। नेहरू जी का देशी-भाषा न जानना भी निराला को अप्रिय लगा है। ये अक्सर कहा करते हैं—देखो चर्चिल वगैरा अपनी स्पीचों में टेनीसन और शेक्सपियर वगैरा को ठाट से कोट करते हैं और यहाँ के राजनीतिक व्यक्ति साहित्य क्या देशी भाषा बोलना-लिखना तक नहीं जानते। आत्मकथा तक विदेशी भाषा में लिखते हैं। नेहरू जी ने स्वयं इसके लिए, कि वे देशी भाषा नहीं जानते, ग्लानि प्रकट की है। निराला ने इस विषय में यदि कुछ कहा-सुनी की तो ठीक ही है।

सम्मेलन के संस्थापक टंडन जी को उन्होंने अपनी पुस्तक तक भेंट की है। जिसमें लिखा है—'हिन्दी-साहित्य सम्मेलन के प्राण आदरणीय बाबू पुरुषोत्तमदास जी टंडन को सविनय समर्पित'। इन शब्दों में टंडन जी के प्रति उनकी उदारता प्रत्यक्ष है, किन्तु जहाँ पर टंडन जी राजनीतिक स्तर से साहित्य पर किसी प्रकार का दबाव डालना चाहते हैं वहीं निराला जी उनका विरोध करने में कभी रुक भी नहीं सकते।

हिन्दी-साहित्य-सम्मेलन में टंडन जी की प्रधानता जहाँ एक ओर उसके

परम सौभाग्य का कारण रही है, वहीं उसे एक चरम दुर्भाग्य का भी भोग भोगना पड़ा है। वह दुर्भाग्य है साहित्य–सम्मेलन में राजनीतिक व्यक्तियों और राजनीति का एकान्त प्रभाव। परिणामस्वरूप सम्मेलन में किसी भी बुद्धू राजनीतिक का सम्मान साहित्यकार से अधिक होता देखकर साहित्यिक के हृदय में क्षोभ होना स्वाभाविक है। इस प्रकार राजनीतिकों से साहित्य की मर्यादा के लिए वाद–विवाद करना कुछ बुरा नहीं। दोनों का मेल बैठना भी तो बहुत सहज नहीं। विशेषकर इस देश के राजनीतिकों ने तो देश की संस्कृति और साहित्य के उत्थान में कोई सहयोग नहीं दिया।

रवीन्द्र जैसे कवि को भी विश्व–भारती जैसी संस्था के लिए देश भर में नाच–कूदकर पैसा इकट्ठा करना पड़ा है, पर किसी नेता ने इसके लिए कभी जनता से कोई अपील नहीं की। इतनी उत्तम अन्तर्राष्ट्रीय संस्था को नेताओं ने नहीं अपनाया। और रुपयावालों के लिए नेता से अधिक महत्त्व कवि का और राजनीति से अधिक साहित्य का, न कभी रहा और न आगे रह सकता है, क्योंकि वे जानते हैं कि समय पर उनका काम कवि से नहीं नेता से ही निकलेगा। बड़े नेता के कुत्ते की मृत्यु–संस्कार के लिए जितना रुपया इकट्ठा हो सकता है और होता है उतना भी रुपया स्वयं साहित्य को जीवन–रक्षा के लिए किसी धनी वर्ग से नहीं मिल सकता। मेरी दृढ़ धारणा है कि नेताओं ने यदि विश्व–भारती को अपनाया होता तो आज उसकी यह दशा न होती।

हाँ, तो नेताओं को, राजनीतिक कार्यकर्ताओं को पूँजीपतियों से रुपया मिलता है, इस बात से टंडन जी खूब परिचित हैं। अतएव सम्मेलन के लाभ के लिए, प्रचार के लिए उन्होंने राजनीतिकों को अपनाया और साहित्यकारों को छोड़ दिया। गरीबी और गुलामी से पिसे भारत की भाषा हिन्दी और उसके सम्मेलन के सभापति को रुपयों से तौलने की बात सुन कर आश्चर्य होता है। यह सम्मेलन की राजनीतिक महत्ता है, साहित्यिक नहीं। वहीं तक होता तो भी ठीक था, पर सम्मेलन के मंच से राजनीतिकों के साहित्यिकों के प्रति उपदेश और आरोप तो निश्चय ही अनाधिकार पूर्ण और अशोभन लगता है। साहित्य के ऐसे अपमान से निराला को ही नहीं, किसी भी साहित्यिक को मर्म–पीड़ा पहुँचती है। साहित्य, सम्मेलन के प्राण टंडन जी से साहित्य–प्राण निराला की रीझ–खीझ का कारण इसके अतिरिक्त और कुछ है भी नहीं।

राजनीति और साहित्य में एक प्रकार का ऐसा अन्तर है जो कभी भी शायद दूर न होगा, क्योंकि राजनीति का उद्देश्य वर्तमान प्रत्यक्ष स्थूल सत्य से आगे अपनी गति नहीं रखता, किन्तु साहित्य वर्तमान, भूत और भविष्य तीनों कालों में अपनी गतिशीलता स्थिर रखता है, प्रत्यक्ष के साथ अप्रत्यक्ष का भी आकलन करता है। सारी प्रकृति में जो कुछ दिखाई पड़ता है वह प्रत्यक्ष है, इन्द्रियाँ उसकी साक्षी हैं, किन्तु साहित्य में जो कुछ देखा जाता है, प्राकृतिक होने पर भी वह सब प्रत्यक्ष ही नहीं होता, साहित्यकार इसी प्रत्यक्षता के अभाव की पूर्ति करता है। प्राकृत–सत्य और साहित्य–सत्य में यही भेद होता है, राजनीतिक और साहित्यिक में भी। साहित्य प्रकृति का दर्पण नहीं है। कोई भी कलात्मक रचना दर्पण नहीं हो सकती, क्योंकि रचना का विषय बाहर से कृत्रिम होकर भी भीतर से प्राकृत की अपेक्षा अधिकतर सत्य हो जाता है।

बोध और परिचय की सार्थकता यही है कि जो छोड़ने योग्य है उसे छोड़कर ग्रहण करने योग्य को ग्रहण कर लिया जाय। अपने आत्मीय से आत्मीय व्यक्ति का कुछ–न–कुछ अंश हमारे लिए अप्रत्यक्ष और अगोचर रहता है, क्योंकि न तो हम उसकी छाया हैं न अन्तर्यामी। उसके अधिकांश को हम देख नहीं सकते, यही हमारी विधायक कल्पना सारवती सिद्ध होती है। अप्रत्यक्ष अंश को हम अपनी कल्पना से प्रत्यक्ष कर लेते हैं शून्य को भर लेते हैं। जिन विषयों और लोगों के विषय में हमारी कल्पना क्रीड़ा नहीं करती और जिनका केवल प्रत्यक्ष तथा गोचर अंश ही हमारे सामने होता है, उनको हमारा जानना न जानना बराबर है। राजनीतिक व्यक्ति को उसके वर्ग वकील, डाक्टर, व्यवसायी तथा मजदूर के नाम से जानता है, किन्तु साहित्यकार उन्हें मनुष्य के रूप में जानना चाहता है। राजनीति में व्यक्ति का बाहरी रूप और विषय प्राय: उसकी आन्तरिकता से बड़ा माना जाता है, किन्तु साहित्य में उसकी सम्पूर्णता का अधिक महत्त्व होता है, क्योंकि साहित्य में विषय और वस्तु की पूर्णता की संस्थापना होती है। मन प्राकृतिक सत्य को मानसिक बनाता चलता है, और साहित्य उसी मानसिक को साहित्यिक बना देता है।

साहित्य का विषय मानव–हृदय और मानव–चरित्र है। बाह्य प्रकृति और मानव–हृदय प्रतिक्षण जो स्वरूप धारण करते हैं, जो संगीत ध्वनित करते हैं, साहित्य में उसी का प्रतिफलन होता है, किन्तु राजनीति में इसकी

गुंजायश नहीं रहती। मानवता का श्वास-निश्वास साहित्य की बंशी में संगीत बन कर समस्त रागों का केन्द बिंदु बनता है। साहित्य किसी व्यक्ति विशेष का नहीं, स्वयं रचयिता का भी नहीं, वह सबका समान है। पर राजनीति में ऐसी समानता सम्भव नहीं। वहाँ वोट समान हो सकते हैं, पर सब वोटर समान नहीं होते। इसी से साहित्य में चिर स्थायित्व और राजनीति में अस्थायित्व होता है। राजनीति तात्कालिक प्रयोजन से परे नहीं जाता, जबकि साहित्य सर्वकालीन समस्याओं को समेटता रहता है। सत्य को व्यक्ति के निजत्व से हटाकर सर्वसाधारण का बना देना साहित्य का मुख्य उद्देश्य है, किन्तु राजनीति व्यक्ति को छोड़कर नहीं चल पाती। आशय यह कि साहित्यकार और राजनीतिक में वही अन्तर है जो कलाकार और कारीगर में। जगत के साथ मन का जो सम्बन्ध होता है, मन के साथ साहित्यकार की प्रतिभा का वही सम्बन्ध होता है। प्रथम अंश मनुष्य का अपनापन है, और दूसरा उसका मनुष्यत्व जो उसे विश्व-मानव की उच्चता में प्रतिष्ठित करता है। साहित्यकार का यही मनुष्यत्व साहित्य-सृजन करता है, उसकी श्रेष्ठ चेष्टायें केवल वर्तमान के समीप सत्य तक कभी सीमित नहीं रह सकतीं, क्योंकि उसका लक्ष्य चिरकाल का समाज है किन्तु राजनीति वर्तमान समय की परिस्थिति तथा समाज को सर्वप्रधान मानता है। समाज को भी कई टुकड़ों में विभाजित करके राजनीति दल निर्माण की संकुचित सीमा में भी प्रवेश करता है। राजनीतिक यदि तत्कालीन विचारक होता है तो साहित्यकार सर्वकालीन विचारक।

वाल्मीकि, वेदव्यास, कालिदास, तुलसीदास के समय की राजनीति का आज कोई भी महत्त्व नहीं, किन्तु उनका साहित्य आज भी महान् और महत्त्वपूर्ण है। सम्भवत: इसीलिए क्षणिक और संकीर्ण समस्यायें साहित्य को प्रताड़ित नहीं कर पातीं। जो वस्तु ध्रुव और शाश्वत होती है उसी की ओर उसका रुझान रहता है। रामचरितमानस पढ़ने से यह तक पता नहीं चलता कि उस समय देश में किसका शासन था, पर देश के शाश्वत लक्ष्य का उसमें उन्मेष है। राजनीतिक की बुद्धि व्यवसायी की बुद्धि होती है। उसका ज्ञान या तो पुस्तकी होता है या नेता के प्रवचनों का परिणाम, स्वयं से सुचिंतित नहीं। वे लोग सरस्वती के मन्दिर की ड्योढ़ी में बैठकर हल्ला-गुल्ला तथा तर्जन-गर्जन एवं घूँसा-मुक्की का कारबार करते हैं मन्दिर के भीतर उनकी पहुँच नहीं होती। इसी खीझ की प्रतिक्रिया में वे सरस्वती

के प्रसाद, साहित्य में धूल झोंकने की भी चेष्टा करते हैं। उसे अपने राजनीतिक डंडे से हाँकना चाहते हैं, किन्तु साहित्यकार सरस्वती का, सारतत्त्व की रानी का पूजन-आराधन करता है और उस विश्व मानवता की केन्द्र-गोद में बैठकर उसका स्नेह सत्कार पाता है।

निराला ने जिन राजनीतिक व्यक्तियों के प्रति औद्धत दिखलाया है वे ऊपर विश्लेषित राजनीति के हिमायती और दलनायक हैं और निराला स्वयं साहित्य का पुजारी साहित्यकार। सरस्वती, सारतत्त्व की रानी का वरद पुत्र साहित्यकार राजपुत्र-राजकुमार ही हुआ, पर आज-कल राज तो राजनीतिकों की ही बपौती बन गया है। गेटे ने कितने क्षोभ के साथ लिखा है—

> In literature we find hatred taking the place of genius and a small talent appearing great because it is being used as the mouthpiece of a political party. In life too, we find people without sufficient character to stand alone, they throw themselves into the arms of a party and gain the self-confidence which enables them to cut a figure.

इधर हिन्दी में भी कुछ ऐसी ही नीति का प्रचलन बढ़ चला है। युग के राजनीतिकों ने अपने को श्रेष्ठ साहित्यिक उद्घोषित करना भी शुरू कर दिया है। दलबंद राजनीति का लेखक होना तो सम्भव है; सुना है चर्चिल ने राज-सत्ता की महत्ता पर बहुत कुछ लिखा है, पर प्रत्येक लेखक का साहित्यकार होना आवश्यक नहीं। साहित्यकार निर्माण करता है और लेखक का काम संग्रह और संचय से भी चलता है, किन्तु जो समस्त वस्तुयें और भावनायें संसार के प्रत्येक हृदय में संचरित होने के लिए प्रतिभाशाली सहृदयों से स्वरों, रंगों और रागों की प्रार्थना करती हैं, आत्मनिवेदन करती हैं, जो सहृदयों की समवेदना के बिना सजीव और साकार नहीं हो सकतीं वे सब साहित्य की सामग्री हैं—वे मनुष्य की, साहित्यकार की एकमात्र अपनी हैं, वे आविष्कार नहीं, अनुकरण नहीं, खण्डन-मण्डन नहीं हैं—वे सृष्टि हैं। उनके एक बार सृष्ट होने पर उनके रूपान्तर और अवस्थान्तर कर देने से नयी सृष्टि का भ्रम पैदा नहीं होता, किन्तु कुछ चतुर राजनीतिकों ने कथा को दोहराने में भी सृष्टि का स्वप्न देखना प्रारम्भ कर दिया है। चूँकि हिन्दी पत्रों-प्रकाशकों पूँजीपतियों से और राजनीतिक व्यक्तियों से भारत में आज तक भी भाईचारे का सम्बन्ध

है इसलिए पत्रों में सचित्र राजनीतिक लेखकों की रचनायें बड़े धड़ल्ले से प्रकाशित होने लगी हैं। पुस्तकों के प्रकाशन की भी सम्पूर्ण सुविधायें उनकी अपनी हैं। सुविधायें उनकी अपनी हैं। राजनीतिक का लेखक होना बुरा नहीं, बल्कि बहुत अच्छा है, किन्तु इससे देश की सारी साहित्यिकता खसोट लेने की प्रत्याशा भी अब होने लगी है।

अभी हाल ही में पंडित द्वारकाप्रसाद मिश्र मंत्री, सी.पी. सरकार की एक काव्य-पोथी 'कृष्णानायन' नाम की निकली है। अवधी भाषा में कवि ने दोहे चौपाई की शैली में भगवान कृष्ण की कथा कही है। उस पुस्तक को लेकर हिन्दी में इतना हो-हल्ला मचाया जा रहा है कि चारों ओर मंत्री साहब के युग-प्रवर्तक कवि होने की सहसा सूचना से दिशायें गूँज रही हैं। राजेन्द्र बाबू ने उनको महाकवि कहकर युग-प्रवर्तक होने का वरदान दिया, डॉ० वर्मा और डॉ० सक्सेना ने भी तुरंत सर्टीफिकेट दे डाला, यह बात दूसरी है कि यह युग-प्रवर्तक कवि उन लोगों का विद्यार्थी न होकर मित्र है। प्रसाद, निराला, पंत, महादेवी अथवा किसी भी अन्य आधुनिक कवि को लेकर ऐसा प्रचार नहीं किया गया। सत्य को अधिकारी व्यक्तियों द्वारा समर्थन पाना ही चाहिये, किन्तु समर्थन में असत्य को सत्य बना सकने की क्षमता नहीं होती, इसे भी नहीं भूलना चाहिये। छायावादी कवियों को, खासकर निराला को न तो किसी नेता ने, न तो किसी डी.लिट् ने, उनके सृजन के अनुकूल युग प्रवर्तक का विशेषण दिया फिर भी उनका साहित्य अपनी महिमा से मंडित है, किन्तु श्रीमन्नारायण की कवितायें गांधी से प्रशंसा प्राप्त करने के बाद भी साहित्य में प्रतिष्ठित नहीं हो सकीं।

इस प्रकार की दलबंदी और प्रचार के फलस्वरूप ही निराला ने कभी-कभी राजनीतिकों के प्रति अपना क्षोभ प्रकट किया है, अन्यथा कवि के लिए किसी के प्रति विद्वेष रखना सम्भव ही नहीं। यह ठीक है कि प्रचार और राजनीतिक दबाव के कारण निराला को जीवन में नारकीय कष्ट उठाने पड़े हैं, एक अपढ़ गँवार की भाँति मजदूरी करनी पड़ी है। चौका-बासन, ईंधन-लकड़ी, झाड़ना-बुहारना, घर-वस्त्र साफ करना आदि से लेकर कविताओं के साथ संपादकों-प्रकाशकों के दरवाजे खटखटाने पड़े हैं, पर क्या कभी मोटी-मोटी तनख्वाहें झाड़नेवाले, मोटर वाले, राजनीतिक पदाधिकारी उनकी साहित्यिक-साधना को भी छीन सकेंगे? कदापि नहीं।

वे अपने रचना-कौशल से देश के हृदय में अपनी परिव्याप्ति लाभ करते रहेंगे। भाव, विषय और तत्त्व साधारण मनुष्यों के होते हैं, लेकिन रचना लेखक की सम्पूर्ण रूप से अपनी होती है। इसलिए रचना के अन्दर ही कलाकार जीवित रहता है, भावों और विषय के अन्दर नहीं। रचना में भाव और उसको प्रकट करने का ढंग दोनों निहित रहते हैं, पर भाव तो मनुष्य मात्र का है, उसको एक विशेष रूप में प्रकट करने और सबके लिए आनन्द की सामग्री बनाने की विधि ही कलाकार की प्रतिभा का प्रमाण है। विशेष भाव को अपना बनाकर रचना-उपाय से सबका बना देना ही तो साहित्य है। प्रकृति-व्याप्त-भावों में सबका समान अधिकार है, पर साहित्यिक उन्हें अपनी शक्ति से विशेष आकार-प्रकार देकर अपना बना लेता है, और फिर उसे सबके उपयोग का बनाकर कला-रूप में प्रतिष्ठित कर देता है, जो सौन्दर्य और स्वास्थ्य के साथ सबको आकर्षित करने में सक्षम होती है, इसी कारण उसका नाम ललित कला रखा गया है।

समय के अनुसार मनुष्य की शिक्षा, भाव एवं अवस्था में परिवर्तन हो जाने पर भी जो साहित्यिक रचनायें अपने गौरव की रक्षा करने में समर्थ होती हैं, काल की अग्नि परीक्षा में सफल होती हैं उन्हीं का मूल्य और महत्त्व होता है, निराला की रचना ऐसी ही है। मनुष्य का मन सहज गोचर नहीं है, यदि उसे अल्पकाल की सीमा में बाँधकर देखा जाय तो काल की अविरत गति के बीच से नित्य एवं अनित्य का संग्रह कर लेना बहुत ही कठिन होगा। इसी कारण मनुष्य की मानसिक वस्तुओं की परीक्षा काल की अनन्त परिदर्शनशाला में करनी पड़ती है। साहित्य के महत्त्व का निश्चित निर्णय प्राप्त करने का इससे श्रेष्ठ कोई दूसरा उपाय भी नहीं है। साहित्य की स्वाधीन रचना में साहित्यकार की प्रतिभा सर्वकाल के प्रतिनिधित्व को ग्रहण करती है, राजनीति की सामयिकता में उसका बँधा रह जाना उसके अस्तित्व में व्याघात पहुँचाता है। परन्तु राजनीतिक के सामने सत्य की अपेक्षा उसके अपने सिद्धान्त का, अपने दल का, अधिक महत्त्व रहता है, किन्तु—

> If a poet would influence politics, he must join a party, and then he is lost as a poet; good-bye to his free spirit and his open mind! He must pull over his eyes the cap of bigotry and hatred. The poet as a man and a citizen will love his native land, but the native land of his genius lies in the world of goodness, greatness and beauty, a country without frontiers or boundaries, ready for him to seize and

shape wherever he finds it. His gaze is like the eagle's poised for above the lands. To set him those unfitting and thankless tasks would be as bad as expecting the colonel of a rgiment to enable himself in politics and neglect his own profession. –Goethe

जब जर्मनी में नेपोलियन का धावा हुआ था तब वहाँ के कुछ राजनीतिक व्यक्तियों ने गेटे को नेपोलियन के विरुद्ध लिखने का आग्रह किया था, किन्तु उसने साफ कह दिया कि उसने प्रेम गीत तब लिखे हैं जब उसने प्रेम किया है, और किसी के प्रति घृणात्मक प्रचार भी वह तभी कर सकता है जब वह स्वयं घृणा से अभिभूत हो। इसी तरह की बात फैजाबाद प्रान्तीय सम्मेलन में माननीय सम्पूर्णानन्द ने निराला की उपस्थिति में कही थी—'लेकिन कवियों को राजनीतिज्ञों का साथ देना है'। निराला से न रहा गया। उन्होंने तपाक से उत्तर दिया—'हिन्दी के कवि राजनीतिज्ञों से और आगे हैं।'

इस प्रकार जहाँ-जहाँ निराला के सामने राजनीतिकों ने साहित्य की सात्विकता और उसकी मर्यादा पर अपना अधिकार जमाना चाहा है, वहाँ-वहाँ निराला ने उनका प्रतिवाद किया है, इससे अधिक कुछ नहीं। यों निराला ने देश की राजनीतिक प्रगति में सदैव अपना साहित्यिक सहयोग देने की चेष्टा की है। सन् ३८ में कांग्रेस शासन स्थापित होने के उपलक्ष्य में निराला ने लिखा था—

> बहुत दिनों बाद खुला आसमान,
> निकली है धूप हुआ खुश जहान।

उन्होंने अपनी राष्ट्रीय सरकार को जीवन के साधारणीकरण की ओर उन्मुख होने का भी संकेत किया था—

> सहज-सहज पग धर आओ उतर,
> देखें वे सभी तुम्हें पथ पर?
> वह जो सिर बोझ लिए आ रहा,
> वह जो बछड़े को नहला रहा,
> वह जो इस उस-से बतला रहा
> देखूँ, वे तुम्हें देख जाते भी हैं ठहर?
> उनके दिल की धड़कन से मिली
> होगी तस्वीर जो कहीं खिली,

देखूँ मैं भी वह कुछ हिली
तुम्हें देखने पर भीतर-भीतर!

इस उक्ति के द्वारा निराला ने शासन सत्ताधारी व्यक्तियों को सामान्य साधारण जीवन के स्नेह-सहानुभूति का पात्र बनने की सलाह दी है। वास्तव में चुनाव के समय नेता लोग जनता से जिन सेवा-वचनों के द्वारा उसका वोट उगाहते हैं उनका स्मरण पद-प्राप्ति के बाद प्रायः भूल जाते हैं जो उचित नहीं। कवि ने जीवन की सहज स्वाभाविक गति का अनुरोध करके जनसाधारण के प्रति ममतालु बने रहने का बहुत ही सुन्दर आग्रह किया है। कांग्रेसी सरकार ने जीवन के समाजीकरण में कोई गति नहीं दिखलाई और जनता ज्यों-की-त्यों भूखी-प्यासी बनी रही। तब निराला ने फिर नेताओं की चेतना को उद्बुद्ध करनेवाली बातें कहनी और लिखनी शुरू कर दीं। सन् ३८ की लिखी उनकी यह कविता अवलोकनीय है—

जला है जीवन यह
आतप में दीर्घकाल;
सूखी भूमि सूखे तरु
सूखे सिक्त आलबाल;
बंद हुआ गुंज, धूलि—
धूसर हो गये कुंज,
किन्तु पड़ी व्योम उर
बंधु नील-मेघ-माल!

ग्रीष्म की दीर्घ और तीव्र तपन के परिणामस्वरूप ही आकाश में वर्षाकालीन बादलों का घटाटोप छाता है किन्तु उन बादलों को अपनी ऊँचाई में पृथ्वी की वेदना का अनुभव नहीं हो पाता। वे पृथ्वी की उपेक्षा करते हुए आकाश के गले का हार बनते हैं और केवल टक्कर लगने के बाद ही, ठोकर खाने के पश्चात् ही धरती को अपने पानी से सिक्त करते हैं, अन्यथा नहीं। नेताओं का भी प्रायः यही हाल होता है। जनता के विश्वास और चुनाव के बल पर वे उस पद पर पहुँचते हैं, पर वहाँ पहुँचकर वे जनता को भूल जाते हैं, और केवल ऊँचे पद का शृंगार करते हैं, बड़े-बड़े आदमियों को अपनाते हैं। बादलों की तरह हवा में किले बनाते हैं, पृथ्वी के यथार्थ जीवन की तरफ ध्यान नहीं देते।

आज तक कांग्रेस के नेताओं में किसी साधारण वर्ग के व्यक्ति को स्थान

नहीं मिला। नेताओं ने पूँजीपतियों का साथ नहीं छोड़ा और फलतः देश की जनता धीरे-धीरे उन पर से अपना विश्वास उठाती जाती है, क्योंकि उसे तो उस नेता की आवश्यकता है जो गरीबों और पीड़ितों का अपना हो, और जो राष्ट्र में समानता और सद्व्यवहार का प्रचार एवं प्रसार करे। भारत का कल्याण समाजवादी भाव-धारा ही से हो सकता है, पर अभी तक कांग्रेस ने इसे अपना लक्ष्य नहीं बनाया। मेरा तो निश्चित मत है कि देश की आर्थिक उपज और भूमि तथा व्यवसाय का समाजीकरण हो जाने के बाद देश के कोने-कोने में फैली, साम्प्रदायिक विषमता का भी अपने आप अन्त हो जायेगा और देश में सामूहिक सुख-शान्ति की स्थापना सहज सम्भव हो जायेगी। निराला यदि कभी राजनीतिकों से वाद-विवाद में पड़े हैं तो उन्होंने इसी नयी चेतना की बात सुझाने की चेष्टा की है, उनके साहित्य में समाजवाद का स्वर बहुत ऊँचा और व्यापक है।

केवल राजनीतिकों से ही नहीं अपने साथी साहित्यिकों से भी उन्होंने समय-समय पर वाद-विवाद किया है। वे कवि होने के साथ ही चिंतनशील सचेत दार्शनिक भी हैं। उनके विचारों का गठन कई रूपों से हुआ है। अपने युग के सामाजिक, राजनीतिक तथा साहित्यिक सभी विषयों के प्रति वे सबसे अधिक जागरूक कलाकार रहे हैं। उनके हृदय की विदग्ध अनुभूतियाँ जीवन की शतशः धाराओं में फूट उठी है, सभी जगह उनकी विषय-प्रतिपादन की शैली अटूट और अनोखी है। निराला जी से श्री इलाचन्द्र जोशी की पहली भेंट 'समन्वय' आफिस में कलकत्ता में हुई थी। साधारण परिचय के पश्चात् निराला जी ने पूछा कि जोशी जी ने संस्कृत और हिन्दी के साथ बँगला भी पढ़ी है या नहीं। जोशी जी ने बताया कि उन्होंने बँगला का पूर्ण अध्ययन किया है। तब निराला जी ने हँसते हुए कहा कि तब तो रवि-ठाकुर को—प्रिन्स द्वारकानाथ ठाकुर के नाती को भी अवश्य ही पढ़ा होगा। जोशी जी ने कहा—अवश्य, अवश्य। निराला जी ने तुरंत प्रश्न किया कि सौन्दर्य प्रेमी संस्कृत-कवियों की तुलना में रवीन्द्र कहाँ तक ठहर पाते हैं। जोशी जी ने बताया कि वे इस दृष्टि से महाकवि कालिदास से भी आगे हैं, क्योंकि उनके सामने कालिदास-साहित्य तो है ही उन्होंने और भी विश्व-साहित्य का अध्ययन और मनन किया है। इस कारण वे काव्य-कला में कालिदास से किसी तरह कम नहीं बल्कि कुछ ज्यादा ही हैं। निराला ने पूछा कि वे सूर, मीरा

और कबीर से भी क्या बड़े हैं? जोशी जी ने सकारात्मक उत्तर दिया कि निराला जी कुछ बिगड़ उठे और जमीन में जोर से पैर पटकते हुए पूछा, कि तो फिर वे तुलसीदास जी से भी बड़े हैं? जोशी जी ने उसी तरह पैर पटककर उत्तर दिया कि जी हाँ, बड़े हैं। मामला बढ़ता हुआ देखकर स्वामी माधवानन्द जी ने दोनों को शान्त किया। रवीन्द्र कालिदास से बड़े हैं या नहीं, तुलसी से आगे हैं या नहीं के विवाद से एक बात का पता चलता है कि निराला जी काव्य के साथ कवि की जीवन-साधना का बड़ा भारी महत्त्व मानते हैं। जीवन की सुविधाओं से रहित व्यक्ति की जीवन-साधना का उन पर गहरा प्रभाव पड़ता है। रवीन्द्रनाथ की सामाजिक सुविधाओं का बाहुल्य निराला को, तुलसी की जीवन-साधना के सामने छोटा लगता है। यों जोशी जी भी तुलसी के प्रति अपार श्रद्धा रखते हैं और उन्हें रवीन्द्र से जरा भी छोटा नहीं मानते, पर बातचीत की आवेश-आकुलता में टैगोर को बड़ा बताना भी कुछ अस्वाभाविक नहीं कहा जायेगा। 'कला के विरह में जोशी बन्धु' में भी साहित्य के सत्यों और रसों को लेकर निराला जी ने जोशी बन्धुओं को बहुत तीखा उत्तर दिया था। 'पंत जी और पल्लव' में भी निराला ने काव्य-कला की कसौटी पर पंत के काव्य को बड़ी निर्ममता से कसा था। मतलब यह कि सम-सामयिक-साहित्यिक विवादों में भी वे कभी पीछे नहीं रहे।

'प्रबंध-प्रतिमा' की भूमिका में निराला ने अपने विवादी निबंधों के लिए लिखा है—'लेखों में, अज्ञान, हेकड़ी, असाहित्यिकता के भी निदर्शन है। मैं चाहता तो छपते समय कुछ अंशों में उनकी नोकें मार देता, पर मनुष्य ज्ञान नहीं, इसलिए दुर्बलता की पहचान मैंने रहने दी। कई साहित्यिक और राजनीतिक आये हैं जिन्हें मैं पूर्ण रूप से मर्यादित नहीं रख सका। इसके साथ जो कारण है, मैं उसे ही पकड़ने के लिए पाठकों से निवेदन करता हूँ; तब उसका अन्त हिन्दी के मौलिक साहित्य में होगा, जो अनायास लज्जा की परिधि को पार कर सकेगा। कबीर-तुलसी जैसे हिन्दी के योग्यतम रत्नों को बिगड़े काव्य के उदाहरण में मैंने पहले रखा है! जो लोग कबीर-तुलसी में बुरा देखने की कल्पना भी नहीं कर सकते, वे वहीं से मुझे भला-बुरा कहने लगेंगे। जो बात सुनना चाहते हैं, वे उनका समर्थन करने से पहले देखेंगे और समझेंगे, आलोचक का वहाँ कहना क्या है। पंत जी ने अपनी आलोचना का जवाब लिखा था, बड़ी खूबी से

अपना समर्थन किया था, इसी तरह जोशी-बन्धु भी समर्थित हैं; मेरा केवल यही कहना है कि 'मैं क्या कह रहा हूँ वहाँ, पाठक समझ ले।' सन् ४० की लिखी यह भूमिका है, और इसके बाद फिर कभी निराला ने किसी इस तरह के वाद-विवाद में कोई भाग भी नहीं लिया, केवल अपने व्यंग्यों से व्यक्तियों और विषयों की विकृतियों पर घात-प्रतिघात करते रहे।

निराला ने प्राय: सभी सामयिक विषयों पर अपनी सम्मति प्रकट की है। छायावाद के प्रारम्भ के समय भाषा का प्रश्न एक बहुत बड़ी समस्या के रूप में उपस्थित था। खड़ी बोली और ब्रजभाषा के द्वन्द्व से निकलकर यद्यपि खड़ी-बोली की परीक्षा हो चुकी थी, किन्तु अभी इसके रूप का निर्णय बाकी था। लोगों की यह शिकायत थी कि छायावादी कवितायें आसानी से समझ में नहीं आतीं, क्योंकि उनकी भाषा क्लिष्ट होती है। इस आक्षेप का उत्तर निराला ने इस प्रकार दिया था—भाषा क्लिष्टता से सम्बन्ध रखनेवाले प्रश्न हिन्दी की तरह अपर-भाषाओं में नहीं उठते। हिन्दी को राष्ट्रभाषा माननेवाले या बनानेवाले लोग साल में तेरह बार आर्त-चीत्कार करते हैं—भाषा सरल होनी चाहिये, जिससे आबाल-वृद्ध समझ सकें। मैंने आज तक किसी को यह कहते हुए नहीं सुना कि शिक्षा की भूमि विस्तृत होनी चाहिये, जिससे अनेक शब्दों का लोगों को ज्ञान हो, जनता क्रमश: ऊँचे सोपान पर चढ़े।

एक सवाल राष्ट्र-भाषा द्वारा हिन्दू-मुस्लिम ऐक्य का उठता है। इसके लिए हिन्दी को भरसक असंस्कृत करने की जरूरत बतलाई जाती है। हिन्दुस्तानी-एकेडमी के पदवीधर पदाधिकारियों की ऐसी ही राय है। वे लोग स्वयं कुछ हिन्दी जानते हैं या नहीं, यह मत पूछिए, इसकी जाँच व्यर्थ है। उनकी राय सुन लीजिये। ऐसी भावना से प्रेरित हो कुछ कवियों ने कलम के कुल्हाड़े से राष्ट्रभाषा की लकड़ी से काव्य के कुछ चैले चीरे भी हैं, जिनके मुकाबले 'शुष्कं काष्ठं तिष्ठति अग्रे' बहुत सरस है। बड़े-बड़े साहित्यिकों ने प्रकृति के अनुकूल ही भाषा लिखी है। साहित्य में भावों की उच्चता का ही विचार रखना चाहिये। भाषा भावों की अनुगामिनी है। जो लोग साधारण भाषा के प्रेमी हैं, उनके लिए साधारण पुस्तकें रहेंगी ही। पहली, दूसरी, तीसरी और चौथी पुस्तकों की तरह भाषा-साहित्य का भी स्तर तैयार रहेगा। गैर लोगों को अपने में मिलाने का तरीका भाषा आसान करना नहीं, न मधुर करना, उसमें व्यापक भाव भरना और उसी

के अनुसार चलना है। यही स्वाभाविक खिंचाव खड़ी बोली की कोमलता तथा व्यापकता में आना चाहिये। (साहित्य और भाषा) प्रबंध पद्म।'

वास्तव में भावों के उपकरणों से निर्मित मानस-जगत् अपनी अभिव्यक्ति का माध्यम स्वतः चुन लेता है। उसके प्रकाशित करने का तरीका बताना व्यर्थ है। रचना-शक्ति की निपुणता माध्यम के चुनाव में ही परिलक्षित होती है और उसकी स्थिति कला में अपना खास महत्त्व रखती है। साहित्य के लिए भाषा भी ऐसा ही माध्यम है। कलात्मक चेष्टा की पूर्ति के लिए साहित्य को रूपकों, अलंकारों और स्वरों-शब्दों के उतार-चढ़ाव आदि का भी ध्यान रखना पड़ता है। दर्शन, विज्ञान और राजनीति के समान निरलंकृत होकर साहित्य अपना सौन्दर्य खो बैठता है। भाषातीत भाव को भाषा में प्रतिष्ठित करने के लिए साहित्य में भाषा का प्रयोग भावानुकूल करना ही श्रेयस्कर होता है। सन्तान के लिए माँ के दूध के समान भाव के लिए भाषा भी स्वतःस्फूर्त होती है।

भावों की ही भाँति भाषा की भी एक संस्कृति होती है। शैली निर्माण से भाव-भाषा का सामंजस्य आवश्यक होता है। वस्तुतः भाषा के गठन का उपदेश उपहासास्पद है। फिर भी भारत के नेताओं ने भाषा को भी अपनी नीति की लाठी से हाँकना चाहा है। हिन्दी को हिन्दोस्तानी बनाने के प्रयत्न में गांधी जी ने न जाने कितने प्रयोग और प्रचार किये हैं। उनकी बात की, इस विषय में हम सहज ही उपेक्षा कर जाते हैं, क्योंकि वे न तो भाषा-प्रयोग के अधिकारी साहित्यिक हैं और न भाषा-विज्ञान के पंडित। वे एक राजनीतिक नेता हैं, और उनके लिए अपनी नीति का महत्त्व साहित्य से अधिक है। इसीलिए वे कभी हिन्दी तो कभी हिन्दोस्तानी का तराना छेड़ते रहते हैं। इधर उन्होंने यह तक कह दिया कि जो उर्दू नहीं पढ़ता-लिखता उसके स्वदेश-प्रेम को भी सन्देह से देखा जाना चाहिये; यही नेतागिरी का आवेश है। निराला जी ने ठीक ही लिखा है—हिन्दी की सरलता के सम्बन्ध में बकवास करनेवाले लोगों में अधिकांश को मैंने देखा—लिखते बहुत हैं जानते बहुत थोड़ा हैं। कम-से-कम हिन्दी से तो उनका तअल्लुक स्कूल से जब से छूटा, छूटा ही रहा। फिर हिन्दी की विशेष शिक्षा प्राप्त करने की उन्हें जरूरत नहीं मालूम दी। जरूरत रही दूसरों को सिखलाने की। साधारण जनों का पक्ष लेकर वे बराबर अपने अज्ञान पर मिट्टी डालते रहे।

यहाँ पर एक यह भी बात स्मरण करने लायक है कि भाषा का प्रश्न हिन्दी से हिन्दोस्तानी बनाने का प्रयत्न, किसी साहित्य-सेवी अथवा भाषा के विद्वान ने नहीं उठाया। बल्कि यह तमाशा केवल राजनीतिकों का रचा हुआ है। संसार के बड़े-बड़े साहित्यिकों की भाषा कभी साधारण जनता की भाषा नहीं रही, क्योंकि साहित्य में सभी तरह की अभिव्यक्तियाँ होती हैं। तुलसी-कृत रामायण का इस देश में घर-घर प्रचार है, उसे सभी पढ़ते और आनन्द पाते हैं पर इसका आशय यह नहीं कि तुलसीदास ने रामायण बड़ी ही सीधी-सादी भाषा में लिखी है। भावों की गहराई के अनुसार रामायण की भाषा भी कहीं-कहीं इतनी उच्च और सारवती है कि बड़े-बड़े विद्वानों की भी समझ में आसानी से नहीं आती। उस ग्रंथ के प्रचार का कारण रामचरित और रामभाव है। सूर भी कम कठिन नहीं। कबीर की तो भाषा उलटी है ही। इस प्रकार भावों के अनुकूल भाषा का बराबर प्रयोग होता आया है और होता रहेगा।

'भाषा बहुभावात्मिका रचना की इच्छा मात्र से बदलनेवाली देह है। इसीलिए रचना और भाषा के अगणित स्वरूप भिन्न-भिन्न साहित्यिकों की विशेषतायें जाहिर करते हुए देख पड़ते हैं। रचना युद्ध कौशल है और भाषा तदनुरूप अस्त्र। इस शास्त्र का पारंगत वीर साहित्यिक ही यथा समय समुचित प्रयोग कर सकता है। इस प्रयोग का सिद्ध साहित्यिक ही ऐसे स्थल पर कला का प्रदर्शन करेगा।'

—भाषाविज्ञान (प्रबंध-प्रतिमा)

भाषा की विशेषता और उसकी भावानुकूलता का ध्यान न रखकर उसके स्वरूप को मनमाना मोड़ने-तोड़ने की सलाह देना उसी प्रकार अशोभन और अव्यवहारिक है जिस प्रकार हिन्दू-मुसलिम एकता के लिए हिन्दुओं को मुर्ग मुसल्लम खाने की सलाह देना। सुनने में आया है कि हिन्दोस्तानी तालीमी संघ में हिन्दू-मुसलमान शिक्षकों के सहभोज का भी प्रस्ताव है। जो भी हो इस देश के राजनीतिकों ने अपना गुरुडम चारों ओर इस प्रकार फैला रखा है कि उससे देश का दम घुट रहा है। ऐसे गुरु घोर कलिकाल में रहकर भी बातचीत के समय सतयुग से नीचे एक पग भी नहीं रखते। दिल्ली की वह जगह जहाँ गांधी जी ठहरते हैं लोग भंगी कालोनी के नाम से ही जानते हैं, यह बिड़ला का विशाल मन्दिर-भवन है, यह बात प्रचार में नहीं आती। यही अन्तर राजनीतिकों की नीति और साहित्य में भी पाया

जाता है। राजनीतिक प्रचार के माध्यम से असत्य को भी सत्य बनाने की चेष्टा करता है, किन्तु साहित्य का कार्य सत्य को सौन्दर्य के माध्यम से संचरित करना है। साहित्य का मूल उत्स एक व्यापक आनन्द है और आनन्द प्रयोजनातीत होता है। पर नीति का सम्बन्ध व्यक्ति के मन से होता है और मन अपनापन विस्तृत करना चाहता है। नीतिवादियों की दलबंदी और नीति-विभिन्नता का यही कारण है। साहित्य में ऐसे दलों का अभाव रहता है। किसी विशेष नीति का प्रचारक साहित्य पढ़कर उसमें अपनी नीति का तत्त्व खोजता है; न पाने पर खीझता है और उसकी कदर्थना करते हुए उपदेश भी दे डालता है।

विश्व की अनन्त सृष्टि की तरह साहित्य भी आनन्द का प्रकाश है, उसके भीतर नीति, तत्त्व और शिक्षा का स्थान नहीं। उसमें किसी नीति की खोज करना बालू में तेल पेरने की भाँति ही निष्फल है। साहित्य की वास्तविक श्रेष्ठता प्राप्त करने के लिए हमें उसकी समग्रता पर ध्यान देना होगा, उसके मूल आदर्श पर विचार करना होगा। रामायण में किसी नीति या वाद विशेष की परितृप्ति खोजने का प्रयास उसकी आनन्दोत्पादिनी महत्ता को तिरस्कृत करके उसे एक नगण्य नीति-ग्रंथ बनाने से कुछ अधिक नहीं कहा जायेगा। यदि नीति ही साहित्य का प्रमुख अंश होता तो उपदेश-प्रद प्रवचन और नीतिपूर्ण पद्य साहित्य की सीमा में न जाने कब प्रवेश पा गये होते, पर ऐसा हुआ नहीं। कोरी नीति के आधार पर तो राम का वन-गमन ही अनीति-मूलक है, क्योंकि नीति-वादी का कहना है कि 'यो ध्रुवाणि परित्यज्य' उसकी विजय कभी सम्भव नहीं। परन्तु रामायण में राम विजयी होते हैं। जाबालि ने सम्भवतः इसी नीति-निपुणता के कारण राम-वन-गमन को व्यर्थ बताया था। कारण यह है कि नीति सबसे पहले अपना स्वार्थ देखती है। 'आत्मानं सततं रक्षेत्, दारैरपि धनैरपि' वाली उक्ति भी किसी नीतिवादी की ही प्रवंचना का परिणाम है। व्यापक आत्मप्रकाश नीति की चहारदीवारी में कभी कैद नहीं होता। अस्तु, साहित्य के भाव और भाषा में नीति का उपदेश कभी सार्थक नहीं हो सकता, यह निश्चित है।

गुलाम होने के कारण हमारे देश में राजनीति और देश-प्रेम को एक ही मान लिया गया है, पर यह भ्रम मात्र है। सहज प्रेम और राजनीति में कोई सम्बन्ध नहीं। कवीन्द्र रवीन्द्र से और गांधी की नीति से कभी मेल नहीं

बैठा, पर इसका आशय यह नहीं कि रवीन्द्र के हृदय में देश-प्रेम गांधी से कम था। यदि किसी नीति विशेष का प्रचार रवीन्द्र ने अपनी कला-कृतियों में किया होता तो वह कृतियाँ अमरता की अधिकारी न होतीं और न उनसे विश्व-मानव को ही कोई सुख मिलता। स्वयं गांधी का महत्त्व उनकी भाषा नीति वा राजनीति के कारण विश्व-व्याप्त नहीं हो सकता था। उनकी महत्ता का कारण समस्त मानवता के प्रति उनका व्यापक दृष्टिकोण ही है। साहित्य के व्यापक भावों का सम्बन्ध समस्त विश्व से होता है; उसके सामने राष्ट्रीयता की संकुचित सीमा अपने आप तिरोहित हो जाती है। सच्चा कलाकार अपनी रचना हृदय की प्रेरणा से करता है न कि राजनीतिक की तरह आवश्यकता के अनुसार नीति-निर्धारण? जहाँ साहित्यकार ने नीति की प्रतिष्ठा ही अपना मूल उद्देश्य बना लिया वहाँ उसकी साहित्यिकता का खर्च होना अनिवार्य हो जाता है। निराला जानते हैं कि साहित्य का उद्देश्य हृदय के रस का विकास और उसके अनुभव की अभिव्यक्ति है, जो अपने में स्वतः पूर्ण होती है।

यहाँ स्वतः पूर्ण का तात्पर्य यह है कि उसके भीतर परिवर्तन या संशोधन की आवश्यकता नहीं। साहित्य जिस रूप के भीतर से प्रकाशित होता है वहीं उसका अपना रूप होता है। वहाँ शब्द और अर्थ का ऐसा सम्पूर्ण सम्बन्ध और सामंजस्य होता है कि एक को अलग करने से उसका पूरा रूप बिगड़ जाता है। महाकवि कालिदास ने इसी सत्य को इस प्रकार प्रकट किया है—

वागर्थाविव सम्पृक्तौ वागर्थ प्रतिपत्तये

शब्द और अर्थ के नित्य एक रस रहनेवाले सम्बन्ध का ही इसमें स्पष्टीकरण है।

अपने आक्सफोर्ड कविता विषयक व्याख्यान में ए.सी. ब्रेडले ने भी कुछ ऐसी ही बात कही है—This is also the reason why if we insist on asking for the meaning of such a poem we can only be answered 'It means itself.'

इसी बात को कवीन्द्र-रवीन्द्र ने इस प्रकार लिखा है—ज्ञान की वस्तु को एक भाषा से दूसरी भाषा में परिवर्तन कर देने से कार्य चल जाता है। उसके विषय को लेकर नाना प्रकार के लोगों में नाना भाषाओं द्वारा

अनेक प्रकार से प्रचारित किया जाता है, किन्तु भावों के विषय में यह बात नहीं हो सकती। वे जिस मूर्ति का सहारा लेते हैं, उससे फिर अलग नहीं हो सकते।

जिस प्रकार एक अच्छा व्याख्याता अपना व्याख्यान देते हुए अपने हृदय के बहुत-से आन्तरिक निगूढ़भावों को जिन्हें वह अपनी वाणी द्वारा अभिव्यक्त नहीं कर सकता, कई प्रकार के इशारों से अभिव्यक्त करता है; उसी प्रकार साहित्यकार भी अपनी अन्तरतम, रहस्यमयी तथा अत्यन्त गम्भीर भावनाओं को एकमात्र इंगितों से ही प्रकट करता है। उसकी भाषा ऐसा रूप धारण कर लेती है जिसमें बहुत-सी जगह इतनी व्यञ्जनायें ओतप्रोत हो जाती हैं कि अर्थ का निर्णय करना तक कठिन हो जाता है। उसकी एक बात एक तरुणी की दोनों ओर से नोकदार, बड़ी-बड़ी आँखों से कुछ कम सुन्दर और चतुराई भरी नहीं होती, किन्तु आँखों की भाषा न समझनेवाले सूखे नीतिवादियों के लिए उसकी कुछ भी महत्ता नहीं रह जाती। फिर भी भावुक व्यक्ति अपरूप भाव को रूप (भाषा) के द्वारा अभिव्यक्त करते समय वाणी की अनिर्वचनीयता का सदैव ही स्मरण रखता है। जिस प्रकार नारी की सुन्दरता लज्जा होती है, साहित्य की अनिर्वचनीयता वैसी ही होती है। वह अनुकरणातीत है। वह अलंकारों का अतिक्रमण कर जाती है, कभी अलंकारों द्वारा आच्छन्न नहीं होती।

अवांग मनसागोचर को भाषा में बाँधने के लिए साहित्यकार को चित्र और संगीत का सहारा लेना पड़ता है। वाणी के द्वारा जो नहीं अभिव्यक्त होता उसे चित्र के द्वारा उपस्थित करना पड़ता है। उपमा, तुलना तथा रूपक के द्वारा चित्रों के माध्यम से भाव प्रत्यक्ष होते चलते हैं—

> वे किसान की नयी बहू की आँखें,
> ज्यों हरीतिमा में बैठे दो विहग बंद कर पाँख।

इन पंक्तियों में निराला ने जो चित्र दिया है वह अभिव्यक्ति की चित्रोपमता का बहुत ही सुन्दर उदाहरण है। इसके अतिरिक्त शब्दों, मुहावरों और वाक्य-विन्यासों में साहित्यकार संगीत का भी सहारा लेता है, क्योंकि संगीत के द्वारा शब्दों में वह जीवन जग जाता है जो किसी अन्य प्रकार से प्राप्त नहीं हो सकता। निराला के कई गीत, संगीत-प्राण होकर अधिक प्रवेगपूर्ण हो उठे हैं, संगीत और कविता के सुन्दर समन्वय के अनन्य

गीत निराला की 'गीतिका' में संगृहीत हैं। ताल, लय और गति के साथ बढ़ती हुई भाव-माधुरी मन को मुग्ध करनेवाली है। उन गीतों की सबसे बड़ी विशेषता यह है कि उनका एक भी शब्द इधर-उधर कर देने से सारा सौन्दर्य ही नष्ट हो जाने की आशंका है। गीतों में भाषा की गठन और संगीत-मय स्वरों का चयन इतना सामंजस्यपूर्ण है कि उसमें किसी प्रकार के व्याघात सहने की क्षमता नहीं। संगीत और काव्य का एक उदाहरण—

स्पर्श से लाज लगी
अलक-पलक में छिपी छलक
उर से नव-राग-जगी!
चुम्बन-चकित चतुर्दिक चंचल
हेर, फेर मुख, कर बहु सुख-छल
कभी हास, फिर त्रास, साँस-बल
उर-सरिता उमगी।
प्रेम-चयन के उठा नयन नव
विधु-चितवन, मन में मधु कलरव,
मौन पान करती अधरासव
कण्ठ लगी उरगी।
मधुर स्नेह के मेह प्रखरतर
बरस गये रस-निर्झर झरझर,
उगा अमर-अंकुर उर-भीतर
संसृति-भीति भगी। (गीतिका)

सङ्गीत ने शब्दों में एक प्रकार की अर्थवाही झंकार उत्पन्न कर दी है जिसके द्वारा सहृदयों के हृदय तार झंकृत होने लगते हैं। सङ्गीत स्वरों में एक ऐसा मृदुल कंपन भरने में समर्थ है जो भावों को गति और चित्र को आकार देने में सहायक होता है।

क्या हिन्दोस्तानी भाषा में इसी भाव का यह संगीतमय रूप प्रत्यक्ष हो सकता है? हिन्दोस्तानी के विशारदों को चाहिये कि वे कर्म के क्षेत्र में, रचना के माध्यम से भाषा परिवर्तन का सवाल उठायें। घर के भीतर घुसे-घुसे केवल आडम्बरपूर्ण उपदेशों से भाषा में परिवर्तन नहीं हो सकता, यह घोर सत्य है। निराला ने बहुत ही सरल भाषा का भी प्रयोग किया है—

वह आता—
दो टूक कलेजे के करता पछताता पथ पर आता!
पेट पीठ दोनों मिलकर हैं एक
चल रहा लकुटिया टेक
मुट्ठी भर दाने को—भूख मिटाने को
मुँह फटी पुरानी झोली का फैलाता—
दो टूक कलेजे के करता पछताता पथ पर आता।
साथ दो बच्चे भी हैं सदा हाथ फैलाए,
बायें से वे मलते हुए पेट को चलते
और दाहिना दया-दृष्टि पाने की ओर बढ़ाए।
भूख से सूख ओंठ जब जाते
दाता-भाग्य-विधाता से क्या पाते?
घूँट आँसुओं के पीकर रह जाते!
चाट रहे वे जूठी पत्तल कभी सड़क पर खड़े हुए,
और झपट लेने को उनसे कुत्ते भी हैं अड़े हुए।
ठहरो अहो मेरे हृदय में हैं अमृत, मैं सींच दूँगा,
अभिमन्यु जैसे हो सकोगे तुम,
तुम्हारे दु:ख मैं अपने हृदय में खींच लूँगा! (परिमल)

मैं समझता हूँ कि हिन्दी भाषा का साधारण ज्ञान रखनेवाला पाठक भी इस कविता के भाव और अर्थ को ग्रहण करने में समर्थ होगा। यह बात दूसरी है कि नेताओं के लड़के-बच्चे जो अमेरिका तथा इंगलैंड में अंग्रेजी शिक्षा पाकर भारत में अंग्रेजी पत्र निकालने लगे हैं, उनकी समझ में यह न आये, क्योंकि उन्होंने दुर्भाग्य से कभी हिन्दी का श्रीगणेश ही नहीं किया। मनुष्य का विकास उसके आचार के, अनुकूल होता है; क्योंकि आचार यदि बीज है तो विकास अथवा विचार वृक्ष; आचार के अनुसार ही विचार का परिष्कार होता है। अतएव बीज (भाव) का विकास व्यक्ति की साधना-संस्कृति के आधार पर उसकी रचना शक्ति (भाषा) का विकास भी आधारित रहेगा, यह स्मरण रखना होगा।

'व्यवहार में भाषा को भावों का माध्यम माना जाता है। किन्तु मुझे यहाँ एक सूक्ष्म संकेत करना है। भार ग्रहण करना और भारवाही होना, यह दोनों दो बातें हैं। भरत ने रामराज्य का भार ग्रहण किया था और गधा चन्दन का भारवाही होता है। ठीक उसी प्रकार भाषा जब भावाभिव्यक्ति

के समय अपनी अनुरक्ति प्रकट करती दिखलाई दे तो उसे भारवाहिनी कदापि नहीं कहा जा सकता। वाल्मीकि, व्यास, कालिदास अथवा तुलसी-सूर-मीरा की भाषा ऐसी ही है। वह जैसे उनके भावों को ग्रहण कर कृतकृत्यता का ही अनुभव नहीं करती, पुलकित रोमांचित हो-होकर इठलाती, बलखाती, बलैयाँ लेती चलती है। किन्तु उसे ही जब केशव, पजनेश आदि के सामने खींच-घसीटकर लाया जाता है तो वह बेचारी हाँफती, पसीना पोंछती, किसी-किसी तरह उनके विचारों का बोझ बर्दाश्त कर पाती है। निश्चित रूप से तब उसे भारवाहिनी की उपाधि ग्रहण करने को विवश होना पड़ता है। इस प्रकार भावों के माध्यम स्वरूप भाषा को दो कक्षों में रखा जा सकता है और उसे क्रमशः भावग्राहिणी तथा भाव-वाहिनी उपाधियों से अभिहित भी किया जा सकता है।

एक प्रकार और है। नर-सिंह रूप में जैसे मनुष्य और सिंह की आकृतियों का एकीकरण है अथवा गणेश की मूर्ति में गज-मानव-सम्मेलन दृष्टिगत होता है, किन्तु दर्शक की आँखों के आगे फिर भी यह सुस्पष्ट होते विलम्ब नहीं लगता कि कहाँ-से-कहाँ तक माननीय श्री है और कहाँ-से-कहाँ तक सिंह अथवा हाथी की आकृति, उसी प्रकार कुछ कवियों में उपरिवर्णित भाषा के दोनों ही रूप मिलते हैं। आधुनिक कवियों में निराला जी की कविताओं में भाषा के उक्त दोनों ही रूप पृथक-पृथक प्रतीत होते हैं; उनके व्यक्तित्व का वासन्तिक विकास दोनों ही स्थानों में सुस्पष्ट अनुभूत होता है। निश्चय ही सूर और विद्यापति की कूटोक्तियों के सदृश भी उनके पद हैं, किन्तु उन्हें छोड़ देने पर भी सहृदयता की दृष्टि से वह न सूर के समीप आते हैं न वाग्वैदग्ध्य के अनुसार विद्यापति के निकट। सब मिलाकर उनकी भाषा-संस्कृति तुलसीदास से अधिक मेल खाती है।

—(जानकी वल्लभ शास्त्री-आचार्य)

तुलसीदास ने रामचरित मानस, विनय पत्रिका, कवितावली आदि में विभिन्न प्रकार की भाषा का प्रयोग किया है। (एक ही कृति में भी प्रसंग के अनुसार उनकी भाषा बदलती चलती है) और निराला जी ने भी परिमल, गीतिका, अनामिका, तुलसीदास, बेला जैसे काव्य-ग्रंथों में भाषा-सम्बन्धी अनेकानेक कौशल प्रदर्शित किये हैं।

तुलसीदास की भाषा भाव-ग्राहिणी है। उनकी रचनाओं को पढ़कर पता चलता है कि भावों का अनुसरण करती हुई भाषा अपने आप बिना किसी

प्रयास के प्रयुक्त होती गयी है। इस प्रकार निराला ने भाषा की भी एक स्वतन्त्र सत्ता प्रतिष्ठापित की है जो न केवल भावों का वरन् अनुभूति का भी अनुगमन करती है। जिस प्रकार आत्मा की शुद्धि के लिए शरीर का भी आचार-शुद्ध होना आवश्यक है उसी प्रकार विचार की शुद्धि के लिए भाषा का संस्कार भी अनिवार्य है। नये-नये भावों और विचारों को स्पष्ट करने के लिए निराला ने भाषा के नये-नये प्रयोग सामने रखे हैं। उनकी भाषा की प्रयोगात्मकता और सांकेतिकता बहुत ही सार्थक और सफल है। उन्होंने संस्कृत-शब्दों और समास पूर्ण वाक्यांशों का प्रयोग बड़ी सरलता से किया है—

> किसलय-वसना नव-वय-लतिका
> मिली मधुर प्रिय-उर तरु-पतिका

में क्लिष्टता का आरोप कदापि नहीं किया जा सकता।

गद्य में भी निराला की भाषा बहुत ही अर्थवाही और प्रसंगानुकूल चलती है। सामाजिक वास्तविकता को अभिव्यक्त करनेवाली परिस्थितियों के चित्रण में उनकी भाषा सबसे अधिक बोधशील हो सकती है। सारा चित्रण अपने चारों ओर के वातावरण के साथ सजीव हो उठता है—'उतरता बैसाख। खलिहान में गेहूँ, जव, चना, सरसों-मटर और अरहर की रासें लगी हुई हैं। गाँव के लोग मड़नी कर रहे हैं। कोई-कोई किसान, चमार-चमारिन की मदद से, माड़ी हुई रास ओसा रहे हैं। धीमे-धीमे पछियाव चल रहा है। शाम पाँच का वक्त। सूरज इस दुनिया से मुँह फेरने को है। एक जगह घने आम के पेड़ के नीचे, सब जगहों से ज्यादा लॉक रखी है—एक रास भी माड़ी लगी हुई—एक अच्छा पलँग और एक चारपाई पर लट्ठ रखे सिपाही बख्तावर सिंह थैली से तैयार किया रखा दोहरा निकाल रहा है, पलँग पर पटवारी लाला शहनाई लाल श्रीवास्तव खेतों की पैदावार लिख रहे हैं, बहुत कुछ अंदाजन। देखने पर मालूम देता है, यह जमींदार का खलिहान है। जमींदार के खलिहान की बगल में पटवारी के खेत की लॉक लगी है। जमींदार ने तीन बीघे का खेत पटवारी को दिया है। गाँव वाले जानते हैं—क्यों दिया है। फिर भी लाला शहनाई लाल सौ से ज्यादा दफे, जब गाँव आते हैं, रास्ता चलते गाँव वालों को बुलाकर कहते हैं—किसानों के अच्छे खेत से बीघा पीछे दो रुपए ज्यादा लगान उनके खेत पर लगाया गया है—पुलिस और जमींदार अपने बाप को भी

नहीं छोड़ते। —(चमेली नामक उपन्यास का अंश)

ऐसी ठेठ हिन्दुस्तानी भाषा लिखने में निराला की समानता आज का कोई दूसरा लेखक नहीं कर पाता। हर एक प्रयोग में वे एक नयी शैली का निर्माण करते चलते हैं। समय-समय पर हिन्दी-उर्दू तथा हिन्दुस्तानी का मनमाना प्रयोग उनकी सबसे बड़ी विशेषता है। संस्कृत-गर्भित शब्दों का प्रयोग भी वे वहीं करते हैं जहाँ भाषा-भाव की सांस्कृतिक प्रतिष्ठा का उन्हें उन्मेष करना पड़ता है, अन्यथा उनकी भाषा सहज-सरल ही होती है। अपने काव्य 'तुलसीदास' में निराला ने संस्कृत-गर्भित शब्दों का काफी प्रयोग किया है, फिर भी उनकी शैली को संस्कृत-शैली कहना अनुचित है, क्योंकि शैली का निर्माण केवल शब्द-चयन से नहीं वरन् अभिव्यक्ति के सम्पूर्ण गठन से होता है। वस्तुतः 'तुलसीदास' के छन्द की भाँति उनकी शैली भी एकदम नवीन और निराला की निजी देन एवं नूतन प्रयोग है।

विभिन्न शैलियों के निर्माता निराला को किसी का भाषा सम्बन्धी उपदेश भला कैसे प्रिय हो सकता है? 'जुही की कली' तथा 'राम की शक्ति पूजा' एवं 'कुकुरमुत्ता' और 'बेला—नये पत्ते' का शैलीकार एक ही व्यक्ति है,—जानकर महान आश्चर्य होता है। सम्भव है कि आगे चलकर इन विभिन्न रचनाओं के एक ही रचयिता की इस विराट प्रतिभा से चकित होकर भाषा-विज्ञानी उन्हें कई रचनाकारों की रचनायें भी कहने लगें, जैसाकि कालिदास के ग्रंथों को लेकर लोग कुछ ऐसा ही कहने-सुनने लगे हैं। तब निराला अपनी अनेक शैलियों के रूप में अनेक व्यक्तियों के विधायक बन कर अपनी प्रतिभा को और अधिक व्यापक बनाते हुए भाषा-शैली की अनेकता का प्रतिनिधित्व कर सकेंगे। एक होकर सबमें विहरण करनेवाला कलाकार किसी की सिखाई रीति-नीति पर चलकर अपना विकास नहीं कर सकता। अस्तु, निराला ने भी राजनीतिकों की भाषा-सम्बन्धी संकुचित नीति की यदि उपेक्षा की तो ठीक ही है।

इस प्रकार हम देखते हैं कि भाव-भाषा सभी को लेकर निराला को बहुत बड़ा संघर्ष करना पड़ा है। निराला के साहित्य-प्रवेश के समय साहित्य में ललना की लुनाई की जो लहर परिव्याप्त थी उसकी जगह पर पुंसत्व का ओजस्वी अविरत प्रवाह संचालित करने में ऐसा संघर्ष उठ खड़ा होना भी स्वाभाविक था। काव्य की कोमल लघु लहरियों के ऊपर समुद्र का

ओजमय गर्जन–तर्जन स्थापित करनेवाला काव्य कामिनी प्रेमियों का विरोधी बना तो इसमें आश्चर्य ही क्या है? भक्तिमय अवधी अथवा आसक्तिमय ब्रजभाषा की परम्परा में अपने को न खपा सकनेवाला महाकवि निराला, खड़ी–बोली के निर्माण का अग्रदूत बना और उसने अपने नये भावों की अभिव्यक्ति के लिए नयी भाषा भी गढ़ी। पथ का निर्माण और उस पर प्रयाण दोनों कार्य उसे एक साथ ही करने पड़े हैं। वस्तुतः कभी–कभी निराला ने अपनी शक्ति एवं सामर्थ्य से इतनी सँकरी गली से भी अपने को आगे बढ़ाया है कि लक्ष्य–भ्रष्ट व्यक्तियों को उसके द्वारा आगे बढ़ने में बहुत कठिनाई भी हुई है, और वे प्रायः निराला के विरोधी भी बन बैठे हैं।

बद्रीनाथ और केदारनाथ के यात्री आज भी पथ की कठिनता की चर्चा चलाते हैं; पर भगवान शंकर की उस साहसिक सफलता का जो उन्होंने प्रथम बार इन स्थानों में जाकर पूरी की थी, इससे कुछ भी महत्त्व कम नहीं होता। यही हाल निराला की साहित्यिक यात्रा का भी है। खड़ी–बोली के साहित्य का व्यक्तित्व जिस भाषा–भाव की संस्कृति और मुक्त–चेतना पर निर्मित हुआ है, उसका निर्माण करते हुए निराला को अपने व्यक्तित्व का निर्माण करना पड़ा है। कवि के ऐसे द्विविधि निर्माण के परिणाम में जो साहित्य सामने आया है, उसमें हृदय एवं मस्तिष्क को अपार तृप्ति मिलती है, इसमें सन्देह नहीं। निराला का साहित्य एक ओर बुद्धि को चुनौती देता है तो दूसरी ओर रसोत्सुक हृदय को अपूर्व आनन्द भी देना उसी का काम है। उनका साहित्य 'वज्रादपि कठोराणि मृदूनि कुसुमादपि' का अद्‌भुत उदाहरण है। जीवन का तीव्र आवेग, कला के पारदर्शी दहकते हुए द्रव्य और संघर्ष के सात्विक चिह्न उनके साहित्य के प्राण–प्रहरी हैं।

पिछले पचीस वर्षों के इतिहास और विशेषकर दूसरे महायुद्ध ने निराला के साहित्यिक प्रयोगों का निष्कर्ष मानवता के सामने प्रत्यक्ष कर दिया है। फासिज्म ने राष्ट्रीयता के नाम पर मानव मन की दुर्बलताओं को तथा उसके अपनेपन को विराट रूप देकर संसार के सामने जो ध्वंसकारी रूप खड़ा किया उसमें सामूहिक संस्कार के परिष्कार की कोई योजना नहीं थी, अतः अपनी अन्तर्निहित कमजोरियों के कारण वह स्वयं नाश को प्राप्त हुआ। अपने साथ उसने संसार को भी जर्जर और हताश कर

दिया है, किन्तु उसके विपरीत सामूहिक कल्याण की भावना से ओतप्रोत समाजवाद सभी संघर्षों के बीच से निकलता हुआ संसार के सामने एक आदर्श के रूप में उपस्थित हो गया है। ऐसा लगता है मानो निराला की कल्पना का मानव समता के आधार पर सम्पूर्ण भौतिक और नैतिक आधारों तथा मनुष्य की स्वार्थ-पूर्ण कमजोरियों को मिटाकर एक नये विश्व-राष्ट्र का स्वरूप निर्माण करने में व्यस्त है, उसकी योजना और अन्तश्चेतना में मनुष्य के प्रकृत-रूप को प्रस्फुटित करने की शक्ति है। निराला का प्रारम्भ से ही यही उद्देश्य रहा है। आज के विश्व-जीवन का रुख देखकर यह बिना किसी संकोच के कहा जा सकता है कि निराला समाजवादी यथार्थता के, कलात्मकता के जन्मदाता हैं, क्योंकि समाजवादी यथार्थता निराला की ही भाँति देश की सीमाओं का बंधन स्वीकार नहीं करती।

भारत की समाज-व्यवस्था ग्राम-केन्द्रित और कुटुम्ब-केन्द्रित है। इसलिए यहाँ का साहित्यकार जब तक इस ओर से उदासीन रहेगा तब तक वह जन-साहित्य का निर्माण भी नहीं कर सकता। निराला ने सबसे पहले इस तत्त्व को पहचाना और जनता से अपना सम्पर्क स्थापित किया। 'बेला' और 'नये पत्ते' की कविताओं की परिस्थितियाँ और पात्र प्राय: ग्रामीण हैं। इस प्रकार की कला का निर्माण तभी सम्भव होता है जब लेखक साधारण जनता के बीच में रहे, और उनसे तादात्म्य का बोध करे। निराला ने जनता के जीवन-संघर्ष में भाग लिया है। युद्ध के समय वे पूँजीवादी समाज के खिलाफ बराबर लिखते रहे हैं, और ऐसे समाज को प्रोत्साहित करते रहे हैं जिसमें जनता स्वयं अपने भाग्य का विधायक बनती है। उनका साहित्य युद्ध-काल में जनता के दुश्मनों के विरुद्ध अस्त्र का काम करता था, और अब समाजवादी समाज की स्थापना में सहायता पहुँचा रहा है।

मानवीय श्रम की महत्ता निराला के जीवन और कला का प्रधान आधार है, क्योंकि उनको जीवनपर्यन्त दैनिक जीवन-यापन की समस्या को लेकर श्रम-साधना करनी पड़ी है। ये मनुष्य के स्वच्छन्द-श्रम की बहुत बड़ी महत्ता मानते हैं, किन्तु हमारे देश में अभी श्रमशील व्यक्ति को समाज-निर्माण पर सोचने का भी अधिकार नहीं मिला, और ऐसी स्थिति में यहाँ का श्रम जीवन का अभिशाप बन गया है, किन्तु यह स्मरण रखना चाहिये कि जिस साहित्य का निर्माण साहित्यकार के श्रम के क्रम से हुआ

है वही सच्चा साहित्य है। निराला ने अपने जीवन की चेष्टाओं और व्यवहारों से श्रम को सहज स्वाभाविक बनाकर उसे कला का रूप दिया है, इसी कारण आगे आनेवाले भविष्य में उनके साहित्य का मूल्य और महत्त्व उत्तरोत्तर बढ़ता ही जायेगा। गुलाम और रूढ़िग्रस्त समाज में कलाकार अपने को सबसे अधिक तब व्यक्त करता है जब वह समाज से लोहा लेता है, उसके अनुचित नियमों और झूठी नैतिकता को मानने से इनकार कर देता है, और पूँजीपतियों के सहारे चलनेवाली राष्ट्रीयता का विरोध कर के जनसाधारण का स्वर ऊँचा करता है। निराला ने यही किया है। यथार्थ का आधार और क्रान्तिकारी रोमांचकता का समन्वय निराला के श्रम-सिद्ध जीवन की साहित्यिक सफलता है, क्योंकि समुदाय के श्रम में समान भाग लेना उन्हीं के जीवन का सौभाग्य रहा है। निराला का काव्य-व्यक्तित्व वह सक्रिय माध्यम है, वह उत्स है, जिसके द्वारा इस युग की कविता नाना रूपों में निस्रित होती रही है।

सन् ४६ की परिवर्तित परिस्थितियों में जीवन के कठिन संघर्षमय धरातल पर खड़े होकर निराला ने किसानों और मजदूरों के उत्साह को बढ़ाने की पूरी चेष्टा की है। उन्होंने अपनी सम्पूर्ण शक्तियों के साथ जीवन के नव-निर्माण की आवाज उठाई है और उसे एक ऐसा सांस्कृतिक बल प्रदान किया है जो और किसी से सम्भव नहीं हुआ। छायावादी कवियों में केवल निराला ही ऐसे हैं जिनकी व्यक्तिवादी भावुकता पचास वर्षों के जीवन-दर्शन के पश्चात युग-भावना से अभिभूत होकर धीरे-धीरे सामाजिक तादात्म्य में परिणत हो गयी है। वे किसी को अपने से अलग रखकर नहीं देख सकते; उन्हें लगता है वे सबके और सभी उनके हैं। इस सामूहिक चेतना के विकास के लिए निराला ने कारण भी उपस्थित किये हैं। मानवता के विकास-पथ की चरम परिणति दिखलाई है, जहाँ पहुँचकर उनका कवि इस सामाजिक बोध का अनुभव कर पाया है—

वेदों का चर्खा चला,
सदियाँ गुजरीं।
लोग बाग बसने लगे,
फिर भी चलते रहे।
गुफाओं से घर उठाये।
ऊँचे से नीचे उतरे।

भेड़ों से गायें रखीं।

जंगल से बाग और उपवन तैयार किये।

खुली जबाँ बँधने लगी।
वैदिक से सँवर-दी भाषा संस्कृत हुई।

नियम बने, शुद्ध रूप लाये गये,
अथवा जंगली सभ्य हुए वेशवास से।

कड़े कोस ऐसे कटे।
खोज हुई, सुख के साधन बढ़े—
जैसे उबटन से साबुन।

वेदों के बाद जाति चार भागों में बँटी,
यही रामराज है।

वाल्मीकि ने पहले वेदों की लीक छोड़ी,
छन्दों में गीत रचे, मन्त्रों को छोड़कर,

मानव को मान दिया,
धरती की प्यारी लड़की सीता के गीत गाये।

कली ज्योति में खिली
मिट्टी चढ़ती हुई।

'वर्जिनस्वैल', 'गुड अर्थ', अब के परिणाम हैं।
कृष्ण ने भी जमी पकड़ी,
इन्द्र की पूजा की जगह
गोवर्धन को पुजाया;
मानवों को, गायों और बैलों को मान दिया।
हल को बलदेव ने हथियार बनाया,
कंधे पर डाले फिरे।
खेती हरी भरी हुई।
यहाँ तक पहुँचते अभी दुनिया को देर है।

दुनिया अभी इस समाजीकरण पर नहीं पहुँची पर कवि तो समाज का अगुआ होता है, इसलिए उसने इसका ग्रहण स्वीकार कर लिया है। यह कौन नहीं जानता कि जो कविता वेदों में है वह उपनिषद् में नहीं, और जो सोलहवीं सदी में थी वह अब नहीं, आज नहीं। इसी प्रकार जो साम्राज्यवादी युग में थी, वह इस समाजवादी युग में नहीं हो सकती। ऊपर की कविता में काव्य के समयानुसार परिवर्तित होते चलने की बात पर निराला ने जोर दिया है और स्वयं अपने काव्य को युग की आवश्यकताओं के अनुसार मोड़ा है। निराला ने अपनी नवीन कविताओं में जनता के जीवन की सामाजिक, राजनीतिक और मानसिक अवस्थाओं का परिपूर्ण चित्रण किया है।

जो लोग निराला की पूर्ववर्ती कविताओं के प्रेमी हैं उनको उनकी परवर्ती कवितायें बहुत महत्त्वपूर्ण नहीं लगतीं, पर सम्भवत: ऐसे महानुभावों के पास जीवन की गत्यात्मकता और परिवर्तनशीलता का भी महत्त्व नहीं हो सकता। यह प्रत्यक्ष है कि जीवन का मूल्य परिवर्तित होता चलता है। जो भारत सन् २० में था वह सन् ४३ में नहीं रहा। साहित्य में भी परिवर्तन प्रत्यक्ष है। महाकवि की क्षमता इसी में है कि वह किसी एक युग का प्रतिनिधि न होकर युग-युगों का प्रतिनिधि होता है। जीवन को सामाजिक दशा की स्थिति में विकसित करने की क्षमता बहुत ही महत्त्वपूर्ण और प्रगतिशील मानी जाती है। ऐतिहासिक विकास को आत्मसात करना ही जीवन की सबसे श्रेष्ठ चेतना है। परिवर्तित जीवन के फलस्वरूप उत्पन्न हुए नये-नये जीवन के मूल्यों और मानों को अपनाते चलना ही तो मानवता के उत्तरोत्तर विकास का रहस्य है। निराला ऐसे ही विकासशील कवि हैं क्योंकि उनकी अनुभव-शक्ति बहुत तीव्र और उनकी सहानुभूति बहुत व्यापक है। जितनी शक्ति और सजगता के साथ उन्होंने छायावादी भावधारा का उपयोग किया, उतनी ही सामर्थ्य के साथ वे प्रगतिशील स्फूर्तियों का भी उपयोग कर रहे हैं। जीवन के साथ-साथ चलने का उनका साहित्य-स्वभाव है।

आधुनिक काव्य का शैशव-यौवन और प्रौढ़ रूप निराला की लेखनी के समर्थ सहयोग से परिपूर्ण हुआ है, उनको प्रचंड प्रतिभा ने इसके स्वरूप को सँजोया और उसका शृंगार किया है। छायावादी और प्रगतिवादी दोनों युगों के वे बहुत ही बलिष्ट कलाकार हैं, क्योंकि दोनों युगों की मूल

विशेषतायें उनके काव्य में निहित हैं। छायायुग की प्रगतिशील शक्तियों का उभार उनकी कविता में सबसे अधिक पाया जाता है। अनुभव के साथ चिंतन का महत्त्व काव्य में सबसे पहले निराला ने स्वीकार किया। विशेष प्रकार की काव्य प्रक्रिया और नयी शैली की नयी टेकनीक निराला की मौलिक देन है क्योंकि उनका मनन-चिंतन अथवा दर्शन किसी अध्ययन का परिणाम नहीं बल्कि एक अनुभूतिजन्य विवेक है। वे कभी दर्शन को काव्यबद्ध नहीं करते वरन् अनुभूतियों को दार्शनिक रंग देने की चेष्टा करते हैं। पंत जी 'युगवाणी' में दर्शन को काव्य-रूप देने की कोशिश में कवि का आधार अनुभूति ही खो बैठे, पर निराला जी ने कभी ऐसा नहीं किया क्योंकि कवि के लिए यह आवश्यक है कि उसकी अनुभूति-शक्ति व्यापक और विस्तृत हो। निराला ने कभी एक भी शब्द का प्रयोग अपनी मानसिक बोधवृत्ति के आधार पर नहीं किया, उनके शब्द-शब्द में अनुभव का सार भरा पूरा है। शब्दों का सार जीवन के अनुभव के बाद ही संगठित होता है, निराला ने इसे कभी नहीं भुलाया। उनकी शब्द-शक्ति अत्यन्त प्रबल और आवेगमयी है। अनुभूति के तीव्र प्रभाव का निदर्शन निराला के मुक्त छन्दों में प्रत्यक्ष है, और आज का तो छन्द ही मुक्त छन्द बन गया है। पर निराला ने इसका प्रयोग आज से करीब तीस वर्ष पहले ही बड़ी सफलता के साथ किया। आज भी भावानुकूल प्रभावोत्पादकता और उसके अनुसार गति-लय और प्रवाह को मुक्त छंद में संयोजित करने की क्षमता उन जैसी किसी दूसरे में नहीं।

आशय यह कि दार्शनिक चेतना के साथ यथार्थ अनुभूति का बोध निराला के काव्य की सबसे बड़ी विशेषता है। भावात्मक स्थितियों के साथ स्वर-सामंजस्य के द्वारा चित्रात्मकता का उद्घाटन उनकी अपनी निजी कला है। 'विधवा', 'भिक्षुक' शीषर्क 'परिमल' की कविताओं में कवि ने एक चित्र खड़ा किया है जिससे उसकी अनुभूति स्वतः सप्राण हो उठती है। 'बादल राग', 'वह तोड़ती पत्थर' में पूँजीवादी सभ्यता के जिन रूपों का चित्रण निराला ने किया है, सम्पूर्ण छायायुग में वैसा चित्रण खोजने पर भी नहीं मिलेगा। निराला ने अनुभूतियों की व्यापकता के साथ उनकी अभिव्यक्ति के विधान भी आविष्कार किये हैं, इसलिए उनकी भिन्न-भिन्न अनुभूतियाँ भिन्न-भिन्न प्रकार से अभिव्यक्त हुई हैं। अनेक प्रकार के कलात्मक विधान उनकी प्रतिभा की उच्चता के उदाहरण ही तो

हैं। बीच-बीच में वाक्-विदग्धता, वाक्- समावेश और हास-व्यंग मानो उनकी अपनी चीज है। 'कुकुरमुत्ता' में हास-व्यंग्य, नये विधान और उपमान, मानसिक परिवर्तन के अनुरूप भाव-भाषा में परिवर्तन, युग की समस्त दशाओं की पकड़ बड़े ही रोचक ढंग से कवि ने अभिव्यक्त की है। अर्थगत अधिकार की बन्दी मानवता का यह चित्रण अपने ढंग का अनोखा और आकर्षक है।

दूसरे महायुद्ध के बाद से उनकी सामाजिक चेतना में और भी तेजी आ गयी है, यों वे प्रारम्भ से ही बहुत सजग कलाकार रहे हैं। इस युग की विषम और स्वार्थ-पूर्ण अनुभूतियों ने उनकी कला को भी परिवर्तित किया है और शायद इसीलिए युगप्रवर्तक विशेषण भी उन्हीं के लिए ठीक बैठता है। आज की विषमता और नारकीयता से उत्तेजित भावों को निराला ने अपनी नयी कविताओं में सँजोकर युग के सामने उसके वास्तविक स्वरूप को खड़ा करने में पूरी सफलता पायी है। 'बेला' और 'नये पत्ते' की कविताओं में नैतिकता, नीति और सामाजिकता के ढोंग का जो भंडाफोड़ निराला ने किया है, वह उनकी निर्भीकता और काव्य-शक्ति दोनों का परिपुष्ट प्रमाण है।

युग की यथार्थ समस्याओं के स्पष्टीकरण और उनके समाधान के अनुसंधान में यथार्थ शैली भी अनिवार्य हो उठती है, चाहे वह किसी को भली लगे या बुरी। निराला ने इन कविताओं में एक प्रौढ़ यथार्थ शैली को अपनाया है। 'प्रेम-संगीत' और 'गर्म पकौड़ी' जैसी कवितायें इस युग की अमर रचनायें हैं। 'गर्म-पकौड़ी' में वर्ग-प्रियता और वर्ग-संघर्ष की भावनाओं को लेकर जिस वर्ग-चेतना की ओर कवि ने संकेत किया है, वह आज के जीवन की सबसे बड़ी समस्या है। फिर भी इन कविताओं को महत्त्वहीन माननेवाले आभिजात्य के उपासक पूँजीपतियों की कमी नहीं। जो भी हो, जिस कलात्मक उत्कर्ष के साथ निराला ने इन कविताओं में युग की प्रखर और प्रत्यक्ष प्रवृत्तियों का चित्रण किया है, उस जोड़ की कला के वे एकमात्र नायक है। अनुभूति के सामाजिक होने पर उसका वस्तुन्मुखी हो जाना स्वाभाविक होता है क्योंकि केवल कल्पना के बल पर समाज का चित्रण सम्भव नहीं हो सकता, इसलिए कवि को समाज के बीच से प्रतीक के रूप में कुछ वस्तुयें चुनना आवश्यक हो उठता है और सम्भवतः स्वस्थ काव्य के लिए इतनी वस्तुमत्ता अनिवार्य भी है। कुकुरमुत्ता, गर्म

पकौड़ी, बाह्मन का लड़का, रानी और कानी, खजोहरा आदि ऐसे ही प्रतीक हैं जिनको लेकर निराला ने अपनी मुख्य-प्रतिभा को शब्द-स्वरूप दिया है। ये प्रतीक स्वयं काव्य के विषय न होकर केवल युग की समस्याओं के काव्य-पर्याय हैं। यदि समस्याओं को लेकर उन्हें ज्यों-को-त्यों विश्लेषित किया जाता तो वह काव्य न होकर कुछ और होता, पर निराला सबसे पहले कवि तब बाद में कुछ और हैं।

इधर की कविताओं में निराला ने एक प्रकार का विशेष रचना-कौशल और भी दिखाया है। जगह-जगह पर विरोधाभास, विस्मयजनक प्रयोग, सहसा भावोत्तेजन में उन्होंने कमाल हासिल किया है। और विट के बिना तो वे चल ही नहीं सकते। काव्य की ऐसी विशिष्टता उनमें एकदम से नहीं जगी, वे शुरू से ही इस ओर उन्मुख रहे हैं। सन् ३७ की लिखी कविता 'ठूँठ' में उनकी इस कला का बीज रूप पाया जाता है, जिसका विकास अब पूर्ण हुआ है—

ठूँठ यह है आज।
गयी इसकी कला,
गया है सकल साज!
अब यह बसन्त से होता नहीं अधीर,
पल्लवित झुकता नहीं अब यह धनुष सा,
कुसुम से काम के चलते नहीं हैं तीर,
छाँह में बैठते नहीं पथिक आह भर,
झरते नहीं यहाँ दो प्राणियों के नयन नीर,
केवल वृद्ध विहग एक बैठता कुछ कर याद!

इसके अतिरिक्त 'परिमल' से लेकर 'अणिमा' तक अन्य अनेक ऐसे उदाहरण हैं। काव्य में ऐसे प्रभावों का उत्पन्न करना बहुत कठिन होता है, क्योंकि इसके लिये काव्य-प्रतिभा के साथ-साथ आलोचक की तथ्यपूर्ण मनीषी भी आवश्यक होती है। निराला में दोनों का समन्वय पाया जाता है। 'नये पत्ते' में उनकी यह कला अपने चरम विकास को छूती है, क्योंकि इसमें निराला के व्यंग्य का विशेष विकास और प्रकाश सामने आता है।

व्यंग्य की सृष्टि साहित्य में सदैव प्राय: दो कारणों से होती है—एक का कारण व्यक्तिगत होता है तो दूसरी का आधार सामाजिक स्थिति रहती है।

पहली में व्यक्ति पर आक्षेप रहता है तो दूसरी में समाज पर। कहना न होगा कि निराला का व्यंग्य व्यक्ति पर न होकर समाज पर ही रहता है; व्यक्तिगत ईर्ष्या-द्वेष को लेकर साहित्य में व्यंग्य-वमन करनेवालों में भगवतीचरण वर्मा अग्रणी हैं तो समाज पर कठिन व्यंग्य बौछार करनेवालों में निराला सबसे आगे हैं। भगवतीचरण वर्मा की कविता 'राजा साहब का वायुयान' और निराला की कविता 'राजा ने अपनी रखवाली की' के तुलनात्मक अध्ययन से यह बात स्पष्ट है। पूँजीवादी सभ्यता के दुष्परिणाम और राजनीतिकों की ढोंगी मनोवृत्ति तथा समाज की अपरिणामदर्शी कृत्रिम नैतिकता निराला के व्यंग्य की मूलाधार है। जीवन की विपन्न स्थिति और मानवोचित साधारण अधिकारों के अपहरण की अनुभूति से निराला के लिए व्यंग्य एक स्वाभाविक प्रक्रिया सा हो उठा है, किन्तु भावुक उत्तेजना को दबाकर उन्होंने एक तटस्थ परीक्षण करने के बाद ही व्यंग्य का उपयोग किया है। उनके व्यंग्यों में स्वच्छ निर्वैयक्तिक भावधारा का प्रखर प्रवाह बड़ी शान से इठलाता चलता है जिसमें व्यक्तिगत राग-द्वेष की कोई गंध खोज सकना नितान्त असम्भव है। उनके व्यंग्यों के उपादान कभी कम नहीं पड़ते, क्योंकि समाज के साथ वे स्वयं निरन्तर गतिशील हैं।

यह ठीक है कि नेता, ब्राह्मण, पुरोहित, पूँजीपति, शासक और पदवीधर तथा शोषक सभी उनके व्यंग्यों के शिकार बने हैं, किन्तु उनका लक्ष्य व्यक्ति न होकर सब जगह समाज ही रहा है, यह निर्विवाद है। 'नये पत्ते' पढ़कर मैंने कहा—'निराला जी, इसमें तो आपने किसी को नहीं छोड़ा, प्रायः सभी प्रकार के व्यक्तियों पर आक्षेप किया है। 'बापू यदि तुम मुर्गी खाते', वाली कविता का रहस्य अब मेरी समझ में आ गया। निराला जी ने तुरंत उत्तर दिया—क्या कहूँ तुम भी ऐसी बात कहते हो, वहाँ व्यक्ति का प्रश्न नहीं, क्योंकि मेरे सामने कविता लिखते समय व्यक्ति कभी नहीं आता, मैं तो पूरे समाज को देखता हूँ। व्यक्ति से मुझे लेना एक न देना दो। इसीलिए मुर्गीवाली कविता मैंने अपने किसी संग्रह में नहीं दी। याद रखो व्यक्तिगत व्यंग्य और आक्षेप करना भाँड़ों का काम है, मैं भाँड़ नहीं कवि हूँ। यह ठीक है कि लालच में आकर भाँड़ स्तुति भी करता है, गांधी पर बहुत-सी कवितायें इसी तरह की लिखी भी गयी हैं, पर मैंने न स्तुति की न व्यंग्य लिखा। हाँ देश की राजनीतिक प्रगति से मुझे संतोष नहीं रहा और उसकी पोल का ढोल मैंने अवश्य बजाया है।

वास्तव में निराला जी के ये शब्द उनके स्वभाव और हृदय को व्यक्त करनेवाले हैं। इतनी बड़ी प्रतिभा का व्यक्ति कभी व्यक्तिगत बातों की प्रतिक्रिया से काव्य-प्रेरणा ग्रहण नहीं कर सकता, क्योंकि केवल संपर्क में आनेवाले व्यक्तियों की कथा कहना ही उसका उद्देश्य कभी नहीं हो सकता, वह तो सम्पूर्ण समाज का संरक्षक और संदेश-वाहक होता है। सामाजिक कुरीतियों और जीवन-व्यापी शठताओं के प्रतीक, व्यक्ति रूप महापशुओं ने यदि निराला के व्यंग्यों में व्यक्तिगत आक्षेपों की आरोपना की तो इसमें किसी को आश्चर्य नहीं होना चाहिये।

निराला के निकट सम्पर्क में आनेवाले भली-भाँति जानते हैं कि वे अपने व्यक्तिगत जीवन में बहुत ही सहज-सरल और अत्यन्त उदार हैं। पर समाज और संसार के ढोंग भरे नीति-अंश पर वे प्रारम्भ से ही व्यंग्य करते चले आ रहे हैं, यह भी उतना ही सत्य है। उनके दूसरे उपन्यास 'अलका' में, जो प्रथम महायुद्ध के बाद प्रकाशित हुआ था, समाज के प्रति बहुत ही कटु व्यंग्य पाये जाते हैं। 'सुराज' का अर्थ न जाननेवाले किसानों के साथ भारत में जो अत्याचार जमींदारों ने, शासकों ने तथा सरकार से मिलकर जनता का रक्त चूसनेवाले समाज के पंडों ने किया है और करते जा रहे हैं, उसका चित्रण निराला ने स्पष्ट रूप से इस उपन्यास में किया है। उस युद्ध में पूँजीपतियों की लोलुपता और साम्राज्यवादियों की अधिकार पिपासा के लिए निरीह तथा श्रमजीवी जनसाधारण को जो पीड़ा पहुँचाई गयी थी उसका विरोध करने में निराला कभी पीछे नहीं रहे। किन्तु इस द्वितीय महायुद्ध की विभीषिका उससे शतशः भयानक होकर आई और तब निराला को अपने व्यंग्य और भी तीखे करने पड़े तो कुछ अस्वाभाविक नहीं।

आज का संसार श्रेणियों में विभाजित है। वर्ग-संघर्ष का रूप आज जीवन में, राजनीति में, समाज में—परिणामतः साहित्य में भी तीव्रतर हो उठा है। प्रायः सभी साहित्यकार भी किसी न किसी दल का आश्रय ग्रहण करने के लिए बाध्य हैं; यदि स्वतः वे ऐसा नहीं भी करना चाहते तो उन पर तरह-तरह के राजनीतिक दबाव दिये जाते हैं। भारत का राजनीतिक वातावरण और भी दूषित और स्वार्थगत है। निराला ने इसीलिए यहाँ के नेताओं की भी खासी खबर ली है, उनका विरोध किया है। कांग्रेस की नीति में पूँजीपतियों का प्राधान्य निश्चय सबको बुरा लगता है, पर निराला

को छोड़कर किसी अन्य कवि में उसके विरोध में खड़े होने का साहस नहीं हुआ। सब लोगों को आशा थी कि द्वितीय महायुद्ध के बाद सामान्य जनता के हितों के लिए भारतीय नेता लोग भी प्रयत्नशील होंगे, पर यह आशा पूरी नहीं हुई और कांग्रेस ने समूह को छोड़कर दलगत अधिकारों की रक्षा में, पूँजीपतियों की सहायता में अपने को समाहित कर दिया और स्वभावत: जनता को क्रान्ति की अपेक्षा समझौतों के अनुकूल उपदेश देना शुरू कर दिया। ऐसी स्थिति में निराला जैसे जन-प्रेमी कलाकार का देश के वातावरण के प्रति व्यंग्य अवश्य ही उचित कहा जायेगा।

यह बड़ी ग्लानि और लज्जा की बात है कि देश के राजनीतिक जीवन में अभी तक कोई गुणगत परिवर्तन नहीं आया, केवल परिणामगत परिवर्तन का नाटक चल रहा है। देश के जीवन में क्रान्ति और रक्षणशीलता का द्वन्द्व साहित्य में भी प्रयत्क्ष है। असम्पूर्ण और जड़ताग्रस्त जीवन को मर्माहत करने के लिए साहित्यकार बाध्य है। भारतीय जीवन में आज जैसी विषमता कभी नहीं थी और फिर इस विषमता में साहित्यकार की स्थिति और भी भयानक हो गयी है। राजनीतिक उसे अपने प्रचार का साधन बनाना चाहते हैं, पूँजीपति उसे अपना पिट्ठू बनाना चाहते हैं, समाज में उसकी अपनी कोई स्थिति नहीं। न तो वह प्रथमवर्ग की तरह सुख से अपना जीवन व्यतीत कर सकता और न बेबसों की तरह भीख माँग सकता। उसे इन दोनों के बीच में पिस-पिस कर जीना पड़ता है।

एक युग था, जब वाल्मीकि और व्यास ने संसार से विलग रह कर अपने काव्य की सृष्टि की थी, किन्तु आज वैसा सम्भव नहीं है, क्योंकि कलाकार को विश्व के तुमुल संग्राम और संघर्ष का सामना करना पड़ता है। कालिदास के काव्यों में साधारण जीवन-यापन की असुविधाओं का दुख बहुत कम चित्रित हुआ है, क्योंकि उस समय आज की तरह अन्न और वस्त्र का अभाव नहीं था और न एक-दूसरे के शोषण का ही इतना आधिक्य था। तुलसीदास के काव्य में भी अन्न-वस्त्र की इतनी पीड़ा नहीं मिलती, वह अवस्था भिन्न थी, समाज का अन्तर उतना प्रगाढ़ नहीं था। दो संस्कृतियों के घात-प्रतिघात के परिणामस्वरूप जनता का हृदय क्षुब्ध था, जिसका संकेत तुलसी के काव्य में पाया जाता है। आशय यह कि अपने युग की चेतना का निदर्शन उस समय के काव्य में आवश्यक ही नहीं अनिवार्य भी होता है। जो कलाकार अपने युग को छोड़कर कल्पना परिचालित

एवं परिश्रम-साध्य कला निर्माण करता है, उसकी कृति शुष्क और निष्प्राण रहती है। निराला के साहित्य में युग इस रूप से व्याप्त है कि उसे युग-दर्शन की भी उपाधि दी जा सकती है। उसमें जाति, श्रेणी तथा दल का विभाजन नहीं, वह सबके लिए समान रूप से सुखकर और सुलभ है। साहित्य का यही स्वभाव और साहित्यकार की यही साधना है।

जिस समय समाज में पूँजीपति और श्रमिक के जीवन में इतना अन्तर नहीं था उस समय राष्ट्रीयता का समावेश काव्य में शोभा भी देता था, पर आज का कवि यदि गुप्त जी की 'भारत भारती' या माखनलाल जी की 'फूल की चाह' लिखे तो उसे बेसुरा राग ही कहना उपयुक्त होगा। आज का साहित्य राजनीतिक स्थिति के सुधार के लिए शासक से प्रार्थना नहीं करता, ईश्वर का आधार नहीं खोजता बल्कि समाज की भीतरी तह में बैठकर विद्रोह की आग भड़काता है और अधिकारों की माँग सामने रखता है—उन्हें अपने बल से ग्रहण करता है। भारत में किसान और मजदूर समाज के विशेष अंग हैं, और उन्हीं को इस कुहाच्छन्न अवस्था का शिकार भी बनना पड़ता है, अस्तु उनके जीवन में प्रवेश करके कलाकार उनके भीतर वर्तमान अव्यवस्था को तोड़ फेंकने की शक्ति जगाता है। निराला ने भी यही किया है। उनका साहित्य इनकी समस्यायों को अपनाकर एक नवीन उत्साह भरने की चेष्टा करता है और इनके विरुद्ध वालों पर व्यंग्य करता है, जो श्लाघ्य है। आज के साहित्यकार का यही युग धर्म है।

कलाकार के सम्मुख सारा युग उपस्थित है वस्तुत: उसकी अभिव्यक्ति में युग-सत्य का निहित न रहना असम्भव है। इसी युग-भावना को निर्माण की शपथ मंगल से मंडित करता हुआ साहित्यकार अपना सृजन करता है। ऐसा न करने से उनके साहित्य का कुछ महत्त्व नहीं रह जाता है। आज की स्थिति में—संक्रान्ति काल में यदि साहित्यकार की मन:स्थिति न बदली तो वह जनता का प्रतिनिधि नहीं बन सकता, साहित्य का इतिहास इसका साक्षी है। आज के साहित्य में स्वर्णिम अतीत का रुदन और प्रणय-कल्पना तथा भगवत-भजन का ढोंग हास्यास्पद लगता है। आज तो इस बात की आवश्यकता है कि साहित्य भी युग के स्वर के साथ स्वर मिलाकर सारे युग को—युग की सामाजिक अवस्था को आगे बढ़ावे। निराला ने अपने साहित्य में इस ज्वलन्त सत्य की कभी उपेक्षा नहीं की इस कारण वे युग के प्रतिनिधि रहे हैं और हैं। आज का समाज निराला के

साहित्य से अपनी गति की प्रेरणा प्राप्त करता हुआ आगे बढ़ रहा है, इससे बड़ी सफलता किसी और तरह सम्भव नहीं।

जिस प्रकार एक दिन नीत्शे ने क्रिश्चियन मत के बचे हुए 'नीति' भाग पर खुलकर धावा बोला था उसी प्रकार निराला ने देश की 'नीति' पर धावा बोला है। यहाँ की राजनीति में गांधी जी के प्रभाव से जो थोथी नैतिकता का आवरण पड़ गया है उसे निराला ने अपनी कलम की नोंक से फाड़ने की पूरी कोशिश की है, क्योंकि गांधी ने प्रायः अकाल-भूकम्प को ईश्वर का क्रोध कहकर उसे जनता के गले मढ़ने की नीति से मनुष्यों में एक प्रकार की असमर्थता भरने की जो चेष्टा की वह इस दीन देश के काम की नहीं रही। वह ईश्वर जो जनता को पुरस्कार देता है, दण्ड देता है और जिसके उद्देश्य बिलकुल मनुष्यों के समान राग-द्वेष परिचालित हैं उसकी उपेक्षा आवश्यक है, क्योंकि ऐसा ईश्वर मानवीय दुर्बलता का प्रतीक मात्र है। ऐसे व्यक्तिगत ईश्वर की विदा के साथ आदमी की पातकी होने की सम्भावनायें भी उठ जायेंगी और परलोक की चिंता छोड़कर वह इस लोक की सफलता के लिए अपना सारा पुरुषार्थ लगाने का आदी बन जायेगा। ईश्वर के नाम पर मनुष्य की स्वतन्त्रता का अपहरण भी न हो सकेगा और विधि-निषेध के कृत्रिम ढंग अपने आप ठहर जायेंगे। राजनीति में ईश्वर का पचड़ा लगाना उचित नहीं, नीति का उगाना उचित नहीं। अपने जीवन का ध्येय मनुष्य को स्वयं निश्चित करना चाहिये न कि किसी स्वर्ग में बैठे ईश्वर की मरजी से। एक व्यक्ति के नाते सबका समान आदर ही ठीक है। किसी की पूजा और किसी की कदर्थना ही सारी विषमताओं की जड़ है।

भारत की आधुनिक विपन्नता और राजनीतिकों की सम्पन्न स्थिति में निराला ने यह पहली आवाज लगाई कि नेता का काम अनुयायियों को बैल की तरह हाँकते चले जाना उचित नहीं बल्कि जन-साधारण को यह अधिकार होना चाहिये कि वे स्वयं अपना मार्ग प्रशस्त करें। यदि विकासवाद का सिद्धान्त मान्य है, तो निराला का ऐसा ही विश्वास है। इसलिए अपने साहित्य के द्वारा जन-सामान्य की सुविधा, सम्मान और सुधार का जो प्रयत्न उन्होंने किया है, वह आधुनिक युग की जड़ता को सुई की चुभन के समान गतिप्रद सिद्ध हुआ है, यह सच है।

इस सामूहिकता की उद्‌भावना में निराला को अनेक व्यक्तियों और दुःखों

का सामना करना पड़ा है किन्तु उन्होंने इसकी चिंता नहीं की। कर्तव्यानन्द को वे सब सुखों की समष्टि मानते हैं। हिन्दी का यह अकेला ही कवि है जिसके विषय में लोगों की दो बिलकुल विपरीत धारणा प्रचलित हैं। जो निराला को समझता है, उसके मत में वे आज के सबसे बड़े कवि और कलाकार हैं और जो उन्हें नहीं समझता उसके मत से वे एकदम उजड्ड और विक्षिप्त से हैं। यही दोनों विचार निराला के विषय में प्रचलित हैं। जिसकी कलम में इतनी बड़ी तूफान की ताकत है उसे पगला भी समझा जाय, यह आश्चर्य है। एक स्वार्थ-अंध ऐसा भी दल है जो समझ कर भी निराला को स्वीकार नहीं करना चाहता। निराला और चाहे जो हों, पर उनके एक उच्चकोटि के कलाकार होने में सन्देह नहीं। जीवन भर उन्होंने प्रजातन्त्र का गुण-गान किया, स्वतन्त्रता के गीत गाए, दलितों, पीड़ितों और शोषितों के चित्र अपनी लेखनी से अंकित किये और उसके जागरण की प्रभाती प्रारम्भ की।

वे चरित्र और स्वभाव में पूर्ण मानव हैं और उन्होंने जो कुछ लिखा वह भी सम्पूर्ण मानवों के लिए। अपने व्यक्तिगत दुख का रोना उनके साहित्य में नहीं सुनाई पड़ता, क्योंकि उनका स्वर मानव मात्र का स्वर है और उनके दुःख-सुख समस्त जनता के अपने हैं। जनता की हमदर्दी के साथ जन-शोषकों की अप्रसन्नता भी स्वाभाविक है। फलस्वरूप निराला के विरुद्ध एक ऐसा दल भी बन गया जो उनकी सचाई के लिए ही उनसे नाराज हैं—भला नीचे की ये पंक्तियाँ पढ़कर कौन अमीर प्रसन्न होगा?

आज अमीरों की हवेली
किसानों की होगी पाठशाला,
धोबी, पासी, चमार, तेली;
खोलेंगे अँधेरे का ताला
एक पाठ पढ़ेंगे, टाट बिछाओ।
जल्द-जल्द पैर बढ़ाओ, आओ आओ।

पर निराला को किसी की प्रसन्नता और नाराजगी की परवाह कभी नहीं रही। उन्होंने लिखा है—'सामाजिक हिताहित की चिंता न करके मनमाना साहित्य लिखना वैसा ही है, जैसा महमूद मियाँ का अपने बकरे को पूँछ की तरफ से निबह करना।' निराला ने बहुत पहले से ही यह ललकार दिया था कि नैतिकता और संस्कृति के नाम पर रूढ़ि और ढोंग को

छिपाया नहीं जा सकता और इधर नयी कविताओं में तो वे एकदम प्रखर रूप से क्रान्ति दूत बन गये हैं।

विजयी तुम्हारे दिशा–मुक्ति से प्राण।
मौन में सुघरतर फूटे अमर गान।
ताप से तरुण आकाश घहरा गया,
घनों में घुमड़कर भरा फिर स्वर नया।

दूसरे का रक्तपान करके बड़े बननेवालों की इस देश में कमी नहीं,

खुला भेद विजयी कहाये हुए जो
लहू दूसरे का पिये जा रहे हैं।

और पूँजीपति के लिए तो बस निराला ने एक ही रास्ता छोड़ा है—

भेद कुल खुल जाय वह सूरत हमारे दिल में है
देश को मिल जाय जो पूँजी तुम्हारी मिल में है

इस प्रकार निराला ने देश की, समाज की स्थिति पर सुधारात्मक व्यंग्य किये हैं और राष्ट्र की उन्नति का पथ प्रदर्शन किया है। उनके व्यंग्यों की कटुता डाक्टर की कड़वी दवा कें समान है, उसकी क्षणिक तिक्तता को आत्मसात कर लेने के पश्चात शाश्वत कल्याण का मार्ग स्वयं स्पष्ट हो उठता है।

आजकल उनके जीवन का क्रम विश्रान्तिमय चल रहा है, जिसके लिए बहुत बड़े मनोवैज्ञानिक कारण हैं। उनका स्पष्टीकरण 'विश्रान्ति काल' में किया गया है।

स्मृति-चित्र

कलाकार का व्यक्तित्व उसकी काव्य-कृतियों से महान होता है, इसका अनुभव मैंने उस दिन किया जिस दिन मुझे निराला जी का प्रथम दर्शन हुआ। बात तब की है जब मैं इन्टर का विद्यार्थी था और क्रिश्चियन कालेज, प्रयाग में पढ़ता था। स्वाभाविक रुचि होने के कारण हिन्दी के गण्य-मान साहित्यिकों से मिलने की जिज्ञासा मेरे मन में जग चुकी थी, क्योंकि छायावादी कवियों—प्रसाद, निराला, पंत तथा महादेवी की रचनायें मैं पढ़ चुका था और उनसे प्राप्त आनन्द का अनुभव भी कर चुका था। एक दिन किसी ने, सम्भवतः श्री शान्तिप्रिय जी ने बताया कि निराला जी लखनऊ से प्रयाग पधारे हैं और लीडर-प्रेस में ठहरे हैं। उनसे मिलने के लिए मैं आतुर हो उठा था। उन दिनों निराला नाम के प्रति मन में एक अजब कुतूहल छाया हुआ था। यों तो हिन्दी कवियों की अद्‌भुत नामावली से मैं परिचित था और तब तक इनके नाम सुन चुका था—विदग्ध, व्यथित, वियोगी, करुण, सरस तथा बच्चन एवं मुच्छन, पर इनकी विचित्रता में मुझे निराला जैसा आकर्षण न मिलकर एक विक्षुब्ध खिन्नता ही मिलती थी। निराला की कल्पना करते समय मन में किसी एक भाव का उदय न होकर न जाने कितने भाव आते-जाते और बनते बिगड़ते रहते थे। अन्त में मैंने अपने अबोध मन को निराला के दर्शन के पश्चात ही किसी निष्कर्ष पर पहुँचने के लिए बाध्य किया।

कालेज बंद होते ही मैं लीडर-प्रेस की ओर चल पड़ा और पता लगाते-लगाते पाठक जी के यहाँ पहुँचा। पाठक जी के द्वार पर एक लम्बकेश को देखकर मैं उसको निराला के चित्र से मिलाने लगा। मुझे सन्देह तो हुआ पर मैं कई कवियों को उनके चित्र से नितान्त भिन्न पाने के ज्ञान से

बोझिल होने के कारण कुछ देर तक असमंजस्य में रहा। मुझे लगा स्वरूप और स्वास्थ्य में खूसट होकर भी कवि लोग अपनी कृतियों में अपने चित्र को बहुत सजाकर छपवाते हैं, कहीं निराला ने भी ऐसा ही किया हो तब? पर मेरे भाग्य से वह व्यक्ति चिल्ला उठा—खुदा उसका भला करे जो साईं का खप्पर भरे। मैंने चुप्पी साधी और दरवाजा खटखटाया। दरवाजा खुला और मैंने देखा कि एक लम्बा-चौड़ा व्यक्ति नंगे-बदन 'तख्त' पर बैठा सुरती मल रहा है। सुन्दर स्वस्थ शरीर और भव्य दर्शन। प्रसाद की ये पंक्तियाँ जैसे सजीव हो उठीं—

अवयव की दृढ़ मांस पेशियाँ
ऊर्जस्वित था वीर्य अपार,
स्फीत शिरायें स्वस्थ रक्त का
होता था जिनमें संचार?

यही नहीं, कालिदास की ये पंक्तियाँ—व्यूढ़ोरस्कः वृषस्कंधः शालप्राँशुरिव महाभुजः—भी उस व्यक्ति के आकार-प्रकार में स्पन्दनशील हो रही थीं। निराला जी का वैसा ही नंगा-बदन मैं एक मासिक पत्रिका (माधुरी) में छपा देख चुका था, तुरंत समझ गया कि यही निराला जी हैं। मैं थोड़ी देर तक स्तब्ध सा देखता रहा—लम्बा-चौड़ा विशाल मांसल शरीर, बड़े-बड़े रतनारे नेत्र, लम्बी शाल की शाखा सी भुजायें, शाश्वत मन्द मुस्कान में सिक्त पतले आकर्षक ओठ, कवियोचित कम्बु कण्ठ और वृषभ कंध। दाढ़ी-मूँछ से छूँछे मुख पर उनके लम्बे चिकने तथा सटकारे बाल वायुगति होकर अठखेलियाँ कर रहे थे। जान पड़ता था मैं किसी रोमन मूर्ति के सामने खड़ा हूँ। इसके पहले मैंने किसी व्यक्ति को इतना व्यक्त, सुस्पष्ट और सजीव नहीं देखा था। सब मिलाकर मुझे निराला का दर्शन अत्यन्त तृप्तिकर और सुहावना लगा। आँखों से प्रकाश और ज्वाला की कशमकश बाहर निकलकर जैसे बिछ जाना चाहती थी। भौहों में किसी की भी उपेक्षा का टेढ़ापन उछल रहा था। उस दर्शन की समष्टि को वास्तव में निराला ही कहना चाहिये। निराला नाम के चुनाव की सार्थकता पर मैं मुग्ध हो गया।

एक अपरिचित की श्रद्धा और संकोच से मैंने प्रणाम किया। उत्तर में नमोनमः और बैठने की आज्ञा पाकर बैठ गया। निराला जी ने सहज उदास भाव से पूछा—कहिए आप कहाँ से आये हैं, किसे चाहते हैं? मैंने

एक साँस में अपना परिचय बताते हुए उत्तर दिया—आपके दर्शनों की बहुत दिनों से बड़ी प्रबल इच्छा थी, आज बड़े सौभाग्य से सफल हुई। निराला जी बीच ही में बोल उठे—किसके दर्शनों की इच्छा थी, आपको क्या पता कि मैं कौन हूँ! मैंने कहा—आपके ही दर्शनों की बात कह रहा हूँ, छायावाद के युगप्रवर्तक कवि निराला आप ही तो हैं। निराला जी जैसे मुझे तंग करने पर तुले थे। कहने लगे—मुझमें दर्शन की क्या बात है! आप मुझे कैसे जानते हैं! मैंने बहुत नम्रता से निवेदन किया—मुझे हिन्दी साहित्य से बहुत प्रेम है, मैंने आपकी कवितायें पढ़ी हैं, मुझे बहुत अच्छी लगती हैं। मैंने आपका चित्र पत्रों-पुस्तकों में देख रखा है और इसीलिए आप को पहचान भी गया। निराला जी ने फिर तपाक से प्रश्न किया—कौन सी कविता पढ़ी है, कुछ याद भी है? सुनाओ तो सही। मैंने फौरन अपनी रुचि की उनकी कविताओं का नाम लिया और निराला जी की इच्छा के अनुसार उनमें से किसी भी कविता के सुनाने की अपनी क्षमता पर विश्वास दिलाया। निराला जी की सारी उत्सुकता एक मीठी हँसी में बदल गयी और उन्होंने धीरे से कहा—'बादल', 'जमुना', 'जुही की कली', चाहे जो सुनाइए। मैंने सँभलकर, खाँस-खाँसकर बहुत ही सावधानी के साथ 'जुही की कली' सुनाई। कविता कुछ ऐसी जमी कि पाठक जी भी भीतर से बैठके में आ गये। निराला जी को शायद अभी संतोष नहीं हुआ था और पाठक जी का बिना कुछ परिचय दिये हुए उन्होंने एक और सवाल किया—इसका अर्थ तो आप जानते ही होंगे! यह कविता मैंने १९ वर्ष की अवस्था में लिखी थी। आपकी उम्र इस समय कितनी होगी! खैर, सेकंड क्लास की चीज अच्छी है। उम्र पूछने पर मन-ही-मन मुझे याद आया। अपनी उम्र को छिपाने की चेष्टा करनेवाले एक साहित्यिक ने कहा था—किसी की आय और आयु पूछना अशिष्टता है। पर उनकी वह अशिष्टता निराला जी के पास स्वाभाविकता बन गयी थी।

मैंने डरते-डरते 'जुही की कली' का भावार्थ बताया। निराला जी खिल पड़े और मन्द-मधुर मुस्कान के साथ पाठक जी की ओर देखकर बोले—देखो पाठक! हिन्दी आज कैसे पैंतरे बदल रही है! इतना कहकर उन्होंने अपनी भुजाओं की ओर देखा और आत्म-विश्वास के साथ फूट पड़े—वास्तव में आप दर्शनों के अधिकारी हैं। आपसे मिलकर तबियत बहुत खुश हुई। अब हिन्दी का प्रचार बढ़ रहा है। अभी कुछ दिन पहले लोग

निराला के नाम से घबड़ाते थे, करते भी क्या? उनकी समझ में तो कुछ आता नहीं था पर अब वैसा नहीं है। देश भर में नहीं तो यू०पी० में हिन्दी काफी तौर पर लिखी और पढ़ी जाने लगी है। आज उसके लेखक अपने मनोविनोद के लिए लिखनेवाले केवल अंग्रेजी के ग्रेजुएट ही नहीं वरन् हिन्दी के नाम पर जीने और मरनेवाले भी हैं। खड़ी बोली के चाबुक ने ब्रजभाषा की तुतलाहट को भी झाड़ दिया है, यह बहुत अच्छा है। आप भी कुछ लिखते-लिखाते हैं कि नहीं? मैंने संकोच से कहा—योंही कुछ तुकबन्दी करता हूँ, पर मेरी इच्छा आलोचना में काम करने की है। यदि आप लोगों का आशीर्वाद हुआ तो कुछ-न-कुछ अवश्य ही लिखूँगा।

इस बार निराला जी जोर से हँस पड़े और मैंने अपने शब्दों की जाँच-पड़ताल शुरू ही की थी कि उन्होंने एक विचित्र मुद्रा में कहा—तब तो बड़ी आफत है मिस्टर पाँड़े। तुकबन्दी से, दलबंदी से मैं बहुत घबड़ाता हूँ क्योंकि मैं तो 'अमित्र' का उपासक हूँ। मुझे मुक्त छन्द अच्छा लगता है। हाँ समालोचना, आलोचना न कहा कीजिए, की हिन्दी में बड़ी कमी है। आप ठाट से लिखिए, कविता लिखनेवाले तो बहुत हैं। हिन्दी काव्य-सरोवर के ऊपर उतरानेवाले मंडूक महाकवियों की टर्र-टर्र से कान पक गये पर अभी तक समालोचना का मैदान साफ पड़ा है। आचार्य शुक्ल जी का नाम तो आपने सुना होगा? उन्होंने इधर कुछ थोड़ा-बहुत काम किया है पर वे अभी तक प्राचीनों पर ही खीजते-रीझते रहे, नवीन आधुनिक साहित्य की ओर वे उन्मुख नहीं हो सके। बूढ़ों के लिए इसमें रसिकता भी नहीं है। आप अपनी वह कविता जिसे आप स्वयं सबसे अच्छी समझते हों, सुनाइए। डट के बैठ जाइए और सुनाइए।

मैंने अपनी एक कविता सुनाई और सुनाते समय निराला जी का सिर हिलाना देख-देखकर प्रसन्न होता रहा। साथ ही पाठक जी की उदासीनता के प्रति क्षुब्ध भी हुआ। प्रसन्नता के आवेश में अथवा आश्वासन के उद्देश्य से निराला जी ने कहा—वाह, बहुत अच्छी कविता है। महादेवी स्कूल जोर पकड़ रहा है। पंत और महादेवी को लोग पढ़ते भी खूब हैं। खूब लिखते जाइए। आप ही लोगों को तो काम करना है। हम लोगों को जो देना था दे चुके, अब लकीर पीटना है और मेरे लिए तो काम करना भी सम्भव नहीं रह गया। बात यह है कि मानव के दो प्रत्यक्ष विभाग हैं—जड़ और चेतन। जड़ विभाग की क्षुधा शान्ति के लिए रोटी की

आवश्यकता होती है और चेतन की तृप्ति के लिए साहित्य की। (रोटी के नाम के साथ पाठक जी रोटी तो नहीं पर चाय लाने के लिए भीतर चले गये) यदि साहित्य-सृजन करनेवाला व्यक्ति अपनी जड़ क्षुधा की तृप्ति नहीं जुटा पाता तो वह साहित्य क्या लिखेगा? यों तो प्रत्येक भारतीय भूखा पैदा होता है और भूखा मरता है, पर यहाँ के साहित्यकार को, खासकर अगर वह इस छायावाद युग का हुआ तो उसे निश्चित रूप से भूखों मरना पड़ता है।

मैं मंत्र-मुग्ध की भाँति निराला जी की बातें सुन रहा था और वे अटूट रूप से कहते जाते थे—मैंने तो हिन्दी के लिए अपने को खपा दिया फिर भी लोग चैन नहीं लेने देते। हिन्दी वालों को विदेशी रीति-रिवाज, बैठक-उठक और विदेशी-साहित्य की झक सवार है, ये लोग यह नहीं समझ पाते कि हिन्दी की शोभा शेक्सपियर और गेटे से नहीं बढ़ सकती, रवीन्द्र से भी वह नहीं सज सकती, इसका शृंगार टालस्टाय नहीं कर सकते, इसकी गौरव-वृद्धि कार्लाइल या मैथूआर्नल्ड के वश की नहीं। इसकी शोभा तो वे ही लोग हैं जो इसके अपने हैं।

निराला के इन शब्दों में उनके जीवन के कटु अनुभवों का आभास स्पष्ट रूप से मिल रहा था। उनके मुख मंडल की संघर्ष प्रस्फुटित रेखायें तनती जा रही थीं और वाणी में अन्तर्क्षोभ की व्यथा बहने लगी थी। उनके जीवन का ओज जैसे ऊँची छलाँग मारने के लिए दुबक सा रहा हो। उत्तेजना बढ़ती देखकर मैंने नम्र भाव से टोका—निराला जी, यह तो आप ठीक कह रहे हैं। हम लोगों ने अभी अपने कलाकारों का सम्मान करना नहीं सीखा। रवीन्द्र को ही हम लोगों ने तब माना जब विदेशियों ने नोबेल पुरस्कार देकर उनका सम्मान किया। 'रूस की चिट्ठी' में उन्होंने स्वयं ऐसा लिखा है। मगर नयी पीढ़ी के लोग ऐसी गलती नहीं कर सकते। आज के नवयुवकों में प्रसाद, निराला, पंत एवं महादेवी के लिए काफी श्रद्धा और सम्मान का भाव है।

निराला जी जैसे मुझ पर टूट पड़े—नवयुवक बेचारे क्या जाने साहित्य किस चिड़िया का नाम है? उनके प्रोफेसर लोग तो आज भी निराला को ऊटपटाँग कवि बताते हैं। यूनिवर्सिटी में जाइए तो पता चलेगा। आधुनिक काव्य पढ़ाते समय अध्यापक महोदय क्लास में कहते हैं—निराला का काव्य अस्पष्ट और दुरूह है, पर वे न जाने क्यों कवि माने जाते हैं? मैंने

जैसे निराला जी को रोका—हमारे पंडितजी तो आपके बड़े भक्त हैं, आपकी बड़ी तारीफ करते हैं। निराला जी का भाव बदल गया, जैसे गर्म लोहे पर पानी पड़ गया हो। उन्होंने सिर हिलाते हुए तथा ओठ चबाते हुए कहा—ठीक है, बीस वर्ष काम करने के बाद भी यदि ऐसा न हो तो सब मामला ही गड़बड़ हो जाय। गोकि मैं खुद किसी की तारीफ या निंदा से बिलकुल प्रभावित नहीं होता मगर फिर भी काम करनेवाला कुछ-न-कुछ प्रतिदान तो चाहता ही है। अरे भाई, उसे दान न दो तो कुछ अधिकार तो दो, पर इस देश में अधिकार तो केवल राजनीतिक व्यक्ति के लिए रिजर्व है; साहित्यकार को कौन पूछता है! रहा मैं, तो मुझे किसी की परवाह नहीं। मैं तो धक्के खाता, लड़ता-उलझता बराबर आगे बढ़ता जाता हूँ और आप देख सकते हैं कि मेरे पास अब भी कवि का कण्ठ, कलाकार के हाथ, पहलवान की छाती और फिलासफर के लम्बे पैर एवं पहाड़ी चट्टान की गुरुता बाकी है। मैं बराबर काम करता हूँ और अच्छा भी करता हूँ, किन्तु मौका पड़ने पर निराला को कोई छोड़ना नहीं चाहता। इतना कहते-कहते निराला जी जैसे किसी स्मृति में डूब गये। उनके सारे शरीर से आत्म-विश्वास की साधना प्रस्फुटित हो रही थी।

सारा वातावरण क्षुब्ध हो उठा था। निराला की आँखों की सजल-सरल ज्योति, माथे की सिकुड़न और ओठों की कम्पन एक कटु स्मृति की छाया से धूमिल हो रही थी। प्रात:कालीन गुलाबी किरणों की भाँति सहज अनुराग रंजित आशापूर्ण भाव-भंगिमा सन्ध्या की उदासी का रंग पकड़ रही थी। मेरी समझ ही में नहीं आता था कि मैं क्या करूँ। चाय का एक घूँट लेते हुए मैंने भाव परिवर्तन की चेष्टा में कहा—निराला जी कहा जाता है कि यश का शीघ्र मिलना बड़ा घातक होता है, दुर्भाग्य का चिह्न माना जाता है, किन्तु आप तो भाग्यवान हैं, महान् हैं, इसी कारण आपको लोगों ने काफी देर में समझा। अबकी मेरे ही बोलने की बारी थी क्योंकि निराला जी चाय के प्याले में अपनी थकान डुबो रहे थे। मैं जानता हूँ उनकी थकान इतनी ही क्षणिक होती है। मैं कहता गया—हिन्दी-साहित्य में आपका नाम स्थायी रहेगा, क्योंकि साहित्य कभी पुराना नहीं पड़ता। प्रत्येक हृदय में उसका एक सूत्र रहता है जो महान् साहित्यिक कृतियों से जुड़ता चलता है और इस प्रकार आप जैसे कलाकार मानवता के चिरकालिक साथी बनते जाते हैं। आपने बहुत काम किया है, कर रहे हैं

और आगे भी करेंगे।

निराला जी मिठाई देखकर एक बालक की भाँति खुश हो गये, खड़े हुए और कमरे में ही इधर-उधर टहलने लगे। धक्के से प्याला तोड़ते हुए बोले—हाँ-हाँ काम तो अभी करना ही है। चिड़ियों के चेंचें से कभी अजगर घबड़ाता नहीं। साहित्य की सृष्टि का भी एक समय होता है जैसे सब चीजों की फसल का। एक विशेष समय का एक विचार-आदर्श होता है। इस बीसवीं सदी का प्रधान भाव संघर्ष ही तो है। हमारे देश में यह समय कला-साधना का नहीं, राष्ट्र-साधना का है, किन्तु समयविशेष की कला उस समय की सामूहिक भावना की ही अभिव्यक्ति होती है क्योंकि वह कला जो अपने समय के साथ सामंजस्य नहीं रखती, पुराने निर्गन्ध फूल की तरह किसी मतलब की नहीं होती। कला का मेरा यही दृष्टिकोण रहा है। सम्भव है अपने सृजन में सावधानी न भी रख पाया हूँ, पर इतना तो निश्चय है कि साहित्य लिखते समय सदैव स्वाभाविकता मेरा हार, शृंगारिकता हृदय को उष्ण रखने का उपहार और पवित्र प्रतीकों का व्यवहार मुझे प्रिय रहा है और भाव की सच्चाई और प्रयोगों की गहराई मेरी शक्ति-कवच रही है। हास्य और व्यंग्य से मैंने मानसिक विश्राम का साधन जुटाया है। मगर पाँड़े, याद रखिए, आँख वाले मना करने पर भी देखेंगे और अंधे किसी के बहुत आग्रह पर भी न देख सकेंगे।

इस अर्थ-पूर्ण वक्तव्य के बाद मुझे लगा कि निराला जी वास्तव में 'आकार-सदृशप्रज्ञा' हैं, जैसा उनका शरीर विशाल है वैसी ही उनकी बुद्धि और हृदय भी है। उनकी वाणी में छेड़े गये सिंह की वह गर्जन है जिसे सँजोने में उनका इतना बड़ा शरीर भी कभी-कभी लड़खड़ा जाता है, अन्यथा प्याला न टूटता। इसके बाद जैसे मेरे पास कुछ कहने को बाकी नहीं था। मैंने थोड़ी देर इधर-उधर देखकर चलने की इच्छा प्रकट की। निराला जी ने बहुत ही आत्मीय भाव से कहा—अच्छा, जाइएगा? जब जी चाहे फिर आइए। अभी मैं दस-पन्द्रह दिन यहाँ हूँ। इंडियन प्रेस की मजदूरी करनी है, कुछ पैसे लेने हैं, तब जाऊँगा। मैंने पूछा—मजदूरी? निराला जी ने बताया कि वे अनुवाद का काम करना मजदूरी करना ही समझते हैं। मैंने प्रणाम किया और वापस चला आया।

× × ×

इस प्रथम दर्शन से ही निराला जी के सौम्य और साथ ही दुःशासन व्यक्तित्व ने मुझे बहुत अधिक प्रभावित कर लिया। मैंने हिन्दी के प्रायः सभी कवियों को देख रखा था, पर किसी की इतनी अमिट छाप मुझ पर नहीं पड़ी थी। निराला जी से मिलकर मैंने उनके निराला नाम का रहस्य अवगत कर लिया। रास्ते भर मुझे उनकी व्यंग-व्यथा भरी वाणी की कातरता (कायरता नहीं) याद आ रही थी, जैसे कानों में उनका प्रत्येक शब्द रम-जम गया था। मेरे सामने छायावाद के वे प्रारम्भिक दिन भी स्पष्ट होने लगे जब निराला ने साहित्य में प्रवेश किया होगा। यों तो उन दिनों सभी आधुनिक कवियों और साहित्यकारों का विरोध हुआ था, पर निराला को सबसे अधिक संघर्ष का सामना करना पड़ा है, इसे कौन नहीं जानता ? उस समय आलोचकों में श्री पद्मसिंह शर्मा का स्थान बहुत ऊँचा माना जाता था, किन्तु वे बिहारी के काव्य में ही विहार कर रहे थे, वर्षों पीछे चल रहे थे। कृष्ण बिहारी मिश्र भी देव-बिहारी की तुलना में ही अपनी सारी शक्ति तौल रहे थे।

इस नयी कविता की खबर लेनेवाले कठोर तथा प्राचीनता प्रिय आलोचक आचार्य शुक्ल जी ही थे। उन्होंने इन छायावादी कवियों की, इस नवीन भाव-धारा की जो खिल्ली 'पाषाण-परिच्छेद' नामक अपनी कविता में उड़ाई थी वह बस देखने लायक है। उन्होंने पाठकों से आग्रह किया था कि इन कवियों को जो पशु तुल्य हैं—'हाँक दो, न घूम-घूम खेती काव्य की चरें'। 'पाषाण-प्रतिशेष्य' के द्वारा उन्हें उत्तर भी दिया गया था, पर वे सहज ही माननेवाले व्यक्ति नहीं थे। उन्होंने 'काव्य में रहस्यवाद' नामक पोथी लिखकर छायावाद का जो विरोध किया था वह आज भी साहित्य के इतिहास में निर्जीव होकर भी जीवित है। शुक्ल जी का मत था कि काव्य का सम्बन्ध ब्रह्म की व्यक्त सत्ता संसार से ही है, किसी अन्य अव्यक्त सत्ता से नहीं। इसलिए 'जिस तथ्य का हमें ज्ञान नहीं (हमें का अर्थ केवल शुक्ल जी या और कोई?) उसकी व्यंजना का आडम्बर रचकर दूसरों का समय नष्ट करने का हमें कोई अधिकार नहीं। जो कोई यह कहे कि अज्ञात और अव्यक्त की अनुभूति से हम मतवाले हो रहे हैं, उसे काव्य-क्षेत्र से निकलकर मतवालों (साम्प्रदायिकों) के बीच अपना हाव-भाव और नृत्य दिखाना चाहिये।' इतना ही नहीं शुक्ल जी ने और भी बातें कहीं और लिखी हैं और नयी कविता को 'गंदी नदी', 'चटोरों

की लार', 'विलायती तमाशा', 'नकल की नकल' और न जाने क्या-क्या कहा है।

'सुकवि किंकर' नाम से स्वनाम धन्य आचार्य द्विवेदी जी ने भी छायावाद पर एक आक्रोशपूर्ण आक्रमण किया था। उन दिनों के साहित्य का यही फैशन था, कोई भी बूढ़ा इसे अपनाने में नहीं चूका। छायावादी कवियों—प्रसाद, निराला और पंत ने स्वयं इन सबका प्रतिवाद किया और आत्मविश्वास के साथ इस धारा को हिन्दी के लिए शुभ और श्री सम्पन्न उद्घोषित किया। प्रसाद जी का 'यथार्थवाद और छायावाद' तथा पंत जी की 'वीणा' की भूमिका इसके प्रमाण हैं। शुक्ल जी ने अपनी पुस्तक 'काव्य में रहस्यवाद' और पंत जी ने 'वीणा की वह भूमिका' दोबारा नहीं छपवाई, पर प्रसाद जी का लेख उनके निबंध संग्रह में ज्यों-का-त्यों अब भी संगृहीत है। और निराला जी ने तो कविता तथा गद्य में सभी जगह इस विषाक्त विरोध का उपहास किया है।

वास्तव में छायावाद ने नयी कविता को ही जन्म नहीं दिया, वरन् उसने साहित्यिकों को एक नया व्यक्तित्व भी दिया है। इसके पहले की कविता और कवि दोनों समाज और समालोचकों के सामने विनीत और सुशील रहनेवाले थे, पर छायावाद का विद्रोह और उसकी स्वच्छन्दता साहित्य में ही नहीं अपितु साहित्यिकों में भी उभर आई थी। स्वयं निराला जी किसी के सामने पूँछ हिलाना केवल कुत्तों का काम समझते हैं, साहित्यिकों का नहीं। ठीक भी है, क्योंकि न कुत्ते की सही, बन्दर की पूँछ को तो मनुष्य घिस ही चुका है। वस्तुतः नये कवि की भाषा, भाव, शैली, वेश-भूषा, भाषण आदि सभी नया था तो आश्चर्य की बात नहीं। यदि साहित्य की वैयक्तिक भाव स्फुरण मालायें प्राचीनों को नागपाश सी लगें तो भी उसे स्वाभाविक ही कहना चाहिये। इसमें सन्देह नहीं कि इन छायावादी कवियों ने एक नया समाज ही बना डाला। प्रायः सभी के लम्बे केश, दाढ़ी-मूँछ सफाचट्ट, श्रृंगार की आसक्ति, सम्मान की इच्छा, प्राचीन की उपेक्षा आदि में इन कवियों का विकास समाज तथा साहित्य के ठेकेदारों के लिए यदि एक नया मोर्चा बना तो इसमें दोष केवल समय का था और किसी का नहीं। पर यह सच है कि इनका मजाक भी खूब उड़ाया गया। भाषा के लिए 'सिद्धान्त कौमुदी' और छन्द के लिए 'पिंगल शास्त्र' का नुसखा भी इन्हें आचार्य द्विवेदी ने बताया था। इनका नाम उस समय

समाज में 'अनन्त की ओर जी' तथा 'लम्बे बाल जी' एवं 'छायावादी जी' प्रचलित था जो सिंहासनस्थ वृद्ध साहित्यिकों का उपहार मात्र था। कवि सम्मेलनों में निराला जी के छन्दों की पैरोडी परम आवश्यक समझी जाती थी।

साधारण जीवन में भी यह चर्चा चलती रहती थी। इक्केवाले तक से लोग कहते थे—'ओरे प्यारे इक्केवाले चल अनन्त की ओर, छायावादी जी कहते हैं, अनुभूति चिरन्तन मोर।' ऐसी कवितायें पत्र-पत्रिकाओं में भी छपती थीं। 'सुधा' में प्रकाशित कुछ पंक्तियाँ ये हैं—

किसने छायावाद चलाया, किसकी है यह माया?
हिन्दी भाषा में यह न्यारा शब्द कहाँ से आया?

इसके बाद उसी में यह भी छपा था—

मत पीछे पड़ो बंगाली कवियों के तुम,
कवि सम्राट हो या बाप हो सम्राटों के।

इस प्रकार छायावाद के विरोध में उस समय के सयानों ने कुछ कसर नहीं उठा रखी। व्यंग्य, उपदेश और कार्टून आदि सभी अस्त्रों का प्रयोग किया गया था पर छायावाद रुका नहीं। अस्तु, इस बात का भी प्रयास किया गया कि इन नवीन कवियों की रचनायें कहीं छपने ही न पावें पर इसका भी संगठन न हो सका और जनता ने छायावाद को अपना लिया।

धीरे-धीरे इसके समर्थकों की संख्या बढ़ने लगी और इस धारा को 'रवीन्द्र का अनुकरण' अथवा 'अंग्रेजी रोमांटिक कवियों की छाया' मात्र न मानकर लोग इसके भीतर निहित क्रान्ति-भावना का भी दर्शन करने लगे। निराला जी ने अपनी प्रथम भेंट में विरोध और संघर्ष के इसी उत्पात का आभास मात्र दिया था। उनकी चोट भी सबसे ज्यादा गहरी है क्योंकि कुछ दिनों तक उनकी कृतियों का छपना भी दूभर हो गया था। खासकर उनकी मुक्त छन्द की रचनाओं का तो बहुत भारी विरोध हुआ था। यहाँ तक कि पंत जी ने भी 'पल्लव' की भूमिका में उनके इस छन्द का उपहास किया था, व्यंग्य किया था। निराला जी ने अपने निबंध 'पंत जी और पल्लव' में उसका खासा उत्तर भी दिया है। जो भी हो, निराला जी का विरोध न केवल सयानों ने वरन् नवीनों ने भी जी खोलकर किया है, पर वे किसी भी प्रकार रुके नहीं; यह कहते बढ़ते गये कि—

देखो, पर क्या पाते तुम 'फल'
देगा जो भिन्न स्वाद रस भर,
कर पार तुम्हारा भी अन्तर
निकलेगा जो तरु का सम्बल!

छायावाद के समर्थन में जो तर्क दिये जाते थे वह भी प्रायः निबल ही रहे। इन तर्कों और विवेचनाओं से छायावाद और भी दुर्बोध हो उठता था। खेद है कि महादेवी जी के पहले तक इस विशाल साहित्यिक जागरण की तथ्यपूर्ण विवेचना नहीं हो सकी, और आलोचक-गण मूल को छोड़कर केवल पत्ते पोंछते रहे। सम्भवतः इसी कारण इस भाव-धारा की प्रतिष्ठा इसके अधिकार के अनुकूल नहीं हो सकी अन्यथा यह काव्य क्रान्ति की उसी भावना का समर्थक रहा है, जिसका आभास सन् २० से अब तक सामाजिक और राजनीतिक क्षेत्रों में बराबर मिलता रहा है। छायावाद की ये प्रारम्भिक विरोधमयी दुर्घटनायें और उनकी चौबन्दी से परिचित होने के नाते निराला जी के क्षोभ को सहज ही समझ लेना मेरे लिए बहुत कठिन नहीं था। विशेषकर इसलिए भी कि मैं स्वयं छायावाद को देशव्यापी जीवन की दुर्वस्थाओं की साहित्यिक प्रतिक्रिया ही मानता हूँ, और आज तो सभी लोग एक निर्भीक, ओजपूर्ण, प्रगतिमय और रूढ़ियों को उखाड़ फेंकनेवाला तेजस्वी तथा सक्रिय साहित्यिक आन्दोलन मानते हैं।

तीन-चार दिन के बाद निराला जी चौक में दिखे—नंगे-बदन, कंधे पर एक रेशमी चादर, धोती की जगह एक गंदी लुंगी, अस्तव्यस्त लुटरी केश राशि और विचार-सागर में डूबती-उतराती मुख-मुद्रा। मैंने पास जाकर प्रणाम किया कि निराला जी जैसे डुबकी के बाद साँस लेते हुए बोले—अच्छा आप तो उस दिन मिले थे, मिजाज तो अच्छा है ना? टंडन जी के यहाँ तो न चलिएगा? कौन टंडन जी? मैंने पूछा। निराला जी ने कुछ सोचकर कहा—साहित्य-सम्मेलनाधीश बाबू पुरुषोत्तमदास जी। मैंने एक विस्मय भरी दृष्टि से उनकी ओर देखा और वे मेरे मन की बात समझ कर कहने लगे—हम लोग सभी से इसी तरह मिलते हैं, क्योंकि हमारे रहन-सहन और हमारे कपड़े-लत्तों का कोई ठिकाना नहीं। महात्मा गांधी से मिलने में इसी कारण मुझे बड़ी आफत उठानी पड़ी थी। जरूरत पर रुपया भी तो नहीं मिलता। मेरे पास एक बढ़िया कुर्ता था, पर उसे पहनकर होली खेल डाली, अब दूसरा कहाँ मिले? चलिए, यही चदरा ओढ़

लूँगा। मगर एक बात है आज उग्र जी ने बूटी छनवा दी है, तुम मुझे लीडर-प्रेस छोड़ आना। निराला जी 'तुम' के प्रयोग की आत्मीयता तब से अब तक मुझे बराबर देते जाते हैं, यद्यपि उस समय मैं उसे भंग-भवानी की सहृदयता मात्र समझ रहा था। निराला जी के पैर जमीन पर जमकर नहीं पड़ते थे। मैं कह नहीं सकता कि इसका कारण भंग थी या उनकी मांसल स्थूल देह। सौभाग्य या दुर्भाग्य से टंडन जी मिले नहीं, कहीं बाहर चले गये थे।

वहाँ से लौटकर इक्के के अड्डे में पहुँचकर निराला जी ने एक इक्केवाले से पूछा—लीडर-प्रेस चलोगे! उससे किराया तय किया और कूदकर इक्के में बैठ गये। मैं भी बगल में जम गया। इक्के के चलने पर निराला जी ने मुझसे प्रश्न किया—तुम इक्के पर चलते हो कि ताँगे पर! मैं तो इक्का पसंद करता हूँ, क्योंकि ताँगे पर मेरा बैलेन्स नहीं ठीक हो पाता। पीछे बैठूँ तो घोड़ा आसमान में और आगे बैठूँ तो पाताल में, कभी ठीक ही नहीं होता। इतने ही में इक्केवाले ने कहा—बाबू जी, जरा और पीछे की ओर हो जाइए। निराला जी 'देखो', कहकर कहकहे में हँस पड़े और इक्का तेजी के साथ चलने लगा।

निराला जी ने मुझे एकदम भुलाकर इक्केवाले से बातचीत करनी शुरू की—दिन भर में कितना कमा लेते हो, घर में कितने आदमी हैं, कहाँ रहते हो, कौन जाति के हो आदि-आदि। मैं, मन-ही-मन कुछ बुरा भी मान रहा था कि निराला जी मुझसे नहीं, इक्केवाले से बातें करने में व्यस्त हैं, पर निराला को इसकी परवाह नहीं थी। अब तक हम लोगों का इक्का बीच चौक को पार करके हीवेट रोड के छोर पर पहुँच चुका था। निराला जी हड़बड़ी में कह पड़े—रोकना-रोकना भाई जरा मिठाई खायेंगे। उतरकर दूकान की ओर बढ़े और पूछा—क्या खाओगे, अपने मन की चीज चुन लो, इक्केवाले को भी दे दो। मैं निर्जीव यन्त्र की भाँति उनका कहना करता गया और खाने के बाद मनीबेग जेब से निकाला। निराला जी जैसे सतर्क बैठे थे, डाँटकर बोले—वाह जनाब, यह भी नहीं मालूम कि मिठाई छोटे नहीं, बड़े खिलाते हैं। पैसा मैं दूँगा। इसके बाद शीघ्र ही हम लोग लीडर-प्रेस पहुँच गये। निराला जी ने उस इक्केवाले को पैसे दिये और मुझे कालेज में छोड़ने की आज्ञा भी दी। निराला की इस उदारता का ठीक-ठीक आशय ग्रहण करना उस समय मेरे लिए सम्भव नहीं था पर मैं

भीतर-ही-भीतर सोचता था कि यह फटी हालत और यह शाह खर्ची! अभिमान तो यह है नहीं, क्योंकि अभी-अभी निराला अपनी विपन्नता को गिड़गिड़ा रहे थे, और यह खाली रोब जमाने के लिए प्रदर्शन मात्र भी नहीं, क्योंकि प्रदर्शन के प्रथम साधन वस्त्र तक भी उनके पास नहीं। यह कुछ निराला का निरालापन ही है।

विदा माँगने के पहले मैंने कुछ डरते-डरते कहा—शनिवार को कालेज में कवि सम्मेलन है। आप इस समय यहाँ हैं; यदि पधारने की कृपा करें तो मैं अपने को अत्यन्त गौरवान्वित अनुभव करूँगा। हमारे कालेज के लड़के आपके प्रति बड़ी श्रद्धा रखते हैं। निराला जी ने सहज भाव से कह दिया—चलूँगा, इसमें गौरवान्वित होने की कौन सी बात है। मुझे विद्यार्थियों के बीच में कुछ कहना-सुनना स्वभाव से अच्छा लगता है। इधर-उधर तमाम आता ही जाता रहता हूँ। उस दिन आ जाना, चलूँगा। मैंने सुन रखा था कि निराला जी कहीं जल्दी आते-जाते नहीं इसलिए उनके इस आश्वासन से मैं प्रसन्न से अधिक आसन्न हुआ और उसकी पुलक-कुलक तथा आश्चर्यमयी स्मृति का अनुभव आज भी मेरी रग-रग में व्याप्त है। मैंने बहुत ही गद्‌गद कण्ठ से निराला जी को बताया भी था कि मुझे कितनी खुशी हुई। इस पर निराला जी ने ऋग्वेद की एक ऋचा सुनाते हुए कहा—यह शरीर जीवन से युक्त होकर 'अनस्' है। उसको धारण करनेवाले गति, चेतना युक्त 'पज्र' प्राण है और ये सब एकत्र सुबद्ध होने से सुबद्ध हैं। मेरे पास किसी भी मनुष्य का स्थान यही है। इसे सदा स्मरण रखना पाँड़े कि चेतना देह पर शासन करने से, विकासवती होने से 'कशीका' है। शरीर में सर्वत्र वश करने से 'आगधिता' है और सर्वत्र मिश्रित होने से 'परिगधिता' है। वही अन्न-भोक्ता अथवा यत्नशील प्राणों में सबसे अधिक यत्नशील तथा बलवती होकर 'यादुरी' बन कर सैकड़ों शक्तियों और भोग्य सुखों को देती है। मैंने जाकर अपने पंडितजी से सारा हाल कह सुनाया और वे सच है, सच है कहते हुए इस निराला जी वाली ऋचा का पाठ करने लगे—

> आगधिता परिगधिता या कशीकेव जङ्गहे
> ददाति मह्यं यादुरी याशूनां भोज्या शता।
>
> —ऋग्वेद, द्वितीययोऽष्टक सूक्त १२६०

इस प्रकार निराला जी का चेतन सुबन्धु बन कर मैं उस दिन वापस आया। निराला जी से दिन, समय सब तय कर लिया था। कालेज में दूसरे दिन सबको इसकी सूचना भी दे दी। निराला के कवि-सम्मेलन में शरीक होने की सूचना कालेज में बिजली की तरह दौड़ गयी। ज्ञात होता है कि निराला के प्रति मेरा ही नहीं प्राय: सभी का आकर्षण मुझ जैसा ही तीव्र होता है। कहने की आवश्यकता नहीं कि बहुतों के लिए उनका नाम ही इस कौतूहल का कारण रहा है और अब भी है। कालेज के अधिकारियों और सहपाठियों में उस दिन से मुझे वह स्नेह और सम्मान मिलने लगा जो बिलकुल अप्रत्याशित था। यहाँ तक कि मैं अपनी कालेज मैगजीन का संपादक भी बना दिया गया। मैं उसे निराला की कृपा का ही सुफल समझता हूँ।

गिनते-गिनते शनिवार आया और सुबह से ही मैं निराला जी को लेने जाने की बे सिर-पैर की तैयारी करने लगा। दिन में कई बार ऐसा लगा कि साँझ भी होगी या नहीं। अपने समय से शाम हुई और मैं मोटर लेकर लीडर-प्रेस की ओर चल पड़ा। न जाने क्यों उस दिन ऐसा लगता था जैसे लीडर-प्रेस की दूरी मुझे चिढ़ाने के लिए कुछ बढ़ गयी हो। वहाँ पहुँचा तो निराला जी गायब। पता चला कि अभी दस मिनट पहले सिविल लाइन्स की ओर घूमने गये हैं। मैंने निर्दिष्ट स्थान की ओर कार बढ़ाई और सौभाग्य से निराला जी कैनिङ्ग रोड पर मिल गये। नया कुर्ता, नयी धोती, माथे में शिव नेत्र की तरह रक्तचन्दन और हाथ में पतली छड़ी, पर जूता वही पुराना। अपने पास मोटर को सहसा रुकते देखकर वे कुछ जैसे सँभले और उत्सुकता से मेरी ओर देखा। कुछ क्षोभ के स्वर में बोले—ओह, पाँड़े मैं भूल गया था, गोकि कई दिनों से यह सब तैयारी तुम्हारे ही लिए की थी। क्या हाल है ? चलना है ? उनकी भूलनेवाली बात मेरी समझ में नहीं आई थी पर मैंने आश्वस्त होकर कहा—कोई बात नहीं, आइए चलें। निराला जी मेरी बगल में ही आगेवाली सीट पर बैठ गये और दरवाजा बंद करते-करते चिल्ला उठे—अरा, रा, रा। मैंने मोटर धीमी करते हुए पूछा—क्या हुआ निराला जी ? वे काफी दुखी और दबी जबान में मुखरित हुए—धोती फट गयी, नया पहनना तो निराला के लिए अभिशाप है। मैं चुप रहा क्योंकि मैं जानता हूँ कि वह चीख निराला की धोती की ममता की नहीं उनकी आर्थिक विपन्नता की करुण पुकार मात्र थी। निराला जी कहने लगे—रुको, जरा धोती बदलकर पहन लूँ। तुम्हारे

कालेज में अमेरिकन प्रोफेसर भी हैं। उनके सामने तो हिन्दी की फटी हालत नहीं रहनी चाहिये। पता नहीं क्यों निराला जी अपने को कभी एक व्यक्ति विशेष न मानकर पूरा हिन्दी साहित्य मानते हैं। ठीक उसी तरह जैसे हिटलर अपने को जर्मनी कहता था।

कालेज का हॉल खचाखच भरा था। कुछ कवि लोग भी पहुँच गये थे। निराला जी के पहुँचते ही सब लोगों ने खड़े होकर उनका स्वागत किया और सारा वातावरण हर्षध्वनि से गूँज उठा। फूल-माला के साथ निराला जी ने सभापति का आसन ग्रहण किया और कवितायें होने लगीं। सबसे पहले श्री बच्चन जी ने 'मधुशाला' का उद्घाटन किया और फिर श्री रामकुमार जी वर्मा ने दो गीत सुनाये। श्री पद्मकान्त मालवीय ने भी कुछ रुबाइयाँ पढ़ीं। इसके बाद अनेक कवि खद्योत अपनी क्षीण आभा को बिखेरते-समेटते रहे, तब निराला जी की बारी आई। कविता सुनाने के पहले उन्होंने एक छोटा सा सुगठित भाषण दिया—आप लोगों के बीच में हिन्दी का प्रचार और प्रभाव देखकर बड़ी प्रसन्नता होती है। मेरा तो जी भर जाता है। नयी पीढ़ी पिछली से हमेशा अधिक शक्तिशाली और समझदार होती है। अपनी राष्ट्रभाषा, मातृभाषा और मातृभूमि की रक्षा और सम्मान का भार आप ही लोगों के कंधों पर है। आप लोगों के शान्त-शिष्ट व्यवहार से तबियत बहुत खुश हुई। अभी-अभी आपके आचार्य पंडितजी ने मेरे विषय में जो कुछ कहा है उसे सत्य से अधिक निराला के प्रति उनका स्नेह ही समझना चाहिये। यों तो मैं साहित्यिक समारोहों का जन्मजात सभापति क्या अभी तक आपके साहित्य सम्मेलन के सभापतित्व के लायक भी नहीं बन सका। सभापति के लिए अन्य क्षेत्रों की भाँति साहित्य में भी मोटे असामियों की जरूरत पड़ती है। घनश्यामदास बिड़ला, डालमिया या महात्मा गांधी की तरह शक्ति-सम्पन्न। बात यह है कि इधर कुछ दिनों से साहित्य-सभापतियों को, राष्ट्रपतियों की तरह विदेशी व्यवस्था की नक्काली में रुपये-पैसे और अन्य धातुओं से तौलने की प्रथा चल गयी है। मैं बदकिस्मती से तौल में तीन मन चौदह सेर हूँ। आप सोचिए कि यदि मुझे सभापति बनाकर रुपयों से तौला जाय तो बहुत काफी रुपयों की जरूरत पड़ेगी। साहित्य-सम्मेलन वाले, हिन्दी वाले काफी होशियार हैं, वे मुझे सभापति बनाकर हिन्दी की मर्यादा नहीं खोना चाहते, क्योंकि जानते हैं कि हिन्दी के नाम पर अभी इतना रुपया नहीं मिल सकता। खैर

जाने दीजिये इन बातों को। रही कविता सुनाने की बात सो मेरा खयाल है कि बच्चन की मधुशाला के बाद मेरी गंगाजली कविता आपको पसंद नहीं आवेगी'। इतना कहना था कि अवश्य सुनाइए—सुनाइए की आवाज से हॉल में एक कोलाहल मच गया। निराला जी कुछ सँभलकर बैठ गये और कहा—'अच्छा आप लोग शान्त हो जाइए। मैं एक गीत और एक मुक्त छन्द सुनाता हूँ।'

दोनों हाथ फैलाकर, सिर हिलाकर निराला जी ने 'नयनों का नयनों से बंधन, काँपे थर-थर-थर युग तन-मन' सुनाना प्रारम्भ किया और लोग मंत्र-मुग्ध की भाँति सुनने लगे। ऐसा जान पड़ता था मानो हॉल में सब मूर्तियाँ रखी हैं। सारा वातावरण निराला जी की स्वरलहरी के साथ-साथ स्पन्दित हो रहा था। डॉ० राइस और मिसेज राइस तो ऐसे मुग्ध हो रहे थे कि निराला की तरफ एकटक देखते हुए उनकी सफेद आँखें काँच की गोली की तरह निर्निमेष हो रही थीं। मैं अपने उस अनुभव के स्पष्टीकरण के लिए अब तक भी समर्थ नहीं हो पाया। इस गति के पश्चात् लोगों की तृप्ति-शिथिलता समाप्त भी न हो पाई थी कि निराला जी ने अपनी प्रसिद्ध कविता 'जूही की कली' सुनानी शुरू की। बीच-बीच में वे समझाते जाते थे—'खयाल कीजिएगा, यह कविता निराला ने उन्नीस वर्ष की आयु में लिखी थी और उसकी कली में वही रस, वही भाव और वही मजा है जो रीतिकाल की किसी काव्य-नायिका में। एक-एक शब्द चुनकर रखा गया है। रीतिकालीन नायिका यदि 'पर्यंक' में सोती है तो मेरी कली 'पत्रांक' में। शब्द साम्य पर गौर कीजिए। वायु की गति भी शब्दों से झंकृत हो उठती है—'फिर क्या ? पवन उपवन-सर-सरित गहन-गिरि-कानन, कुंज-लता पुंजों को पारकर पहुँचा जहाँ उसने की केलि, कली-खिली-साथ'। हवा चलती सी जान पड़ती है या नही ?'

वास्तव में 'जुही की कली' का रहस्य मेरे लिए उसी दिन स्पष्ट हुआ। प्राकृतिक उपादानों से मानवीय रागात्मक अभिव्यक्तियों का 'जुही की कली' एक अत्यन्त सुन्दर और साथ ही सर्वांगपूर्ण अन्यतम उदाहरण है। कवि-सम्मेलन बड़ी सफलता के साथ समाप्त हुआ। मिसेज राइस निराला जी से मिलने को बड़ी उत्सुक थीं। निराला जी ने तुरंत उन्हें बुलाने की आज्ञा दी, और वे अपने स्वभाव के अनुसार हँसती हुई शीघ्र ही आ पहुँचीं। निराला जी और मिसेज राइस को बातचीत करते देखकर विद्यार्थियों

की भीड़ ने चारों ओर से घेर लिया। निराला जी ने कहा—'कवि सम्मेलन तो समाप्त हो गया, आप लोग अब जाइए।' पर मिसेज राइस निश्छल हृदय से बोलीं—'रहने दीजिये, वे सब अपनी माँ के साथ हैं। आप तो जानते ही होंगे ये सब मेरे बच्चे हैं।' निराला जी भाव-विभोरता में मुस्करा पड़े—'वास्तव में आप बहुत बड़ी माँ हैं, भारत में, महाभारत में ऐसी माताओं का बहुत महत्त्व है।' अमेरिकन रीति-रिवाज और साहित्य पर बहुत-सी बातें होती रहीं। निराला जी ने बताया कि 'इमरशन' उन्हें बहुत प्रिय और दिव्य लगता है, 'जेम्स' का दर्शन भी उन्हें पसंद है। मिसेज राइस यह सुन कर बहुत खुश हुईं, और बताया कि वे आजकल कालिदास की 'शकुंतला' पढ़ रही हैं। निराला जी ने वाह करते हुए 'शकुंतला' के दो-एक पद सुनाये। मिसेज राइस ने कहा—'मैं हिन्दी तो बोल और समझ लेती हूँ पर अभी संस्कृत नहीं समझती, और पढ़ने के लिए पंडित जी का ट्यूशन कर रखा है। मुझे इंडिया अपने अमेरिका की तरह बहुत ही अच्छा लगता है। निराला ने उनसे मिलने की प्रसन्नता प्रकट की और बताया कि वे हिन्दी का आधुनिक काव्य पढ़ें। मिसेज राइस ने विश्वास के साथ उत्तर दिया—'अच्छा-अच्छा, जब आप फिर कभी कालेज आयेंगे तब मैं आप को आपकी कविता सुनाऊँगी।' अपने वादे को पूरा करने की याद दिलाते हुए निराला ने उनसे विदा ली और हाल से बाहर निकले। निराला जी को लेकर जब मैं लीडर-प्रेस पहुँचा, तब ठीक दो बजे थे।

रास्ते में निराला जी ने मिसेज राइस के विषय में बहुत से प्रश्न किये और उनके हिन्दी-ज्ञान पर आश्चर्य प्रकट किया। मिसेज राइस के सहज स्नेहमय व्यवहार और हिन्दी-प्रेम ने उन्हें बहुत प्रभावित किया था। उन्होंने चलते समय कहा—'मैंने बहुत से कवि सम्मेलन अटेंड किये हैं, पर आज जैसा लुत्फ कहीं नहीं आया। उन्होंने यह भी बताया कि तीन-चार दिन के भीतर वे लखनऊ चले जायेंगे और मुझसे लखनऊ आने का आग्रह भी किया—'लखनऊ आओ, दो-चार दिन के लिए। वहाँ का एक अलग वातावरण है। प्रयाग अच्छा है पर लखनऊ की नफासत ही और है। मैं तो यही कह सकता हूँ और यही है भी कि—

'लखनऊ हम पर फिदा है, हम फिदाए लखनऊ।'

प्रथम मुलाकात से ही निराला जी की जिस स्वाभाविक स्नेहशीतलता तथा आत्मीयता का अधिकार मुझे मिला, वह मेरे लिए ही नहीं मेरे अन्य

मित्रों के लिए भी परम आश्चर्य की बात थी। मैंने सुन रखा था कि निराला जी बहुत ही अक्खड़ हैं, बात-बात पर नाराज हो जाते हैं, पर पाया इसके विपरीत, अत्यन्त नम्र और प्रिय भाषी। निराला का स्वभाव निश्छल और उदार है। उनकी स्पष्टवादिता बहुतों को बुरी भी लगती है, पर वे तो सहज रूप से भीतर-बाहर एक हैं। आधुनिकों का वाग्‌विलास उनमें नहीं, किन्तु हृदय की सीधी-सादी अभिव्यक्ति उनमें है। वे कथन शैली को उतना महत्त्व नहीं देते जितना बात की सचाई को। हृदय की सहानुभूतिशील दिव्यता और सबके प्रति व्यापक स्नेहशीलता ही कलाकार का सबसे बड़ा गुण भी तो है। निराला जी इसी तरह के कवि-कलाकार हैं, इसमें सन्देह नहीं। अपनी इस सचाई की दृढ़ता भी उनमें साफ दिखती है, सृजन और व्यवहार दोनों में—

> जैसे हम हैं, वैसे ही रहें,
> लिये हाथ एक दूसरे का अतिशय सुख के सागर में बहें।
> जो चाहें, कहें वे, कहें।

सामान्य और व्यावहारिक श्रमिक का जीवन बिताते हुए उन्होंने अपनी कोमल तथा कमनीय कल्पना एवं भव्य और भास्वर भावना को निर्भीक और स्वच्छन्द अभिव्यक्ति दी है। उनकी यह सबसे बड़ी विशेषता है। उनके काव्य ने उनकी कर्मठता और जीवन-यापन की सुविधा जुटाने को शारीरिक क्षमता को कभी कुंठित नहीं किया। रूखे-सूखे दैनिक संघर्षों से उनकी कला कठोर भी नहीं हो पाई, क्योंकि वास्तविक अमिताभ प्रतिभा, जीवन की उन समस्त कठिनाइयों पर जो साधारण मनुष्य की पराजय का कारण बन जाती है अवश्य ही विजय पाती है। निराला जी इस तथ्य के प्रतीक हैं, उनकी प्रतिभा ऐसी ही विजयिनी है। एक परिपुष्ट बट-वृक्ष की तरह वे जीवन की विषमताओं के भारी झंझावात को केवल अपने कर (पल्लव, हाथ) हिलाकर टाल देते हैं—

> जननि मोहमयी निशा अब दूर मेरी हो चुकी है,
> पल्लवों की धूल वर्षा धो चुकी है।

जीवन व्यापी संघर्ष की कटुता की झंझा, वर्षा, आतप जैसे उनके विकास के साधन मात्र हैं।

× × ×

लखनऊ पहुँचने के बाद निराला जी ने एक पत्र मुझे भेजा और कभी मौका पाकर लखनऊ पहुँचने का निमंत्रण बड़े आग्रह से दिया। पत्र में पते के स्थान पर 'हाथी खाना भूसा मंडी' देखकर पहले तो मैं समझ ही न पाया कि वह निराला जी के रहने की जगह हो सकती है, किन्तु बाद में पता चला कि यह नाम उसी जगह का है जहाँ निराला जी रहते हैं। मन-ही-मन में लखनऊ की निराला जी वाली नफासत को धिक्कारने के सिवाय और कुछ नहीं हो सकता था। निराला जी की सहृदयता पर तो मैं मुग्ध था ही मुझे उनकी हस्तलिपि भी बहुत सुन्दर लगी। मैंने आधुनिक छायावादी कवियों में प्राय: सभी के दर्शन किये हैं, उनकी हस्तलिपि देखी है, उनके साथ बैठा-उठा और व्यवहार में आया हूँ, किन्तु निराला जी सभी तरह से अकेले और अन्यतम हैं। पत्र की पंक्तियों क्या? मानो मोतियों की स्वच्छ लड़ियाँ कागज में गूँथ दी गयी हों। यों पंत जी की, महादेवी जी की भी लिखावट काफी अच्छी है पर निराला जी की बात ही और है। कवियों में आजकल अपनी हस्तलिपि देने का फैशन भी चल गया है वस्तुत: प्राय: मेरे देखने में टैगोर से लेकर नरेन्द्र शर्मा तक की हस्तलिपियाँ आई हैं और उनमें निराला जी की ही लिखावट सबसे सुन्दर और साफ है। हस्तलिपि को माध्यम बनाकर यदि निराला के व्यक्तित्व का अध्ययन किया जाय तो वे बहुत ही ऊँचे पाये के व्यक्ति ठहरते हैं, यह निर्विवाद है। तब से बराबर निराला जी अपनी खोज-खबर भेजते रहे हैं और मैं समय-समय पर जाकर उनके दर्शन भी करता रहा हूँ। निराला जी स्वयं भी लीडर-प्रेस तथा इंडियन प्रेस से अपनी कृतियों के प्रकाशन के सम्बन्ध में प्रयाग प्राय: साल में एक बार आते-जाते रहे और मुझे उनसे मिलने-जुलने का सौभाग्य प्राप्त होता रहा।

नवम्बर में निराला जी फिर प्रयाग आये। तब तक मैं विश्वविद्यालय में आ चुका था। 'एडल्फी' बंद रोड में कोठी स्टेट के कुँवर श्री राघवेन्द्र सिंह के साथ रहता था। प्रयाग आने के दूसरे दिन निराला जी मेरे यहाँ पधारे। उस समय मेरी मनोदशा 'सेवक भवन स्वामि आगमनू' से कुछ कम नहीं थी। निराला जी ने अपने कई नये गति सुनाये। उन दिनों 'अनामिका' नये रूप से छप रही थी और उसकी कविता 'राम की शक्तिपूजा' 'भारत' में प्रकाशित भी हो चुकी थी। 'गीतिका' भी छप चुकी थी और नये गीत पत्रों में प्रकाशित हो रहे थे। मैंने कहा—निराला जी, आज कल खूब लिख रहे हैं, किताब

पर किताब निकल रही है। निराला जी ने उदासी की साँस लेते हुए बताया कि ये सब उनकी पुरानी चीजें हैं। कोई प्रकाशक न मिलने से अब तक योंही पड़ी रह गयी थीं। मुझे केवल आश्चर्य ही नहीं एक क्षोभ भी हुआ, पर उसके निवारण का कोई साधन मेरे पास न था और न है। प्रयागी नुमायश में अन्य वर्षों की भाँति इस वर्ष भी एक विराट कवि सम्मेलन का आयोजन था, उन दिनों ऐसे सम्मेलनों का विशेषण केवल विराट ही माना जाता था। आने न आनेवाले सभी कवियों का नाम विज्ञापन पत्रों में छप रहा था। निराला जी का भी नाम और उनके निश्चित रूप से आने की सूचना छपी थी। उत्सुकता से मैंने पूछा—निराला जी, क्या इस समय आप प्रयाग, नुमायश वाले कवि सम्मेलन में शरीक होने के लिए आये हैं? निराला जी एकदम से उबल उठे—'हटाओ, कवि सम्मेलन और कपि सम्मेलन। कवियों को नचाना-गवाना और जनता से रुपया ठगना आजकल खूब चल रहा है। एक समय था जब ऐसे सम्मेलनों की हिन्दी प्रचार के लिए आवश्यकता थी, पर अब वह समय नहीं रहा। जनता स्वयं बिना किसी प्रदर्शन के अब हिन्दी पढ़ती-पढ़ाती है। और मैं तो कहीं आने-जाने के लिए काफी रुपया लेने लगा हूँ, रेडियो हो या कवि सम्मेलन। मेरे पास संयोजक के चेले आये थे, मैंने साफ-साफ कह दिया है कि दो सौ नकद और चेयर लूँगा तब आऊँगा।' मैंने कहा—'चेयर तो बैठने के लिए आप को मिलेगी ही उसकी क्या माँग?' निराला जी कुछ आवेश में आकर कहने लगे—'क्या आफत है, ग्रेजुएट होने जा रहे हैं और चेयर का मतलब नहीं समझते'। मेरे अंग्रेजी ज्ञान को जैसे किसी ने झकझोर दिया और मैंने तपाक से निराला जी को टोका—'चेयर का अर्थ कुरसी मैं पाँचवें दर्जे से जानता हूँ।' इस बार निराला जी जोर से हँस पड़े—चेयर का अर्थ कुरसी के साथ-साथ ऐसे प्रयोग से सभापतित्व हो जाता है।' मैं कुछ सहम सा गया।

निराला जी की ऐसी उत्तेजना यद्यपि शाब्दिक ही रहती है, पर कभी-कभी बहुत तीव्र हो उठती है, वस्तुतः मैंने उसे शान्त करने के भाव से कहा—'यह भी ठीक है, जिस कवि सम्मेलन में आप उपस्थित हों वहाँ दूसरा कौन सभापति हो सकता है, आप तो बार्न सभापति हैं। आज इसमें दो मत भी नहीं रह गये।' निराला जी की अज्ञात चेतना में न जाने कौन सा घाव हरा हो उठा था, वे शान्त होने की अपेक्षा और ज्यादा बौखलाते गये—'तुम भी व्यंग्य करने लगे। बार्न सभापति, वाह भाई, खूब कहा। मेरा भाग्य ही ऐसा

है, कभी बनारसीदास चौबे पागल कहता है, साबित करता है, कभी शान्तिप्रिय दुबे मुक्त छन्द की तरह जीवन-मुक्त, मृतक या पागल बनाता है और अब तुम भी, पाँड़े हो न, बार्न सभापति बनाकर उल्लू बनाओ। दुबे, चौबे और पाँड़े एक ओर, और मैं तिवे (त्रिपाठी) एक ओर, है न अच्छा कोरम।' मैं स्तब्ध था, पर एक बात सूफी और उसका उपयोग भी सफल रहा। मैंने कहा—'आप तो न जाने क्या सोच रहे हैं? यह तो बताइए आपका 'कुल्लीभाट' पूरा हो गया कि नहीं? 'चमेली' तो रूपाभ में निकल रही है, बहुत अच्छी है। जोशी जी भी बड़ी तारीफ कर रहे थे।' निराला का भाव एकदम बदल गया, क्योंकि निराला जी अपने साहित्य की चर्चा बड़े चाव से सुनते हैं। सम्भवत: उचित से कम स्नेह-सम्मान मिलने की प्रतिक्रिया ने उन्हें ऐसा बना दिया है। उन्होंने 'मेरे गीत और मेरी कला' भी तो लिखा है। बड़ी उतावली से उन्होंने जानना चाहा कि किस-किसको उनका उपन्यास 'चमेली' पसंद आया था। मैंने दो-चार सही और दो-एक कल्पित नाम बता दिये, क्योंकि मुझे जान बचाने की लगी थी। निराला जी ने स्वयं डॉ. रामविलास शर्मा का नाम उस नामावली में जोड़ दिया और कहने लगे—'पंत ने तो कुछ लिखा नहीं, सिर्फ छाप दिया। झेंपते भी रहे होंगे, क्योंकि 'रूपाभ' निकालते समय जो पैम्फलेट निकाला था उसमें मेरा नाम नहीं था और इस उपेक्षा का बदला जब मैंने 'रूपाभ' में लिखकर चुकाया तब उन पर घड़ों पानी पड़ा होगा।'

मुझे याद आया कि श्री शान्तिप्रिय द्विवेदी भी 'रूपाभ' से नाराज थे, क्योंकि पंत जी ने अपने साथ पत्र का संपादन करने के लिए उन्हें न चुनकर श्री नरेन्द्र शर्मा को चुना था। निराला जी भाव-मुद्रा से आदमी की स्थिति पहचानने में बहुत दक्ष हैं; फौरन कहा—'क्या सोच रहे हो।' मैंने मन की बात बता दी और निराला को आगे बढ़ने का मौका मिला। 'खैर, शान्तिप्रिय की बात जाने दो, वह तो भाग्य का मारा सबसे नाराज रहता है और फिर पंत का तो वह भक्त है, शिष्य है। ठीक उसी तरह जैसे 'जुगलप्रिया' जी का चेला वियोगी हरि है। इसमें कोई बुराई नहीं, पर मैं स्वयं साहित्य में सन्ती-महन्ती पर विश्वास नहीं करता, क्योंकि भावलोक में सब समान हैं। सीताहरण के पश्चात् राम का विलाप पढ़कर, इन्दुमती के लिए अज का करुण-क्रन्दन सुन कर वे हमारे सामने सामान्य मानव से कुछ विशेष रूप में नहीं उपस्थित होते, इसी तरह भावलोक में

सभी जगह सब समान। इतना जानते हुए भी पंत के प्रति मैं विशेष स्नेह रखता हूँ। कैसा दिव्य कवि है, कोमल मधुर और गतिशील। हिन्दी में बहुत दिनों से ऐसा कवि नहीं आया था। उसकी 'अप्सरि' में छायावाद की पूरी डेफिनीशन है। और भाव-भाषा तथा इमेजरी (कल्पना) तो कुछ पूँछो मत, तुमने तो 'गुंजन' पढ़ा होगा।' मेरे उत्तर की बिना प्रतीक्षा किये, वे कहते गये—'तुमने तो पंत को सन् २७, २८, ३० में देखा ही नहीं। ऐसा सुन्दर स्वर-स्वरूप और स्वभाव मैंने अन्यत्र नहीं देखा। एक बड़ा मजाक रहा। मैं और पंत कालाकांकर से लखनऊ जा रहे थे। पंत नीचे की बर्थ में सो रहे थे। रात ज्यादा नहीं गयी थी। बीच के किसी स्टेशन पर एक बाबू साहब पूरे सूट-बूटधारी डब्बे में आये और अपनी 'रिजर्व' सीट खोजने लगे, पंत की बर्थ की ओर बढ़े, मैंने कह दिया कि देखिए 'जनाना' है उधर मत जाइए। पंत के गोरे-गोरे लुचलुचे पंखुरियों जैसे हाथ और लहराते बाल देखकर वह पंत को वही समझे जो मैंने कहा था। थोड़ी देर में पंत जी खाँस-खूँसकर खड़े हो गये और बाबू साहब मुझ पर त्यौरियाँ चढ़ाने लगे, पर कुछ बोले नहीं। उन दिनों मेरी भी जवानी थी, आँखें अधिक लाल थीं। पहलवानी का शौक भी चल रहा था, बाबू साहब समझ गये। पंत से मैंने सारा किस्सा कह सुनाया। देखता हूँ कि डब्बे के दोनों साथी नाराज, पर यह एक स्नेह क्रीड़ा मात्र थी। पंत मुझको हृदय से बहुत मानता है पर व्यवहार में मेरा प्यार संकोच बन के चढ़ बैठता है। मैं पंत से यों भी भारी पड़ता हूँ। इसीलिए मैं उतना पापुलर भी नहीं हो पाया। हमारा पंत से काव्य-युद्ध भी छिड़ चुका है। मैंने आग्रहपूर्वक कहा—'सुनाइए, निराला जी, सुनाइए।' याद नहीं कहकर टालते हुए उन्होंने एक पंक्ति अपनी और एक पंक्ति पंत जी की सुनाई—

बन्धु! क्षमहु अपराध!

तुमहिं बान कछु रूसन की है हमहिं मनावन साध!—पंत जी की, और

पलकन पग चूँमूँ आज पिया के मैं! —अपनी

वास्तव में ये पंक्तियाँ दोनों महाकवियों के स्नेहमय निश्छल सम्बन्धों की साक्षी हैं।

इस युग के कवियों की यह सबसे बड़ी विशेषता रही है कि उनमें से

प्रायः सभी एक-दूसरे के प्रति उदार और वर्गवादी रहे। प्रसाद-निराला-पंत-महादेवी का परस्पर व्यवहार-विनिमय अत्यन्त मधुर और कोमल रहा है। निराला-पंत-महादेवी को बैठते-उठते, मिलते-जुलते, चाय-जलपान करते देखने का सौभाग्य मुझे मिला है। यह सच है कि आज के युग में, संघर्ष के महायज्ञ में, स्पर्धा की दौड़ में ऐसी मैत्री इन छायावादियों की ही विशेषता है। मैंने जीवन में एक यही कवि सम्मेलन देखा है। पंत जी से, निराला जी से, महादेवी जी से प्रसाद जी के संस्मरण सुन लीजिये और बस चारों खाने चित्त।

पंत जी के प्रिय-स्मरण से निराला जी भावुक हो उठे थे और भावुक को मुखर होने में देर नहीं लगती, ऊपर से मैंने जानबूझकर छेड़ दिया—''युगान्त' के बाद के पंत जी आपको कैसे लगते हैं? उनका तो दृष्टिकोण ही बदल गया।' निराला जी ने झट से उत्तर दिया—'अच्छे लगते हैं, अच्छा लिखते हैं। भला पंत के लिए यह क्या पूछना है? पर भाई 'जिसकी फटे सो सिलाए'। पंत कलाकार है, जो लिखेगा, ठीक ही होगा, किन्तु मुझे किसी ऐसे परिवर्तन की आवश्यकता नहीं पड़ी। साहित्य तो सदैव प्रगतिशील होता है, शर्त एक ही है कि उसकी रचना जीवित व्यक्ति करें, मुर्दे नहीं। देखते नहीं सभी प्रगतिशील पत्र मेरी पुरानी-छपी कविताओं को ले-लेकर छाप रहे हैं। आज भी 'भिखारी', 'विधवा', 'बादल', 'वह तोड़ती पत्थर' उतनी ही प्रगतिशील हैं जितनी सन् २९-३६ में थीं।' मैंने फौरन हाँ में हाँ मिलाई—'अरे और तो और छायावाद को बुरा-भला कहनेवाला कोई भी प्रगतिशील समालोचक बिना इन कविताओं को कोट किये हुए प्रगतिवाद का विकास ही नहीं ढूँढ़ सकता।' निराला खुल पड़े—'यह तो है ही, क्योंकि कलाकार की कल्पना जिस भाव को सौन्दर्य के माध्यम से ग्रहण करती है वह सत्य है और अनुभूति की सचाई तो सब दिन सुन्दर होती है, अन्यथा होती ही नहीं। इस प्रकार कला, जीवन के सत्य से कभी बाहर नहीं जा सकती। यही तो तमाशा है, 'वह तोड़ती पत्थर इलाहाबाद के पथ पर' को मैंने कल्पना और अनुभूति दोनों से सजाया है। पत्थर तोड़ती हुई मजदूरिन को देखने की अनुभूति, बिना मेरे भीतर बैठी उसकी सहानुभूतिमय कल्पना के ऐसी कविता हिन्दी को नहीं दे सकती। खैर धीरे-धीरे लोग समझ जायेंगे कहते हुए निराला जी उठने के लिए सँभल गये। अब चलूँगा कहते-कहते खड़े हो गये। शिष्टाचारपूर्ण

बिदा ली और चले गये। ताँगा बढ़ते-बढ़ते निराला जी यह कहने में नहीं चूके कि मुझ पर उनका एक 'रिटर्न विजिट' बाकी रहा।

तीसरे दिन नुमायश का कवि सम्मेलन था। दूर-दूर से कवि, महाकवि आये हुए थे। सबकी कविता सुनने और दर्शन करने की इच्छा से मैं भी नुमायश पहुँचा। कवि सम्मेलन के पंडाल में घुसते-घुसते मुझे निराला जी का कवि सम्मेलनों की व्यर्थता पर दिया गया वक्तव्य याद आ रहा था, पर मन नहीं माना। मैंने अपना पास एक मित्र को दे दिया और स्वयं टिकट लेकर भीतर गया। कवि सम्मेलन शुरू होने के थोड़ी देर पहले निराला जी श्रीनारायण चतुर्वेदी के साथ वहाँ पहुँच गये। उन्हें देखकर मुझे पहले तो कुछ क्षोभ हुआ, किन्तु फिर निराला जी के सहृदय स्वभाव का स्मरण करके मैं शान्त हो गया। कवियों को भीतर हाँक लाने के लिए दो-चार दूत बाहर भेजे गये। ठाकुर श्रीनाथ सिंह उनके मुखिया थे। कुछ लोगों ने पंडाल के भीतर अपनी गृद्ध-दृष्टि दौड़ाई और मैं भी पकड़ लिया गया। निराला जी स्वयं आये और कवि-मंच पर ले गये और कहा—'क्या हर्ज है, एक कविता पढ़ देना। विद्यार्थियों को तो ऐसे जलसों में अवश्य भाग लेना चाहिये। मेरी सब शर्तें इन लोगों ने मान लीं, इसीलिए मैं भी आ गया'। सब लोगों के एकत्रित हो जाने के पश्चात् कवि सम्मेलन प्रारम्भ हुआ। डॉ. रामकुमार वर्मा, पद्मकान्त मालवीय, भगवती प्रसाद वाजपेयी, कोकिल जी और सुभद्रा जी ने अपनी कवितायें सुनाईं। और भी बहुत-से कवि थे जिनका नाम मुझे याद नहीं। अन्त में निराला जी की बारी आई और वे बोले—पी-पाँ, पिन्न-पिन्न आप लोग काफी सुन चुके हैं, अब जरा तड़ाक-फड़ाक भी सुनिए। इतना कहने के बाद निराला जी ने 'राम की शक्ति पूजा' सुनानी शुरू की। बीच-बीच में कहते जाते थे—'इसका विषय तो पुराना है पर इसकी अदायगी और अनुबंध एकदम नया है। राम की सेना और सेनापतियों की बैठक माडर्न ढंग की है और भगवान राम की मनोदशा की एक नयी कल्पना मैंने की है।' वे करीब पौन घंटे तक इसे सुनाते और भाव समझाते रहे। निराला की यह कविता रामकाव्य का एक नया दृष्टिकोण है, इसमें सन्देह नहीं। राम का यह रूप—विजय कामना की यह बलि—

> 'यह है उपाय,' कह उठे राम ज्यों मन्द्रित घन—
> 'कहती थीं माता मुझे सदा राजीव नयन!

दो नील कमल हैं शेष अभी, यह पुरश्चरण
पूरा करता हूँ देकर मातः एक नयन।'

और—

जिस क्षण बँध गया बेंधने को दृग दृढ़ निश्चय,
काँपा ब्रह्मांड, हुआ देवी का तुरत उदय!

यह निराला जी की अपनी मौलिक कल्पना है और राम काव्य को निराला जी का महादान है। इस उच्चकोटि की कविता को निराला जी पढ़ते भी बहुत जोश के साथ हैं। लोगों का कहना है कि रात की नीरव स्तब्धता में निराला जी का उदात्त स्वर नुमायशी बाड़े के बहुत दूर बाहर तक गूँज रहा था। निराला जी स्वयं नवम्बर की सर्दी में भी पसीने से लथ-पथ हो गये थे और अपेक्षाकृत धीरे-धीरे कहने लगे—'यह हिन्दी कवियों का दुर्भाग्य है कि उन्हें कविता सुनाने के लिए कुछ रुपया लेना पड़ता है। करें भी क्या? उनके पास पेट भरने को पैसा नहीं, फिर यात्रा का प्रबंध कैसे करें। सब तरह से संन्यासी होकर भी भूख-प्यास से पीछा नहीं छुड़ाया जा सकता। वाल्मीकि और व्यास को भी रोटियाँ तोड़नी पड़ती थीं।' पं. अमरनाथ झा बड़े ध्यान से निराला जी की बातें सुन रहे थे, सिर हिला रहे थे कि निराला जी ने अपनी बात को चरम बिन्दु पर पहुँचाया—'सौ रुपया मैं कवि सम्मेलन की प्रबंध-समिति को अपनी ओर से सहायता के रूप में दे रहा हूँ और कवि-सम्मेलन समाप्त करता हूँ।' दूसरे दिन निराला जी लखनऊ चले गये।

मेरा पत्र व्यवहार निराला जी से बराबर जारी था जिसमें वे बार-बार लखनऊ आने का आग्रह करते-रहते थे। बहुत बड़ी उत्सुकता प्रतीक्षा और झा साहब की सिफारिश के बाद सन् ३९ के सितम्बर में मुझे लखनऊ रेडियो से निमंत्रण मिला। मेरे लिए यह बहुत बड़ी बात थी। पं. इलाचन्द्र जोशी को भी बुलाया गया था। एक पंथ तीन काज सिद्ध करने की बात का अवसर पाकर मैं बहुत प्रसन्न हुआ। जोशी जी का साथ, रेडियो की टाक और निराला के दर्शन। तीनों काम उत्तम और मन के पाकर मैं गद्गद हो उठा। इस सुखद संयोग की सूचना मैंने निराला जी को भेज दी और उनका उत्तर भी आ गया। निराला जी ने अपने यहाँ ठहरने की विशेष आज्ञा दी थी, जोशी जी ने भी यही ठीक समझा। समय

के दो दिन पहले ही हम लोग लखनऊ को रवाना हो गये। स्टेशन पर 'हाथी खाना भूसा मंडी' का पता लगाया और पहुँचे। चारों तरफ मजदूरों और गरीब मुसलमानों की गंदी बस्ती, सँकरी दुर्गन्धपूर्ण गलियाँ और टूटी-फूटी सड़क। इधर-उधर पूछ-ताछ की, पर निराला जी का पता न चला। जिससे पूछते कह देता, हम नहीं जानते। निराश और हताश होकर जोशी जी के मना करने पर भी मैंने एक बुढ़िया से जो दीवाल पर कंडे पाथ रही थी पूछा—'क्यों बुढ़िया, यहाँ कहीं निराला जी, बड़े-बड़े बाल वाले रहते हैं?' बुढ़िया ने परम आत्मीयता से कहा—'कवी जी को पूछ रहे हो?' मैंने कहा—'हाँ-हाँ कवी जी को।' बुढ़िया खिल गयी—'हाँ-हाँ यहीं रहते हैं, चलो बता दूँ। वे मुझे बहुत मानते हैं, मैं उन्हीं के घर में रहती हूँ।' आगे बुढ़िया, पीछे हम लोग तब ताँगा, चल पड़े। जोशी जी के बड़े-बड़े बालों की ओर देख-देखकर बुढ़िया निराला जी से उनका कुछ घनिष्ट सम्बन्ध सोचने को बाध्य सी हो रही थी, मुझे ऐसा लगा। कुछ ही देर बाद निराला जी का निवास सामने आ गया। बुढ़िया ने मकान की ओर इशारा किया और अपने काम पर चली गयी। मकान के पास पहुँचकर देखा कि एक प्राय: लुंज-पुंज व्यक्ति दरवाजे पर बैठा चने चबा रहा है और चीलर बीन रहा है। उसी ने बताया कि निराला जी भीतर हैं और बुढ़िया उसकी माँ है। इधर-उधर कुछ टहल-पानी करके उसको खिलाती-पिलाती है। निराला जी ने मकान के नीचे का हिस्सा उसको दे रखा है और समय-समय पर और भी सहायता करते रहते हैं। हम लोग निस्संकोच भाव से मकान के ऊपरी हिस्से में चढ़ गये।

निराला जी एक ढीली-ढाली खटिया में चुपचाप पड़े थे। हम लोगों को देखकर इतनी जल्दी और हड़बड़ी में उठे कि चारपाई चर्र-मर्र कर उठी। आइए-आइए के साथ वे खड़े हो गये। मैंने बगल में पड़ी लटी-फटी दरी फर्श पर बिछाई और तीनों जने बैठ गये। कुशल-प्रसन्न के बाद इधर-उधर की बातें होती रहीं। अचानक निराला जी उठ खड़े हुए और बोले—'आराम से बैठिए, मैं अभी आता हूँ' और बाहर चले गये। मैंने निराला जी के घर का निरीक्षण शुरू किया। ऊपर तीन कमरे थे। एक में वही खटिया, बाँस का बूँचा टेबिल और एक टूटी सी कुरसी। आलमारी में कुछ कागज-पत्र और रवीन्द्र की संचयिता पड़ी थी; एक पुराना होल्डर और एक दवात भी। दूसरे कमरे में मिट्टी के दो-चार घड़े और लकड़ियाँ

तथा एक गोंठिल कुल्हाड़ा। घड़ों में थोड़ा-थोड़ा दाल-चावल और आटा रखा था। तीसरे कमरे में नल था और पानी भरी, काई लगी एक सुराही। नल वाले कमरे के सामने एक बरामदे में रसोईघर, जिसमें पीतल की थाली और बेलना-चौकी के साथ कुछ बर्तन इधर-उधर लुढ़क-पुढ़क रहे थे। बर्तन साफ करने का काम उसी बुढ़िया ने आकर सम्पन्न किया। मेरा निरीक्षण अभी चल ही रहा था कि निराला जी जलेबी का दोना और गोभी का फूल हाथ में लिए आ गये। मैंने कहा—आपका घर देख रहा था। निराला जी ने कुछ करुण होकर उत्तर दिया—घर में क्या रखा है? न गृहिणी है न गिरस्ती, सब लस्टम-पस्टम पड़ा है। हम लोगों ने जलेबी खाई और निराला जी ने गोभी काटना आरम्भ किया। हँसते-हँसते कहने लगे—'पाँड़े, तुम गोश्त नहीं खाते वरना आज पकाता। खैर, आलू-गोभी की तरकारी और रोटियाँ पकाता हूँ।' शाम को हजरतगंज में बढ़िया-बढ़िया चीजें खिलाऊँगा।' निराला जी ने सबसे पहले स्नान किया और चौके में जा जमे। मैं भी उनकी सहायता के लिए चौके में गया पर निराला जी नहीं चाहते थे कि मैं कोई भी काम करूँ वस्तुत: उन्होंने कहा—'मैं बहुत अच्छा खाना बनाता हूँ, तुम देखते जाओ कुछ करो मत।' मुझे बहुत अच्छी तरह स्मरण है और जोशी जी भी इसके कायल हैं कि निराला जी ने बहुत सुस्वाद भोजन बनाया था। वे रोटियाँ मेरे लिए तो देव-दुर्लभ थीं।

भोजन के बाद तुरंत सोने की निराला जी को आदत है। हम लोग भी लेट गये। जोशी जी और निराला जी अभ्यासवश शीघ्र ही खर्राटे भरने लगे, पर मुझे नींद नहीं आई। कुछ-कुछ आँखें लग ही रही थीं कि बाहर से आवाज आई—'निराला जी, निराला जी, ओ निराला जी।' खाने के बाद सोने के सिवाय निराला जी और कुछ नहीं करते। आवाज सुन कर क्रोध के साथ पूछा—'कौन है भाई, ऊपर चले आइए।' दो व्यक्ति ऊपर आये। निराला जी उठकर बैठ गये और उनसे बातें करने लगे। उनमें से एक सज्जन हाथ जोड़कर निराला जी से बड़े आग्रह के साथ कह रहे थे—आज हमारी इज्जत रख लीजिये। महाराज ओरछा ने आना स्वीकार कर लिया है। आप आ जाइए, बस हमारी सफलता हो गयी। निराला जी महाराज के नाम से बिदक उठे—'हम तो गरीब आदमी हैं। हमारे आने से क्या होगा। महाराजा-महारानियों को बुलाइए। हम तो गरीबों के ही साथ

बैठते-उठते हैं।' इतने में दूसरे सज्जन चीखने लगे—'क्या आप लखनऊ की नाक नहीं बचावेंगे? आज आ जाइए फिर कभी भी हम आपसे कुछ नहीं कहेंगे।' निराला जी ने इनकार करते हुए कहा—'देखते नहीं मेरे घर मेहमान आये हैं, इनको छोड़कर मैं कहाँ जाऊँगा?' अब क्या था उन्होंने निराला जी को छोड़कर मेरी खुशामद शुरू की—'साहब आप भी आइए। बड़ा ग्रैंड कवि-सम्मेलन होगा, देखने लायक, अवश्य आइए, मैं आपको निमंत्रित करता हूँ।'

चहल-पहल देखने का स्वभाव और कवि सम्मेलन के प्रति एक सहज आकर्षण ने मुझे विवश किया कि मैं भी निराला जी से स्वीकृति दे देने की प्रार्थना करूँ। जोशी जी वास्तव में सो रहे थे या जगते हुए सो रहे थे, मुझको पता नहीं, पर वे एकदम चुप रहे। निरालजी ने जाना मंजूर कर लिया और वे लोग वापस चले गये। निराला जी ने बताया कि शेरवानीधारी व्यक्ति श्री दुलारेलाल भार्गव थे। कवि-सम्मेलन चार बजे शाम से गंगा मेमोरियल हॉल में होनेवाला था। मैं तीन बजे से ही बार-बार घड़ी देखने लगा। जोशी जी नहीं गये, पर मैंने निराला जी का साथ दिया और जोशी जी से अमीनाबाद में मिलने की बात तय करके हम लोग बाहर निकले। वहाँ पहुँचकर देखा कि बहुत भीड़-भाड़ और धूम-धाम है। ओरछा नरेश ठीक समय से आये और सब लोगों ने हॉल में प्रवेश किया। एक उच्च और विशाल कवि-मंच पर सब कवि बैठ गये। मैं भी निराला जी के साथ फूल में पत्तियों की तरह लगा रहा। आये हुए कवियों में कानपुर मंडल का आधिक्य था। खड़ी बोली तथा ब्रजभाषा दोनों की कवितायें हो रही थीं। निराला जी ने सुरती और चूना जेब से निकालकर मलना शुरू किया। तम्बाकू की झार से दो-एक पास बैठे कवियों को खाँसी और छींक आने लगी और एक कवयित्री जी ने भी मुँह बनाया। निराला जी ने बहुत ही उटक्कर जवाब दिया—'खूब फैलकर बैठिए काफी जगह है। निराला के पास इतनी झार तो रहेगी ही।' इसी तरह के अन्य अनेक विनोद परिहास के साथ कवि सम्मेलन घंटों चलता रहा। अन्त में महाराजा ने निराला जी से कविता सुनाने की प्रार्थना की। निराला जी ने 'जागो फिर एक बार' और एक छोटा सा गीत सुनाया।

सबका मन प्रसन्न हो उठा। वाह-वाह की झड़ी लग गयी। ऐसा लगा जैसे कवि-सम्मेलन की सारी सार्थकता निराला की साधना से ही सम्भव हुई।

निराला का परिपुष्ट व्यक्तित्व वाणी के ओज के साथ और भी दमक उठता है। मेरा कई बार का अनुभव है कि कवि-मंच पर निराला की सभी शक्तियाँ—तेजस्विता, वाणी, भाव-भंगिमा और उनका हास-व्यंग्य सभी अधिक प्रखर और विकसित हो उठते हैं। महाराज ओरछा भी अत्यधिक प्रभावित जान पड़ते थे। चलते समय उन्होंने निराला जी से कहा—'निराला जी, आप चलकर ओरछा में क्यों नहीं रहते? आपको चाहिये ही क्या? एक छोटा सा बँगला, बगीचा और नदी का किनारा, बड़ा अच्छा रहेगा।' निराला जी जैसे पहले से उत्तर सोचे बैठे थे—'महाराज छत्रसाल ने भूषण त्रिपाठी को अपने यहाँ ले जाने के लिए भूषण की पालकी में अपना कंधा दिया था। तो क्या सूर्यकान्त त्रिपाठी मोटर से ओरछा जावेगा?' स्वयं ओरछा नरेश ने निराला जी के इस तथ्यपूर्ण मजाक का आनन्द तो उठाया और निराला की तारीफ भी की, पर पालकी में कंधा देना उनके बूते का नहीं था। कुछ लोगों की राय थी कि ऐसा उत्तर देना ठीक नहीं था, पर निराला के लिए तो वही ठीक है जो वे करें।

कवि-सम्मेलन के पश्चात् अमीनाबाद में जोशी जी को खोजा और जाकर एक होटल में भोजन किया। रात को करीब ग्यारह बजे भूसा मंडी वापस आये। दूसरे दिन सुबह निराला जी के यहाँ डॉ. रामविलास शर्मा आये और उनसे भी मुलाकात हुई। शाम को निराला जी श्री अमृलाल नागर के यहाँ ले गये और वहाँ बड़ी देर तक साहित्यिक चर्चा चलती रही। उनकी चाय की ठंडक अब भी रोंगटे खड़े कर देती है, पर वे आदमी बहुत अच्छे हैं। निराला जी हम लोगों के साथ रेडियो आफिस भी गये और 'रिहर्सल' में मुझे बोलने का ढंग सिखाते रहे। आठ बजे टाक देकर साथ ही वापस आये। आफिस से बाहर आते ही निराला जी कहने लगे—'तुम्हारी आवाज माइक के लिए बहुत फिट है। बहुत अच्छा बोले, नाहक घबड़ा रहे थे। चिव साहब (रेडियो डाइरेक्टर) भी प्रभावित हैं।' अब काम समाप्त हो गया था, पर लखनऊ छोड़ने का जी नहीं होता था। निराला जी भी नित नयी मेहमानी कर रहे थे, किन्तु दो-तीन दिन और रुककर वापस आना ही पड़ा। करीब छै दिन निराला का साथ रहा और उन्होंने रोज नयी-नयी चीजें बनाकर खिलाईं, नयी नयी जगहें दिखाईं और अपने मित्रों से मिलाया। आते समय स्वयं स्टेशन तक आये। गाड़ी चलने के समय वे हम लोगों की ओर जिस स्नेह-कातर-दृष्टि से देख रहे थे उसका वर्णन शब्द-सीमा

में नहीं समा सकता, किन्तु उसकी स्मृति आज भी सजीव है। मुझसे ही नहीं, निराला जी सभी से मुक्तहृदय से मिलते हैं। उनके पास राजा-रंक, बड़े-छोटे का भेद भाव नहीं रहता। उन्होंने लिखा है—

और लगाना गले उन्हें—
जो धूलि-धूसरित खड़े हुए हैं—
कब से प्रियतम, है भ्रम?

लखनऊ से वापस आने के बाद समाचार मिला कि निराला जी अपने बाल घुटाकर पूरे संन्यासी बन गये हैं, पूरे सफाचट्ट और कविता न लिखने का भी निश्चय कर लिया है। मैं व्यग्र हो उठा, किन्तु साथ ही यह भी सोचा कि यह किसी साहित्यिक धूर्त की मनगढ़ंत भी हो सकती है, क्योंकि निराला जी के विषय में बहुत-सी ऐसी बातें उड़ाई जाती रही हैं जिनके अस्तित्व का निराला को कुछ पता भी नहीं रहा। मैंने एक पत्र निराला जी को लिखा और उसमें अपने शंका-समाधान की भी चेष्टा की। निराला जी का पत्र आया जिसमें उन्होंने बात की सचाई का समर्थन किया और लिखा कि वे वास्तव में कविता लिखना छोड़ चुके हैं और बड़े बाल तो कवि ही को शोभा देते हैं इसलिए उन्होंने मुंडन भी करा लिया है।

निराला जी का पत्र पाकर मुझे बहुत बड़ा आघात लगा, क्योंकि मेरा विचार है कि यदि निराला जी किसी कारण कविता लिखना छोड़ बैठते तो 'अणिमा', 'नये पत्ते', और 'बेला', 'कुकुरमुत्ता' जो बाद की रचनायें हैं, हिन्दी को कोई दूसरा कवि नहीं दे सकता था? मैंने पत्र श्री महादेवी जी को दिखाया और उनसे एक बार लखनऊ जाकर निराला जी की स्थिति देखने-भालने की प्रार्थना की। वे तुरंत मान गयीं, क्योंकि निराला जी को वे अपने भाई के समान मानती हैं, राखी बाँधती हैं और भइया दूज को मिठाई भी खिलाती हैं। निराला जी को स्वयं भी उनके अभिसिक्त बन्धु होने का गर्व है। उनका खयाल है कि वे ही भाई-बहन सबसे अच्छा साहित्य-सृजन करते हैं। जो भी हो, ये दोनों भाई-बहन हिन्दी के लिए गौरव की वस्तु हैं इसमें सन्देह नहीं। मेरी बहुत इच्छा थी कि मैं भी महादेवी जी के साथ लखनऊ जाऊँ, पर दुर्भाग्यवश जा नहीं सका, क्योंकि उन दिनों मैं कुछ बीमार था और महादेवी जी विलम्ब करने को तैयार नहीं थीं।

हाथी खाना, भूसा मंडी में पहुँचने और निराला जी से मिलने की कथा महादेवी जी ने अपने निराला-विषयक संस्मरण में जिस मार्मिकता के साथ कही है उसको बताकर मैं अपनी असमर्थता प्रकट करना नहीं चाहता, पर वह घटना हिन्दी के इतिहास में अमर रहेगी, यह मेरी निश्चित धारणा है। महादेवी जी के लौटने के बाद एक दूसरा पत्र निराला जी का मुझे मिला जो इस प्रकार है—

कविता लिखने की इच्छा एक साल पहले से न थी। पाठक जी जानते हैं, मैं उनके यहाँ भी कविता छोड़ने का निश्चय कर चुका था। संसार में बहुत-सी बातें हैं जो नहीं कही जातीं, खासतौर से जब उनका कुछ भीतरी-आध्यात्मिक मतलब होता है। आधुनिक सभ्यता जड़वादिनी है। यह हर सत्य का जड़ प्रमाण चाहती है। पर यह स्वयं अभी तक वहाँ नहीं पहुँची जहाँ प्रमाण भी झूठ साबित होता है। उसका प्रभाव हमारे अधिकांश मित्रों पर है। वे स्थूल सत्य तक ही हैं। इसलिए सभी बातें बतलाई नहीं जातीं। संसार में भी ऐसे अनेक सत्य हैं, जो छिपाये जाते हैं। मुमकिन मैं आगे कविता लिखूँ भी। क्योंकि आदमी व्यतिक्रम भी करता है। लत भी एक होती है।

महादेवी जी आई थीं। आपके पत्र का उल्लेख मैंने उनसे किया था, मुझसे उन्होंने वचन ले लिया है कि मैं कविता लिखूँगा। मुझसे कोई पूछता है तो मैं कहता हूँ आजकल श्री सुमित्रानन्दन जी की समाजवादिनी रचनायें पढ़कर हैरत में आकर मैंने कविता लिखना छोड़ दिया है। किसी से कहता हूँ, पंत जी मेरे साथ साहित्य में सोने में सुगंध थे, जब उनका रूप बदला तब मैंने सोचा, मुझे भी चोला बदल डालना चाहिये; वे अति नवीन समाजवादी हुए तो मुझे भी अति प्राचीनवादी, जंगलवादी बनना पड़ा, यों पहले भी मैं हिन्दी समाज से दूर था।

महादेवी जी से समाचार पाकर और यह पत्र पाकर मुझे कुछ संतोष हुआ और यह भी सच है कि निराला जी ने फिर से बाल तो नहीं बढ़ाया, पर कवितायें लिखने लगे। इसके लिए सब हिन्दी वालों को महादेवी जी का आभारी होना चाहिये। वैराग्य की यह झक निराला जी में बहुत पुरानी है। इसमें कुछ तो उनकी पारिवारिक अवस्था और कुछ उनकी आवश्यकता से अधिक उपेक्षा तथा कुछ उनके वेदान्त-अध्ययन का भी परिणाम है। जीवन की मौन आध्यात्मिक स्थिति का महत्त्व वे कविता लिखने से

अधिक मानते हैं, क्योंकि उनके मत से मानव-जीवन की चरम सार्थकता उसी में है। उनके काव्य में भी अनेक जगह निर्विकार ब्रह्म का प्रतिपादन पाया जाता है, जो उनकी दार्शनिक मनोवृत्ति का परिचायक है। निराला जी ने लिखा है—

नूपुर के सुर मन्द रहे,
जब न चरण स्वच्छन्द रहे।
उतरी नभ से निर्मल राका,
पहले जब तुमने हँस ताका
बहुविध प्राणों को झंकृत कर
बजे छन्द जो बंद रहे।
नयनों के ही साथ फिरे वे
मेरे घेरे नहीं घिरे वे,
तुमसे चल तुम में ही पहुँचे
जितने रस आनन्द रहे।

यही नहीं, निराला जी की बहुत पुरानी कविता जो 'परिमल' में संगृहीत है, 'तुम और मैं' के रूपक में निराला जी के दार्शनिक रुख का पूर्ण प्रतिपादन है। वे जीव और ब्रह्म के सम्बन्ध में सदा से सचेष्ट रहे हैं और इस दृष्टि से निराला जी घोर निरगुनिया हैं, निराला ने इसी वैराग्य को अपने काव्य में राग का रूप दिया है। भावात्मक राग, निराला की दार्शनिक-बुद्धि परिचालित प्रतिभा में और अधिक प्राण-मय हो उठा है, वस्तुतः निराला का दृष्टिकोण अत्यन्त व्यापक और प्रसरणशील है। अनेक बार वे भाव और रस की सीमा पार कर बुद्धि-विस्तार में भी व्यस्त रहते हैं। बुद्धि के उत्कर्ष की सीमा को उनके काव्य में कहीं-कहीं हम बँधी हुई पाते हैं। भाव, कल्पना और बुद्धि की त्रिवेणी का तुमुल तरंगाघात निराला की काव्य-साधना का सम स्वर है। आशय यह कि निराला जैसे सशक्त बुद्धिवादी का संसार को मिथ्या मानना स्वाभाविक ही कहा जायेगा। सच तो यह है कि निराला किसी भी एक निश्चित परिपाटी का कवि नहीं, व्यक्ति नहीं। उनके सभी काम मन की मौज के अनुसार होते हैं। प्रारम्भ से ही उनका साहित्य विभिन्न-धाराओं का संगम रहा है, जिसमें भावों और विचारों का द्वन्द्व स्पष्ट है।

जो भी हो मैंने कविता लिखने के पुनर्संकल्प के लिए निराला जी को

बहुत-बहुत बधाइयाँ भेज दीं और आग्रह किया कि वे मुझे अपना एक नया गीत और नया चित्र भेज दें। निराला जी ने कोई उत्तर नहीं दिया, किन्तु उसी माह की 'माधुरी' में उनका नया गीत छपा देखकर मुझे कुछ संतोष हो गया। 'माधुरी' में छपी कविता देखने का समाचार भी मैंने लिखा और निराला जी को चित्र भेजने की याद भी दिलाई। निराला जी ने इस बार उत्तर में लिखा कि वे स्वयं वसन्त और होली के बीच में प्रयाग आवेंगे और अपने साथ ही चित्र और बहुत-सी कवितायें भी ले आवेंगे। निराला जी के पत्र पाने के बाद से मैंने उनके आगमन की प्रतीक्षा शुरू कर दी। जीवन में सम्भवतः किसी दूसरे वसन्त की प्रतीक्षा मैंने उतनी उत्सुकता से नहीं की। निराला के नये रँग-ढँग और उनके संन्यासी-विन्यास की रूपरेखा के न जाने कितने चित्र मैंने अपनी कल्पना से बनाया और नसाया, पर मेरी व्यग्रता कम नहीं हुई। आखिर वसन्त का दिन भी आया, किन्तु निराला जी नहीं आये, कोई खोज-खबर भी नहीं दी। मैंने कुछ चिंतित होकर पता लगाना प्रारम्भ किया और श्री रूपनारायण जी संपादक माधुरी को पत्र लिखा। उनका उत्तर आया कि निराला जी लखनऊ छोड़कर युग-मन्दिर उन्नाव चले गये। मैंने निराला जी के नाम इस नये पते से एक पत्र छोड़ा। इस बार निराला जी का उत्तर आया—'मैं होली तक मुमकिन है, प्रयाग पहुँचूँ। चिंता न करें, मैं सकुशल हूँ'। निराला जी का यह पत्र इतना कटा-कुटा था कि मैंने उनकी मानसिक स्थिति का सहज ही अनुमान कर लिया और होली में निश्चयपूर्वक आने का आग्रह भी कर दिया तथा नये रूप से उनके आने की प्रतीक्षा करने लगा।

होली के तीन-चार दिन पहले निराला जी सुबह मेरे यहाँ पधारे और आते ही कहने लगे—'इस बार गांधी से बड़ी चकचक रही, ये राजनीतिक नेता अपने को जाने क्या समझते हैं? उनकी समझ में यह बात नहीं आती कि साहित्यकार दलबंदी में आकर एक खास वस्तु-विषय को सत्य नहीं कह सकता। उसका क्षेत्र व्यापक और विस्तृत होता है। नेता बनना बात दूसरी है और साहित्य लिखना बिलकुल उससे भिन्न। साहित्य-सम्मेलन के सभापति बन जाने से कोई साहित्यिकों का नेता नहीं बन सकता, किन्तु इन्दौर साहित्य-सम्मेलन के सभापतित्व के पश्चात् उनको साहित्यकों का भी नेता बनने की धुन है। हिन्दी को हिन्दुस्तानी बनाने के प्रयत्न में वे मुसलमानों के प्रिय हो सकते हैं, पर हिन्दी वाले तो उनकी खिलाफत ही

करेंगे'। मैंने निराला जी के आवेग को शान्त करने की चेष्टा में कहा—'जाने दीजिये निराला जी, महात्मा जी के कहने से हिन्दी हिन्दुस्तानी न बनेगी, किन्तु राजनीतिक नेता के लिए ऐसा कहना और करना आवश्यक भी तो हो उठता है। उन्हें तो सबको खुश करना पड़ता है, किसी को दबाकर और किसी को उकसाकर। आप नाहक परेशान होते हैं।' 'परेशानी की क्या बात है? वे तो सिर्फ नेता हैं और मैं एक साहित्यिक हूँ। मेरा पलड़ा उनसे बहुत वजनी है। देश की स्वतन्त्रता के लिए पहले समझ की स्वतन्त्रता जरूरी है। सभापति के रूप में जो भाषण गांधी का है पढ़ो, बार-बार उन्होंने चौबे बनारसी दास का नाम लिया है। हिन्दी की लुटिया डुबो दी। लेखकों में बनारसी दास और कवियों में श्रीमन्नारायण अग्रवाल, क्या यही हिन्दी का साहित्य है? मैं तो इसके खिलाफ जरूर आवाज उठाऊँगा।' मैं चुप लगाकर केवल सुन रहा था, क्योंकि कुछ प्रतिवाद करने से उनकी उत्तेजना बढ़ जाने की सम्भावना थी। मुझे चुप देखकर निराला जी शान्त हो गये।

चाय पीने के पश्चात हम लोग लीडर-प्रेस की ओर चले। हालैंड हॉल हास्टल के सामने पहुँचकर निराला जी ने विश्वविद्यालय के अध्यापक श्री आर.एन. देव से मिलते चलने की इच्छा प्रकट की। देव साहब बाहर ही बरामदे में बैठे थे, उन्होंने निराला जी का बड़े हृदय से स्वागत किया और बैठाया। प्राय: अपने सभी बंगाली मित्रों से निराला, बँगला में ही बात करते हैं, पर थोड़ी देर बाद मेरी ओर देखकर हिन्दी में बातचीत करनी शुरू कर दी। वहाँ भी उनकी बात का आधार वही साहित्य और राजनीति था। इस बार उन्होंने जवाहरलाल जी के साथ अपने इन्टरव्यू की चर्चा छेड़ी—'देव साहब, इस बार मोहम्मद साहब ने बड़ा काम दिया, क्योंकि उनकी इस बात ने कि 'पहाड़ मेरे पास नहीं आता तो मैं पहाड़ के पास जाऊँगा' मेरे मन में एक ऐसा उत्साह भर दिया कि जवाहरलाल से मिल आया।' देव साहब ने कहा—'अच्छा,' और निराला जी बताने लगे—'मैंने उनसे साफ कह दिया कि यह तुम्हारी हिन्दुस्तानी जीवन के बहुत साधारण महकमे तक पहुँच सकती है, आगे जाने की दम इसमें नहीं। इतना ही नहीं मैंने उन्हें रूस की खप्त छोड़ने की भी सलाह दी, पर वे चुप रहे। मैं भी ब्रह्म का रहस्य बताकर चलता बना।' देव साहब ने इस बार कहा—'बहुत अच्छा किया,' और टालते हुए चाय की बात पूछी। निराला

जी ने कहा—'ना, अभी चाय पीकर आया हूँ। अभी दो-तीन दिन रहना है, एक दिन मछली वगैरा खिलाओ, गरम पानी से जान क्यों बचाना चाहते हो।' देव साहब ने बहुत ही उत्साह और प्रसन्नता के साथ दूसरे दिन के लिए दावत दी और भूल न जाने की प्रार्थना की। निराला जी प्रसन्न हो गये, मैं तटस्थ रहा। देव साहब ने स्नेह से कहा—'आप भी आइए, पांडेय जी।' मैंने अपनी असमर्थता प्रकट की और निराला जी ने उसका भाष्य कर दिया—'ये सरजूपारीण हैं, मांस-मछली नहीं खाते।' देव साहब अच्छा कहकर एक मिनट तक अपना माथा सिकोड़ते हुए मेरी तरफ देखते रहे।

करीब-करीब दस बज चुके थे, मैंने दोनों महानुभावों से बिदा ली और वापस चला आया। आते समय निराला जी ने कहा—'जाओ, कल शाम को आऊँगा, नाव पर चलेंगे।' मैंने बहुत अच्छा कहते हुए अपना रास्ता नापा। लौटते समय मैं बार-बार सोच रहा था कि आजकल निराला जी पर हिन्दुस्तानी का आतंक छाया है, वे हिन्दी के लिए इसे अत्यन्त अशुभ समझते हैं और इसी कारण सबसे कहा-सुनी भी करते हैं। अपने विचारों को सामने रखने में वे कभी किसी के सामने हिचकिचाते नहीं, डरते नहीं। यह साहसपूर्ण निर्भीकता उनके जीवन की गति को आगे बढ़ाने में सहायक होती है, किन्तु इसको लेकर उनसे प्रायः लोग नाराज भी हो जाते हैं। हिन्दी के लिए गांधी-जवाहर से लड़ना-भिड़ना केवल निराला का काम है, उनके समसामयिक कवि तो उलटे इन राजनीतिक व्यक्तियों की स्तुति लिखते हैं, पंत, गुप्त जी भी इसके अपवाद नहीं। पर निराला तो व्यक्तिपूजा को साम्प्रदायिकता की प्रथम सीढ़ी समझते हैं। कलाकार का साम्प्रदायिक होना शायद अच्छा भी नहीं होता, क्योंकि वह तो सम्पूर्ण मानवता का प्रतिनिधि है न कि व्यक्ति-विशेष या दल विशेष का ठेकेदार। निराला की ममता समस्त मानवों के लिए ही नहीं, चराचर प्रकृति के लिए मुक्त है। उनके काव्य में आन्तरिक संघर्ष की प्रधानता का यही प्रमुख कारण है। वास्तव में सृजन किसी अपूर्णता को पूर्ण करने के लिए होता है न कि पिष्टपेषण के लिए। जीवन की शिथिलता से लड़ना ही तो सभ्य होना है और ऐसी सभ्यता हमेशा युग सम्बद्ध होती है, यह कहने की आवश्यकता नहीं। अनेक पुरानी बातें, पुरानी आदतें और पुराने आचार-विचार युगधर्म के आग्रह से बदलते हैं और इस परिवर्तन के लिए

साहित्यकार को सभी पुराना पंथियों से लोहा लेना पड़ता है, निराला ने भी यही किया है। निराला जी ने 'साहित्य और भाषा' नामक निबंध में लिखा है—

'यथार्थ साहित्य नेताओं के दिमाग के नपे-तुले विचारों की तरह, आय-व्यय की संख्या की तरह प्रकोष्ठों में बंद होकर नहीं निकलता। वह किसी उद्देश्य की पुष्टि के लिए नहीं आता, वह स्वयं सृष्टि है। इसीलिए उसका फैलाव इतना है, जो किसी सीमा में नहीं बँधता। ऐसे ही साहित्य से राष्ट्र का यथार्थ कल्याण हुआ है। जब कुछ खास आदमियों के कल्याण की बात सोची जायेगी, तब कुछ खास आदमियों का अकल्याण भी साथ-साथ होगा। प्राचीन बड़े-बड़े साहित्यिकों की भाषा कभी जनता की भाषा नहीं रही, क्योंकि साहित्य में सब तरह की अभिव्यक्तियाँ होती हैं। रामायण के प्रचार का कारण रामचरित है न कि रामायण की भाषा।' ठीक भी है, क्योंकि तुलसी, सूर, केशव, बिहारी की भाषा भावों के अनुकूल ही चलती है, जनता की रुचि से नहीं। कवि की भाषा को तोड़ने-मोड़ने की अपेक्षा जनता को शिक्षित बनाना ही उचित है। किन्तु, नेतृत्व का एक संस्कार भी होता है, जो चेतन को जड़ और समझदार को मूर्ख मानता है। संसार के सभी बड़े साहित्यिकों ने प्रकृति के अनुकूल ही भाषा लिखी है। कठिन और गहन भावों को व्यक्त करने के लिए भाषा का कुछ गहन और सांस्कृतिक हो जाना स्वाभाविक है। जो मनुष्य अपने विचारों और चिंतनों में जितना ही गहरा और गम्भीर होगा उसकी भाषा भी उतनी ही मार्जित और गम्भीर होगी। साहित्य में भावों का महत्त्व होता है, भाषा तो भाव का अनुगमन करती है।'

निराला जी ने अनेक जगह अपनी विचारधारा और भाषा नीति को लिखकर बहुत ही मार्मिक प्रतिपादन किया है, पर मौखिक वाद-विवाद में भी वह कभी पीछे नहीं रहे। प्रान्तीय साहित्य-सम्मेलन फैजाबाद में भी कुछ ऐसी ही घटना घटी थी और हिन्दी के हित एवं सम्मान के लिए निराला जी को श्री सम्पूर्णानन्द जी और श्री पुरुषोत्तमदास जी टंडन को भी कुछ खरी-खोटी सुनानी पड़ी थी। अब हिन्दी वाले यह जान गये हैं कि उनके साहित्य का भला किन्हीं पुरुषोत्तमदासों से नहीं वरन् निराला जैसे पुरुषोत्तमों से ही होगा। साहित्य-सम्मेलन में निराला जी केवल तीन बार सन् २४, ३० और ३९ में शरीक हुए हैं और हर बार उन्होंने हिन्दी को नेताओं द्वारा

मर्माहत पाया है। फैजाबाद प्रान्तीय साहित्य सम्मेलन का उनका इंटरव्यू देखने लायक है। उन्होंने साफ-साफ लिखा है—'सम्मेलन की इस दुर्दशा, हिन्दी की इस हेठी, साहित्यिकों के ऐसे अपमान और प्रभावित अपरिणामदर्शी राजनीतिकों के प्राधान्य के कारण मैं सम्मेलन में शरीक नहीं हुआ। मेरा व्यक्तिगत विरोध किसी से नहीं। आप मानेंगे, कवि विरोध नहीं करता।' जब मैं लौटा तब कालेज का समय गोल हो चुका था।

दूसरे दिन निराला जी ने देव साहब की दावत खाई और सोने की परम्परा मेरे यहाँ पूरी की, इसे संयोग ही कहना चाहिये कि मैं कमरे में मिल गया अन्यथा कम्पनी बाग की किसी शीतल छाँहमयी जगह में विश्राम हुआ होता। निराला ने अनेक बार प्रयाग के किसी होटल में भोजन करके (ठहरकर नहीं) कम्पनी बाग की बेंचों में पेड़ के नीचे आराम किया है। खाने के बाद वे ऊँघने लगते हैं। सुरती दबायी और लेटे, चाहे चलते रहें, पर बैठ तो सकते ही नहीं। एक बार सिन्ध होटल, चौक प्रयाग से चलकर वे ८ एडमान्स्टन रोड, मेरे डेरे तक न आकर कम्पनी बाग छोड़ पुरुषोत्तमदास पार्क में ही चित हो गये थे और मुझे भगा दिया था; तब वैसा सोना मैं शान के खिलाफ भी समझता था। वे चार बजे तक सोते रहे तब तक धीरे-धीरे जोशी जी, वीरेन्द्र, श्याम भी आ गये।

वीरेन्द्र की बात क्या कहूँ, उससे तो निराला बहुत खुश हुए। चीकन, चाँदन, गोरा-चिट्टा जाट छोकरा, बी.ए. का पूरा विद्यार्थी। मेरा सहपाठी और सहृद मित्र। कहते हैं, बेपढ़ा जाट पढ़ा जैसा और पढ़ा जाट खुदा जैसा, अब समझ लीजिये। ब्रज की लौछार लिए अलीगढ़ी उसकी बोली मीठी-मीठी, कविता का शौक और साहित्यिकों के प्रति श्रद्धा और सम्भ्रम का भाव। मैंने कह दिया, वह कभी नहीं कह पाया। मैंने कह दिया ही उसके मुँह से निकलता था। डॉ. धीरेन्द्र वर्मा ने भाषाविज्ञान पढ़ाते समय International Phonetics बताते समय वीरेन्द्र के लिए क्लास में 'में' का रूप भी बताया था। उससे सभी खुश थे, रसाल जी भी याद करते हैं। और श्याममोहन त्रिवेदी फर्स्ट क्लास एम.ए. कविता-कहानी-आलोचना सभी लिखते हैं, किन्तु छपवाते बहुत कम हैं, जिद करने पर भी नहीं मानते। सारल्य उनका शृंगार है। मेरे साथ यह दोनों व्यक्ति निराला जी, महादेवी जी, पंत जी और जोशी जी के दर्शन कर चुके हैं, किन्तु निराला जी से अधिक परिचित हैं और इसका श्रेय शायद निराला जी को ही

मिलेगा। जब निराला जी विक्रम के यहाँ प्रथम बार पहुँचे तब वह उल्लास से नाच उठा और गाया भी—'आनन्दा भए यहि बखरी आज आनन्दा भए।' निराला जी सभी के साथ इतनी आत्मीयता और हृदय की हिमानी स्वच्छता से मिलते हैं कि उनकी अमिट छाप पड़े बिना नहीं रहती। आत्माराम भी निराला की निष्कपट आत्मीयता पर निछावर है। ये सब निराला के खूब जाने-पहचाने हैं।

जब निराला जी जागे तो वीरेन्द्र, श्याम को देखकर मुस्करा पड़े और हँसकर पूछा—'जोशी जी, इन कुमारों से तो आपका परिचय होगा ही, क्योंकि ये तो पाँड़े के अभिन्न हैं।' जोशी जी ने उनके सन्देह की सचाई का, 'खूब' भली-भाँति कहकर समर्थन किया। निराला जी ने मुँह-हाथ धोया, तम्बाकू खाई और कहने लगे—'कुछ जल्दी चलेंगे। गंगा की साँझ बड़ी सुन्दर होती है।' पाँच बजे के बाद हम लोग गंगा की ओर चल पड़े, और पौने छै के पहले नाव पर पहुँच गये। सरस्वती घाट से नाव ली और उसे संगम की ओर छोड़ दिया। जमुना को देखकर निराला जी का मूड सदा ही मुखरित हो उठता है, यह जानते हुए वीरेन्द्र ने छेड़ा—

यमुने, तेरी इन लहरों में
किन अधरों की आकुल तान
पथिक-प्रिया सी जगा रही है
उस अतीत के नीरव गान?

निराला जी कुछ सँभलकर बैठ गये कि वीरेन्द्र आगे बढ़ा—

उर-उर में नूपुर की ध्वनि-सी
मादकता की तरल तरंग
विचर रही है मौन पवन में
यमुने, किस अतीत के संग?

जोशी जी ने कहा, 'वाह 'यमुना के प्रति' निराला जी की कविता तो कृष्ण-काव्य की एक अभिनव उद्‌भावना है, पर इस समय देखिए, सूरज की रक्ताभ किरणें लहरों पर लोट रही हैं, सारा संगम का जल एक शतदल रक्तोपल बन रहा है। लहरें जैसे उलटती-पलटती उसकी मुलायम पंखुरियाँ हों और इनके ऊपर उड़ती हुई विहग पंक्ति को, इतने बड़े कमल के भँवरे भी कह सकते हैं। सूर्यास्त के साथ अंधकार की छाया में

धीरे-धीरे कमल बंद हो रहा है। ऐसे समय में मैं तो निराला जी से 'सन्ध्या-सुन्दरी' सुनाने का आग्रह करूँगा'। निराला जी जो करना चाहते हैं उसमें ठन-गन नहीं करते। उन्होंने पश्चिम को मुँह फेरा और शुरू किया—

दिवसावसान का समय
मेघमय आसमान से उतर रही है
वह सन्ध्या-सुन्दरी परी-सी
धीरे-धीरे-धीरे
तिमरांचल में चंचलता का नहीं कहीं आभास,
मधुर-मधुर हैं दोनों उसके अधर—
किन्तु जरा गम्भीर,—नहीं है उनमें हास-विलास।
हँसता है तो केवल तारा एक (निराला जी ने इशारा किया)
गुँथा हुआ उन घुँघराले काले काले बालों से,
हृदयराज्य की रानी का वह करता है अभिषेक। आदि

निराला जी पूरी कविता सुना गये। प्राकृतिक उपकरणों के माध्यम से मानवीय गति तथा भावों की सृष्टि करने में निराला जी सिद्धहस्त हैं। प्रतिपाद्य वस्तु-विषय का चित्र सामने खड़ा हो जाता है, चलता-फिरता है सजीव हो जाता है। देखिए न—

वह आता—
दो टूक कलेजे के करता पछताता पथ पर आता।
पेट पीठ दोनों मिलकर हैं एक,
चल रहा लकुटिया टेक,
मुट्ठी भर दाने को—भूख मिटाने को
मुँह फटी पुरानी झोली का फैलाता—
दो टूक कलेजे के करता पछताता पथ पर आता।

भिखारी की स्थिति और स्वरूप दोनों कितने स्पष्ट और सप्राण हैं, प्रत्यक्ष है।

जोशी जी से प्रार्थना की गयी, पर केवल सुनना ही उन्होंने पसंद किया, खुद नहीं सुनाया। निराला जी के विशेष आग्रह से सिर्फ ये पंक्तियाँ कह दीं—

कहाँ गयी वह कलकलोलिनी
मुझको बतलाएगा कौन,
मेरा मधुकर-पुंज-गुंजरित
मंजुल कुंज आज है मौन।

और कहा—'वास्तव में मेरी कविता का यही हाल है।' अब, श्याम की बारी आई। कविता सुनाने की नहीं, कुछ प्रश्न करने की। उसने पूछा—'निराला जी, कवि का वास्तविक कर्म क्या है? आप क्या समझते हैं?' निराला जी ने तड़ाक से उत्तर दिया—'यही कविता सुनाना और लिखना।' फिर कुछ थमकर बोले—'कवि संस्कृति का दूत और भावनाओं का गायक है। उसकी जिम्मेदारी बहुत बड़ी है। यों परिभाषाओं के पीछे पड़ना पागलपन है, क्यों जोशी जी?' जोशी जी ने कुछ संकोच के साथ उत्तर दिया—'आप ठीक कह रहे हैं। कवि-कर्म की विराट व्यापकता की क्या परिभाषा हो सकती है, पर इसमें भी सन्देह नहीं कि प्रतिभा और पागलपन एक ही प्रवाह के दो किनारे हैं।' 'हाँ-हाँ शेक्सपियर ने भी कवि, प्रेमी और पागल को एक ही थैली के चट्टे-बट्टे माना है!' मैंने धीरे से कहा। व्यतिरेक करते हुए निराला ने सम्बोधन किया—'कहो निषादराज! सुरती-उरती खाते हो?' मल्लाह ने कहा—'हाँ सरकार, खाइत है, मुला आप खाँय।' निराला जी ने तम्बाकू और चूना की डिबिया निकालकर दी और उसे सुरती मलने और खाने तथा खिलाने की स्नेहाज्ञा दी। दस्सू ने हाथ जोड़कर निवेदन किया—'मालिक हम न खाब, गंगामाई पर थूकब ना। ई हमार माई है सरकार, रोजी इनहीं से तो पाइत हैं।' निराला जी ने माँ और सन्तान का उदाहरण देकर, गोद में पेशाब-पाखाना तक करने की बात बताकर उसे बहुत तरह से समझाना चाहा, किन्तु उसने नहीं माना।

निराला जी हम लोगों से कहने लगे—'देखा, देश में भाव-पूजा नहीं, वस्तु-पूजा इतना बड़ा प्रभाव रखती है। हिन्दुस्तानियों के देवी-देवता भी तो पत्थर के होते हैं। उन्हें जब चाहो तब नहलाओ और जब चाहे खिलाओ, शंख बजाओ चाहे घड़ियाल उन्हें, सब बराबर। हमारा देवता जड़ता से जकड़ा हुआ है, उनका (देवताओं का) दल भी बहुत बड़ा है, पूरे तैंतीस करोड़। मूर्ति-पूजन और पुराण-प्रेम यदि यहाँ के धर्मात्माओं से ले लिया जाय तो धर्म की कुल पूँजी गायब हो जाती है। मूर्तियों की पूजा कर प्रसाद-स्वरूप एक भाई के सिर पर दो हत्था लट्ठ धमकानेवाले मूर्ति-पूजन का कितना बड़ा तत्त्व जानते हैं, यह तो यहाँ रोज साबित हुआ करता है। दस पैसे के स्वार्थ में आसक्त एक सजीव मूर्ति की जान लेने के लिए तैयार धनी मूर्ति-पूजक जी अपनी उस प्रकार की स्थिति में डटे हुए विश्व को हिला देंगे, यह आप सब जानते हैं। इतनी ही बची हुई हिन्दू

सभ्यता, धर्म-भाव और समाज-संस्कृति संसार के बड़े-बड़े भावों का मुकाबला करती हुई अपना स्थान और अस्तित्व केवल साहित्य के द्वारा अमर रख सकती है और किसी दूसरी तरह नहीं। देश के बड़े-बड़े विद्वान प्रोफेसरों को शृंगवेरपुर और अहल्या के स्थान-निर्णय से कभी फुरसत नहीं मिलेगी। साहित्य को अभी बहुत सजाना है, पर इन पंडों के मारे दम नहीं मिलती। हम समाज तथा साहित्य में अपनी बहुत दिनों की भूली हुई उस शक्ति को आमंत्रित करना चाहते हैं, जो अव्यक्त रूप से सबमें व्यक्त, अपनी ही आँखों से विश्व को देखती हुई अपने ही भीतर उसे डाले हुए हैं; पानी की तरह सहस्त्रों ज्ञान धाराओं में बहती हुई, स्वतन्त्र किरणों की तरह सब पर पड़ती हुई मधुर, उज्ज्वल, अम्लान, मृत्यु की तरह नवीन-जन्मदात्री, सर्व शाखाओं की तरह अगणित प्रसार से फैली हुई, प्रत्येक मूर्ति में चिर-कमनीय।' इतना कहकर निराला जी चिंतन में डूब से गये।

जोशी जी ने सिगरेट निकालते हुए एक सामूहिक प्रश्न किया—'सिगरेट पीने में तो कोई हर्ज नहीं, क्योंकि इसका धुआँ तो हवा में उड़ जायेगा' और सिगरेट जलाई। थोड़ी देर तक सब लोग शान्त रहे। अँधेरा गंगा के कछार में उतर चुका था और वातावरण नीरवता की चादर ओढ़ रहा था कि सहसा किले की चारों लाल स्काई लाइट जल उठीं। लौटते समय किले के पास उनकी छाया पानी में झिलमिल कर रही थी, लगता था पानी के भीतर जल-परियों ने अँगीठियाँ जला रखी हैं। मृदु मन्द-मन्द, मन्थर-मन्थर नाव किनारे पर पहुँच गयी और हम लोग नाव पर से नीचे आये। किनारों से मिलती हुई लहरों की किलकारियाँ, मानो रात वहीं बस जाने का संकेत कर रही थीं। सब मिलाकर उस दिन का नौका-विहार और आपस का बतरस अत्यन्त रमणीय और मुग्धकर रहा। उस पार कोई गा रहा था—'होली में न लाज करो गोरी।' वह अरूप समय स्वरूप बन कर हृदय में जैसे धँस गया। निराला जी ने तो लिखा ही है—

मेरे स्वर की अनल-शिखा से
जला सकल जग जीर्ण दिशा से
हे अरूप, नवरूप विभा के
चिर स्वरूप पाके जाओ।
मेरे प्राणों में आओ!

उस दिन के पश्चात् निराला जी से फिर भेंट नहीं हो सकी, क्योंकि स्टूडेन्टस् की होली आपस में ही होती है। करीब पाँच–छै दिन के बाद जब मैं लीडर–प्रेस गया, तब निराला जी उन्नाव के लिए रवाना हो चुके थे। उन दिनों 'अणिमा', 'कुकुरमुत्ता' और हिन्दी का अपने ढंग का अकेला स्केच 'बिल्लेसुर बकरिहा' उन्नाव में छप रहा था और 'कुल्ली भाट' लखनऊ से प्रकाशित हो चुका था। निराला जी बड़ी धूम–धाम के साथ गद्य–पद्य दोनों लिख रहे थे। 'कुल्ली भाट' जैसा हास–परिहास से स्निग्ध जीवन–चरित्र हमारे साहित्य में दूसरा नहीं। यों तो निराला का सम्पूर्ण साहित्य अपनी मौलिकता में अन्यतम है, किन्तु सन् ३९ से उन्होंने हिन्दी में एक नयी दिशा का मार्ग प्रशस्त किया और 'बिल्लेसुर बकरिहा' तथा 'कुल्ली भाट' इस पथ के माइल स्टोन हैं। 'बिल्लेसुर बकरिहा' का एक अवतरण—

'आम और महुए की कतारें कच्ची सड़क के किनारे पड़ीं। जाड़े की सुहावनी सुनहली धूप छनकर आ रही थी। सारी दुनिया सोने की मालूम दी। गरीबी वाला रंग उड़ गया। छोटे–बड़े हर पेड़ पर पड़ा मौसम का असर उनमें भी आ गया। अनुकूल हवा से तने पाल की तरह अपने लक्ष्य पर चलते गये। चारों ओर हरियाली। जितनी दूर निगाह जाती थी, हवा से लहराती हरी तरंगें ही दिखती थीं; उनके साथ दिल मिल जाता और उन्हीं की तरह लहराने लगता था। बिल्लेसुर तद्‌गतेन मनसा सास जी के मकान की ओर बढ़े चले गये। सास जी ने कुशल पूछी जैसे एक मुद्दत के बाद मुलाकात हुई हो; फिर बिछी चारपाई पर ले चलकर बैठाला और गौर से बिल्लेसुर की ब्याह वाली उतावली की आँख देखती रही।'

इस तरह का साँचे में ढला हुआ साफ–स्वच्छ गद्य अन्यत्र कहाँ मिलता है। छोटे–छोटे अर्थपूर्ण शब्द और सुगठित वाक्य इस प्रकार क्रम से आगे बढ़ते जाते हैं, जैसे किसी लड़ी से एक–एक मोती टूट रहे हों। प्रकृति, वातावरण, बातचीत, रीति–रिवाज, आचार–विचार सभी स्वस्थ, सहज और सम्पूर्ण। निराला की कृतियाँ देखकर लगता है कि उनके जीवन की सारी अस्तव्यस्तता की प्रतिक्रिया उनकी लेखनी की नोक पर चढ़कर एक बेजोड़ व्यवस्था बन गयी हो। उनके वर्णन साँस के साथ जीवन में घुलते–मिलते चलते हैं।

और 'कुकुरमुत्ता' तो बीसवीं सदी का सबसे बड़ा व्यंग्य है। विपन्न और तिरस्कृत मानवता की आवाज है, और है छोटों का आत्मबोध। 'कुकुरमुत्ता'

संसार के उपेक्षितों का प्रतीक और दीनों के प्रति निराला का काव्य-दान है। यह कौन नहीं जानता कि सारे विश्व-जीवन की स्थिति सामान्य मानवता के बल पर ही टिकी है, पर उसका जो अपमान आज के व्यावसायिक विश्व ने किया है, वह पहले कभी नहीं हुआ था—

आया मौसिम, खिला फारिस का गुलाब,
बाग पर उसका जमा था रोबदाब,
वहीं गन्दे में देता हुआ बुत्ता
पहाड़ी से उठा सर ऐंठकर बोला कुकुरमुत्ता—
—अबे, सुन बे, गुलाब,
भूल मत गर पाई खुशबू, रंगोआब,
खून चूसा खाद का तूने अशिष्ट
डाल पर इतरा रहा कैपिटलिस्ट,
कितनों को तूने बनाया है गुलाम,
माली कर रखा, सहाया जाड़ा घाम,
हाथ जिसके तू लगा,
पैर सर पर रख व' पीछे को भगा
जानिब औरत की, मैदानेजंग छोड़,
तवेले को ट्टटू जैसे तंग तोड़;
शाहों, राजों, अमीरों का रहा प्यारा,
इसलिए साधारणों से रहा न्यारा;
वरना क्या हस्ती है तेरी, पोच तू,
काँटों से ही है भरा, यह सोच तू;
कली जो चटकी अभी,
सूखकर काँटा हुई होती कभी;
रोज पड़ता रहा पानी,
तू हरामी खानदानी;
चाहिये तुझको सदा मेहरुन्निसा,
जो निकाले इत्ररू, ऐसी दिशा।
देख मुझको, मैं बढ़ा,
डेढ़ बालिश्त और ऊँचा हूँ चढ़ा;
और अपने से उगा मैं,
बिना दाने का चुगा मैं
कलम मेरा नहीं लगता,

मेरा जीवन आप जगता;
तू है नकल, मैं हूँ मौलिक
तू है बकरा, मैं हूँ कौलिक;
तू रँगा और मैं धुला,
पानी मैं, तू बुलबुला;
तूने दुनिया को बिगाड़ा,
मैंने गिरते से उभाड़ा
तूने रोटी छीन ली, जनखा बना,
एक की है तीन दी मैंने, सुना?

इस उद्धरण से निराला की, सामान्यों, साधारणों के प्रति जिस अगाध और अबाध ममता तथा विश्वास का प्रवाह सामने आता है वही तो 'कुकुरमुत्ता' की आत्मा है। इसकी डाँट-फटकार और चोट-चपेट सामान्य जनों के जागरण का कोलाहल मात्र है। सूत्र रूप से निराला ने इस कविता में सारे विश्व को बाँधने और उसके विकास का पथ ख़ोजने को चेष्टा की है, जो निराला की ही प्रतिभा से सम्भव है दूसरों से यह काम नहीं हो पाया। 'कुकुरमुत्ता' के रूप में कवि ने समाज को स्वर और नया उत्साह दिया है, इस कविता में निराला का समाजवादी दृष्टिकोण बहुत ही मार्मिकता और निर्भीकता से उभरकर सामने आया है। इस विचारधारा की प्रगति 'गर्म पकौड़ी', 'खजोहरा' और 'मास्को-डायलाग्स' में उत्तरोत्तर स्पष्ट और परिपुष्ट होती गयी है।

इन्हीं दिनों एक घटना घटी जिसने निराला को काफी मर्माहत किया। निराला की जोरदार खिलाफत करने में चौबे बनारसीदास का श्रेय बहुत बड़ा है। 'विशाल भारत' के संपादकत्व में वे अपने पत्र के द्वारा निराला को पागल सिद्ध करने की चेष्टा में प्रसिद्ध हो चुके थे; यों साहित्य में उनका कोई सहयोग नहीं, पर निराला-विरोधी व्यक्तिगत विद्वेष-बहुलता ने उन्हें बदनामी के रास्ते में काफी आगे ढकेल दिया था। वे अब 'विशाल भारत' छोड़कर महाराज ओरछा की सेवा करते हैं। चौबे जी निस्सन्देह बहुत बड़े प्रोपेगंडिस्ट हैं। मोटे-मोटे प्रकाशकों तक को अभिनन्दन ग्रंथ भेंट कराने की कला में निपुण हैं। जब वे ओरछा पधारे तब उन्होंने वहाँ भी कुछ नया करने की ठानी। उनकी राय और जजमेंट में सम्वत् १९९४ में 'देवपुरस्कार' ओरछा की प्रतियोगिता में आये हुए हिन्दी के ग्रंथों में से

कोई भी उस महान पुरस्कार के योग्य नहीं ठहरा और उसमें से १००० रुपया हिन्दी-साहित्य-सम्मेलन को एक पुस्तक-माला—'देव पुरस्कार ग्रंथावली' के प्रकाशन के लिए दिया गया। साहित्य-सम्मेलन ने उस धन से आधुनिक काल के प्रतिनिधि कवियों के काव्य-संग्रह निकालने का निश्चय किया। प्रकाशन की उत्तमता के लिए सम्मेलन ने यह शर्त भी रखी कि प्रत्येक कवि स्वयं अपनी कविताओं का चुनाव करेगा और अपनी कविता एवं कला का दृष्टिकोण भी भूमिका रूप में जनता के सामने रखेगा।

महादेवी जी का काव्य संग्रह इस ग्रन्थ माला में प्रथमथा उसके प्रकाशित होने के उपरान्त निराला के काव्य संग्रह का प्रश्न उठा।

निराला की प्राय: कविता-पुस्तकें कापीराइट में कैद थीं, इसलिए संग्रह करने में अड़चन थी। दूसरे निराला जी किसी की फरमायश का काम भी नहीं कर पाते। सम्मेलन के सुझाव की भूमिका लिखना उनके लिए कठिन था। इस प्रकार निराला का काव्य-संग्रह सम्मेलन से नहीं निकल सका। प्रसाद के बाद छायावादी कवियों में निराला प्रतिभा और वय दोनों रूपों में सबसे आगे हैं। उनका विश्वास था कि इस संग्रह के लिए सम्मेलन कापीराइट हड़पनेवाले प्रकाशकों से लड़-भिड़कर उनकी कविताओं को मुक्त कराएगा और साथ ही २०० रु. एडवान्स देने की भी उदारता दिखलाएगा, किन्तु सम्मेलन इस झगड़े में नहीं पड़ा। निराला जी संग्रह के लिए नवीन रचनायें देने को तैयार हो गये, पर एडवान्स लेने पर अड़े रहे। सम्मेलन ने उनकी एक बात भी नहीं मानी। यह सच है कि निराला को छोड़कर आधुनिक कवि-माला किसी तरह से भी पूरी नहीं होती। निराला को इससे बड़ा आघात लगा। महादेवी, जी का काव्य-संग्रह पहले निकल चुका था बाद में पंत, रामकुमार वर्मा आदि का काव्य संग्रह 'आधुनिक कवि' (२)(३) के नाम से निकाला गया और निराला की अप्रत्याशित उपेक्षा की गयी।

वास्तव में यह ऐसा अवसर था कि सम्मेलन, निराला की नगण्य मूल्य में बिकी पुस्तकों की कविताओं को संगृहीत करने का साहस दिखाकर अन्याय के प्रति एक विद्रोह खड़ा करता, पर सम्मेलन को साहित्य अथवा साहित्यकार की स्थिति से उतना सरोकार नहीं जितना अपनी परीक्षाओं के लिए पुस्तक-प्रकाशन की धुन से। एक बनिये के बिना कहीं बाजार

बंद भी तो नहीं होता। पुस्तक-माला निकली और परीक्षाओं का क्रम चलता रहा। निश्चय ही कवियों को भी निराला के लिए अपने संग्रहों का लोभ छोड़ देना चाहिये था, पर गरीब हिन्दी का कवि सिद्धान्त के लिए रुपया नहीं छोड़ पाता। इसका कारण, उसकी गरीबी में ही पनपता है, इसमें शक नहीं। इस विषय में निराला का एक वाक्य मुझे याद है। श्री नारायण चतुर्वेदी ने उनसे पूछा—'तो सम्मेलन से आपका काव्य-संग्रह नहीं निकलेगा?' निराला ने क्षोभ और करुणा के स्वरों में उत्तर दिया—'जब पंत और महादेवी खुद कन्नी काट गये तब मैं और किससे, क्या कहूँ? हाँ यह निश्चय है कि 'आधुनिक कवि' का कोई महल बिना मेरी ईंट के अधूरा ही रहेगा, उतनी जगह खाली रहेगी; आप मुझे देखते नहीं, मेरी जगह हिन्दी में कौन भरेगा?' मैंने परिहास के रूप में कहा—'आजकल, निराला जी सभ्यता का युग है। लोग-बाग महलों में, मकानों में खिड़कियाँ और अलमारियाँ बहुत रखते हैं। आपकी खाली जगह एक बड़ी अलमारी का काम देगी।' निराला जी तुरंत कह उठे—'हाँ यदि अलमारी नहीं तो 'लूपहोल' तो रहेगी।' और यह घटना सम्मेलन तथा कवियों के कार्यों में एक 'लूपहोल' बन भी गयी।

संसार का द्वितीय महायुद्ध जोरों के साथ चल रहा था और भारत में भी जीवन का संकट दिन-प्रतिदिन बढ़ रहा था। भूख-प्यास की ज्वाला देश में लपटें ले रही थी। निराला का कवि-हृदय क्षुब्ध हो उठा और वे देश की परिस्थिति से सहसा बहुत चिंतित हो उठे। उनके मन में एक प्रकार की अस्थिरता आ गयी और शान्ति की खोज में वे उन्नाव से चित्रकूट की ओर चल पड़े। कौन जाने तुलसी का यह पद—'सब सोच विमोचन चित्रकूट'—भी उन्हें स्मरण आया हो। चित्रकूट जाने के सिलसिले में वे प्रयाग भी आये और दो-तीन दिन ठहरे। इस बार उनका स्वास्थ्य और स्वभाव कुछ बदला हुआ सा लगा। अब वे दुर्बल-क्षीण और आतुर स्वभाव के हो गये थे। उनकी बातें साहित्यिक न होकर प्राय: राजनीतिक होने लगी थीं। उनका विचार था कि ऐसे समय में बुड्ढ़े नेताओं से काम नहीं चलेगा, नये रक्त की उष्णता इस स्थिति में अधिक उपयोगी साबित होगी, किन्तु उनकी सुनता कौन था। बात-बात में वे खीझ भी उठते थे, क्योंकि उनकी राय में उस समय सारा देश अपनी समझदारी से हाथ धो बैठा था।

मैंने उनसे पूछा कि आखिर वे चाहते क्या हैं? और उन्होंने डाँट के साथ उत्तर दिया—'चाहते क्या हैं, चाहते क्या हैं? आज भी यह पूछने की बात है? अरे भाई युद्ध के समय में जो युद्ध की तैयारी नहीं करता वह पीटा जाता है, इसलिए इस समय भारत को अपनी स्वतन्त्रता घोषित करके किसी भी विरोधी से लड़ने को तैयार हो जाना चाहिये। यह तो तुम जानते ही हो कि इस मशीनरी के युग में भी जन बल ही सबसे बड़ा बल है, जो हमारे पास है, मगर यहाँ के नेता लोग गांधीवाद की सड़ायन से बाहर साँस ही नहीं लेना चाहते; हो तो हो क्या? सुभाष ने सच्ची बात कही कि जहन्नुम भेज दिया गया। कहीं से भी कोई 'क्लू' नहीं मिलता, सभी अपना-अपना 'राज' छिपाये बैठे हैं और देश भूखों मर रहा है। साहित्यिकों का भी यही हाल है, उनमें से कोई 'शतरंगिनी' लिख रहा है तो कोई 'ग्राम्या' कोई 'प्रेम-प्रलाप' तो कोई 'रसवन्ती'। भला ये चीजें आज के लिखने की हैं? सारा देश बिना दूल्हे की बारात बन रहा है। इन कम्युनिस्टों से कुछ आशा थी पर वे तो इसे 'जनयुद्ध' बताकर अप्रत्यक्ष रूप से रूस की और प्रत्यक्ष रूप से अंग्रेजों की उलटी सहायता कर रहे हैं। यौरुप के युद्ध को अपना युद्ध मान लेने से देश में युद्ध छेड़ने का, स्वतन्त्र होने का कोई प्रश्न ही नहीं रह जाता। 'फादर लैंड' की रक्षा के सामने, बेचारी 'मदर लैंड' की चिंता कौन करे? 'स्टैलिनग्रेड' और 'मास्को' के तरानों से फुरसत ही नहीं मिलती।'

मैंने निराला को और अधिक टटोलने की इच्छा से कहा—'तो आप ही क्यों नहीं देश को ललकारते, अपने साहित्य में युद्ध का आवाहन करते। आपके बहुत-से नौजवान पाठक हैं उनमें क्रान्ति की आग सुलगाइए।' निराला जी हँस पड़े और बोले—'भाई, हिन्दी के पाठक कितने हैं? मेरे तो और भी कम। क्या मैंने लिखा नहीं, मैं तो 'परिमल' से ही क्रान्ति का स्वर बाँधता आया हूँ। तुमने तो पढ़ा है—

> सिंही की गोद से
> छीनता रे शिशु कौन!
> मौन भी क्या रहती वह
> रहते प्राण? रे अजान!
> एक मेष माता ही
> रहती है निर्निमेष—

दुर्बल वह—
छिनती सन्तान जब
जन्म पर अपने अभिशप्त
तप्त आँसू बहाती है—
किन्तु क्या,
योग्य जन जीता है,
पश्चिम की उक्ति नहीं—
गीता है, गीता है—
स्मरण करो बार-बार—
जागो फिर एक बार!

यही नहीं मैंने तो यह भी लिखा है—

दी है विधाता ने
बुद्धि यदि तुम्हें कुछ
वंश का बचा हुआ
यदि कुछ पुरुषत्व है—
तत्त्व है,
तपा तलवार...
सन्ताप से निज जन्म-भू के
दुःखियों के आँसुओं से
उस पर तुम पानी दो।

कवि इतना ही कह सकता है। कविता किसी नेता की स्पीच नहीं।'

निराला की तत्कालीन मनोस्थिति को समझ कर मैंने प्रसंग बदलकर विषय परिवर्तन की आशा से कहा—'जाने भी दीजिये, कह देना, लिख देना आपका काम है और मानना न मानना तो औरों पर निर्भर करेगा। चलिए बलुआघाट का सावनी मेला देख आवें।' निराला जी तैयार हो गये। उसी तरफ से वे अपने निवास में चले गये। दूसरे दिन उनको अपने मित्र रामलाल के यहाँ चित्रकूट जाना था, इसलिए गाड़ी के समय के कुछ पहले मैं निराला जी के पास पहुँच गया। पूछा कि सामान वगैरा ठीक हो गया या नहीं? निराला जी कहने लगे—'सामान कहो तो, मेहमान कहो तो हूँ मैं ही'। साथ में दो-चार पुस्तकें एक अँगोछे में बँधी थीं और निराला जी एक कुर्ता पहने तथा लुंगी लगाये थे। जूता नदारत। निराला ने

बताया कि करवी का चमरौधा जूता अच्छा होता है वहीं एक ले लेंगे। थर्ड क्लास का टिकट कटाकर हम लोग स्टेशन के भीतर घुसे। केशवदेव शर्मा भूतपूर्व संपादक 'भारत' भी स्टेशन तक आये थे। निराला जी ने बड़ी उदारता से हम लोगों को चाय पिलाई और केक खिलाया।

तुलसीदास के नाते (प्राय: निराला जी तुलसीदास को तुलसी काका कहते हैं) चित्रकूट का भूमि-भाग निराला जी को बहुत प्रिय है। वे उधर की अनेक यात्रायें कर चुके हैं। उनका मन वहाँ की स्मृतियों से प्रसन्न हो रहा था, किन्तु बीच-बीच में उनके मन की उदासी भी मुँह पर उमड़ आती थी। डब्बे के दरवाजे में खड़े होकर वे कहने लगे—'जाता तो हूँ, पर इस बार बहुत उत्साह नहीं हो रहा है; मन बैठा-बैठा सा है। देखिये कब लौटना होता है। पत्र दूँगा। ये पाँच सन्तरे ले जाकर महादेवी जी को दे देना और मेरा प्रणाम कह देना, और कहना कि अपने स्वास्थ्य की चिंता करें, अभी उनको काफी काम करना है।' निराला जी गाड़ी की सीटी के साथ-साथ करुण होते जाते थे। गाड़ी चल पड़ी। निराला जी हम लोगों की तरफ, जब तक कोई दृष्टि-व्यवधान नहीं पड़ा, बराबर देखते रहे। बड़ी-बड़ी आर्द्र उतरी आँखें अपनी लाल डोरों की जाली में निराला के प्राणों के न जाने कितने स्नेह-संदेश उछाल रही थीं। दूरी की विवशता से परिचित होंठ बोलने के लिए आतुर हो-होकर भी केवल कँप कर रह गये थे। उनकी उस विकल-विदा का रहस्य कुछ दिन पश्चात् चला।

संसार का महायुद्ध चल रहा था। गुलाम भारत प्रत्यक्ष रूप से युद्ध के बाहर रहकर भी युद्ध के विनाशकारी और मर्यादाहीन भीषण परिणामों का अन्यतम शिकार रहा, यह किसी से छिपा नहीं। भोजन, वस्तु, निवास, सबका अभूतपूर्व दुर्भिक्ष, कमी, केवल कमी। निराला सहज मानवीय आवश्यकताओं का उपभोग जीवन भर नहीं पा सका, पर सन् ३९ से इधर की जो स्थिति है वह निराला के लिए सर्वाधिक घातक सिद्ध हुई। भूख-प्यास-वस्त्र, सभी का अभाव निराला के लिए एक मार्मिक मानसिक चिंता का भाव बन गया। उनकी प्राय: सभी कृतियों का कापीराइट बिका था, कहीं नौकर न चाकर, न नेता न जमींदार, न पुरस्कार न पुचकार सब तरह से निराधार निराला की हालत उस समय बहुत ही व्यग्र थी। निराला को सक्रिय करुणा की बान है। खुद भूखों मरने की अपेक्षा दूसरों को भूखों मरते देखना उन्हें जाने क्यों अधिक अखरता है। चित्रकूट जाने का

कोई विशेष कारण पूछने पर निराला ने कहा था—'लखनऊ, उन्नाव, प्रयाग चारों ओर इस समय देश भूखों मर रहा है और हम कायर हैं, गांधी का रंग भी खूब चढ़ा है, अभी क्या? आगे लोग-बाग कीड़ों-मकोड़ों की तरह मरेंगे। मेरे पास भी अब लड़ने की कूबत नहीं, हिन्दी के समालोचक, सम्मेलन, समितियाँ सभी छायावादी कवियों को पलातक (इस्केपिस्ट) कहते हैं, किन्तु जीवन में प्रथम बार मुझे वास्तव में पलायन की इच्छा जकड़ रही है। बड़ी अड़चनें हैं—कुछ कहो तो गुनाह, लिखो तो गुनाह और करने में तो कुत्ते की मौत। जी घबड़ा उठता है, निर्जन चाहता है। बैसवाड़े का सारा खून पानी हो गया। सोचा, चित्रकूट अच्छा पड़ेगा'। मैं अपने प्रश्नों की बौछार बढ़ाने में चूकता नहीं, खाने-पीने की समस्या सामने रखी और निराला ने उसका समाधान इस प्रकार किया—'रामलाल छोटे-मोटे किसान हैं, वहाँ दो रोटी का ठिकाना लग ही जायेगा। नेताओं की अपील अखबारों में निकली है। कोलिया में आलू बोने और खाने की कोशिश करूँगा। किसानी का काम भी जानता हूँ और नहीं तो, रामलाल ने मानो एक नया नाटा पाया। जुटकर काम करेंगे, पेट भरेंगे। लोग तब भी पलातक से बुरा और क्या कहेंगे'। निराला जैसे कराह उठे थे। उनका लम्बा-चौड़ा, भरा-पूरा शरीर जैसे सिकुड़कर पापड़ बन गया हो। और और धनी-मानी, सेठ-महाजन, मोटे आसामी निराला को आतिथ्य दे सकते हैं, किन्तु निराला दान लेने से डरनेवाला नितान्त निर्धन है। भिक्षा-वृत्ति का निराला घोर विरोधी है। भिखारी के बच्चों की स्थिति देखकर निराला चौंक पड़ा था, यह स्वर-संधान—

ठहरो अहो मेरे हृदय में है अमृत; मैं सींच दूँगा
अभिमन्यु जैसे हो सकोगे तुम
तुम्हारे दुःख मैं अपने हृदय में खींच लूँगा।

तब भला निराला किसी की दान-दक्षिणा कैसे ले सकता है। उन्होंने बताया कि उन्नाव में भी एक परिवार के प्राणी की तरह वे रहे हैं। लेखक भी तो परिवार का एक व्यक्ति हो सकता है। निराला ने उस घर में लिखने का काम किया और अपनी उन दिनों की सारी कृतियों को उस घर की सम्पत्ति समझ कर चौधरी साहब की प्रकाशन-संस्था को सौंप दी। 'कुकुरमुत्ता', 'अणिमा', और 'बिल्लेसुर बकरिहा' चौधरी साहब ने प्रकाशित किये हैं। चित्रकूट के रामलाल के यहाँ निराला, स्नेह-सौहार्दमय व्यवहार

का अधिक अवकाश समझते थे। उनकी इच्छा थी कि कागज की कमी और प्रेस की अव्यवस्था के कारण लिखने की अपेक्षा वे शरीरिक श्रम से कमायें–खायें। काम नौकरी न होकर मजदूरी हो, मन आया किया न मन आया न किया। रामलाल को मजदूर लगाना ही पड़ता होगा, जुताई, बुवाई, निराई, कटाई, गहाई, ढोवाई, सब अपने आप तो कर न लेता होगा। इस प्रकार निराला ने अपनी जगह वहाँ रिजर्व देखी और चल पड़े। मौलिकता की झक में उनका निश्चय दुर्जेय रहता है। एक बार निश्चय करने के बाद फिर वह किसी की नहीं सुनते, शायर, सिंह, सपूत की श्रेणी से टस से मस नहीं होते।

चित्रकूट जाते समय निराला के सामने दैहिक, दैविक, भौतिक तापों का त्रिशूल लटक रहा था, किन्तु वे रोके नहीं रुके, अन्यथा आगे चलकर साहित्यकार–संसद की संस्थापिका श्रीमती महादेवी वर्मा ने प्रयाग में उनके समुचित जीवन–यापन की व्यवस्था का सुनिश्चित एवं सुनियमित आश्वासन दिया था। निराला ने उसे यों कहकर टाल दिया—'कहाँ पायेंगी आप रुपया, शहरों में बड़ा खर्च पड़ता है। फिर अभी हम लोग बहनों को कुछ देते ही हैं; कम–से–कम लेते तो नहीं। और मैं स्थायी रूप से नहीं जा रहा, मन न लगा तो आकर यहीं प्रयाग में रहूँगा। यहाँ के कंट्रोल का कार्ड–लिफाफा आप जानिएगा। पंत का भी कुछ ठिकाना नहीं, खैर नमोनमः, आप चिंता न करें, आपकी तबियत भी नासाज है।' इस प्रकार वे सबके सब प्रश्नों का समाधान करते हुए चित्रकूट के पास एक गाँव में रामलाल के यहाँ जा जमे।

पत्र की प्रतीक्षा अधैर्य की सीमा छूने लगी, पर निराला जी का समाचार नहीं मिल सका। यहाँ से मैंने दो पत्र डाले, पर उत्तर कुछ नहीं। इधर–उधर पूछ–ताछ शुरू की, लीडर–प्रेस, दारागंज में लोगों के दरवाजे खटखटाए। कोई पता नहीं चला। माह–दो माह बीत गये। निराला की जाते समय वाली लड़खड़ाती हालत का स्मरण मन में आशंका की सृष्टि करने लगा और उनकी कष्ट–कथा आकाश के छाया पथ की भाँति मनोकाश में स्पष्ट सी होने लगी कि उनकी बीमारी का समाचार महादेवी जी के पत्र से मिला; पाठक जी ने भी बताया। पाठक जी लीडर–प्रेस के कर्मचारी की हैसियत में ईमानदार, और घोर व्यवसायी होकर भी साहित्यिकों के प्रति सदैव व्यक्तिगत रूप से सहृदय और सेवाशील रहे हैं; वे इस

समाचार से स्वयं बहुत क्षुब्ध हुए। महादेवी जी भी समाचार पाकर हाथीखाना–भूसा मंडी की तरफ स्वयं जाने को तैयार हो गयीं, किन्तु उनके ज्वर ने नहीं जाने दिया तो नहीं जाने दिया। निराला जी के एक कम्पोजीटर मित्र तैयार किये गये और वे जाकर निराला जी को बाकायदे टाँग ले आये। श्री नारायण चतुर्वेदी के यहाँ उनको ठहराया गया।

उस समय निराला जी की दशा अत्यन्त सोचनीय थी, पहाड़ी ज्वर ने उन्हें तोड़ डाला था, दस्त की शिकायत से वे शिकस्त हो चुके थे, शरीर की पीड़ा ने गाँठी–गाँठी को फोड़ दिया था। एकदम क्षीण, निराला के लम्बे-लम्बे दुबले पतले हाथ–पैर ऊपर से खोसे मालूम पड़ते थे। सिर और हाथों का कम्पन उनकी कमजोरी की सूचना दे रहा था। सूखकर काँटा हो जानेवाली कहावत की सजीव सत्ता ऊपर से विस्मृति के रूप में मानसिक थकान की काली छाया। उनके रहने और दवा होने की बहुत ही सुन्दर व्यवस्था चतुर्वेदी जी ने अपने घर में कर दी और स्वयं व्यक्तिगत देखभाल रखने लगे। जब मैं जाकर निराला जी के पलँग के सामने खड़ा हुआ तब उन्होंने भूली बात को जैसे याद करते हुए कहा—हूँ, अच्छा, पाँड़े हो न? और थक से गये। मैंने आश्वासन और उत्साह के रूप में कहा—आप, बोलिए मत, मेहनत पड़ती है, अब क्या है! यहाँ आप शीघ्र ही अच्छे हो जायेंगे। सेवा होगी, और आराम होगा। निराला जी मेरी तरफ केवल टुकुर–टुकुर देखते रहे। उस दिन से दिन में एक बार निराला के पास जाना अनिवार्य हो गया। कुछ तो अपनी इच्छा से और कुछ महादेवी जी की आज्ञा से। उन्होंने कहा—'यदि बीमार एक बीमार को देखने नहीं जा सकता तो हाल–चाल तो ले ही सकता है, तुम रोज जाकर निराला जी को देखो और हम को समाचार दो।' वस्तुतः निराला जी के पास नित्य जाना एक नियम सा बन गया।

निराला जी आश्चर्यजनक रीति से अच्छे होने लगे, चतुर्वेदी जी इसे गंगा–जल की महिमा के नाम से बखानते हैं और निराला जी स्वयं जगह के परिवर्तन को महत्त्व देते हैं। कारण जो भी रहा हो, क्योंकि डॉक्टर भी अपने हाथ की सफाई की दाद चाहते हैं। निराला जी दिन–प्रतिदिन अच्छे होते गये। एक ही सप्ताह के भीतर उनमें बैठने–उठने की क्षमता आ गयी। धीरे–धीरे बातें भी करने लगे और थोड़ा–बहुत खान–पान भी होने लगा। ज्यों–ज्यों उनकी तबियत ठीक होने लगी त्यों–त्यों निराला की यह उत्सुकता

बढ़ती गयी कि उनको देखने कौन-कौन आया और कौन-कौन नहीं आया। उस समय अपनी 'लोकायतन' वाली स्कीम के सिलसिले में पंत जी भी प्रयाग पधारे हुए थे और बच्चन जी के साथ बैंक रोड में ठहरे थे। एक दिन श्री चतुर्वेदी जी के यहाँ भी वे गये और उनके साथ झूँसी में 'लोकायन' के लिए जगह देखी। किसी कारण से वे निराला जी से नहीं मिल सके। इस बात से निराला जी को बहुत दुख हुआ।

प्रयाग निवासी साहित्यिक साथियों का निराला के पास उस मरणासन्न स्थिति में भी न जाना, मेरे लिए आज भी रहस्यवाद का विषय है। यह सच है कि कोई गया नहीं। दारागंज के पं. भगवती प्रसाद वाजपेयी निश्चय ही अनेक बार वहाँ मिले, यथा समय निराला जी की सेवा-सुश्रूषा भी की। निराला-प्रेमी विद्यार्थियों का भी दल वहाँ जमा रहता था, पर इससे निराला जी को संतोष नहीं हुआ। वे साहित्यिकों की इस जड़ता अथवा उदासी से अत्यन्त दुखी और संत्रस्त थे। एक दिन उन्होंने कहा—'बीस वर्ष एक साथ काम करके भी मैं अभी अपने मित्रों की ममता का पात्र नहीं बन सका। मैं तो बराबर सबके यहाँ जाता-आता हूँ, किन्तु मेरे पास किसी ने झाँका तक नहीं। लोग दारागंज तक आकर भी मेरे पास तक नहीं आते। बात क्या है? कुछ समझ में नहीं आता।' मैंने उन्हें बहुत प्रकार से समझाने की चेष्टा भी की, पर उनको बोध नहीं हुआ। वे बोल उठे—'मैं सभी के यहाँ प्रयाग आने पर हाजरी दे आता हूँ। कुशल-प्रश्न पूछ आता हूँ, पर वाह री दुनिया। अब मैं भी न जाऊँगा। ये लोग अमरौती खाकर तो आये नहीं, बीमार भी पड़ेंगे, मरेंगे भी। कोई किसी का कष्ट थोड़े न बाँट लेता है, पर सहानुभूति तो एक साधारण सी बात है, उसकी अनुदारता किसी की शोभा नहीं बढ़ा सकती।' बेढ़ब जी ने इस बात को मजाक के रूप में टालकर निराला को प्रबोध किया। एक महीने में निराला जी प्राय: स्वस्थ हो गये। बाहर-भीतर, इधर-उधर टहलने भी जाने लगे।

एक दिन शाम को बोले—'महादेवी जी के यहाँ तो न चलोगे?' मैं हँस पड़ा—'अभी उस दिन तो आप किसी के यहाँ न जाने की बात कह रहे थे और आज चलने को तैयार हैं।' निराला जी ने उदास मुद्रा में उत्तर दिया—'साँप के लिए चन्दन अपनी शीतलता नहीं छोड़ देता। मैं इस प्रकार के बदले में विश्वास भी नहीं करता और फिर देवी जी तो स्वयं बीमार हैं, छोटी बहन हैं, उनके यहाँ तो अच्छे होने का पहला प्रणाम देना

ही चाहिये। एक ताँगा कर लें और चलें। रास्ते में वाजपेयी को भी ले लेंगे, लौटते समय उनका साथ रहेगा। तुम अपने हॉस्टल चले जाना'। तीनों महादेवी जी के यहाँ गये। देवी जी को देखते ही निराला जी सन्न हो गये और बोले—'आह आप तो बिलकुल सफेद हो गयीं, बड़ा कष्ट पाया, क्या शिकायत है? अच्छी तरह से दवा करा डालिये। मैं आज यहाँ लड़ने के इरादे से आया था, पर आपका हाल देखकर अब कुछ कहने की हिम्मत नहीं पड़ती'। देवी जी ने पूछा—'आपकी अब कैसी तबियत है? आप भी तो बहुत दुबले हो गये हैं। सफेद तो नहीं, पर काले पड़ गये हैं'। निराला ने अपने अगल-बगल देखकर कहा—'हाँ तबियत खराब हो गयी थी, वहाँ (चित्रकूट में) दवा का भी ठीक प्रबंध नहीं था। धीरे-धीरे कमजोर पड़ गया। अब ठीक हूँ। यों मेरा वजन अब भी एक मन छै सेर कम है। अभी एक माह और लगेगा। आपकी चाय बहुत दिनों से नहीं पी, बनवाइए तो।'

चिर परिचित भगतिन शीघ्र चाय बना लाई और सबने चाय पी। चलते-चलते निराला जी ने अपने मन की बात कह डाली—'आपके साहित्यिकों में से एक भी मुलाकात करने नहीं गये। इसमें कोई हर्ज नहीं, पर मुझे अच्छा नहीं लगा। बीमारी में मिलने-जुलने की इच्छा भी बहुत प्रबल हो उठती है, यों शिकायत की जरूरत नहीं, सब ही चलता है। मैं साहित्यिकों के वर्ग में भी तो नहीं आता, क्योंकि मेरे जीवन का स्पन्दन श्रम-साध्य है और साहित्यिकों के पास दूसरे ठिकाने भी हैं। कोई प्रिंसिपल है तो कोई प्रोफेसर, कोई संपादक है तो कोई प्रकाशक। मैं तो केवल साहित्य ही लिखता, खाता और पहनता हूँ। साहित्य मेरा प्रमुख कार्य है, औरों का गौण, मन की मौज।' निराला जी कुछ योंही बड़बड़ाते हुए उठ पड़े और दारागंज वापस चले गये।

तबियत ठीक होते ही निराला जी को मुर्ग मुस्सलम की याद आई और उन्होंने मित्रों से इसकी चर्चा की, किन्तु चतुर्वेदी जी के परम वैष्णव घर में यह सम्भव नहीं था। 'चाबुक' के प्रकाशक के यहाँ गोश्त जब-तब चलने लगा, किन्तु खर्च के अभाव ने वहाँ की व्यवस्था को भी छिन्न-भिन्न कर दिया। निराला जी की आकाश-वृत्ति में दो-चार रुपया भी बहुत कठिन रहा है, यह किसी से छिपा नहीं। उन्नाव को उन्होंने चिट्ठी भी लिखी, पर रुपया नहीं आ सका। थोड़े-बहुत रुपयों का प्रबंध किया भी

गया, पर उनसे निराला की तृप्ति सम्भव न थी।

अच्छे होने के बाद अपने मन की सुविधा के अभाव ने निराला जी को फिर दबाया और वे चतुर्वेदी जी के यहाँ से वाजपेयी जी के यहाँ चले गये। वाजपेयी जी ने बड़े स्नेह-सम्मान से निराला जी को अपने घर में रखा। कुछ दिनों के बाद निराला जी को वहाँ रहना भी संकोचपूर्ण लगा, और वे एक अलग मकान लेकर दारागंज में रहने लगे। मकान एक पंडे का था। पंडा जी घर में अकेले थे। घर का एक भाग अपने लिए रखकर शेष मकान उन्होंने निराला जी को किराए पर दे दिया। बूढ़े पंडे को जैसे निराला जी एक सहारा मिल गये, क्योंकि किराए के अतिरिक्त उन्होंने पंडे की प्रायः सभी चिंताओं को सँभाल लिया। खाना-पीना, भंग-बूटी सभी कुछ निराला के जिम्मे रहा। निराला से सब कुछ पाकर भी पंडा बाबा ने अपने घर में गोश्त बनवाकर धर्म छोड़ने की बात मंजूर नहीं की, और निराला जी गोश्त की सुविधा इधर-उधर होटलों में जुटाते रहे। पंडा बाबा में गोश्त पकाने की इजाजत के अलावा बाकी निराला जी की सभी सेवायें कीं, खाना बना देना, झाड़ू लगा देना आदि-आदि।

सन् ४२ का आन्दोलन और उसके बाद वाली स्थिति भारत के इतिहास में एक अमिट घटना है। दमन और अत्याचार का अबाध-नग्न-नृत्य और अन्न-वस्त्र की नितान्त कमी। निराला जी एक विकट स्थिति में पड़ गये। निश्चित आय के बिना भी पेट भोजन चाहता है, तन ढकना भी सभ्यता का तकाजा है, मकान का किराया देना भी आवश्यक है, पर निराला के लिए सब रास्ते बंद थे। गंगा-स्नान और गंगा-जल-पान उनके लिए अब भी सुलभ थे, पर उसमें भी अड़चनें पड़ने लगीं। एक दिन निराला जी ने बताया—'बड़ी-बड़ी दिक्कतें हैं, सब जगह पैसे का खेल है। अब तो बिना पैसे के गंगा भी दुर्लभ हो रही है। उसका पानी भी बिकता है। घर में नल का पैसा दो ओर घाट में पंडों को दक्षिणा। टीका-चन्दन की प्रथा भी है ही। आज से मैंने गंगा को भी छोड़ा, रोज-रोज पैसा कहाँ मिले?' अब अपना भोजन भी वे स्वयं पकाने लगे, क्योंकि पंडे के पकाने से सेर भर आटा चाहिये और खुद पकाने से केवल आध सेर सिर्फ अपने लिए। यह आध सेर आटा भी निराला को सहज-सुलभ नहीं था, कभी मिलता और कभी न मिलता। मुझे अच्छी तरह ज्ञात है कि निराला ने कई उपवास तक किये हैं, चने चाबकर दिन काटे हैं।

घर में बिजली न होने के कारण रात का अंधकार उनका सहचर बन गया था। मिट्टी का तेल एक तो मिलता ही न था, दूसरे अगर पैसे-दो पैसे का मिला भी तो कंट्रोल की दूकान पर दो घंटे कवायद करने के बाद। निराला ने इस तेल से हाथ जोड़े और अंधकार में ही रहना पसंद किया। दोपहर को मोटी-मोटी चार-छै रोटियाँ पकाते और दो-तीन खाकर शेष रात के लिए रख देते। दाल-तरकारी का नाम नहीं। कभी-कभी गुड़ का प्रयोग अवश्य करते थे। एक बार उनकी इस दुर्दशा की कथा सुन कर महादेवी जी ने कहा—'एक नौकर रख लीजिये जो खाना बना दिया करे और चौका-बर्तन भी कर लिया करे। उसकी तनख्वाह हमारे जिम्मे रही।' निराला जी जैसे चौंक पड़े—'नौकर रख लूँ? क्या बात आप करती हैं? बड़ी बदनामी हो जायेगी। मैं न नौकर बनता और न नौकर बनाता। किसी की विपन्नता का फायदा उठाकर उसे नौकर अथवा दास बनाना किसी सामन्त का काम हो सकता है, मेरा नहीं। आपने भी खूब कहा, महतारी के धोतिया नहीं बिलारी के गतिया बाँधे। खुद खाने का ठिकाना नहीं ऊपर से एक नौकर रख लूँ। मेरे पास काम भी क्या है? घर में एक चटाई, एक तवा और कुछ पुस्तकें। खाना बनाया-खाया, चटाई बिछाई और सो रहा।'

महादेवी जी ने आश्वासन दिया कि लिखने-पढ़ने की सुविधा के लिए वे एक कुर्सी और टेबिल भेज देंगी, पर निराला इसके लिए भी तैयार नहीं हुए। हँसकर कहा—'मुझे कुर्सी में आराम नहीं मिलता, भारी-भरकम देह लेकर जमीन में फैलकर आराम से बैठता हूँ। आप मेरे ठाट-बाट के सँभालने की झंझट न करें। मैं जैसा हूँ ठीक हूँ। मैं समझता हूँ ये पाँड़े आपको मेरा सब समाचार देता रहता है। मैं इसे अपने यहाँ आने न दूँगा। बीमारी हालत में आपकी चिंता बढ़ाता रहता है।' मैंने कहा—'आप तो व्यर्थ में नाराज होते हैं। जो सच है वह मैंने अगर बता भी दिया तो अपराध क्या किया?' निराला ने बहुत ही कोमल स्वर में कहा—'नाराज होने की बात नहीं, पर किसी की विपन्नता के विज्ञापन का क्या मतलब? तमाशा रचाना भी तो ठीक नहीं।'

दूसरे दिन सुबह जब मैं कुर्सी-टेबिल लेकर पहुँचा तब वे बहुत नाराज हुए और कहा—'अभी सब समान वापस ले जाओ, मुझे नहीं चाहिये तुम्हारी यह सौगात।' पर मेरी बहुत अनुनय-विनय से उन्होंने सामान रख लिया और बोले—'इस समय देवी जी की तबियत ठीक नहीं अगर

सामान लौटा दिया तो उनको कष्ट होगा, इसलिए रखवा दो बाद में देखा जायेगा। जाओ शाम को आना। इस समय मेरा भी दिमाग भन्नाया है।' मैं चुपचाप वापस चला आया।

शाम को करीब पाँच बजे फिर गया, पर निराला जी कहीं बाहर निकल गये थे। मैं निराश होकर वापस आ रहा था कि रास्ते में निराला जी गुड़ की भेली लिए हुए मिल गये। उतावली से कहा—'चलो-चलो, तुमको आज कला की रोटी खिलाऊँगा।' मैंने कहा—'मैंने आपका आशय नहीं समझा, इसे स्पष्ट कीजिए।' निराला जी ने मुस्कराते हुए उत्तर दिया—'अरे जैसे गेहूँ की, चने की, ज्वार की, बाजरे की रोटियाँ होती हैं उसी तरह कला की रोटी होती है। चलकर देखो, तबियत खुश हो जायेगी।' बात करते-करते निराला जी का निवास-गृह आ गया और हम दोनों ऊपर के बैठके में चढ़ गये। निराला जी ने खूँटी में टँगी एक चीथड़े की पोटली को उतारा और सामने की छत में जा बैठे। घी की एक छोटी मेटिया भी लेते गये थे। मुझसे बोले—'यह है कला की रोटी, सुबह से सूख रही है। यों काफी मोटी है, इनका पानी सूखना बहुत आसान नहीं।' यह कहते हुए दो बड़ी-बड़ी मोटी रोटियाँ निकालीं और उनमें टोस्ट में मक्खन की तरह घी लगाया। आधा गुड़ और एक रोटी मुझे दी और एक स्वयं लेकर बोले—'खाओ, यह है कला की रोटी। तुम जानते हो मैं हिन्दी का कवि-कलाकार हूँ और मेरी रोटी कला की रोटी है। अँधेरे की दिक्कत से बचने के लिए सुबह बनाकर टाँग देता हूँ। खाओ न, बड़ी मीठी है। जल्दी-जल्दी बन्दर कौर मारो। यही तो कला की रोटी है'। मेरा मन करुणा और प्रसन्नता की मिश्रित भावनाओं से एक साथ भर उठा। और रोटी के स्वाद की तो बात करनी व्यर्थ है पर यह सच है कि वैसी रोटी दूसरी मैंने नहीं खाई। खाने के बाद निराला जी ने कहा—'आओ तिताला टहलते हुए संगम की ओर निकल चलें।' मैं मुस्करा पड़ा और निराला ने फौरन मेरे हँसने का कारण ताड़ लिया और प्रतिवाद के रूप में कहा—'गंगा की तरफ टहलने जाने का पैसा नहीं लगता वरना न जाता।' इसके बाद हम लोग घूमने चले गये।

ज्यों-ज्यों संगम समीप आता-जाता था त्यों-त्यों निराला जी फूलते जाते थे, आकाश की ओर ताकते और मुस्कराते जाते थे। वातावरण मूक, क्योंकि निराला जी टहलते हुए बात करना पसंद नहीं करते। चलते,

कदम उठाते स्थूल शरीर को सँभालने में जैसे खो जाते हैं, पर उस दिन संगम पहुँचकर वाह के साथ गा उठे—

पश्यानवद्याङ्गि विभाति गङ्गा भिन्नप्रवाहा यमुना तरङ्गैः।

इतना ही नहीं उन्होंने तुलसीदास की चौपाई—'देखत श्यामल धवल हिलोरे' को कालिदास की उक्ति से अधिक उत्तम बताया—'पाँड़े, देखो, इसे आर्ट कहते हैं। कालिदास का संगम वर्णन बहुत सुन्दर है। तुम तो ग्रेजुएट हो, रघुवंश काहे को देखा होगा? पढ़ो तो तबियत बाग-बाग हो जाय। मगर तुलसीदास ने चौपाई के एक चरण में उससे बाजी ले ली। बताओ कौन सा प्वाइन्ट और कौन सी कला है?' मैंने अपनी अक्षमता निवेदित की कि निराला जैसे कूद पड़े, 'यही तो बात है, भाव के वाहक शब्द होते हैं और शब्दों में, अर्थ और ध्वनि। 'श्यामल' के साथ श्याम (कृष्ण) की कल्पना को सजीवता देने और काव्य में अपने सांस्कृतिक प्रतीक सुरक्षित रखने की कला में तुलसीदास बहुत आगे हैं। वहाँ भारत का कोई कवि नहीं पहुँचता'। निराला की निश्छल श्रद्धा तुलसीदास के प्रति अत्यन्त विनीत है। उन्होंने 'तुलसीदास' नामक हिन्दी का सर्वप्रथम मनोवैज्ञानिक खण्ड-काव्य भी लिखा है। 'तुलसीदास' का 'परिचय' इस प्रकार है—'पद्य में कहानी कहने की प्रथा प्राचीन काल से प्रचलित है। प्रस्तुत कविता भी एक कथा-वस्तु को लेकर निर्मित हुई है। गोस्वामी तुलसीदास किस प्रकार अपनी स्त्री पर अत्यधिक आसक्त थे, और बाद को उसी के द्वारा उन्हें किस प्रकार राम की भक्ति का निर्देश हुआ—यह कथा जन साधारण में प्रचलित है। इसी कथा की नींव पर कवि ने इस लम्बी कविता की रचना की है; कारण यह कि उसने कथा-तत्त्व में और बहुत-सी बातें देखी हैं जो जन साधारण की दृष्टि से ओझल रहती हैं। तुलसीदास का प्रथम अध्ययन, पश्चात् पूर्व संस्कारों का उदय, प्रकृति-दर्शन और जिज्ञासा, नारी से मोह, मानसिक संघर्ष और अन्त में नारी द्वारा ही विजय आदि वे मनोवैज्ञानिक समस्यायें हैं जिन्हें लेकर कवि ने कथा को विस्तार दिया है। कथा को प्राधान्य देनेवाली कवितायें शतशः है; मनोविज्ञान को आधार मान पद्य में लिखी जानेवाली कविताओं में यह एक ही है।' उसकी कुछ पंक्तियाँ कितनी अच्छी हैं; रंग-नया, ढंग नया, भाव नया, चाव नया, छन्द नया, बंद नया। शब्दों की अजस्र मन्द-मन्थर फुलझड़ी और विचारों का अविरल तथा अगाध स्वच्छ-स्निग्ध प्रवाह—

बह कर समीर ज्यों पुष्पाकुल
वन को कर जाती है व्याकुल,
हो गया चित्त कवि का त्यों तुलकर उन्मन;
वह उस शाखा का वन-विहंग
उड़ गया मुक्त नभ निस्तरंग
छोड़ता रंग पर रंग-रंग पर जीवन।

और उसने सोचा—

सोचा कवि ने मानस-तरंग
यह भारत-संस्कृति पर सभंग
फैली जो, लेती संग-संग जनगण को,
इस अनिल वाह के पार प्रखर
किरणों का वह ज्योतिर्मय घर,
रविकुल जीवन-चुंबन कर मानस-घन जो!

रही 'तुलसी-दास' की प्रकृति-सुन्दरी तो वह तो अपना सानी नहीं रखती। सजीव रूप से प्रत्यक्ष होती चलती है—

यह श्री पावन, गृहिणी उदार;
गिरि-वर उरोज, सरि पयोधार;
कर वन-तरु; फैला फल निहारती देती;
सब जीवों पर है एक दृष्टि,
तृण तृण पर उसकी सुधा-वृष्टि,
प्रेयसी, बदलती वसन सृष्टि नव लेती।

प्रकृति के साथ नारी का भी एक चित्र अवलोकनीय है—

सोचता कौन प्रतिहत चेतन—
वे नहीं प्रिया के नयन, नयन;
वह केवल वहाँ मीन-केतन, युवती में;
अपने वश में कर पुरुष देश
है उड़ा रहा ध्वज मुक्तकेश;
तरुणी-तनु-आलम्बन-विशेष, पृथ्वी में?

इस प्रकार 'तुलसीदास' में निराला की प्रतिभा का प्रवाह इतना प्रखर है कि उसके सामने किसी भी दूसरे आधुनिक कवि की प्रतिभा टिक नहीं

सकती। निराला की तुलसीदास के प्रति अटल श्रद्धा का ही यह सुफल है। इस कारण कभी भी तुलसी के विषय में जब-जब निराला जी कुछ कहते हैं, श्रद्धा गद्‌गद हो जाते हैं। कहने लगे—'आर्ट की इस बारीकी की खूबियाँ' मैंने 'मेरे गीत और कला' में दिखलाने की कोशिश की है, पर हिन्दी वाले उसे पागल का प्रलाप बताते हैं। खैर, तुम इस प्रकार का तुलनात्मक अध्ययन करो। इसके बाद निराला जी एक बढ़िया नाव चुनकर बैठ गये। मैं भी पीछे लगा और नाव चल पड़ी। चारों तरफ का वातावरण जैसे निराला की इन पंक्तियों से बँधा हुआ सामने लेट रहा हो—

अस्ताचल रवि जल छलछल-छवि,
स्तब्ध विश्व-कवि, जीवन उन्मन;
मन्द पवन बहती सुधि रह-रह
परिमल की कह कथा पुरातन
दूर नदी पर नौका सुन्दर
दीखी छतर बहती ज्यों स्वर

× × ×

ऊपर शोभित मेघ छत्र सित
नीचे अमित नील जल दोलित
ध्यान नयन मन, चिन्त्य प्राण-धन,
किया शेष रवि ने कर अर्पण!

मैंने इस गीत को गुनगुनाना शुरू ही किया था कि निराला जी खुल पड़े—

मन्द पवन बहती सुधि रह-रह
परिमल की कह कथा पुरातन।

में 'परिमल' शब्द, गीत को भाव-तृप्ति और मुझे स्मरण की अटूट आस्था का सम्बल, दोनों का भार बड़ी खूबी से वहन करता है। 'परिमल' मेरी पहली कविता-पुस्तक ही नहीं वरन् आधुनिक काव्य-उपवन का परिमल भी है। यहाँ परिमल दोनों अर्थों में बैठता है। अपनी पिछली काव्य-कृतियों में परिमल को मैं 'पे' करता चलता हूँ। 'अनामिका' में भी एक ऐसा गीत है—वही—

फिर सवाँर सितार लो!
बाँध कर फिर ठाट, अपने
अङ्क पर झङ्कार दो।

शब्द के कलि-दल खुलें,
गति-पवन-भर-काँप थर-थर
मीड़ भ्रमरावलि ढुलें
गीत-परिमल बहे निर्मल,
फिर बहार बहार हो।

यहाँ भी 'परिमल' शब्द दोहरका दे रहा है। वास्तव में मुझे बहुत प्रिय है। 'सब सुत मोहिं—प्राण की नाईं, राम देत नहीं बनत गुसाईं' की भाँति चाहे मेरा प्रथम काव्य-संतान के प्रति स्वाभाविक मोह ही कहा जाय, पर है यह सच कि 'परिमल' मुझे प्राणाधिक प्रिय है। उसकी यह प्रार्थना—

मेरे गगन-मगन मन में अयि
किरणमयी, विचरो—
तरु-तोरण-तृण-तृण की कविता
छवि-मधु-सुरभि भरो!

हिन्दी में सफल हो गयी। तुमको क्या पता सन् २० से ३० तक नयी कविता की आफत थी। मेरे मुक्त छन्द को, 'अमित्र' जी को सुन कर लोग-बाग आपस में कानाफूसी करते थे, एक-दूसरे से पूछते थे—'कहो, निराला गद्य पढ़ते हैं कि पद्य' और मैं कभी प्रसन्न कभी उदास होकर चुप रह जाता'। अब तक नाव संगम से काफी दूर जा चुकी थी। निराला जी ने लौटने का आदेश दिया और जेब से सुर्ती-चूना निकाला और खाकर बोले—'परिमल' की प्रभाती ने भी अपने को इस युग के जागरण का सेहरा कमाया। मुक्त भावों की भागदौड़ देखो—

जीवन-प्रसून वह वृन्तहीन
खुल गया उषा-नभ में नवीन,
धारायें ज्योति-सुरभि उर भर
बह चलीं चतुर्दिक कर्मलीन,
तुम भी निज तरुण तरंग खोल
नव-अरुण संग हो लो!
प्रिय, मुद्रित दृग खोलो!
गत-स्वप्न निशा का तिमिर जाल
नव किरणों से धोलो!
मुद्रित दृग खोलो!

पंत ने भी तो लिखा है, करीब-करीब मेरे साथ ही, बल्कि कुछ साल पीछे—

प्रथम रश्मि का आना रंङ्गिणि!
तूने कैसे पहचाना?
कहाँ-कहाँ हे बाल विहंङ्गिनि
पाया तूने यह गाना?
कूक उठी सहसा तरु-वासिनि!
गा तू स्वागत का गाना,
किसने तुमको अन्तर्यामिनि!
बतलाया उसका आना?
खुले पलक फैली सुवर्ण छवि,
जगी सुरभि डोले मधु बाल,
स्पन्दन कम्पन औ' नव जीवन
सीखा जग ने अपनाना!

महादेवी के आते-आते रास्ता काफी साफ हो चुका था, पर उनकी कविताओं में भी प्राचीनता के दबाव की प्रतिक्रिया है—

तन्द्रिल निशीथ में ले आये
गायक तुम अपनी अमर बीन!
प्राणों में भरने स्वर नवीन!
दिव से लावे फिर विश्व जाग चिर जीवन का वरदान छीन!

उनकी एक कविता और भी है, पूरी याद नहीं, पर कुछ ऐसी पंक्तियाँ हैं—

रूप-रेखा उलझनों में
कठिन सीमा बंधनों में
जग बँधा निष्ठुर क्षणों में
अश्रुमय कोमल कहाँ तू
आ गयी परदेशिनी री!

निराला जी अपनी तारीफ सुन कर छोटे बच्चों की भाँति खुश होते हैं। मैंने छेड़ा—'आपको अपनी ही कवितायें नहीं, प्रसाद, पंत, महादेवी सभी की कवितायें काफी याद हैं'। निराला जी प्रसन्न होकर आश्वस्त से हुए और कहा—'हाँ सम-सामयिक कवियों की काव्य-गति जानने के लिए उन्हें पढ़ना पड़ता है, उससे सारे युग का पता चलता है और फिर ये लोग

तो छायावाद के आधार स्तम्भ हैं। मैंने संस्कृत-हिन्दी के पुराने कवि भी पढ़े हैं।'

मैंने प्रश्न किया—'महादेवी जी के काव्य में आपको क्या विशेषता मिलती है?' निराला जैसे उत्तर सोचे बैठे थे, कह चले—'महादेवी का काव्य सभी विशेषताओं से विभूषित है। सभी गीत दिव्य, जैसे भारती के पूजा गीत हों, आस्था में अडिग और कल्पना में चुस्त तथा भावना में विराट। अखिल विश्व को साथ समेटने में देवी जी की क्षमता अद्वितीय है। चार पंक्तियों में सारी दुनिया उतर आती है—

अवनि अम्बर की रुपहली सीप में
तरल मोती सा जलधि जब काँपता
तैरते सित मेघ हिम के खण्ड से
ज्योत्स्ना के रजत पारावार में

कैसा साफ और बेजोड़ बंद है।' नाव किनारे आ लगी। निराला जी ने कहा—'अभी घर जाने का मन नहीं होता, तुमको देर तो नहीं हो रही? चलो सरस्वती घाट में उतरेंगे।' नाव फिर बढ़ चली—छप-छप-छप। 'आज बहुत अच्छा नौका-बिहार रहा। मैंने धीरे से कहा। निराला ने अनुमोदन के स्वरों में कहा—'एक दिन सुबह से आवें और दिन भर यहीं नाव में रहें। खाना-पीना भी यहीं हो, और शाम को भंग भी छने। अच्छा, मैं एक दिन सबकी दावत करूँगा। चन्द्रमुखी जी के यहाँ से खाना बनवाकर ले आवेंगे, वे भी रहेंगी और दो-एक मित्र होंगे तब मजा आयेगा। आजकल मौसम भी सुहावना है, आकाश साफ और हवा भी तर।'

'बहुत अच्छा है' कहते हुए मैंने एक नया प्रश्न किया—'आजकल बातचीत में हिन्दुस्तानी शब्दों का प्रयोग बहुत करते हैं। गांधी का रंग आप पर भी चढ़ा क्या?' निराला ने जल्दी-जल्दी कहना शुरू किया—'नहीं, नहीं, रंग चढ़ने की क्या बात है? बोलचाल में भाषा का रुख स्वाभाविक ही अच्छा लगता है। मैंने 'परिमल' में भी साधारण प्रचलित उर्दू शब्दों का प्रयोग किया है। उससे भाषा में एक रवानगी आ जाती है। हिन्दी जैसी जीवित भाषा प्रत्येक भाषा के शब्द चुनने और खपाने में स्वतन्त्र है। 'कुकुरमुत्ता' में मैंने जानबूझकर हिन्दी-संस्कृत-अंग्रेजी-उर्दू फारसी के शब्द रखे हैं और वे सब हिन्दी बन कर आये हैं। जन साधारण और थोड़ा भी पढ़े-

लिखे उन्हें जानते-पहचानते हैं।' सरस्वती घाट भी करीब पहुँचा देखकर निराला ने मल्लाह से पूछा—'कितने पैसे चाहिये? तुमने मेहनत की है और हमने मजा उठाया है।' मल्लाह की मुँह माँगी मजदूरी देकर हम लोग नाव से उतर पड़े। निराला ने नाव से उतरते ही ऐसी चुप्पी साधी जो अलग होने के चौराहे में टूटी—'अच्छा तो अब जाओ' कहकर निराला ने दारागंज का रास्ता पकड़ा और मैंने के.पी.यू.सी. का।

लौटते समय मैं निराला जी की दशा पर मन-ही-मन विचार कर रहा था कि इतना बड़ा व्यक्ति आज दो-दो दानों को मारा-मारा फिरता है। कोई कहीं ठौर-ठिकाना नहीं, फिर भी उसके पास विषाद का आभास नहीं मिलता। वही कवियोचित चंचलता, हँसी और उदारता। भारत यदि स्वतन्त्र होता तो निराला की यह हालत न होती, फिर लगा कौन जाने तब भी अधिकारी लोग निराला के साथ शायद यही व्यवहार करते? साहित्य-सम्मेलन ने, हिन्दुस्तानी एकेडमी ने ही क्या किया? और तो और निराला के साथियों ने भी उनसे आत्मीयता का व्यवहार नहीं किया, उचित स्नेह-सम्मान नहीं दिया। तब गैरों से क्या आशा की जाय? दूसरे दिन मैंने 'देशदूत' में एक नोट लिखा जिसमें निराला की करुण-कथा का चित्रण करके देश के पदवीधरों और नेताओं तथा साहित्यिकों से उनकी रक्षा की अपील की, पर किसी के कान में जूँ तक नहीं रेंगी। महादेवी जी ने कुछ थोड़ा-बहुत उपाय किया भी, पर वह पूरा नहीं पड़ा।

दो-तीन दिन बाद निराला जी सुबह मेरे हॉस्टल आये और कहने लगे—'आज तो इतवार है, तुम्हारे यहाँ स्पेशल बना होगा; मँगवाओ, कुछ खाया जाय।' मैंने शीघ्र ही थाली मँगवाई, पर दुर्भाग्य से खाना स्पेशल न होकर बिलकुल साधारण था। निराला जी ने थाल देखकर हँसते हुए कहा, 'जहाँ कबीर माँठा का जाँय, भैंस-पड़वा दोनों मर जाँय!' यही होता है, लोग गलत नहीं कहते कि 'राजा नल पर विपत पड़ी, भूँजी मछली दह में पड़ी।' ये शब्द जैसे मेरे भीतर काँटें की तरह चुभ गये। निराला जी ने घर के घी के साथ डटकर भोजन किया और बार-बार खूब तारीफ भी की। मैंने आग्रह किया—'निराला जी, आप भोजन यहीं किया करें, आपके साथ खाने में बहुत सुख मिलता है।' उन्होंने मेरी बात मान ली और रोज आने का निश्चय भी कर लिया और तीन-चार दिन लगातार आये भी। एक दिन आते ही हाँफ-हाँफकर कहने लगे—'ओह, पस्त हो गया, चलते-

चलते कचूमर निकल जाता है। कल से मैं नहीं आऊँगा। इतना चलने और थकने से घर में पेट दबाये पड़े रहना अधिक अच्छा है। ऐसा करने में जान के लाले पड़ जाते हैं। पैर कट गये, सिर चकरा गया'। मैंने निवेदन किया—'निराला जी एक उपाय और है, मैं हॉस्टल छोड़कर आपके साथ रहने लगूँ और एक नौकर रख लें। दोनों जने डट के रहेंगे। मेरे पास साइकिल है ही, आने-जाने में किसी प्रकार की कठिनाई भी नहीं होगी। कहिए कब सामान भेजूँ?' निराला जी ने सिर हिलाते हुए कहा—'नहीं, यह ठीक नहीं है। तुम्हारा व्यवस्थित जीवन बर्बाद हो जावेगा। पढ़ाई-लिखाई चौपट हो जावेगी। अपनी डाक्टरेट की डिग्री ले लो तब साथ रहेंगे, अभी नहीं।' मैंने पूछा—'डाक्टरेट की डिग्री और साथ रहने से क्या सम्बन्ध है?' निराला ने बड़ी गम्भीरता से उत्तर दिया—'सम्बन्ध यही है कि अभी तुम, कुछ भी हो, पर विद्यार्थी हो, और डिग्री के पश्चात तुम्हारी पोजीशन दूसरी हो जावेगी। तब साथ ही रहेंगे, कुछ लिखें-पढ़ेंगे। इस समय जिस प्रकार मैं रहता हूँ, उस स्थिति में तुम्हारा मेरे साथ रहना ठीक नहीं है। मेरे पीछे पुलिस भी तो लगी है, तुमको परेशानी क्यों उठानी पड़े? और भी बहुत-सी बातें हैं जिनका राज बाद में खुलेगा।'

निराला जी की ये बहकी-बहकी बातें सुन कर मैं कुछ अजीब सा अनुभव करने लगा और वे कहते गये—'मेरी हालत तुम नहीं जानते, मुझसे हिन्दू-मुसलमान-ईसाई सब नाराज हैं और सरकार तो मेरी जानी दुश्मन है, चाहे अंग्रेजी सरकार हो चाहे कांग्रेसी सरकार, दोनों को मुझसे दाब पाना है। 'अनामिका' की 'वन-बेला' तुमने पढ़ी है। उसमें भारतीय नेताओं के प्रति लिखा है—

> इतना भी नहीं, लक्षपति का भी यदि कुमार
> होता मैं, शिक्षा पाता अरब समुद्र पार,
> देश की नीति के मेरे पिता परम पंडित
> एकाधिकार रखते भी धन पर, अविचल-चित
> होते उग्रतर साम्यवादी, करते प्रचार,
> चुनती जनता राष्ट्रपति उन्हें ही सुनिर्धार,
>
> पैसे में दस राष्ट्रीय गीत रचकर उन पर
> कुछ लोग बेचते गा गा गर्दभ-मर्दन-स्वर,
> हिन्दी-सम्मेलन भी न कभी पीछे को पग

रखता कि अटल साहित्य कहीं यह हो डगमग,
मैं पाता खबर तार से त्वरित समुद्र-पार
लार्ड के लाड़लों को देता दावत-विहार;

इस तरह खर्च केवल सहस्र षट मास मास
पूरा कर आता लौट योग्य निज पिता पास
वायुयान से, भारत पर रखता चरण कमल
पत्रों के प्रतिनिधि-दल में मच जाती हलचल,
दौड़ते सभी, कैमरा हाथ, कहते सत्वर
निज अभिप्राय, मैं सभ्य मान जाता झुककर

जितने रूस के भाव, मैं कह जाता अस्थिर
समझते विचक्षण ही जब वे छपते फिर फिर,
फिर पिता सङ्ग
जनता की सेवा का वक्त मैं लेता अभङ्ग
करता प्रचार
मंच पर खड़ा हो, साम्यवाद इतना उदार।

इस कविता में कई नेता अपने-आप सामने आ जाते हैं और सचाई की तीव्रता में तिलमिला उठते हैं। मुझसे नाराज हैं। मैं गांधी-जवाहर से यों भी हिन्दी के लिए लड़ चुका हूँ; टंडन जी और सम्पूर्णानन्द को भी खरी-खोटी सुना चुका हूँ। इसलिए यह दल का दल मेरी ताक में रहता है। अंग्रेजों की भी आँख में मैं बहुत पहले से ही चढ़ा हूँ, यद्यपि हिन्दी में प्रचलित राष्ट्रीय-प्रणाली को मैंने कभी नहीं अपनाया, पर विदेशी सरकार की खबर मैंने किसी से कम नहीं ली है। पर इस देश में अजब तमाशा भी तो है—

माल मारा था जिन्होंने वे हुए तहसीलदार
गँठ-कटों की हो गयी है थानेदारी आजकल!

सुभाष का उदाहरण भी सामने है। मैं तो किसी दल में नहीं हूँ और इस कारण सबकी आँख की किरकिरी बना हूँ। तुम्हारे लिए मेरे साथ रहना ठीक नहीं है। बैठे-बैठाए आफत क्यों खरीदना चाहते हो? निराला सब दिन अकेले रहा है और रहेगा।' इतना कहकर वे चारपाई में लुढ़क पड़े। शाम को प्रेस बंद हो जाने की वजह से करीब दो बजे बाहर चलने की

इच्छा बताकर वे सो गये। मैं बैठा-बैठा कुछ पढ़ने लगा। निराला जी बार-बार करवटें बदल रहे थे, कुछ उदास भी थे। लगता था कि उन्हें नींद नहीं आ रही है। वे थोड़ी ही देर बाद उठ बैठे और बोले—'चलो दो गीत बेचने हैं, कल दावत कर डालनी है।' हम लोग पहले लीडर-प्रेस में भारत संपादक के पास गये। निराला जी ने जेब से दो गजलें निकालीं और संपादक जी को, जो टेबिल पर पैर रखे कुर्सी पर बैठे थे, थमाते हुए कहा—'चाहें तो इन्हें भारत में छापने के लिए ले लें और रुपया आज ही दिला दें।' संपादक जी ऊँघते स्वरों में उसी तरह बैठे-बैठे बोले—'निराला जी, हमें आप गजल न देकर कोई दूसरी चीज दें, यह तो हम न छाप सकेंगे।' निराला का कवि-हृदय छू गया और गजलें वापस लेते हुए उन्होंने कहा—'मैं आपसे कवितायें लिखने का विषय सीखने नहीं आया। मेरे पास जो माल है आप चाहें तो खरीद लें चाहें तो वापस कर दें।' संपादक जी ने गजलें लेने से इनकार कर दिया और हम लोग मुँह की खाकर वापस चले आये।

रास्ते में मैं संपादकीय व्यवहार की कटु आलोचना करने लगा। तब निराला जी ने धैर्य के साथ कहा—'अभी क्या है, चलो इंडियन प्रेस भी चलें, शायद 'देशदूत' वाले ले लें। रही सम्मान-अपमान की बात तो मुझे अब इसका दुख नहीं होता। अपनी गरज से जानेवालों का सम्मान होता भी तो नहीं और अगर सम्मान की चिंता करें तो खायें-पीयें क्या खाक?'

मैंने विस्मय-विमुग्ध होकर निराला का यह प्रवचन सुना और चुप रहा। सौभाग्य से श्री निर्मल जी ने गजलें ले लीं और निराला जी को फिलहाल अपने पास से रुपये देकर रसीद लिखा ली। दोनों प्रसन्न मन हॉस्टल लौट आये। दूसरे दिन दावत की तय हुई और निराला जी धीर-पद तथा मन्द-गति से दारागंज चले गये। दूसरे दिन आठ बजे सवेरे ही मैं दारागंज पहुँच गया। निराला जी बहुत प्रसन्न थे, कहने लगे—'आज घर में उत्सव है, सब लोग आयेंगे। पाठक जी पान बहुत खाते हैं, न हो तो एक रुपये के पान लगवा लाओ! खाना, सुधा जी बना रही हैं। दस बजे यहाँ से चल देना है। स्नान भी तो करना होगा? धोती नहीं है, औरतें साथ में हैं; कोई हर्ज नहीं, मैं न नहाऊँगा। सामान ताकने को भी तो कोई चाहिये ना'? मैंने साइकिल से जाकर धोती ले आने का प्रस्ताव किया, पर निराला जी ने मना कर दिया। जहाँ तक सम्भव होता है वे कभी किसी को अपने काम

के लिए कष्ट नहीं देना चाहते। उनके स्नेह का पूरा अधिकार पाकर भी मैंने कभी उनकी सेवा का समय नहीं पाया। 'साइटिका' के दर्द में भी पैर दबवाना वे गुनाह समझते हैं। इस विषय को लेकर कई बार उनसे कहा-सुनी भी की, पर वे अपनी हठ पर डटे रहे।

सुधा जी ने खाना बनने और स्वयं तैयार होने की सूचना भेजी और हम लोग उनके घर की ओर चले। ताँगा मँगाया गया और सुधा जी मय सामान और अपने पति श्री ओझा जी के साथ उसमें बैठीं, उनकी बड़ी बहन भी साथ थीं। निराला ने कहा—'आप लोग चलिए सरस्वती घाट पर इंतजार कीजिएगा, हम औरों को लेकर आते हैं।' दस बजते-बजते पाठक जी और दारागंज के वाजपेयी और दो-एक सज्जन भी आ गये। निराला जी ने पूछा—'पैदल चलने से तो देर होगी और एक ताँगा काफी नहीं होगा, दो ताँगे बेकार होंगे, क्या किया जाय? आप लोग जल्दी तय कीजिए।' पाठक जी ने तुरंत उत्तर दिया—'पाँच को ताँगा बिठा लेगा और पाँडेय अपनी साइकिल कभी छोड़ते नहीं।' निराला ने व्यंग्य किया—'पाँच-छः लड़कियाँ ताँगे में बैठती हैं। आदमियों को और खासकर हम जैसों को कोई ताँगे वाला नहीं बिठा लेगा, पर हाँ, पैसे का प्रलोभन देने से शायद ले चले।' सब लोग ताँगे के अड्डे की ओर चल पड़े। ताँगा भी मिल गया।

किनारे पर बैठी सुधा जी विष घोल रही थीं—'बड़ी देर कर दी, धूप भी कड़ी है। निराला जी आप पूरे कवि हैं।' निराला जी ने कहा—'बेटी, आश्चर्य है कि तुमने यह आज जाना। कवि तो मैं सन् १५ से हूँ।' सब लोग एक छायादार बड़ी नाव में जा बैठे। निराला जी ने कहा—'आठ-दस जने का खासा मजमा है, पर इस पार्टी का सदर आला कौन बनेगा।' लोगों के प्रस्तावित नामों में ओझा जी के वोट ज्यादा पड़े। निराला जी ने कुरते की जेब से एक बंगाली दैनिक पत्र निकालकर उसकी टोपी बनाई और ओझा जी के ऊपर ताज के रूप में रख दी। मनमानी बातें होती रहीं, पर साहित्य चर्चा किसी ने न चलाई। नाव गंगा के बहाव के साथ छोड़ दी गयी और खाना शुरू हुआ।

निराला जी एक हाथ से खाते और दूसरे से परोसते जाते थे—'पूड़ी लो, गुझिया तो ले ही सकते हो, समोसा की तो बात ही क्या है?' इस प्रकार सभी को बड़े प्यार से खिलाया-पिलाया और कहने लगे—'सुधा का

बनाया भोजन बहुत दिव्य और मधुर होता है, क्यों सदर आला जी!' हम सबने एक स्वर से उनका अनुमोदन किया और दावत पूरी हुई। बाद में निराला जी ने मल्लाह को भी पूड़ियाँ देनी चाहीं, पर उसने नहीं लीं। 'बाबू जी, खाते-खाते आपने सब छू दिया है, हम' के साथ वह संकोच और धर्म में गड़ गया। निराला जी ने तुरंत एक रुपया उसे निकालकर दिया और कहा—'यह नाव की कीमत नहीं है, दावत का रुपया है। बाजार से शुद्ध मिठाई-पूड़ी लेकर खा लेना।' मल्लाह पर मैं नाराज ही होने जा रहा था, पर मेरी क्रोधाग्नि में जैसे पानी पड़ गया। पान-तम्बाकू के बाद सब आराम से बैठ गये। निराला जी ने जगह बदलने के प्रयास में नाव को इस तरह विचलित कर दिया कि सुधा जी की बड़ी बहन चिल्लाकर ओझा जी से सट गयीं। निराला जी ने मजाक में कहा—'सदर आला को गङ्गा की छाती में यह अधिकार नहीं, और हँस पड़े। इधर-उधर धूप-छाया का हिसाब-किताब देखकर वे लेटने की टोह में लीन हो गये। मैंने ताड़ लिया और विरोध के स्वरों में कहा—'आपको भी गंगा की छाती में सोने का अधिकार नहीं।' निराला जी एक दार्शनिक की भाँति नाक-भौं सिकोड़कर बोले—'अधिकार का प्रश्न तो दो के बीच में उठता है, मैं तो अकेला सोऊँगा; नितान्त अद्वैत-मायातीत। यह भी है कि इस सोने के लिए मैंने बहुत कुछ छोड़ा है, अब इसे कौन छोड़े? अभी आध-घंटे में उठता हूँ।' वे नाव की एक तरफ की पट्टी पर चित लेट गये और हम में से दो-तीन-चार दूसरी पट्टी पर उनका बैलेन्स ठीक करने लगे। स्त्रियाँ पीछे की ओर बीच में बैठीं। पाठक जी ने कहा—'दूर से देखने पर नाव में काठ की धन्नी लदी दिखाई पड़ती होगी।' वाजपेयी ने ठहाका दिया और सहसा ठिठके फिर धीरे से कहा—'निराला जी अब स्वस्थ हो गये हैं, बीमारी की क्षीणता देखकर मुझे उम्मीद नहीं थी कि फिर ऐसा शरीर हो जायेगा। भूख-प्यास को झेलकर भी इतना प्रसन्न और स्वस्थ रहना निराला की ही विशेषता है।' आँखें खोलकर निराला जी ने अपनी दाहिनी भुजा उठाई, देखा और बोले—'प्रसन्न तो हूँ, पर स्वस्थ नहीं हूँ। फिफ्टी पौंड वजन अब भी कम है। जाड़ा आ गया, गोश्त और कसरत चलेगी; तँगड़ा पड़ जाऊँगा।' आँखें फिर बंद कर लीं।

नीले जल के ऊपर धूप-छाँही नाव में निराला का सौम्य मुख मंडल बहुत ही भला मालूम पड़ रहा था। प्रकृति के दुलारे कवि का इस प्रकार सोना

मेरे लिए आकर्षण का केन्द्र बन गया था। स्मृति में निराला की ये पंक्तियाँ ऊभ-चूभ करने लगीं—'निद्रालस बंकिम विशाल नेत्र', 'स्नेह-स्वप्न मग्न अमल कोमल तनु', 'दृगवन्द किये', शिथिल पत्रांङ्क (नावांङ्क) में सोता निराला वास्तव में उस समय अपनी उपर्युक्त कल्पना का सत्य बन रहा था। बड़ी-बड़ी आँखें, डाढ़ी-मूँछ सफाचट्ट स्निग्ध कवि मुखाकृति, पतले मुस्कराते से होंठ सब मिलाकर आकर्षक व्यक्तित्व, उस समय 'जुही की कली' की कोमलता और उसके तरुणी रूप की स्त्रैण मधुरता की प्रतिकृति निराला का मुख बन रहा था। इसे वाजपेयी जी ने भी माना है। यों भी निराला के काव्य का दुर्धर्ष ओज उनकी मुखाकृति में नहीं उभरता, वहाँ तो निराला के हृदय का करुण-कोमल माधुर्य ही लहरें मारता है। उनके चित्रों से भी यह स्पष्ट है। 'तुलसीदास' के साथ प्रकाशित उनके चित्र को देखकर जनाब 'फिराक' साहब ने कहा था—'निराला इसमें आप बुढ़िया मेम लग रहे हैं', निराला से प्रतिवाद करते नहीं बना, उन्होंने यों ही कह दिया था— 'मैं सुन्दर हूँ और सौन्दर्य नारीत्व की बपौती है। रवीन्द्रनाथ तक ने लिखा है—'आभार माझारे जे आछे से गो कोनो विरहिणी नारी?' आपको मेम बुढ़िया विधवा लगती है कि सधवा? अदम्य आत्म-प्रकाश की प्रवृत्ति के कारण कवि सदैव एक अभाव का अनुभव करता है, पूर्णता का आधार खोजता है। इस खोज में नारीत्व का माधुर्य ही प्राप्ति का माध्यम बनता है। प्राय: कवि सुन्दर होते हैं। रवीन्द्र, पंत को देखो। कीट्स को भी बहुत सुन्दर बताया जाता है और गेटे तो था ही सुन्दर और विवेकानन्द तो अभी हाल ही में थे।'

मुझे याद आया कि महादेवी जी बता रही थीं कि पंत जी को पहले-पहल जब विद्यार्थी के रूप में हिन्दू-हास्टल के कवि सम्मेलन में देखा तब उन्होंने पहले लड़की ही समझा और पुरुषों के बीच उस प्रकार की बैठने की धृष्टता पर नाराज भी हो रही थीं कि किसी ने कहा कि वह लड़की की तरह लगनेवाले कवि श्री पंत जी हैं। जो भी हो निराला उस दिन बहुत जँच रहे थे। किसी को खिलाने-पिलाने का उनको सहज ही, बेहद शौक है। इसकी सुविधा जुटने पर वे अत्यन्त स्नेह-सिक्त हो उठते हैं। उनके हृदय का सारा ममत्व, सारा माधुर्य उनके मुँह में मँड़राने लगता है। उस दिन मुझको ऐसा ही लगा। थोड़ी देर बाद निराला जी उठ बैठे। झुककर मुँह धोया और कुरते के सामनेवाले पल्ले से पोंछने लगे। बढ़िया सी सेठों

जैसी तोंद दिखी। मैंने कहा—'निराला जी, आपका वजन अब भी कम है?' निराला जी ने चट से उत्तर दिया—'पेट मत देखो, यही तो विकार है। हिन्दुस्तानी पहलवानों का पेट आगे चलकर बढ़ भी जाता है, यहाँ के डंड-बैठक बड़े पेटू होते हैं। पाँच सौ डंड-बैठक लगाओ और सेर भर मलाई खाओ। गामा की खुराक सुनो तो गश आ जाय।' करीब तीन बज चुके थे। नाव वापस की गयी और कविता पाठ होने लगा। सुधा जी ने एक सुन्दर छोटा गीत सुनाया। वाजपेयी जी भी मटके—'मैं प्यासा ही रह गया हाय तुम चटुल गगरियाँ लिए चलीं।' पाठक जी ने सबसे अधिक वाह-वाह की। मेरी भी बारी सदर आला जी ने बताई और मैंने पंत जी की कविता 'नौका-विहार' सुनाई। निराला जी 'तेरे जहाँ ही जहाँ वह बाल तहाँ-तहाँ ताल में होत त्रिवेणी' वाली कुछ पक्तियों सुनाकर कालिदास के 'ऋतु संहार' से उठाकर शरद की शुभ्रता और स्निग्धता पर बड़ी देर तक मुग्ध होते और करते रहे। संस्कृत श्लोक भी वे इतना सुन्दर पढ़ पाते हैं मैंने उस दिन प्रथम बार जाना।

किनारा करीब-करीब आ गया था। दिन डूब रहा था। पानी में गुलाल धुल चला था। हवा ठंडी हो चली थी। लौटने की उदासी, साथ छूटने की कल्पना के बीच निराला जी ने सुनाया—

हमारा डूब रहा दिनमान!
मास-मास दिन-दिन प्रतिपल,
उगल रहे हो गरल-अनल,
जलता यह जीवन असफल,
हिम-हत-पातों-सा असमय ही
झुलसा हुआ शुष्क निश्चल
विकल डालियों से
झरने ही पर हैं पल्लव प्राण!
हमारा डूब रहा दिन मान!

भाव-विभोर होकर बोले—'साँझ होते ही न जाने छा गयी कैसी उदासी', नरेन्द्र ने खूब लिखा है।

लौटकर दारागंज में एक पत्र मिला। दरवाजा खोलते ही निराला जी ने उठा लिया। तब तक काफी अँधेरा हो चुका था। पत्र को लिए ऊपर चले गये। ताक से दिया निकाला और जलाया। पत्र पढ़ा। पत्र किसी फिल्म

कम्पनी का था। उसमें निराला जी के लिए हजार रुपये मासिक की नौकरी का आफर था। जब से निराला के स्नेही श्री अमृतलाल नागर फिल्मी दुनिया में गये तब से निराला जी को कई कम्पनियों से इस तरह के निमंत्रण मिल चुके थे। पत्र को मेरी ओर बढ़ाते हुए कहा—'मैंने तो अब तक सौ रुपया माह भी नहीं कमाया तो हजार का हिसाब मैं क्या जानूँ? यार लोग सोचते हैं पंत नौकर उदयशंकर के तो निराला क्यों रह जाय, उसे सिनेमा में ठूँसो। मुझे नहीं चाहिये नौकरी और पंत के लिए तो तुम्हीं बता रहे थे, शान्तिप्रिय ठीक कहता है कि पंत से नौकरी कराना गाय से हल जोतवाना है। मैंने भी लिखा है—

तबला दोनों हाथ आया हथियार
दरबारी वीर राग छाया रहा।
सुब्हों शाम किरन जैसे तार
जीवन-संग्राम हमारा छिड़ा।

सत्य सिनेमा की नटी से नाँचा,
पूरब का पाया हिला पश्चिम से,
दुश्मन की जान आई आफत में
गली-गली गले के गोले दगे।

कैद पासपोर्ट की नहीं तो कभी
देश आधा खाली हो गया होता;
देविका रानी और उदयशंकर के
पीछे लगे लोग चले गये होते।

यह समय ऐसा ही है। केवल साहित्य से जी सकना अभी यहाँ सम्भव नहीं है। बड़ी विवशता है, नाको दम है। चैन तो बे के बिना बात नहीं करता।' मैंने फौरन हाँ में हाँ मिलाई। 'वास्तव में आपको छोड़कर सभी साहित्यिक नौकर-चाकर हैं। आपने 'अणिमा' में लिखा है—

आज सभ्यता के वैज्ञानिक जड़ विकास पर
गर्वित विश्व नष्ट होने की ओर अग्रसर
स्पष्ट दिख रहा, सुख के लिए खिलौने जैसे
बने हुए वैज्ञानिक साधन, केवल पैसे

आज लक्ष में है मानव के, स्थल-जल-अम्बर
रेल-तार-बिजली-जहाज नभयानों से भर
दर्प कर रहे हैं मानव; वर्ग से वर्ग गण,
भिड़े राष्ट्र से राष्ट्र, स्वार्थ से स्वार्थ विचक्षण!

हँसते हैं जड़वाद ग्रस्त, प्रेत ज्यों परस्पर,
विकृत-नयन-मुख, कहते हुए, अतीत भयङ्कर
था मानव के लिए, पतित था वहीं विश्वमन,
अपटु अशिक्षित वन्य हमारे रहे बन्धुगण,

नहीं वहाँ था कहीं आज का मुक्तप्राण यह,
तर्क सिद्ध है, स्वप्न एक है विनिर्वाण यह!'

निराला जैसे उछल पड़े और बोले—'बस-बस,यही तो पेंच है। इसी का नाम 'धोबिया पछार' रखा गया है'। इसके बाद उन्होंने एक साँस में कहा—'भाग जाओ साइकिल में बत्ती भी नहीं है, आजकल पुलिस का भी नहीं, फौजी राज है; सोच-समझ कर चला करो।'

तीन-चार दिनों के बाद निराला जी महादेवी जी के यहाँ मिले। बड़ी देर तक देश की विकट परिस्थिति, नेताओं की गिरफ्तारी और सन् ४२ के स्वतन्त्रता संग्राम की बातें होती रहीं। निराला जी ने कहा—'अभी कई खून की होलियाँ खेली जावेंगी। देश भूख की ज्वाला में तपकर निखर रहा है। बिना स्वतन्त्र हुए इस बार दम नहीं लेगा। राख के नीचे की आग हवा चलते ही दहकने लगती है। सुभाष की आहुतियाँ भी तो अपना काम कर रही हैं।' कहते, निराला जी सिकुड़ गये और जोर की जमुहाई ली। देवी जी ने श्री पंत की चर्चा छेड़ी—'सुना है बहुत बीमार हैं, दिल्ली में डाक्टर जोशी के यहाँ हैं।' निराला जी को जैसे मरते समय माहुर मिला! आश्चर्य से बोले—'अच्छा, क्या पत्र आया है? क्या बीमारी है? कोई राजरोग है या योंही साधारण'। देवी जी ने बताया कि पंत जी को टाईफाइड ज्वर है, बहुत कमजोर हो गये हैं। मेरी तो तबियत खराब है वरना जाती।' निराला जी ने फौरन कहा—'मैं भी जाता, मगर खर्च नहीं, और किसी के दान से गंगा नहाना मुझे पसंद नहीं। दिल्ली रेडियो से बुलावा आया भी था मगर मैंने लिख दिया ५०१ रुपया लूँगा। ज्यों-ज्यों लोग रुपयों की तरफ अधिक झुकते जाते हैं त्यों-त्यों मैं अपनी फीस भी बढ़ाता जाता हूँ। मैंने

तय किया है कि कवि-सम्मेलनों में ११०० और रेडियो में ५०१ से कम में न जाऊँगा।

देवी जी ने कहा—'कवि-सम्मेलन चाहे न भी दे, पर रेडियो जरूर देगा। मेरे पास भी उनका पत्र आया है उसमें लिखा है कि जितना आप चाहें उतना रुपया देंगे। पर मैं वहाँ गाने कभी तो नहीं गयी अब क्या जाऊँगी'। निराला जी ने सयानेपन के साथ देवी जी के निश्चय का समर्थन किया और कहने लगे—'आप कभी भूलकर भी न जाइए। एक बार बुला भी लेंगे तो उनका रिकार्ड तैयार ही हो जावेगा फिर कौन पूछता है। रेडियो की नीति बहुत बुरी है। इसका तो 'बाइकाट' करना चाहिये। बाँदा से कवि सम्मेलन का बुलावा मेरी शर्तों के साथ आया है, मैं शनिवार को जाऊँगा। कुछ रुपया मिला तो दिल्ली जाना होगा। पंत को देखना जरूरी है!' वे चले गये तब देवी जी ने कहा—'निराला जी पंत जी को बहुत चाहते हैं और मन-ही-मन स्पर्धा भी रखते। खुद चाहे पंत जी की आलोचना भी कर लें, पर दूसरा यदि पंत जी की कृतियों को भला-बुरा कहे तो सुन नहीं पाते, शीघ्र ही प्रतिवाद करते हैं। एक दिन मैंने कह दिया कि युगान्त के बाद वाली पंत जी की कवितायें मुझे उतनी अच्छी नहीं लगतीं जितनी पहले की। इस पर निराला जी शतशः प्रकारेण उन कविताओं का सौन्दर्य और उनकी अतीत आवश्यकता प्रतिपादित करते रहे।'

मैंने दावत का किस्सा भी कह सुनाया, सुन कर देवी जी ने कहा—'यहीं पर तो निराला, निराला हैं। ठीक ही है उदारता तो मनुष्य का शृंगार है।' मैंने टोका—'उदारता के अतिरिक्त एक बात और है। निराला के परिचितों, मित्रों सभी का जीवन उनसे अधिक व्यवस्थित है। सभी लोग निराला जी को चाय-पानी पिलाते हैं। निराला भी इसका बदला देना चाहते हैं, पर व्यवस्था नहीं हो पाती। इसलिए समय-समय पर सामूहिक भोजों का आयोजन करते रहते हैं। अभी उस दिन रामप्रताप बहादुर को करीब १० रुपये का सामान भेंट कर आये, फिराक साहब को बोतल चढ़ा आये, नुमायश में चाय-पार्टी दी। वे किसी बात में किसी से कम रहना चाहते भी नहीं।'

बाँदा जाते समय निराला जी से भेंट नहीं हुई, पर वे चले गये। उसी तरफ से उन्नाव पहुँचे और तब प्रयाग आये। उनका डेढ़ महीना के करीब बाहर बीता। पत्र-व्यवहार भी नहीं हुआ योंही उड़ती खबरें मिलती रहीं, उनकी

कुशलता का निश्चय बना रहा। इस बार जब निराला जी प्रयाग आये तब उनकी हालत और भी बुरे हाल थी। पंडा बाबा का किराया भी बढ़ गया था। चीजों के दाम बढ़ गये थे। सब तरफ महँगाई की महिमा छा रही थी। बंगाल का नर-संहारी, शासन व्यवस्थित अकाल अपना मुँह खोल चुका था। निराला जी ने देव साहब के यहाँ कहा—'भुखमरी लाशों की संख्या छपते-छपते अखबारों में बदबू आने लगी, पर तुम्हारा बंगाल न बदला। लाखों आदमी कुत्ते की मौत मर गये। अरे डाका डालते, दूकान लूटते, खजाने पर कब्जा जमाते और गोली खाकर मरते। देव, माफ करना बंगाली बहुत गावदी होता है।' देव साहब भीतर चाय लेने चले गये। जब तक वापस आये निराला जी शान्त हो चुके थे। उन्होंने कहा—'कुछ खिलाओगे नहीं, खुराक नहीं मिली, भूख लगी है,' और मेरी ओर मुड़े, 'अभी तो तुमने खाना नहीं खाया, चलो हॉस्टल में खायेंगे।' तीनों ने चाय पी और हॉस्टल की ओर चले। पहुँचकर खाना खाया तब निराला जी ने डकार के साथ सुनाया—

चूँकि यहाँ दाना है
इसीलिए दीन है, दीवाना है
लोग हैं, महफिल है
नग्मे हैं, साज है, दिलदार है और दिल है,
शमा है, परवाना है
चूँकि यहाँ दाना है।

आँख है, लगी हुई;
जान है, जीवट भी है भगी हुई,
दोनों आँखों वाला है, काना है,
चूँकि यहाँ दाना है।

अम्मा है, बप्पा है
पापड़ है, और गोलगप्पा है
नौजवान मामा है, और बुड्ढा नाना है,
चूँकि यहाँ दाना है।

और उठ खड़े हुए। मैंने महान आश्चर्य से पूछा—'सोइयेगा नहीं ?' निराला जी ने दबी सी जबान में बताया कि वे अब दिन में नहीं सोते। प्रकाश का

समुचित प्रबंध न होने के कारण शाम से ही सो जाते हैं और दिन भर काम करते हैं। अपनी आवश्यकता के अनुसार अपने को मोड़-तोड़ लेने में उनकी क्षमता अद्भुत है। वे अकसर कहते भी हैं कि 'गरीबी का कोड़ा और नाक का फोड़ा' आदमी से चाहे जो करा ले थोड़ा है।'

खाना-पीना-सोना-पहनना सभी में तो उनको समय-समय पर बहुत ही कठिन समझौते करने पड़े हैं; निराला ने 'सुकुल की बीबी' कहानी में लिखा है—'अपना नंगा बदन याद आया। ढँकना, कोई कपड़ा न था। कल्पना में सजने के तरह-तरह के सूट याद आये, पर वास्तव में दो मैले कुरते थे। बड़ा गुस्सा लगा, प्रकाशकों पर। कहा, नीच हैं, लेखकों की कद्र नहीं करते। उठकर मुंशी जी के कमरे में गया, उनकी रेशमी चादर उठा लाया। कायदे से गले में डालकर देखा, फबती है या नहीं। बालों की याद आई—उकस न गये हों। जल्द-जल्द आईना उठाया। एक बार मुँह देखा, कई बार आँखें सामने रेल-रेल कर। फिर तनकर गम्भीर मुद्रा में बैठा।' उनका सब दिन यही हाल रहा है। कभी लुंगी है तो जूता नहीं और कभी जूता है तो कुरता नहीं। पूरा ड्रेस कभी भी नसीब नहीं हुआ। और इधर सन् ४० से तो वे प्राय: नंगे-बदन रहने लगे, कभी-कभी एक उपन्ना गले में डाल लेते थे; कभी वह भी नदारत। मेरे हॉस्टल के लड़के उनकी ओर आँखें फाड़-फाड़कर देखते थे। निराला ने सोचा, कपड़ों की कमी पर एतराज करते होंगे।

शनिवार को महादेवी जी के यहाँ से जोशी जी के यहाँ चलने की बात तय करके निराला जी दारागंज वापस गये और इतवार को ही सुबह फिर आ पहुँचे। देवी जी के यहाँ बड़ी देर तक निराला जी अपनी बाँदा यात्रा और कवि-सम्मेलन की बात करते रहे। उन्होंने बताया कि वे अब अपनी नयी कवितायें ही सुनाते हैं मगर लोगों की माँग पुरानी कविताओं की रहती है। इस देश का पुरानापन नहीं छूटेगा। इतने में भक्तिन चाय ले आई और साथ ही गर्म-गर्म पकौड़ी, निराला जी खिल उठे और कहा—'देखिए कैसी सोंधी-सोंधी गर्म पकौड़ियों हैं। इतने प्रिय खाद्य पदार्थ पर यदि कविता लिखी जाय तो बुराई क्या है? सुनिए तो सही'—

गर्म पकौड़ी—
ऐ गर्म पकौड़ी।
तेल की भुनी

नमक-मिर्च की मिली,
ऐ गर्म पकौड़ी।
तूने पहले मुझको खींचा,
दिल लेकर फिर कपड़े-सा फींचा,
तेरे लिए छोड़ी बम्हन की पकाई—
मैंने घी की कचौड़ी।
ऐ गर्म पकौड़ी।

उन दिनों निराला का पकौड़ियों से प्रायः रोज ही पाला पड़ता था। दो-चार पैसे की गर्म पकौड़ियों खाईं, पानी पिया और दिन भर को मस्त। देवी जी ने कहा—'यह सब तो ठीक है पर बंगाल के अकाल पर भी तो हम लोगों को कुछ बोलना चाहिये। मनुष्यता के इतिहास में इससे बड़ी लज्जा की कोई दूसरी बात नहीं। सड़कें लाशों से पट रही हैं और कोई उपाय नहीं किया जाता।' निराला जी जैसे बिगड़ उठे और कहा—'तो आप ही क्या उपाय कीजिएगा। देश की बागडोर जिन लोगों के हाथ है वे मरकर भी अहिंसक बने रहने का उपदेश देते-देते जेलों में ठूँस दिये गये हैं। अब इसे कौन सँभाले? मैं तो यह जानता हूँ कि इस समय बंगालियों को दया की नहीं, उभारने की आवश्यकता है। उनके बीच में जाकर उन्हें यह सिखलाया जाय कि वे इस स्थिति से बगावत करें, लूटें, मारें और तब मरें। कायरों का जमघट बना रखा है।' देवी जी ने गम्भीरतापूर्वक कहा—'उनको लिखकर भी तो आप अपना संदेश भेज सकते हैं। मैंने तो सोचा है कि 'बंग-दर्शन' नाम से एक संग्रह निकाला जाय जिसमें सब कवि अपना-अपना संदेश दें और उसकी बिक्री का रुपया बंगाल भेजा जाय। आपने तो बंगाल में बहुत सा समय बिताया है, वहाँ की भूमि-प्रकृति और मनुष्यों से पूर्ण परिचित हैं; एक लम्बी सी ओजपूर्ण कविता लिखिए।' निराला ने आधे मन से हामी भर ली और रास्ते में कहने लगे—'महादेवी जी बड़ी करुणाशील हैं। पत्रों में बंगाल का समाचार पढ़-पढ़कर बहुत दुखी हो गयी हैं। यह नहीं सोचतीं कि दस-पाँच हजार रुपयों से बंगाल का भला नहीं होना। सहानुभूति और करुणा से भीगी कवितायें किस काम आवेंगी? वहाँ तो आग लगानेवालों की जरूरत है। हाँ यह हो सकता है कि सब लोग वहाँ चलें और घूम-घूमकर क्रान्ति के लिए उन्हें जगावें, पर सरकार ऐसा क्यों करने देगी? खैर मैं एक कविता छोटी सी लिख दूँगा।'

मैंने विरोध किया—'छोटी क्यों? एक लम्बी कविता लिखिए और उसमें उन्हें क्रान्ति का संदेश दीजिये। सरकार की निंदा कीजिए, जागरण का मंत्र फूँकिये। आपके जो विचार हों सो सब लिखिए।' निराला जी ने इस बात को हाँ-हूँ कहकर टाल दिया। और कहा—'वहाँ चलना ठीक है, देखें वास्तव में बात क्या है? यहाँ से यह कहकर चलें कि उनकी सेवा करने जा रहे हैं और वहाँ पहुँचकर हंगामा मचावें तो कुछ काम निकल सकता है। बाइरन कवि ही तो था। उसने तलवार उठाई थी तो क्या हम लोग नहीं उठा सकते? पर प्राय: कवि बुड्ढे हैं, और बाकी सुकुमार-कोमल-तरुण तथा तरल-तुहिन। अभी यहाँ के कवि यही तुतलाते हैं—'घने लहरे रेशम से बाल, धरा है मैंने सिर पर देवि, तुम्हारा ही स्वर्गिक शृंगार' तब भला बताओ ये लोग भूख की बात क्या जानें? और नौजवानों में समाजवाद का स्वाँग चढ़ा है, वे रूस की चिंता में व्यस्त हैं। उनके लिए बंगाल का अकाल उतना महत्त्व नहीं रखता। वे बेचारे जन-युद्ध का प्रचार करते हैं जन-मरण पर ममता कैसे दिखा सकते हैं! दो-चार रोज में आना एक कविता दूँगा। देवी जी की बात तो माननी ही है।'

महादेवी जी ने श्री गुप्त जी, माखनलाल जी को पत्र लिखा और प्रयाग निवासियों से कविता लेने का काम मुझे सौंपा। डॉ. रामकुमार वर्मा, बच्चन और जोशी जी के पास मैं गया। सभी ने कवितायें दीं और उत्साह भी दिया। पर मुझे सबसे बड़ी ग्लानि उस समय हुई जब बच्चन जी ने अपनी पूरी कविता देने से इनकार किया। उनका खयाल था, कविता आग का गोला है जो प्रकाशित होने पर देश में फ्रांस की राजक्रान्ति की तरह क्रान्ति का कारण बनेगी, पर साथ ही बच्चन की भी खबर लेगी। उन्होंने बताया कि उनके परम शुभेच्छु डॉ. झा वगैरा की राय है कि अभी यह कविता प्रकाशित न की जाय अन्यथा बच्चन का यूनीवर्सिटी में रहना कठिन होगा। मैंने कहा—'बच्चन जी, देश में क्रान्ति की बड़ी आवश्यकता है, आप कविता दीजिये, चाहे आपको फाँसी क्यों न हो जाय। आप एक ही कविता से अमर हो जाइएगा, पर उनकी हिम्मत नहीं बँधी। देवी जी के विशेष आग्रह से उन्होंने उस कविता का एक अंश दिया और पूरी कविता सन् ४६ में प्रकाशित की जब उसका महत्त्व कुछ नहीं रह गया, श्मशान का स्मरण मात्र। निराला जी ने 'पाँचक' दिया जिसमें सन् ४३-४४ की स्थिति पर मार्मिक व्यंग्य है—

दीठ बँधी, अँधेरा उजाला हुआ,
सेंधों का ढेला शकरपारा हुआ।

आदमी हमारा तभी हारा है,
दूसरे के हाथ जब उतारा है।

माल हाट में है मगर भाव नहीं,
जैसे लड़ने को खड़े दाव नहीं।

गुलामी के जादू से, दलबंदी के उन्माद से, पदाधिकार की लोलुपता से आँखें बँधी हैं, सफेद सेंधा नमक शक्कर दिखाई पड़ता है। उस समय देश की यही हालत थी। भारतीय जनता के हृदय का क्षोभ, विद्रोह और विवशता-जनित पारस्परिक कलहपूर्ण अकर्मण्यता इन पंक्तियों से स्पष्ट है। काश कि 'बंग-दर्शन' के कवियों का दल बंगाल गया होता तब निराला जी का पौरुष वहाँ खुलकर खेलता, पर कई कारणों से यह सम्भव नहीं हुआ। फिर भी 'बंग-दर्शन' का अपना एक ऐतिहासिक महत्त्व है। 'बंग-दर्शन' के बाहर भी निराला ने देश की उस विपन्न स्थिति को अपनी काव्य-वाणी में प्रश्रय दिया है।

बैर यह। बाधाओं से अंध।
प्रगति में दुर्गति का प्रतिबंध
मधुर, उर से उर, जैसे गंध
कभी बसने भी दोगे मुझे?

में उनके मानसिक उद्वेलन का स्पष्टीकरण है। उनकी एक कविता में युग की दशा का इस प्रकार वर्णन है—

अशब्द हो गयी वीणा,
विभास बजता था।
अमिय-क्षरण नव-जीवन—
समास बजता था।
कलुष मिला, मनसिज की
विदग्धता फैली?
चल उँगलियाँ रुकीं डर कर
विलास बजता था।
उठी निगाह कि कहाँ से

कहाँ हुए हम भी,
दिखा कि ज्योति की छाया
में ह्रास बजता था।

गर्मी की छुट्टियाँ आ गयीं और मैंने घर जाने की तैयारी शुरू की। निराला जी से भी आग्रह किया कि वे मेरे साथ चलें, पर वे सदा की भाँति इस बार भी टाल गये। बोले—'जब तुम अपनी पढ़ाई खतम कर लोगे तब वहीं चलकर साथ रहेंगे। अभी तो मैं तुम्हारे लिए एक बंधन हूँगा और तब एक साथी।' निराला जी ने उस दिन गरम-गरम जलेबियाँ खिलाईं और बिदा दी। पानवाली ने पूछा—'बाबू जी ई आपके लड़िका अहैं'। निराला जी ने तपाक से उत्तर दिया—'लड़के नहीं, ये मेरे दोस्त हैं; गोकि इनकी उम्र मेरे लड़के से कम है'। मैं दो माह के लिए निराला जी से अलग हो गया। अब भी पत्रों का क्रम जारी रहा।

मैंने घर पहुँचने के पश्चात् निराला जी को एक पत्र लिखा जिसमें उनके जीवन की गतिविधि जानने की इच्छा का प्राबल्य था और आम खाने का निमंत्रण। निराला जी ने शीघ्र ही उत्तर दिया। उसमें निमंत्रण का धन्यवाद देकर उन्होंने लिखा था कि उन्हें चुसनी आम पसंद नहीं, गर्मी के दिन गंगा का किनारा कौन छोड़े? आज-कल मूड अच्छा है। कुछ नये पद लिखे हैं 'देशदूत' में छपे भी हैं। देखना। बानगी भेज रहा हूँ—

आये पलक पर प्राण कि, बन्दनवार बने तुम।
उमड़े हो कण्ठ के गान, गले के हार बने तुम।
देह की माया की जोत
जीने की सीप के मोती
छन-छन और उदोत,
बसन्त-बहार बने तुम।
दुपहर की घनी छाँह
धनी इक मेरे बानिक
हाथ की पकड़ी बाँह
सुरों के तार बने तुम!
भीख के दिन-दूने दान
कमल जल-कुल कान, के
मेरे जिये के मान,
हिये के प्यार बने तुम!

'तुम' का इसमें यदि विश्लेषण छोड़ भी दिया जाय तो इससे जो शक्ति कवि में जगती है, उसका स्रष्टा स्वयं निराला जी का स्वभाव है।

निराला के जीवन में 'बानिकों की कमी नहीं रही और यह भी घोर सत्य है कि निराला ने भीख के दिनों में—'दिन-दूने दान' दिये हैं। भीख में ही नहीं भूख में भी उन्होंने दान दिया है। साहित्य और जीवन दोनों में। 'कला की रूपरेखा' (सत्य घटना) कहानी में निराला ने लिखा है, कहानी पुरानी है—

''अहाते में मदरासियों का एक दल बैठा हुआ देख पड़ा। मैंने सोचा, शायद ये लोग कुम्भ नहाने आये थे। इतने ही में कि उनमें से एक आदमी, उम्र पैंतालिस के लगभग, भौंरे का रंग, खासा मोटा-तगड़ा, एक लँगोटी से किसी तरह लाज बचाये हुए, उतने जाड़े में नंगा-बदन, दौड़ा हुआ मेरे पास आया (गोकि साथ में पाठक जी भी थे) और एक साँस में इतना कह गया कि मैं कुछ भी न समझा। मैंने फिर पूछा। टूटी-फूटी हिन्दी में पूरे उच्छ्वास से वह फिर कहने लगा। इस बार मतलब मेरी समझ में आया। वह यात्री है, मदरास का रहनेवाला, कुम्भ नहाने आया था, यहाँ चोर उसके कपड़े-लत्ते, माल-असबाब, उठा ले गये, गठरियों में ही उसके रुपये-पैसे थे। अब वह (अपने आदमियों के साथ) हर तरह लाचार है, दिन तो किसी तरह धूप खाकर भीख माँगकर पार कर देता है, पर रात काटी नहीं कटती। जाड़ा लगता है। वह एक दृष्टि से मेरा मोटा खद्दर का चादरा देख रहा था। मैं विचार न कर सका, उतारकर दे दिया। वह मारे आनन्द के दौड़ा हुआ अपने साथियों के पास गया और इस महादान की तारीफ करने लगा। मेरी तरफ उँगली उठाकर बतलाता हुआ।

पाठक संसार के चक्रान्त की बातें सोच रहे थे—देश दुर्दशा-ग्रस्त है, इसलिए कितने चक्कर रोज देशवासियों को खाने पड़ते हैं—कितने लोग उन्हें छलते रहते हैं—कितने प्रकार प्रचलित हैं। मुझसे बोले—'आखिर आपने अपना बतलाया नाम (वकूफ हुसेन) यहाँ सार्थक कर दिया न ?—यह अभी दोपहर को, गुदड़ी बाजार में, चार आने में, यह चादरा बेचेगा।'

मैंने कहा—'धोखा भी हो सकता है और इसकी बात भी सच हो सकती है। यह मद्रास से यह सोचकर तो चला नहीं होगा कि गुदड़ी बाजार में कपड़ा बेचेगा।' पाठक अप्रसन्न होकर बोले—'मैं आपके देने का विरोध

नहीं करता, लेकिन— ।' मेरे पास कपड़े कम रहते हैं, कम थे, लेकिन के बाद वह इसी भाव की पूर्ति करना चाहते थे, पर रुक गये।

हम लोग लूकरगंज आये। धीरे-धीरे दो माह हो गये। लखनऊ कांग्रेस के समय सत्ताइस मार्च को वह मेरे साथ लखनऊ आये और मेरे मकान में ठहरे। उनके दो मित्र, जो मेरे भी मित्र हैं, आकर ठहरे। जहाँ तक बिना टिकट के देखा जा सकता था, मैंने घूम-फिरकर कई रोज देखा। दो-तीन रुपये प्रदर्शिनी देखने और महात्मा जी के व्याख्यान सुनने में खर्च किये। सब्जेक्ट कमेटी की बैठकें देखने की इच्छा थी, पर यह दृश्य अप्सराओं के नृत्य देखने से भी महँगा था। जो मारवाड़ी सज्जन आये हुए थे, उन्होंने कहा—'निराला जी, मैं कई दिनों से देख रहा हूँ, आप सोते बहुत हैं।' मैंने कहा—'हाँ यह तो है, पर जब जागता हूँ, तब पन्द्रह-पन्द्रह रात लगातार नहीं सोता। मारवाड़ी सज्जन हँसकर बोले—'चलिए।' 'मैं बड़े संकट में पड़ा, कैसे कहूँ मेरे पास खर्च की बड़ी कमी है'। कहा—'कांग्रेस में बड़ी गर्मी है।'हाँ', 'पर हवा अच्छी चलती है।' मारवाड़ी सज्जन बड़े मजेदार आदमी मालूम दिये। मैं उनके उत्तर पर मुस्करा रहा था, तब तक एक पच्चीस रुपये का टिकट निकालकर उन्होंने कहा—'यह टिकट आपके लिए है।'

मैं चला। मैं और मारवाड़ी सज्जन एक ही जगह पर थे। श्रीमती कमला चट्टोपाध्याय को मैं गौर से देख रहा था। रह-रहकर उस समर्पण की याद भी आ रही थी, जो मिस्टर चट्टोपाध्याय ने अपने एक अंग्रेजी पद्य-संग्रह का किया है, इस तरह का—To K, the first sunshine of my life (मेरे जीवन की प्रथम सूर्य-किरण 'क' को) फिर इस राजनीतिक जीवन के घोर परिवर्तन पर सोच रहा था, जहाँ दोनों एक-दूसरे के काव्य के विषय नहीं, जीवन के अन्तरंग नहीं, स्पर्धा के विषय हो गये हैं। शाम को बाहर निकला। एकाएक ऊँची आवाज आई। देखा, एक स्वयंसेवक दौड़ा आ रहा है, स्वयंसेवक की वर्दी पहने हुए। मुझे देखकर दोनों हाथ उठाकर उसने हर्षध्वनि की। मुझे ऐसा मालूम देने लगा जैसे उसे स्वप्न में कभी देखा हो। मुझे पहचानता हुआ न जानकर उसने आनन्दपूर्ण लड़खड़ाती हिन्दी में कहा—मैं वही हूँ, जिसे आपने चादरा दिया था।

मुझे कला का जीवित रूप जैसे मिला। प्रसन्न आँखों से देखता हुआ मैं तत्काल कुछ कह न सका। संयत होकर बोला—'आप कांग्रेस में आ

गये, अच्छा हुआ।' उसने कहा—'फिर मैं वहाँ स्वयंसेवकों में भर्ती हो गया।' प्रसन्न चित्त बाहर निकलकर मन में मैंने कहा—पाठक मिलें तो बताऊँ, कैसे गुदड़ीबाजार में इसने चादरा बेचा। कई दिन हो गये। कांग्रेस खतम हो गयी। मैं शाम को कैसर बाग में टहल रहा था कि वह मनुष्य मेरी ओर तेज कदम से आता देख पड़ा; मैं खड़ा हो गया। मेरे पास आकर उसने कहा—'अब गर्मी बहुत पड़ने लगी है। देश जाना चाहता हूँ। रेल का किराया कहाँ मिलेगा। पैदल जाना चाहता हूँ।' मैंने बीच में बात काटकर कहा—'क्या कांग्रेस के लोग आपकी इतनी सी मदद नहीं कर दे सकते?' उसने कहा—'नहीं, कांग्रेस का यह नियम नहीं है। मैं मिला था। मुझे यह उत्तर मिला है। खैर, मैं भीख माँगता-खाता पैदल चला जाऊँगा। (पर—अपने पैरों की ओर देखकर) कहा—'गरमी बहुत पड़ती है, पैर जल जाते हैं, अगर एक जोड़ी चप्पल आप ले दें।' मुझ पर जैसे वज्रपात हुआ। मैं लज्जा से वहीं गड़ गया। मेरे पास तब केवल छः पैसे थे। इससे चप्पल नहीं लिए जा सकते। अपने चप्पल देखे, जीर्ण हो गये थे। लज्जित होकर कहा—'आप मुझे क्षमा करें, इस समय मेरे पास पैसे नहीं हैं।'

उसने वीर की तरह मुझे देखा। फिर बड़े भाई की तरह आशीर्वाद दिया और मुस्कराकर अमीनाबाद की ओर चला। मैं खड़ा-खड़ा उसे देखता रहा, जब तक वह दृष्टि से ओझल नहीं हो गया।'

कितना साफ और सार्थक स्पष्ट गद्य। छोटे-छोटे वाक्यांशों से सुगठित। निराला की कलात्मक रुचि, स्नेह-दृष्टि और राजनीतिक अभिरुचि के साथ-साथ अपने स्वभाव का 'घुवाछल नहीं' वाला स्पष्टीकरण संसार की बातों-घातों का मार्मिक विवेचन। सभी सच हैं, पर सबसे कठोर सत्य निराला की दानशीलता और उनकी आर्थिक-विपन्नता है। वे कला को जीवन के रूप में देखना चाहते हैं। उनकी कृतियाँ जीवन के साथ हैं। 'भीख के दिन-दूने दान' लिखने और देने की 'दुनाली' हिन्दी में केवल निराला के पास है।

छुट्टियाँ धीरे-धीरे बीत गयीं और जुलाई के अन्त में मैं वापस आया। निराला जी के यहाँ गया, पर भेंट न हुई। लिखकर छोड़ आया। बाद में पता चला कि निराला जी को वह पत्र नहीं मिला। वे सावनी के दो-तीन दिन पहले शाम को मिले। चौक में और साथ हो लिए। रास्ते में जोशी जी के यहाँ हुक्का पिया और बोले—'मिस्टर जोशी, आपको संतोष की

गुड़गुड़ी हुक्के में तो मिल ही जाती है'। जोशी जी ने कृत्रिम संतोष दिखलाते हुए कहा—'हाँ-आँ निराला जी, सब ठीक है'। निराला जी आगे बढ़े—'यार एक दिन गोश्त खिलाओ।' जोशी जी ने तुरंत मान लिया। मेरी भी दावत का ठिकाना लगा। जोशी जी ने इसे प्रसन्नता के रूप में लिया, विवशता के नहीं। इतवार की तय रही। निराला जी आनन्दपूर्वक बोले—'चलो, सावनी सज गयी।' हॉस्टल में पहुँचते बादलों का मन्द्र-मन्द्र रव आकाश में गूँज उठा कि छुट-पुट बूँदें पड़ने लगीं, बढ़कर खासी रिमझिम-रिमझिम, तरल फुहार छोड़ती हुई वृष्टि होने लगी। सहसा पुरवइया भी मचल उठी। हॉस्टल के बरामदे से साफ सड़क पर सुनाई पड़ा—'ऐसे सावन के महिनवाँ गँवना तैं लैजा पिया मोर'। निराला जी ने ताल दी—'वाह कजली है। पाँड़े, मिर्जापुर की कजली सुनो, बहुत अच्छी होती है। लोकगीतों में बड़ा रस और प्राण होता है। भाव, जीवन से कंधे में कंधा मिलाए हुए। भीतर बैठें, एक कजली मेरी भी है। नयी, सुनोगे'? मैं परम प्रसन्न हुआ और आइए-आइए कहता हुआ कमरे में घुसा।

निराला जी कहने लगे—'यों तो कजली का मजा झूले के पैंगों के साथ ही मिलता है, पर लोग ऐसे भी गाते-बजाते हैं। खैर, सुनो—

काले-काले बादल छाये, न आये वीर जवाहर लाल।
कैसे कैसे नाग मडलाये, न आये वीर जवाहर लाल।
बिजली फन के मन की कौंधी,
कर दी सीधी खोपड़ी औंधी,
सर पर सरसर करते धाये, न आये वीर जवाहर लाल।
पुरवाई की हैं फुफकारें,
छन-छन ये विष की बौछारें,
हम हैं जैसे गुफा में समाये, न आये वीर जवाहर लाल।
महँगाई की बाढ़ बढ़ आई,
गाँठ की छूटी गाढ़ी कमाई,
भूखे-नंगे खड़े शरमाये, न आये वीर जवाहर लाल।
कैसे हम बच पाये निहत्थे,
बहते गये हमारे जत्थे,
राह देखते हैं भरमाये, न आये वीर जवाहर लाल।'

निराला जी ने बहुत मधुर-मन्द स्वर से गाया। किवाड़ा भी भिड़ा हुआ था,

किन्तु आत्मीय पड़ोसी प्रेम-गिरीश-जितेन्द्र खिड़की से झाँकने लगे। मैंने मन में कहा—'अब मिर्जापुर जाने की जरूरत नहीं है।' निराला जी ने उन सबको भीतर बुला लिया और पूछा—'आप लोग कविता का शौक रखते हैं? गाते-बजाते भी होंगे। विश्वविद्यालय में तो म्यूजिक क्लासेज भी होते हैं।' सबने गिरीश की ओर देखा। वे सहमे और पकड़े गये। तबला के होशियार हैं, कहानियाँ लिखते हैं, फर्स्टक्लास पाते हैं। मेरे न रहने पर उन्हें एक दिन अपने कमरे में जोशी जी को 'कानफोकल कानिक्स' समझाने का सौभाग्य तक प्राप्त है। एम.एस.सी. के छात्र। निराला जी ने कहा—'तबला ठोकिये तो एक गजल सुनाऊँ।' प्रेम दौड़कर तबला उठा लाया। गिरीश ने संकोच और आह्लाद के साथ गुमकी दी और निराला जी गुनगुना उठे—

किनारा वे हमसे किये जा रहे हैं।
दिखाने को दर्शन दिये जा रहे हैं।
जुड़े थे सुहागिन के मोती के दाने
वही सूत तोड़े लिये जा रहे हैं।
छिपी चोट की बात पूछी तो बोले
निराशा के डोरे सिये जा रहे हैं।
जमाने की रफतार में कैसा तूफाँ
मरे जा रहे हैं जिये जा रहे हैं।
खुला भेद, विजयी कहाये हुए जो,
लहू दूसरे का पिये जा रहे हैं।

समाप्त करते-करते निराला जी बोले—'अब गला नहीं चलता, दम उखड़ता है। आपके हाथ तबले पर खूब थिरकते हैं। और हम लोगों की न कहिए—

मुसीबत में कटे हैं दिन
मुसीबत में कटी रातें।
लगी हैं चाँद-सूरज से
निरन्तर राहु की घातें!

यह तो आप लोग जानते होंगे कि मेरा नाम 'सूर्यकान्त' है और पंत जी का स्थान काव्याकाश में स्निग्ध चन्द्रिका जैसा छिटका ही है। बस, हम दोनों की आफतें समझ लीजिये। हो भी क्या? लिखने से जरूरी और महँगा जीना है, जीने के लिए दाना जरूरी है और दाना या तो दादा का हो

या दान का। दादा ने तो कुछ दिया नहीं, दान न कोई देता और न हम लेते। इस तरह दाने-दाने के मोहताज। दाने का जन्मजात अधिकार अभी इस देश को नहीं मिला, न देशियों ने दिया न विदेशियों ने। उसी अधिकार की लड़ाई छिड़ी है। सुना है लड़ाई खतम होते ही बातचीत शुरू हो गयी है, कुछ समझौता होगा, नेता लोग छूटेंगे। इस बार कुछ-न-कुछ होकर रहेगा, देश बहुत आगे बढ़ चुका है, उधर अटम बम्ब भी बन रहे हैं। पटरी बैठ जाय तो अच्छा है।'

कुछ महीने बाद नेतागण छूट गये, समझौता भी हो गया। चुनाव से कांग्रेस ने फिर सरकारी दफ्तर अपनाए, हथियाए और देश में अपेक्षाकृत शान्ति छा गयी। आई.एन.ए. के सरदारों की विजय ने भारत का सिक्का दूर तक जमा दिया। 'साहित्यकार-संसद' की स्थापना से निराला जी को भी सहायता-सान्त्वना मिलने लगी। वे कुछ दिनों के लिये आश्वस्त हुए और महादेवी की महिमा का लोहा माना। एक दिन निराला ने कहा—'हम भाई-बहन को छोड़कर और साथी पिछड़ते जा रहे हैं। काव्य भूमि जैसे सिहर कर सूख गयी है। कोई नया कवि सामने नजर नहीं आता। बहुतों को तो मिलेटरी ने हजम कर लिया। मैं तो अपने नये गीतों का संग्रह 'बेला' नाम से दे रहा हूँ। चोटी की पकड़ तो छप गयी। एक काव्य-संग्रह के लिये मसाला बिखरा पड़ा है, सँजोना है।'

महीने-डेढ़ महीने बाद 'बेला' नाम का काव्य-संग्रह निकला। 'आवेदन' में निराला ने लिखा है—

'बेला' मेरे नये गीतों का संग्रह है। प्रायः सभी तरह के गेय गीत इसमें हैं। भाषा सरल तथा मुहावरेदार है। गद्य करने की आवश्यकता नहीं। देश-भक्ति के गीत भी हैं। बढ़कर नयी बात यह है कि अलग-अलग बहरों की गजलें भी हैं जिनमें फारसी के छन्दशास्त्र का निर्वाह किया गया है। काव्य की कसौटी भी है।'

वास्तव में 'बेला' में ये सभी गुण तो हैं ही, इनसे अधिक भी उसमें बहुत कुछ हैं। उसका एक गीत यह है—

बदली जो उनकी आँखें, इरादा बदल गया।
गुल जैसे चमचमाया कि बुलबुल मसल गया।
यह टहनी से हवा की छेड़छाड़ थी, मगर

खिलकर सुगंध से किसी का दिल दहल गया
खामोश फतह पाने को रोका नहीं रुका
मुश्किल मुकाम जिन्दगी का जब सम्हल गया।
मैंने कला की पाटी ली है शेर के लिये
दुनिया के गोलन्दाजों को देखा, दहल गया।

'बेला' में बहुत तरह के निराला ने सफल प्रयोग किये हैं, जिनमें देशव्यापी परिस्थिति का पूरा-पूरा ब्योरा पाया जाता है। संतोष की सुगंध और परिस्फुटन की पुकार से 'बेला' गुंजरित है। पढ़कर निराला के ही शब्दों में कहना पड़ता है—

किरणें कैसी-कैसी फूटीं
आँखें कैसी-कैसी तुलीं।
चिड़ियाँ कैसी-कैसी उड़ीं,
पाँखें कैसी-कैसी खुलीं
बूँदें कैसी-कैसी पड़ीं
कलियाँ कैसी-कैसी धुलीं।

सन् ४४-४५ में भी निराला ने अपने लिखने का क्रम बराबर जारी रखा, क्योंकि रोज कुआँ खोदना और रोज पानी पीना उनके लिए आवश्यक है, उनके जीवन का क्रम है, अविरल प्रवाह है। 'बेला' के बदले उनको कुछ रुपया मिला कि फिर दावतों की धूम, दनादन दान-दक्षिणा की भी अविकल वर्षा। एक दिन मैं सुबह घूमते हुए दारागंज पहुँचा, देखा तो निराला जी तख्त पर पड़े काँप रहे थे। मैं कुछ समझ न सका और बोला—'कुछ ओढ़ न लीजिये, कहाँ है आपका बिस्तर-रजाई, मैं ओढ़ा दूँ।' निराला जी उठकर बैठ गये और बताया कि वह कँपकँपी जाड़े की नहीं, बुखार की है। मैंने व्यंग्य में कहा—'तो क्या बुखार में कपड़े का प्रयोग मना है?' निराला जी उदास हो गये। धीरे-धीरे डरे हुए बच्चे की तरह इधर-उधर देखकर कहने लगे—'रजाई तो मैंने बुढ़िया को दे दी। बेचारी का एकलौता लड़का सन् ४२ से जेल में बंद है, घर उजड़ गया, धर्मशाले में रहती है, न खाना न पीना और न ओढ़ना न बिछाना। सच कहता हूँ, पाँड़े, तुम जाकर देखो, धर्मशाले के पत्थर जाड़े में बरफ की सिल बन जाते हैं। कल रात को वहाँ से गुजरा तो बुढ़िया जोर-जोर से कराह रही थी। पास जाकर देखा तो वह जाड़े के मारे नीली पड़ गयी थी। सुना है जाड़े-घाम

का असर बुढ़ौती में अधिक सताता है। मैंने अपनी रजाई दे दी। न भोजन, न वस्त्र और भूखे-पेट का जाड़ा तुम समझ नहीं सकते। और मेरा काम तो चल ही जायेगा। मेरे तो चर्बी भी है, जाड़ा कम लगता है।' ऊपर से बिगड़ने का स्वाँग बनाते हुए भी भीतर से बहुत पुलकित हो उठा। शाम को एक कम्बल भी पहुँचा दिया।

शाम को बुखार कम था, लगा जैसे निराला का बहाना मात्र रहा हो, क्योंकि उनकी ऐसी दानशीलता को मेरे साथ, उनके प्राय: मित्र अच्छा नहीं समझते और निराला इधर-उधर के बहाने बनाकर उनका मन भर देते हैं,। मैंने हँसते हुए पूछा—'बुखार था भी कि यों ही कह दिया था?' निराला ने सहज भाव से उत्तर दिया—'बुढ़िया का आशीर्वाद दवा का काम कर गया, उपवास भी मैंने तीन किये। बुखार भग गया'। मैंने पंडा जी को बुलाया और निराला की देख-भाल करते रहने का आदेश दिया। आते समय पंडा जी मेरे पीछे-पीछे आये और बोले—'भइया, इनका कोई उपाय नहीं। परसों पगले को कोट, नया कोट जो अभी बनवाया था, उतार दिया और कल रजाई भी दे आये। अब खाली तख्ता बचा है। अगर कुछ कहो तो नाराज होते हैं। एक दिन एक भिखारी को पकड़ लाए थे। उसे अपना खाना खिला दिया और खुद बस सीताराम। कहते हैं गंगा-जल से भूख मिट जाती है। क्या कहूँ बाबू जी, हम तो तीस वर्ष से रोज गंगा-जल पीते हैं तो भी भूख लगती है, पेट नहीं मानता।' मैंने निराला जी के स्वभाव की कुछ विशेषतायें और विवशतायें बताकर पंडा जी को प्रबोधा और वापस चला आया।

दूसरे दिन दारागंज जाने की सोच ही रहा था कि निराला जी स्वयं पधार गये। नंगे पैर, फटी-लटी-लुंगी और कंधे में एक चीकट अँगोछा। आते ही बोले—देखो, मैंने कहा था कि बुढ़िया जोर मारेगी, मेरी तबीयत बिलकुल ठीक है।' मैंने कोटवाली चर्चा छेड़ी और निराला जी जैसे गिड़गिड़ा उठे—'तुम लोगों का खयाल ठीक है, मेरी यह लत बुरी है, पर तकलीफ नहीं देखी जाती। कोट भी दे ही दिया। उसका बदन फट गया था, सारे शरीर में बेवाई फट गयी थी। बड़ा करुण दृश्य था। बिना कपड़े के मेरा काम चल सकता है, जरूरत हुई तो बनवा लेना होगा। अभी 'नये पत्ते' से पैसा मिलेगा'। मुझे वास्तव में यह अच्छा नहीं लगा। मैंने कहा—'आप जानते हैं, कपड़ा नहीं मिलता। मुश्किल से खद्दर भंडार में तुकड़ा मिला

था। अब यों ही नंगे घूमिए। मैं तो जाकर देवी जी से भी कह दूँगा।' निराला जी हँस पड़े और मुझे शान्त करने की इच्छा से कहा—'अब मैंने सोच लिया है, किसी को कुछ न दूँगा। मेरे दो-चार फटे लत्तों से देश की गरीबी दूर तो हो ही न जावेगी—ऐसा प्रयास भी व्यर्थ है। तुम्हें अपने मित्रों के सामने मेरे लिए झेंपना भी पड़ता होगा। सूट-पैंटधारी बाबुओं के बीच में मैं यों ही फटेहाल चला आता हूँ।' मैं चुप रहा और निराला जी भी भाव-मग्न हो गये। मैंने पूछा—'देवी जी की तरफ चलिएगा, शायद गुप्त जी भी आये हैं'। निराला जी ने कहा—'कोट-रजाई की चर्चा न छेड़ो तो चलें।'

शाम की शीतल हवा चलने लगी थी। जाड़े को दबाने के लिए निराला जी बार-बार सुरती फाँक रहे थे। देवी जी ने तुरंत पूछा—'कोट आपने कहीं फेंक दिया?' निराला ने गम्भीरतम मुद्रा में उत्तर दिया—'हूँ, कुरता पहनना है।' देवी जी समझ गयीं और निराला की भाव-भंगिमा देखकर इस विषय को वहीं छोड़ दिया। निराला जी ने कहा—'देखिए, ये किताब-महल वाले बेईमानी करना चाहते हैं। मेरी दो पुस्तकें छापकर अब बारह प्रति सैकड़ा रॉयलिटी सुनाते हैं। आप उन्हें बुलाकर डाँटिए। मेरी-उनकी कोई लिखा-पढ़ी भी नहीं है।' देवी जी ने उदास होकर कहा—'आपने अपनी पुस्तकें साहित्यकार-संसद को न देकर वहाँ क्यों दीं? जब अपनी संस्था है तब दूसरे प्रकाशकों के पास जाने की जरूरत क्या है? पर आप तो सदैव अपने मन की करते हैं। खैर, उन्हें लिखूँगी।' निराला जी ने अपनी कृतियों के संग्रह को साहित्यकार-संसद से निकलवाने के लिए वचन दिया। उनकी इच्छा थी कि पंत की 'पल्लविनी' की तरह एक काव्य-संग्रह निकले।

देवी जी ने लीडर-प्रेस के अधिकारियों से और श्री दुलारेलाल भार्गव से निराला की कविता-पुस्तकों के कापीराइट छुड़ाने की लिखा-पढ़ी की। पहले तो उन लोगों ने अपने कानूनी अधिकारों के बल पर कृतियों को मुक्त करने से इनकार किया, पर संसद के बिना किसी से पूछे छापनेवाले निश्चय के सामने उन्हें बाद में झुकना पड़ा। निराला जी ने 'अपरा' नाम से संग्रह कर दिया। 'कुकुरमुत्ता' भी उसमें देना चाहते थे, पर देवी जी ने उसे नहीं चाहा और वह कविता उसमें नहीं जा सकी। निराला जी ने कहा—'न दीजिये, पर यह संग्रह अधूरा रह जावेगा। 'कुकुरमुत्ता' आज

की सबसे सुन्दर कविता है। भाव-भाषा-विचार सभी दृष्टियों से, पता नहीं आपको क्यों नहीं भाती ? जीवन के यथार्थ से घबड़ाना नहीं चाहिये।' देवी जी ने कोई प्रतिवाद नहीं किया, पर निराला जी निश्चय ही कुछ खिन्न हुए। इसके पहले उन्होंने कभी भी देवी जी की रुचि का किसी तरह विरोध नहीं किया था। इस बार भी विरोध करने के साथ बात देवी जी की ही मान ली। 'अपरा' छपने लगी। दो माह के भीतर उनका दूसरा नया काव्य संग्रह 'नये पत्ते' भी छप गया। उसमें सब कुछ नया-नया है। कई तरह के आधुनिकतम पद्य, छन्द कई, सम-असम और मात्रिक। हास और व्यंग्य की बहुलता और भाषा चलती हुई—टकसाली। इसकी सभी कवितायें देश-जीवन पर बड़ा कठोर व्यंग्य करनेवाली और विचारोन्मेषक हैं। इनमें केवल भावुकता ही नहीं भावज्ञता भी है। 'प्रेम-संगीत', 'कुत्ता भोंकने लगा', 'झींगुर डरकर बोला', 'खून की होली जो खेली' तथा 'महँगू महँगा रहा' आदि कविताओं में सामान्य साधारणजन और उनके साधारण सुख-दुख को निराला ने बड़े ही मार्मिक शब्दों में व्यक्त किया है। व्यंग्य के साथ अन्तःसलिला की भाँति बहती हुई निराला की सहानुभूति और प्रेम मनोभावना उभर-उभरकर बहने लगती है, किन्तु समाज और संसार की अहंमन्यता और स्वार्थपरता पर उन्होंने करारी चोटें की हैं। उनका निशाना भी अचूक बैठता है। विकृत तथा अभारतीय गतिविधि पर तो उनकी वाणी अपने आप बौखला उठी है।

वर्ण और जाति व्यवस्था के सड़े स्वरूप पर 'गर्म-पकौड़ी' और 'प्रेम-संगीत' घन का धमाका देती है, इसमें सन्देह नहीं। उपमायें प्रत्यक्ष और यथार्थवादी। गाँव और किसानों को लेकर निराला जी ने उस जीवन के वास्तविक और बोधमय बहुत ही सुन्दर तथा सजीव चित्र उतारे हैं। 'मास्को डायलाग्स', उनके व्यंग्य की एक बौछार देखिए—

> मेरे नये मित्र हैं श्रीयुत गिडवानी जी;
> बहुत बड़े सोशलिस्ट,
> 'मास्को डायलाग्स' लेकर आये हैं मिलने।
> मुस्कराकर कहा, 'यह मास्को डायलाग्स है,
> सुभाष बाबू ने इसे जेल में मँगाया था,
> भेंट किया था मुझको जब थे पहाड़ पर।
> ३५ तक, मुश्किल से पिछड़े इस मुल्क में

दो प्रतियाँ आई थीं।'

फिर कहा, 'वक्त नहीं मिलता है,
बड़े भाई साहब का बँगला बन रहा है,
देखभाल करता हूँ।'
फिर कहा, मेरे समाज में बड़े-बड़े आदमी हैं,
एक से एक मूर्ख;
उनको फँसाना है,
ऐसे कोई साला एक धेला नहीं देने का।

उपन्यास लिखा है;
जरा देख दीजिये
अगर कहीं छप जाय
तो प्रभाव पड़ जाय उल्लू के पट्ठों पर,
मनमाना रुपया फिर लेलूँ इन लोगों से,
नये किसी बँगले में एक प्रेस खोल दूँ

आप भी वहीं चलें,
चैन की बंशी बजे'।
देखा उपन्यास मैंने,
श्रीगणेश में मिला—
'पृय असनेहमयी स्यामा मुझे प्रैम है'।
इसको फिर रख दिया, देखा 'मास्को डायलाग्स'
देखा गिडवानी को!

'नये पत्ते' के व्यंग्यों का यह एक अत्यन्त उत्तम उदाहरण है।

'अपरा' भी निकल गयी। निराला की यह पहली पुस्तक है जो मुझे दाम देकर लेनी पड़ी, अन्यथा निराला जी ने अपनी सभी कृतियाँ देने की मुझ पर अकारण ही कृपा की है। 'अपरा' में निराला के सभी तरह के पद्य संगृहीत हैं। सन् १६ से लेकर सन् ४३ तक की प्राय: सभी सुन्दर कविताओं का इसमें संकलन किया गया है। कवि की हैसियत से निराला ने, पाठक की हैसियत से मैंने और एक परम आत्मीय तथा संसद की संस्थापिका की हैसियत से महादेवी जी ने इस संग्रह में सहयोग दिया है, जो अपने ढंग का अकेला काव्य-संग्रह है। यह सच है कि निराला की बहुत-सी

कवितायें इसमें नहीं आ सकीं, किन्तु फिर भी यह अपने आप में 'अपरा' है।

संसद की मंत्री की अपनी बात में महादेवी जी ने लिखा है—

'कवि श्री निराला उस छायायुग के कृती हैं जिसने जीवन में उमड़ते हुए विद्रोह को संगीत का स्वर और भाव का मुक्त-सूक्ष्म आकाश दिया। वे ऐसे युग का भी प्रतिनिधित्व कर रहे हैं जो उस विद्रोह का परिचय, कठोर धरती पर विषम कण्ठ, में ही चाहता है।

उनकी आत्मा नयी दिशा खोजने के लिए सदा से विकल रही है, और यह खोज तीन दशक पार कर चुकी है। अत: यदि उनकी रचनाओं में रंग-रेखाओं का सम-विषम मेला मिले तो आश्चर्य नहीं। एक ओर उनका दर्शन उन रहस्यमय सूक्ष्म तत्त्वों का साथ नहीं छोड़ना चाहता जो युग-युगों का अर्जित अनुभूति-वैभव है, और दूसरी ओर उनकी पार्थिवता धरती के उस गुरुत्व से बँधी हुई है जो आज की पहली आवश्यकता है। एक ओर उनकी सांस्कृतिक दृष्टि पुरातन की प्रत्येक रेखा में उजले रङ्ग भरती है और दूसरी ओर उनकी आधुनिकता व्यंग्य की ज्वाला में तपा-तपाकर सब रंग उड़ाती रहती है। कोमल मधुर गीतों की वंशी से ओज के शंख तक उनकी स्वर-साधना का उतार-चढ़ाव है। उनका अनुकरण किसी के लिये सुकर नहीं रहा, इसी से उनके स्वर को अनेक प्रतिध्वनियों का जाल नहीं घेर सका। उनका व्यक्तित्व अव्यवस्था में दुर्बोध है, इसी से आलोचक अपने अनुमानों के विरामों से उसे बाँध नहीं सके। वे अकेले और उनका स्वर अकेला है।

उन्होंने अनेक आघात सहे हैं जो उनके संवेदनशील व्यक्तित्व पर अमिट चिह्न छोड़ गये हैं। यदि इन चिह्नों को हम उनके संघर्ष का प्रमाण मानें तो उनकी आत्मा के सहजात संस्कार समझ लेना तथा उनके काव्य की भाव-भूमि और उसकी मूलगत प्रेरणा तक पहुँच जाना सहज हो जायेगा।

आज का युग साहित्यकार के लिये दो धारवाली असि बन गया है—यदि वह विषम परिस्थितियों से समझौता करके जीवन की सुविधायें प्राप्त कर लेता है तो उसका साहित्य मर जाता है, और यदि वह ऐसी सन्धि को स्वीकृति नहीं देता तो उसका जीना कठिन हो जाता है। कवि निराला ने अपने अदम्य विद्रोह की छाया में एक को बचा लिया है, दूसरे को सुरक्षित रखने का प्रश्न उनसे अधिक उनके सहयोगियों से सम्बन्ध रखता है।

आज की विषम परिस्थितियों में साहित्यकारों को पारस्परिक सहानुभूति का नैतिक बल तथा सहयोग का लौकिक बल मिल सके इसी को लक्ष्य बनाकर साहित्यकार-संसद की स्थापना हुई थी—'अपरा' का प्रकाशन लक्ष्य की दिशा में हमारा एक (पहला) पग है। साहित्यकार-संसद के प्रकाशन सम्बन्धी अधिकार के आगे एक दुर्लंघ्य प्रश्नवाचक लगा हुआ है और कागज आदि आवश्यक उपकरणों की प्राप्ति समस्या बन गयी है। इसके अतिरिक्त आरम्भ ही से हमारा ध्यान पुस्तक के प्रति न्याय से अधिक पुस्तककार के प्रति न्याय की माँग में केन्द्रित रहा है। इस दृष्टि से 'अपरा' के यशस्वी कवि का गौरव इसमें सुरक्षित है।'

महादेवी जी ने निराला के व्यक्तित्व और कवित्व की व्याख्या को इन शब्दों की व्यथा भरी झंकार में पूर्णतया मुखरित कर दिया है। कागज का अभाव, चीजों की महँगी, खरी-खोटी सुना देने की आदत निराला के जीवन के ऐसे अभिशाप बन गये हैं जिनका उपाय आज भी नहीं सम्भव हो सका। अपनी कांग्रेस सरकार ने प्रकाशकों को कागज बहाल करके भी निराला जैसे साहित्यकारों की कोई चिंता नहीं की। अंग्रेज-सरकार की भाँति ही अभी तक अपनी सरकार ने भी साहित्य और साहित्यकार से अपना कोई सम्बन्ध नहीं स्थापित किया। निराला ने ठीक ही कहा था—'सरकार तो किसी दल को स्ट्राइक के बाद पहचानती है और साहित्यकार किससे स्ट्राइक करे। यही कारण है कि मेहतरों तक ने अपनी तनख्वाहें बढ़वा लीं, पर साहित्यिक अपना कुछ प्रबंध नहीं कर सके। कांग्रेसी लोग बिना स्ट्राइक की धमकी के 'हरिजनों' की भी बात नहीं सुननेवाले हैं तब भला हम 'स्वर-जनों' की कौन सुने? हिन्दुस्तान में अधिकारों का कोई हिसाब-किताब नहीं, जो ले सकें वह लें। सभी जगह ब्लैक मारकेटिंग का बोल-बाला है'। इतना कहकर वे इतने क्षुब्ध हो उठे थे कि उनके ओंठ फड़कने लगे। एक गिलास पानी पीकर उन्होंने शान्ति की साँस ली।

मैंने कहा—'घबड़ाइए नहीं, अब शीघ्र ही साहित्यिकों का भी भाग्य जगनेवाला है'। निराला ने बीच ही में मुझे रोककर कहा—'तब भी मेरा भाग्य तो सोता ही रहेगा, क्योंकि सम्भवत: तुम यह संकेत करना चाहते हो कि मुझे भी नजरुल इस्लाम की तरह यू.पी. सरकार कुछ देने लगेगी। छि:, मैं किसी सरकार की सहायता नहीं चाहता और राष्ट्र अभी मेरे अधिकार मानने लायक बना ही नहीं। अरे पचास का पूरा हुआ, रही बात

थोड़ी, करियारी और घोड़ी। मेरी पचास किताबें एक मिनिस्टर की तनख्वाह से ज्यादा मुझे दे सकती हैं, पर मेरे पास न तो उतनी पूँजी है और न सरकार कागज देगी कि अपनी सब चीजें मैं खुद छाप सकूँ। एक आफत और है। प्रकाशक लोग भी अब केवल नेताओं की रचनायें छापते हैं, आगे मुमकिन है, केवल इन्हीं लोगों की चीजें छपा करेंगी। कहा जाता है सी.पी. में प्राय: स्कूल-कालेजों में 'कृष्णनायन' पर 'सिरीज आफ लेक्चर्स' चल रहे हैं। बारह रुपये की खासी मोटी पोथी छपी है। न कागज की दिक्कत न छपाई की असुविधा। यह तो लोग आदमी की पोजीशन देखते हैं, न कि उसके साहित्य की विशेषता। तुम्हारी यूनिवर्सिटी के दो-दो प्रोफेसरों ने भूमिका रूप में 'कृष्णनायन' की कैसी प्रशस्ति की है। यह ठीक है कि मिनिस्टर होकर कोई सूर-तुलसी नहीं बन सकेगा, पर उसकी कृतियों का दस-पचीस हजार बिक जाना तो सहज ही सम्भव है। एक पुस्तक से ही हजारों रुपयों की आमदनी हाथ लगेगी, उसके साहित्यिक मूल्य से किसी का क्या मतलब? हिन्दी पत्रों को उठाकर देखो तो मिनिस्टरों की स्तुतियाँ उनमें भरी पड़ी रहती हैं। अपने को कवि कहनेवालों तक ने उनके रेखाचित्रों के लिये गद्य लिखना शुरू कर दिया है। मैं यू०पी० के आधे से अधिक सरकारी पदाधिकारियों से लड़े बैठा हूँ।'

मैंने निराला जी को खुश करने के लिये कहा कि ऐसे विवाद तो साहित्य और राजनीति में चला ही करते हैं। रूस तक में ऐसा हुआ है, पर वहाँ कभी किसी प्रतिभा की उपेक्षा नहीं हुई। पैवलॉफ का किस्सा तो आप ही सुना रहे थे। निराला चिंता में धँस से गये। उनका यह क्षोभ क्रोध-आक्रोश स्वाभाविक है, क्योंकि आज तक किसी ने निराला की प्रतिभा को वह सम्मान नहीं दिया जो उसके लिये तृप्ति का कारण बनता। किसी ने यह नहीं सोचा कि निराला लिखने के साथ-साथ कुछ खाता-पीता भी है। प्राय: सभी साहित्यिकों की आर्थिक स्थिति भयावह है, पर निराला तो सच्चे अर्थों में संन्यासी हैं। उनके पास प्रतिभा और स्वस्थ शरीर को छोड़कर और कुछ भी नहीं है। मैंने उन्हें सन् ३५ से इसी रूप में देखा है; कलम उठाने के दिन से ही वे ऐसे रहे हैं, सुना है। साहित्य-सेवा ही उनकी एकमात्र साधना रही है। वस्तुत: सरस्वती के वरदान के साथ लक्ष्मी का अभिशाप भी उन्होंने सबसे अधिक उठाया है। दुनिया बदल गयी। हिन्दुस्तानियों को मरियल टट्टू के बजाय हवाई जहाज मिलने लगे,

पर निराला जहाँ के तहाँ। वही गंदा कुरता और फटी लुंगी। उन्होंने भूख-प्यास और जीवन के कठोर घात-प्रतिघात के बीच जिस तन्मयता और तपस्या के साथ अपनी प्राणमयी प्रतिभा का प्रकाश फैलाया है, वह निराला जैसे महाप्राण व्यक्ति की ही अद्वितीय क्षमता है।

सन् ४० से ४६ तक निराला ने पूरी तरह से युद्ध की यातना पाई है, युद्ध कालीन परिस्थितियों ने उनकी हड्डियाँ तक चटका दी हैं। उनमें शिथिलता भी आई निश्चय है, पर एक वीर-विजयी सिपाही की, पराजित की नहीं। अभावों से भिड़ते-भिड़ते उनमें भिड़ने की धुन भी आ गयी है, वे किसी की परवाह नहीं करते; बात कटी कि भिड़े। इसके कारण स्पष्ट हैं। सन् ४६, भारत के इतिहास की एक महत्त्वपूर्ण घटना है। जागरण का युग, अधिकारों की माँग। रेल-तार-डाकखाना, मिल, स्कूल, पुलिस-फौज, राजा-गरीब, कांग्रेस-लीग सब के सब एक साथ ही अपने-अपने अधिकारों की आकुल पुकार कर उठे और किसी का स्ट्राइक तथा किसी की मार-काट का श्रीगणेश हुआ। अंग्रेज भी ठंडे पड़े और देश ने शासन सत्ता पाई और खुशियाँ मनाई जाने लगीं, बधाइयाँ दी जाने लगीं। देश का प्राय: प्रत्येक वर्ग अब तक अपनी माँगों को सामने रखकर या तो स्ट्राइक की धमकी से या तलवार से ले लेना चाहता है। सरकार एक सीमा तक दे भी रही है। लीग को छोड़कर और सबकी माँगें-तनख्वाहें (क्योंकि इस देश की सबसे बड़ी समस्या भूख की है) सफल होकर आगे बढ़ गयी हैं। अध्यापकों तक ने जोर मारा है।

पर इन कागज की नाव पर सवार साहित्यिकों ने कोई दल नहीं बनाया, स्ट्राइक की धमकी नहीं दी, चुनाव नहीं लड़े, पदवी के लिये किसी की मालिश नहीं की, न मिनिस्टरों की हाजिरी बजाई न गवर्नर को डाली लगाई, और जहाँ के तहाँ रहे; जो महँगी के पहले सो महँगी के बाद, ऊपर से कागज-पाथर का कंट्रोल, छक्का-पंजा सभी बन्द। निराला पागल हो उठा, और कह पड़ा—'मैं डाक्टर हूँ, गामा को लखनऊ नुमायश में दो मिनट में पटका था, और मेरा साहित्य आज का आईना है, युग-युगों तक मानवता इसमें देख-देखकर सजती जायेगी। वाह, 'मैं हूँ कवि आज धन्य, नेता हैं जवाहरलाल'। पूरी कविता 'देशदूत' में छपी थी और धन्य के बाद या पहले कामा लगाने पर खासा विवाद भी छिड़ा था।

इस प्रकार निराला अब कुछ बदल गये हैं। बात भी बदली-बदली करते

हैं और लिखते भी हैं; सन् ४६ में प्रकाशित कविता 'कैलाश में शरत्' में उन्होंने बेमेल कल्पनाओं, तत्त्वों और सत्यों का समाज खड़ा किया है। जहाँ स्वामी विवेकानन्द घोड़े से उतर बकरे पर चढ़ते हैं और फिर मानसरोवर में नौका विहार करते हैं। पहिए तो एकदम पागल का प्रलाप, पर निराला पागल नहीं हैं। दुनिया को व्यंग्य करना चाहते हैं, जैसे कहना चाहते हैं— 'दुनिया कहती मुझको पागल मैं कहता दुनिया को पागल'। उन्होंने 'बेला', 'नये पत्ते' काव्य-संग्रह और 'चोटी की पकड़' इन्हीं दिनों, इसी मानसिक स्थिति में हिन्दी-साहित्य को अमर दान दिया है, पर वे ग्लानि और प्रतिशोध की भावना से भरे हैं, खिसिया उठे हैं। किसी से सीधे बात नहीं करते। विश्वास पाकर पूर्ववत सहज स्वाभाविक रीति से व्यवहार, बात करते हैं; सब मिलाकर वे घायल की स्थिति में हैं। जो सामने आता है उसे भय और आशंका का प्रतीक समझ कर पछाड़ देना चाहते हैं; विवेकानन्द का आदर्श उनके सामने है। जो भी हो लोगों में यह कानाफूसी चलने लगी कि निराला का दिमाग खराब हो गया। मुझे स्वयं भी कई बार उनकी बातों का कुछ तारतम्य न मिला। एक दिन जो घटना घटी, मैं स्तब्ध रह गया। निराला जी महादेवी जी से कह रहे थे—'जब हमारी ओपनिंग लखनऊ नुमायश में हुई थी, तब तो आप मौजूद थीं।' देवी जी धक से रह गयीं। निराला जी आगे भी कहते गये—'बड़ा मुश्किल है कोई कुछ भी क्लू नहीं देना चाहता, सभी राज दबाये बैठे हैं।' देवी जी ने बहुत ही करुण स्वर में पूछा—'निराला जी, सचमुच आपका दिमाग खराब हो गया है क्या? आप कैसी बातें करते हैं। इसी से तो लोग आपको पागल कहते हैं।' निराला जी ने जोर से प्रतिपाद किया—'कौन कहता है, पागल आप ही कहती हैं। अजब तमाशा है। सच बात कहो तो पागल हो।' कहते हुए निराला जी चल पड़े। मैं भी उनके पीछे डरता-डरता लगा रहा।

वे सड़क पर आकर बोले—'सन् ३३-३४ में बनारसीदास चौबे ने मुझे पागल बनाने का बीड़ा उठाया था। 'विशाल भारत' लेकर चले थे, अब की शायद 'विशाल जहान' सामने आवेगा।' इसके बाद उनका मूड एकदम बदल गया। तम्बाकू ठोंकते हुए बोले—'यूनिवर्सिटी कब बंद हो रही है? इस वर्ष गर्मी करारी पड़ेगी। अभी तो मुलाकात होगी। तुम जार्जटाउन से हॉस्टल चले जाना।' कम्पनी बाग में घुसे। रम्य रंग, सौम्य सुगंध, तरह-

तरह के अंग्रेजी शीजनल फूल। क्यारियाँ कैंची से कटी हुईं, एक पौधा न घट न बढ़। निराला ने कहा—'दुनिया आदमी को भी इसी तरह कटी-छँटी हालत में रखना चाहती है। उसे यह क्या पता कि आदमी की कलमें नहीं लगतीं, उसका थलहा नहीं बदला जा सकता। प्रकृति और पुरुष में यही भेद है, पर किसकी कौन सुने और कौन कहे?'

विदा होते समय मेरी आँखों की तरलता को लक्ष्य कर निराला ने कहा—'आनन्दोत्थं नयन सलिलं यत्रनानैयनिर्मित्तैः' का निवासी साहित्यकार ही होता है। उसकी लिखी ट्रेजडी आनन्द ही देती है। मैं न पागल हूँ न सिड़ी, सबको झाँसे में चढ़ा रहा हूँ। कुछ बोलो न चुपचाप तमाशा देखो। नमोनमः, जाओ।' रास्ते भर मैं सोचता रहा—क्या निराला पागल का अभिनय करता है, सबसे, अपने प्रति किये गये, व्यवहार का बदला निकालता है, अधम आलोचकों के लिये कभी न सुलझनेवाली समस्या बन जाना चाहता है। सभी को शोक पहुँचाना चाहता है, क्योंकि किसी को निराला ने अब तक पागलों की तरह कभी काटा-पीटा नहीं। और बहस-व्यंग्य तो निराला ने गांधी जी से लेकर पाठक जी तक बराबर किया है, भीतर से जैसे कोई बोल उठा; 'पागल तो नहीं, पर निराला व्यथा-विह्वल अवश्य है। इसी कारण विचलित की भाँति पहलू बदलता चलता है। किसी से कुछ, तो किसी से कुछ कहता चलता है। परमुखापेक्षी न होकर केवल अडिग आत्मबोधी बन गया है।' यही संकेत मिलता है—

> जननि मोहमयी निशा अब दूर मेरी हो चुकी है,
> पल्लवों की धूलि वर्षा धो चुकी है!

निराला जी से इस बार कई दिनों में भेंट हुई। मैं दारागंज गया। साथ में कई साथी, विक्रम-वीरेन्द्र का जोड़ा, कैप्टेन गौतम आदि-आदि। निराला जी ने सबके परिचय के बाद पूछा—'कहिए कप्तान साहब आपने कैसे कष्ट किया? राज देने आये हो कि लेने?' गौतम के कुछ कहने के पहले मैं बोल उठा—'निराला जी, यह आपके दर्शनों के लिये जबलपुर से आये हैं? मेरे मित्र हैं। आप गैर न समझें।' निराला हँसे और कहा—'फौजी कप्तान और मेरे दर्शन?' विक्रम ने एक नये प्रश्न से बात टाल दी, और पूछा—'नये पत्ते में आपने खूब सरल भाषा तो लिखी, पर उसमें ताल-लय का पता नहीं चलता। छन्द-भाषा सभी कुछ नया आप चाहते हैं?' निराला ने संयत होकर उत्तर दिया—'हाँ कुछ प्रयोग नये करना चाहता हूँ,

साहित्य में मैंने हमेशा प्रयोग ही तो किये हैं। न्यू ग्राउंड ब्रेक करने से कलम की नोक को जोर पड़ता है, वह दण्ड पेले पहलवान की तरह मजबूत हो जाती है। तभी न लोग 'प्रयोगकालीन बच्चन' की तरह 'प्रयोगकालीन निराला' लिखते-लिखते हाँफने लगेंगे।

मुझे स्मरण आया, प्रसाद, पंत, महादेवी, प्रेमचन्द, रामचन्द्र यहाँ तक कि बच्चन पर भी आलोचनात्मक पुस्तकें निकल चुकी हैं, पर निराला किसी समालोचक सम्राट को नहीं भाया। जोशी जी ने ठीक ही लिखा है—

'महान् प्रतिभापूर्ण कृतियों को अपने प्रचार के लिये ऐसे व्यक्तियों का मुँह ताकना पड़ता है, जिन्होंने अपने जीवन में एक भी महत्त्वपूर्ण कृति का निर्माण करने में सफलता नहीं पाई, और जो विद्वत्ता का बड़ा से बड़ा सार्टीफिकेट प्राप्त कर लेने पर भी किसी वास्तविक अर्थ में प्रतिभाशाली लेखक के उच्च तथा गहन बौद्धिक और मानसिक स्तर तक पहुँचने में एकदम असमर्थ हैं। वास्तव में संसार के सर्वश्रेष्ठ मनीषियों के लौकिक जीवन की प्रगति में यह एक बहुत बड़ी बाधा रही है। यह बात अविवादस्पद है कि कालिदास तथा शेक्सपियर के महान् से महान् आलोचक भी उनके बौद्धिक शिखर की तलहटी से आगे बढ़ने में कभी समर्थ नहीं रहे हैं।'

मैंने जानबूझकर कहा—'हाँ आगे चाहे कोई 'प्रयोग-कालीन निराला' लिखे या कुछ और, पर अभी तक किसी आलोचक ने आप पर किसी नाम की कृति का निर्माण नहीं किया।' निराला जी नाराज होने की अपेक्षा प्रफुल्लित हुए और अपने अहं को ऊँचा उठाकर बोले, 'इसमें आलोचकों का दोष नहीं, मेरी तसवीर की साइज का कोई चौखटा उनके पास नहीं। इसी से मुझे न भाट मिले न भाँड़। छायावादी कवियों की प्रायः रचनायें उनको रसगुल्ले की तरह मुलायम और सरस लगीं और वे सट से गपक गये। किन्तु मेरी कविताओं के हजम करने के लिये सुरसा का मुँह चाहिये।

छायावाद की मूल भाव-धारा को लेकर फूटनेवाली प्रगति की जीवन विकासमयी सभी धाराओं में मैंने काम किया है। आलोचक मेरे काव्य-वृक्ष की डालों के फल तोड़ने के लिये बन्दर नहीं बनना चाहते। बेचारे आखिर आदमी हैं। एक ही डाल में पहुँच सकते हैं। किसी वाद में न मेरी कैद न मेरे साहित्य की, सैद्धान्तिक तथा पुस्तकी ज्ञान से मेरी चीजों का लेखा-जोखा हो नहीं सकता और सर्जनात्मक तथा अनुभूतिशील आलोचना

का हिन्दी में अभी आरम्भ ही नहीं हुआ। मैंने समालोचना में भी प्रयोग किये हैं। मेरे जीवन तथा प्राणों को छूकर बहनेवाली हल्की हवा भी औरों के लिये आँधी बन जाती है।' अब तक पंडा-बाबा बाजार से जलपान लेकर लौट चुके थे। जहाँ तक मुझे याद है निराला जी ने अपने निवास से कभी बिना कुछ खाए नहीं लौटने दिया। कहने लगते हैं—'इसी बहाने मैं भी मिठाई खा लूँगा।'

खा-पीकर हम लोग चलते बने। गौतम ने दरवाजे के बाहर आते-आते कहा—'जवानी में निराला जी बहुत ही सुन्दर रहे होंगे। कुछ सनकी मिजाज के भी जान पड़ते हैं।' मैंने उसे एक लेक्चर पिलाकर शान्त किया। निराला की स्थिति और उनके जीवन-क्रम की रास्ते भर चर्चा होती रही, पर हम लोग किसी निश्चय पर नहीं पहुँच सके। निराला को पूरी तरह समझना दुर्लभ ही नहीं शायद अलभ्य भी है।

अब निराला जी कहीं भी कुछ कम आते-जाते हैं। एकान्त ही अधिक अच्छा समझने लगे हैं। एक दिन उन्होंने बहुत बड़ी शुभेच्छा से बताया कि उनके पास आना-जाना किसी के लिये भी खतरनाक साबित हो सकता है। मुझे वहाँ समझ-बूझकर जाना चाहिये, किन्तु मैंने आना-जाना नहीं छोड़ा। मुझे प्रारम्भ से ही उनसे मिलने में, बातें करने में, उनका साहित्य पढ़ने में बड़ा आनन्द मिलता रहा है और इस स्वार्थ-त्याग की महानता मुझमें आज तक भी समासीन नहीं हो सकी तो इसे मैं अपना सौभाग्य ही कहूँगा। उनकी जैसी स्वच्छ निश्छल तथा अकृत्रिम आत्मीयता अन्यत्र जल्दी मिलनी भी सम्भव नहीं। भदन्त आनन्द कौसल्यायन की पंक्तियाँ निराला के विषय में बिलकुल सच्ची लगती हैं—

'जिसने श्री सूर्यकान्त त्रिपाठी निराला को समीप से देख लिया और ठीक-ठीक समझ लिया, वह आज के समाज को—जिसका चौखटा सरासर चर्रा रहा है—समझने में समर्थ हो गया। मैं उस भारतीय-प्रतिभा को जो हमारे रूढ़िवाद की चतुर्मुखी शृंखलाओं के तोड़ने के प्रयत्न में स्वयं टूट-टूट गयी है, शतशः प्रणाम करता हूँ।'

समय की गति किसी निराला की प्रतीक्षा नहीं करती। धीरे-धीरे होली भी आ गयी। निराला जी उत्सवों के प्रति अत्यन्त जागरूक रहते हैं। उन्हें डटकर मनाते और कविता लिखते हैं। आये, और होली की दावत कर

गये। मैंने कहा—'साथियों से फुरसत पाकर आने की कोशिश करूँगा।' निराला जी ने अधिकार के साथ कहा—'आना जरूर, मैं बहुत बढ़िया-बढ़िया चीजें बना रखूँगा।' मैं सारे प्रयत्नों के साथ भी दो बजे दिन से पहले नहीं जा सका। निराला जी रँगे-चँगे बैठे थे, बोले—'मैं तो निराश हो चुका था।' मैंने क्षमा माँगते हुए अपनी विवशता की कथा सुनाई और वे बोले—'होली का तो त्यौहार ही ऐसा है कि इसमें विश्वप्रकृति की समरसता का संदेश मिलता है। सभी आपस में मिलते-जुलते हैं। सत्-रज-तम का इतना बड़ा गठबंधन और कभी नहीं होता। रज-तम आकर सत् में समाहित हो जाते हैं। कूड़े को जलाकर भस्म करने की प्रथा का आध्यात्मिक अर्थ यही है कि केवल सत् बचाया जाय। सफेद कपड़ों का रिवाज भी यही सिद्ध करता है। इस बार की होली में शासन का भौतिक बल मुझे राई-नोन उतारकर जला देना पड़ा है, अब मैं खुलकर विद्रोह करूँगा। मैं ही तो इस युग का प्रह्लाद हूँ। बाकी सब तो होली मनाने का स्वाँग करते हैं।'

मैंने अबीर की पुड़िया निकाली और निराला के मुँह को रङ्ग दिया। आँखें तिलमिलाते हुए वे कहने लगे—'मैंने तो अबीर-रँग कुछ नहीं मँगवाया। मल्लाह के लड़कों ने मुझे तरकारी लेने जाते समय रँग दिया, मैं चुपचाप हँसता रहा। गणेश पांडे भी मिले थे, कहने लगे कि आप ठीक हैं, कपड़ा ही नहीं पहनते, रंग-अबीर का क्या डर? मैंने मन-ही-मन कहा—'कपड़े तो होली ही में नहीं मैं दिवाली में भी नहीं पहनता।' निराला जी ने आले पर से पूड़ियाँ-मिठाइयाँ निकालीं और मेरे साथ खाया-खिलाया। थोड़ी देर के बाद कंधे में कुरता रखा और चल पड़े। कहा कि कुछ मित्रों से मिल आयें, लीडर-प्रेस भी हो आयें।

सड़क के पीपल के नीचे एक पगली रहती है निराला जी से प्रायः कुछ पैसे पाती रहती है। निराला को देखकर दौड़ी और पास आकर कहा—'आज होली है, पैसे दो, रंग खरीदना है।' निराला ने सहज भाव से कुछ पैसे उसको दिये और चलने लगे। उसने कहा—'ठहरो अभी आती हूँ।' निराला जी रुके रहे। उसने आकर निराला जी के पेट में अबीर धुरक दी और मेरी ओर कोई ध्यान नहीं दिया। मैंने परिहास में कहा—'निराला जी, यह पगली काहे को पूरी समझदार है। देखिये न, आपके अबीर लगाई पर मुझसे नहीं बोली।' निराला जी मुस्कराए, फिर कहा—'पागल,

पागल को पहचानता है।' अचानक पहले पंडित अब डाक्टर उदयनारायण तिवारी रास्ते में मिले। निराला जी को बड़ी श्रद्धा से प्रणाम किया—निराला जी ने उत्तर में कहा—'आइए होली मिलें।' छोटे कद के तिवारी जी से निराला जी झुक-झुककर जिस प्रकार होली मिल रहे थे, वह दृश्य अद्‌भुत था। वे कम्पनी बाग से लीडर-प्रेस की ओर चले गये; और मैं हॉस्टल लौट आया। बार-बार पगली का चित्र स्मृतिपट पर स्पष्ट हो जाता था और कानों में निराला के शब्द ध्वनित हो रहे थे—पागल, पागल को पहचानता है। निराला ने लिखा है—

प्रति जन को करो सफल!
जीर्ण हुए जो यौवन, जीवन से भरो सकल!
रँगे गगन, अन्तराल
मनुजोचित उठे भाल,
छल का छुट जाय जाल
देश मनाये मंगल।

इधर निराला की कवितायें पढ़कर और उनकी चाल-ढाल तथा रंग-ढंग देखकर मेरी यह दृढ़ धारणा बन गयी है कि जब तक देश के बड़े आदमी अपनी धन-सम्पत्ति को छोड़कर एक साधारण और सहज स्थिति में सबको समान सुविधाओं का उपभोग नहीं करने देंगे तब तक इस देश का भला नहीं हो सकता और न निराला को संतोष हो सकता। बीस-बाइस सौ तनख्वाह पानेवाला डी.पी.आई. गरीब अध्यापकों का ग्रेड यदि एक सौ बीस से न चाहकर केवल सौ से चाहता है तो इसके भीतर विषमता का ही रहस्य छिपा है। आज की राजनीति भी धनियों की चाँदी से ही चमचमा रही है और लेखकों की तो बात न पूछिए—उनके लिये तो बस यही कहा जा सकता है कि—

भुखिया के मारे बिरहा बिसरिगा, भुल गयी कजरी-कबीर,
गोरिया क मोहिनी सूरतिया देख क उठे न करेजवा में पीर!

निराला ने 'बेला' और 'नये पत्ते' में इसका स्पष्ट संकेत किया है—

बालों के नीचे पड़ी जनता बलतोड़ हुई।
माल के दलाल ये वैश्य हुए देश के।

'महगू महँगा रहा' में निराला ने आज की दशा का व्यथा भरा खाका

खींचा है; राजनीतिक नेता का एक चित्र देखिये कि दंग रह जाइए—

लेडी जमींदारों को आँखों तले रखे हुए,
मिलों के मुनाफे–खाके–वालों के अभिन्न मित्र,
देश के किसानों, मजदूरों के भी अपने सगे
बिलायती राष्ट्र से समझौते के लिये।
गले का चढ़ाव बोर्जुआजी का नहीं गया।

नेताजी का भाषण समाप्त होने के बाद 'लुकुआ' ने 'महगू' से पूछा कि क्यों जी कुछ लोगों का कहना है कि ये नेता लोग भी अपने नहीं रहे, तुम्हारी राय क्या है? तब महगू ने उत्तर दिया कि नेता लोगों को चुनाव में मिल–मालिकों, सेठ–साहूकारों की सहायता लेनी पड़ती है। कानपुर में मजदूरों पर गोली चलने का, चलवाने का कारण वही मिल मालिक तो है जो कांग्रेस को चुनाव में सहायता दे रहा था। लुकुआ घबरा गया और प्रश्न किया कि आखिर उस जैसे गरीब कहाँ जायें? वास्तव में घबराहट में, निराला जी अपने लुकुआ से कम नहीं पड़ते, पर उनका निश्चय है कि—'पैरों की धरती आकाश को भी चली जाय, मैं कभी न बदलूँगा इतना महगा हूँगा।'

सन् ४६ के अप्रैल में एकाएक प्रयाग से अपने घर चले गये, इसकी सूचना तक उन्होंने नहीं दी। पंडा–बाबा ने बताया कि वे एक दिन सहसा बिना कुछ बोले–बताये यहाँ से चम्पत हो गये। गर्मी की छुट्टियों में मैं पहाड़ चला गया। इस बीच निराला जी का कोई समाचार नहीं मिला। बस इतना ही ज्ञात था कि वे अपने घर में हैं। जुलाई में लौटकर भी उनका समाचार नहीं मिला। उनके घर के पते पर पत्र भी दिया पर कुछ उत्तर न मिला। दो सितम्बर को पत्रों में एक समाचार छपा—'निराला जी हिन्दी के प्रसिद्ध कवि अपने घर से विवेकानन्द के राजयोग को लेकर अचानक एक दिन गायब हो गये। इधर कुछ दिनों से उनका दिमाग कुछ खराब था।' यह समाचार निराला जी के सुपुत्र ने छपवाया था। मैंने जाकर देवी जी से इस घटना का उल्लेख किया। वे इसे सुन कर बड़ी चिंतित और व्यथित हुईं और मुझे तो लगा जैसे मेरी रीढ़ ही टूट गयी।

निराला जी के पुत्र को एक चिट्ठी लिखी और विस्तृत हाल शीघ्र ही भेजने की प्रार्थना की, पर उनके भी कान में जूँ तक न रेंगी। सौभाग्य से अखबारों द्वारा पता चल गया कि वे उन्नाव पहुँच गये और युग–मन्दिर में मजे से

हैं। दो सितम्बर की एक घटना और भी महान् आश्चर्यजनक थी। उस दिन प्रयाग रेडियो से हिन्दी-कवि-सम्मेलन ब्राडकास्ट होनेवाला था। सुनने के लिए मुझे भी निमंत्रण था। शाम को मैंने सोचा कि आज के सम्मेलन में निराला के साथी कवि कैसे शरीक हो सकते हैं, पर डॉ. ब्रजमोहन गुप्त ने कहा—'अम्याँ किस चक्कर में पड़े हो, सभी भडुये वहाँ जायेंगे और गावें-नाचेंगे, चाहो तो जाकर देख लेना।' मुझे डाक्टर की बात पर विश्वास तो नहीं हुआ, पर सन्देह भी उठता-गिरता रहा और मैं रेडियो आफिस की ओर चल पड़ा।

देखा तो हॉल कवियों, कवयित्रियों तथा श्रोताओं से भरा था। उस दिन हिन्दी के नाम पर जो ग्लानि मुझे हुई, उसका वर्णन व्यर्थ होने के साथ सम्भव भी नहीं। विश्व-प्राणों के साथ समरसता और सहानुभूति रखनेवाले कवियों का यह रूप? अपने साथी, समर्थ साथी, महाप्राण साथी, निराला की यह उपेक्षा? मैंने दो-एक कवियों से पूछा भी—'आपने निराला वाला समाचार पढ़ा होगा?' वे मुँह बनाकर कहने लगे—'हाँ,—हाँ बहुत ही सैड है'। मैंने धीरे से कहा—'और आप आज कवि-सम्मेलन कर रहे हैं।' कवि ने ऊँचे कण्ठ से उत्तर दिया—'रेडियो प्रोग्राम तो किसी की डेथ से भी नहीं बंद होते, विवशता है। प्रोग्राम तो बहुत पहले से बन जाता है।'

महाकवि 'रसाल' का तो जाना उचित था, क्योंकि वे खड़ी बोली के किसी कवि को कवि नहीं मानते और निराला ने तो छन्दों को तोड़ने-फोड़ने का भी अपराध किया है। शिवमंगल सिंह 'सुमन' भी क्षम्य हैं, क्योंकि उन्होंने निराला पर एक लम्बी कविता लिखी है। बेचारे बच्चन तो कवि-सम्मेलनों में न जायें तो शायद कवि ही न रह जायें। किन्तु डॉ. रामकुमार वर्मा की उपस्थिति बहुत ही खटकनेवाली थी, ३५-४० रुपये की बात, टाल जाते। 'कोकिल' और 'सुधा' तो कवयित्री से ज्यादा गायित्री हैं। हिन्दी में इस विषमता के लक्षण पग-पग पर दिखाई पड़ते हैं। इसका कारण भी हमारी धन-यश की बुभुक्षा ही कही जा सकती है। निराला ने 'हिन्दी के सुमनों के प्रति' एक ठोकर दी है, जो इस प्रकार है—

मैं जीर्ण-साज बहु-छिद्र आज,
तुम सुदल सुरंग सुवास सुमन,
मैं हूँ केवल पद तल-आसन,

तुम सहज विराजे महाराज!
तुम मध्य भाग के; महाभाग ?—
तरु के उर के गौरव प्रशस्त
मैं पढ़ा जा चुका पत्र, न्यस्त,
तुम अलि के नव रस-रंग-राग
फल सर्व-श्रेष्ठ नायाब चीज
या तुम बाँध कर नया धागा;
फल के भी उर का, कटु, त्यागा,
मेरा आलोचक एक बीज!

इस प्रकार सन् १६ से सन् ४६ तक निराला का साहित्य-संघर्ष प्रस्फुटित होता हुआ, अथक गति से बढ़ता हुआ अपने लक्ष्य की पूर्ति कर लेता है। आज हिन्दी में निराला की अपनी शान और आन है। अब उन्हें 'पलातक' और 'छायावादी भावुकता का शब्दजाल रचयिता' कहनेवाला समझदार व्यक्ति ढूँढ़ निकालना कठिन है, यों संसार में सूरज के प्रकाश की भी उपेक्षा करनेवाले जीव-जन्तुओं की कमी नहीं। वे निराला के साथ अभी आगे तक चलेंगे।

पता चला कि निराला जी आजकल 'राम चरित मानस' का 'खड़ी बोली-करण' करने में व्यस्त हैं, साथ ही विवेकानन्द के 'राज-योग' का भी हिन्दी अनुवाद कर रहे हैं। सम्भवत: नवम्बर के माह में उसका कुछ अंश 'देशदूत' में छपा था। संपादक श्री निर्मल जी उनकी सभी प्रकार की रचनाओं को बड़े सम्मान से छापते रहे हैं। गजल नहीं गीत, कविता नहीं कहानी, लौकी नहीं कद्दू का व्यवसाय नहीं किया; जो निराला ने दिया सो छापा। इस नवीन प्रयोग की एक पंक्ति मुझे स्मरण है—स्मृति चित्र की एक बारीक रेखा—बड़े भाग्य उर आवहिं जासू का अनुवाद, अविकल रूप से निराला ने इस प्रकार किया था—बड़े भाग्य आते जिसके उर (घर) जिस दिन निराला इसे पूरा कर लेंगे, खड़ी बोली तुलसी की मांसल हरीतिमा में लहलहा उठेगी। निराला ने सूर और तुलसी का बहुत व्यापक अध्ययन किया है। उनके काव्यगत रसों को छक-छककर पिया है। जीवन में उनके पवित्र तथा सन्ती जीवन को उतारने की साधना की है, तपस्या में तपा है, क्योंकि निराला-कालीन भारत तुलसी कालीन भारत से सब भाँति अधिक विपन्न पराजित और गुलाम है। मुझे तो लगता है कि आज के घोर पाखण्डपूर्ण नारकीय—जीवन में महाकवि सूर-

तुलसी पिस जाते। निराला की ये पँक्तियाँ जैसे मेरी गवाही दे रही हैं। यह बार-बार स्मरण दिलाने की चीज है कि 'बेला' और 'नये पत्ते' सन् ४६ की प्रकाशित पुस्तकें हैं। बेला की कली आज भी गमक रही है—

यह क्या मौज है रूप से रंग से भी,—
लिये जा रहा है, लुटा जा रहा है?
ललक कर किसी से कभी जो न लिपटा,
भरा धान जैसा कूटा जा रहा है।

इन पंक्तियों में मनुष्य मात्र पर अखिल विश्व की वास्तविक स्थिति की सचाई के मूसल चलने लगते हैं। एक और पद बड़ा मजेदार, नमक-मिर्च का अनुकूल अनुपात। समाज और संसार के सुधार का ठेका लेनेवालों पर वज्रपात—

पेड़ टूटेंगे, हिलेंगे
जोर की आँधी चली,
हाथ मत डालो, हटाओ
पैर, बिच्छू बिल में है।
ताक पर है नमक-मिर्चा
लोग बिगड़ें, या बनें
सीख क्या होगी पराई
जब पिसाई सिल में है।

तुलसी ही नहीं, शायद संसार के किसी महाकवि को नमक-मिर्च न पीसना पड़ा होगा। और निराला दोनों जून नहीं तो एक जून तो स्वयं पकाकर न जाने कब से खाते-जीते हैं। नमक-मिर्च पीसना, आटा गूँधना उनका दैनिक तथा जीवन के लिये जरूरी कार्यक्रम है। अपनी आटा लिपटी, टेढ़ी-मेढ़ी, कोमल-कलात्मक उँगलियों को मुझे दिखाते हुए, दिये के क्षीण प्रकाश की ओर देखकर कहा था—'अगर प्रकाश की इस धूमिलता में परदे के भीतर से अपनी उँगलियों को किसी को थमा दूँ तो उसे मेरी प्रियतमा का ही हाथ लगे।'

जो भी हो, निराला ने न तुलसीदास का स्नेह-सम्मान पाया और न उन पर रिसर्च की डिगरी डाक्टरेट मिली, किन्तु यह सच है कि वे तुलसी की भावज्ञता तक पूर्ण रूप से पहुँचते हैं, विराजते हैं। निराला बीसवीं सदी का तुलसी है। कुछ लोगों का विचार है कि मोटी-पोथी 'कृष्णायन'

के रचयिता पं. द्वारकाप्रसाद मिश्र वर्तमान शिक्षा मंत्री सी.पी. सरकार महाकवि सूर की समता करते हैं। एक बार आत्माराम ने बड़ी मीठी बात कही थी—

नीक–नीक परसदबा कहिगा, निरलबौ कहिस अनूठी, भली–सधी महदेबी कहिगै और कहे सो झूँठी। एक्सप्लेन भी किया था—'भाई, मैं समझता हूँ 'कामायनी' जैसे मनोवैज्ञानिक महाकाव्य की ऐसी उत्तम, नीकी–नीकी रचना किसी भी युग के किसी भी हिन्दी महाकवि के वश की बात नहीं थी। निराला ने महाकाव्य नहीं लिखा, पर हर कविता में उसकी घोर मौलिकता जीवन–विकास की नयी सूझ, युगान्तरकारी विराट प्रतिभा किसी भी महाकवि की शोभा है। सब नया, नयनाभिराम, समस्त जीवन के लिए—अमिय–गरल, शशि–सीकर रविकर राग–विराग, भरा प्याला, पीते हैं जो साधक उनका प्यारा है यह मतवाला; की विकासोन्मुख सतरंगी इन्द्रधनुषी कोमल किरणों का जीवन की निरीहता पर सहानुभूतिमय आच्छादन निराला के काव्य का, जीवन के समानान्तर व्यापक विषय रहा है। और महादेवी ने मानव मन की उस आध्यात्मिक प्राण प्रवाहिनी भावधारा को जिसे हिला सकने की क्षमता प्राप्त करना जीवन से वंचित होना है, रक्षित रखा है। महादेवी के गीतों की साँस में जिस महाकरुणा की सुवास व्याप्त है, उसी वातावरण के लिए तो कहा गया है—

> सर्वे कुशलिनः सन्तु सर्वे सन्तु निरामया सर्वे। भद्राणि पश्यन्तु, आदि–आदि।

संसार घूम–फिर कर वहीं लौटेगा। श्रद्धामयी आस्था और विश्वास के बिना केवल बुद्धि–व्यवसाय से जीवन का विकास शतशः असम्भव है। महादेवी, जीवन के साथ लगी मानवता के इस रूढ़ रहस्यवाद की परम्परा को आज के जड़वादग्रस्त युग में भी 'दीप–शिखा' की भाँति सँजो रखा है जो युग–युगों तक कवि–महाकवि सभी के प्रकाश का कारण बनेगी। इसलिए यह उक्ति चाहे कटूक्ति ही क्यों न हो, जमती है, सच जान पड़ती है।' मैंने बड़े उत्साह से अनुमोदन किया—'हाँ, इसका आशय यह नहीं कि जूठी कहनेवाले महाकवि नहीं होते या हिन्दी में नहीं।' तुलसी ने कहा है—

> सब उपमा कबि रहे जुँठारी।
> केहि पटतरिय विदेह कुमारी॥

किन्तु उन्होंने सीता के लिए यह भी लिखा है—

उभय मध्य सिय सोहति कैसी।
ब्रह्म–जीव बिच माया जैसी॥

और तुलसी को तो साहित्य–सम्मेलन के सभापति तक महाकवि मानते हैं। औरों का और जानें, निराला महाकवि, महाप्राण तथा महामानव हैं। 'बाम्हन' को छोड़कर और सभी जगह वे महा के साथ हैं। निराला ने ब्राह्मण को बम्हन लिखा है।

२९ दिसम्बर, सन् ४६ के देशदूत में एक विज्ञप्ति छपी जिसमें राष्ट्रीय–विद्यालय, गायघाट बनारस की ओर से बनारस में आगामी वसन्त–पंचमी को निराला स्वर्णजयन्ती के आयोजन की घोषणा थी। यह सुसमाचार मेरे लिये बस—सँदेसो और न दूजो कोय, हरि सौं बस इतनी कह दीजौ नेकु न बिसरें मोय—से कम नहीं था। आज तो निराला को न केवल साहित्यिक, वरन् घोर सामाजिक दृष्टियों से भी सम्मान–स्नेह और श्रद्धा का अधिकार सहज ही प्राप्त है। यह तो निराला की विराट–प्रतिभा की वह मजदूरी है जिससे इनकार करने से स्ट्राइक का डर है। दुनिया हड़ताल से डरती है। निराला का ध्यान आया, सोचा; 'बड़े प्रसन्न होंगे।' निराला की इस पुलक का कम्पन टटोलने की इच्छा इतनी प्रबल हो उठी कि मैं उन्नाव जाने की सोचने लगा। उधर समालोचक प्रसिद्ध श्री नन्ददुलारे वाजपेयी तथा पंडित गंगाधर शास्त्री की ओर से लेखकों को निमंत्रण बँटने लगे और लेखों तथा लेखकों की प्रस्तावित सूची भी वितरित होने लगी। जोशी जी के पास आया हुआ लिफाफा अभी तक मेरे पास सुरक्षित है। बड़ी सुन्दर योजना, विषय चुनाव, योग्यता और मनोज्ञता की परख, और सुगठित संपादक मंडल। 'मनहु रंक निधि लूटन लागे' वाला अनुभव मुझे हुआ। वसन्त–पंचमी २७ जनवरी, सन् ४७ को उत्सव था।

मैंने सोचा दो–चार दिन पहले उन्नाव पहुँचूँगा और वहीं से बनारस तक चला जाऊँगा। इसी विचार के फलस्वरूप २४ या २५ को उन्नाव जाने की बात मन में तय कर ली, पर महादेवी जी ने कहा कि यदि निराला जी प्रयाग होते हुए बनारस जायें तो बहुत अच्छा हो। प्रयाग निवासी भी उनका वन्दन–अभिनन्दन तथा दर्शन कर लेंगे। इसलिए तुम कुछ जल्दी चले जाओ। और भी बहुत से निराला–प्रेमी मित्रों का यही आग्रह रहा। मैं

ता. १७ को उन्नाव के लिये चल पड़ा, लखनऊ होते हुए १८ को सुबह वहाँ पहुँच गया। इसके पहले मैंने कभी उन्नाव नहीं देखा था वस्तुतः स्टेशन में ही युग-मन्दिर का पता पूछा, पर किसी से ठीक पता नहीं चला। मैं शहर में आया कि सामने एक होटल दिखा, रंग-ढंग से लगा होटल मुसलमानी है। एक सज्जन सामने बैठे हुक्का पी रहे थे। मैंने उनसे भी पता लगाने की कोशिश की और वे एक नया ही प्रश्न कर बैठे—'आखिर आप चाहते किसे हैं? क्या काम है? कभी-कभी ऐसा भी तो होता है कि किसी-किसी इन्सान का घर न जानते हुए भी हम उसको जानते-पहचानते हैं। मुलाकातियों में बहुतों का घर मुझे नहीं मालूम।' मैंने 'हूँ' के साथ बताया कि मुझे महाकवि निराला से मिलना है। वे हुक्के को बगल करते हुए बोले—'देखिये मैंने कहा था न? मैं निराला को जानता हूँ, वह तो यहाँ के सबसे बड़े पहलवान हैं, मेरी दुकान में आते-जाते हैं, गोश्त के बेहद शौकीन हैं।' मैंने कहा—'वही-वही, पर रहते कहाँ हैं?' उन्होंने बताया कि ठिकाना तो नहीं मालूम पर (इशारा करते हुए) इस गली से रोज आते-जाते हैं। रात को मुसलमान की बताई उस गली में चाहे न भी घुसता, पर दिन के कारण मेरी हिम्मत बँध गयी।

प्राय: प्रत्येक सम्भ्रान्त व्यक्ति से उनका पता पूछता आगे बढ़ता गया कि एक छोटा सा प्रेस दिखा। रूप-रंग और हाथों की कालिख से मैंने उसे प्रेस की मशीन का नौकर समझा और प्रश्न किया—'आप युग-मन्दिर अथवा निराला जी को जानते है?' वह व्यक्ति स्तब्ध हो गया, एकदम भौचक्का और उसने भी उत्तर देने की अपेक्षा प्रश्न ही किया—'आप कहाँ से आये हैं?' मैं मन-ही-मन खीझ गया, बोला—'जो मैं पूछता हूँ उसका उत्तर न देकर आप किसी प्रश्न का उत्तर मुझसे पाने की आशा कैसे कर सकते हैं।' मेरे स्वर की झुँझलाहट से परिचित होकर उसका उत्तर अद्वितीय था—'बाबू जी आप नाराज न हों, आपने हमें आप कहा तभी हमने समझ लिया कि आप यहाँ के नहीं कहीं बाहर के हैं। यहाँ कुलियों को कोई आप नहीं कहता—और कोई बात नहीं। निराला जी को मैं जानता हूँ, यहीं पास में रहते हैं, आइए'। मैं पीछे-पीछे चल पड़ा और युग-मन्दिर के फाटक से भीतर घुसा। चौगान में ही, नीम के पेड़ तले घमछाँही में निराला जी एक तख्त में बैठे थे। सर घुटा, रुई की अधबंडी और वही पुरानी लुंगी। मैंने पास पहुँचकर प्रणाम किया कि निराला जी चौंक पड़े

और उठते हुए बोले—'ओहो, आइए, आइए खूब आये, क्या समाचार है?' मुझे उनके 'आइए' सम्बोधन का अभ्यास नहीं था। इसलिए कुछ विचित्र सा लगा, पर मैंने उसको भुलाकर उत्तर दिया—'सब आनन्द हैं, आप तो किसी की खबर लेते नहीं, पत्र का उत्तर तक नहीं देते; इसलिए मैं ही चला आया'। निराला जी ने गिन-गिनकर अपने सभी मित्रों की कुशल पूछी और कहा—'मेरा स्वास्थ कैसा है'? मैंने कहा—'आजकल तो आप बहुत स्वस्थ हैं—प्रसन्न हैं। उन्नाव का पानी आपको बहुत लगता है'। निराला जी ने छाती पर हाथ फेरकर बताया कि मातृभूमि का यही महत्त्व होता है, 'यहाँ मैं ठीक हो जाता हूँ।'

भगवान राम ने भी तो कहा है—अवध सरिस प्रिय मोहि न सोऊ। तब उन्नाव की तारीफ करने के लिये मैंने उस कुली का किस्सा कह सुनाया और वह निराला जी का चिरपरिचित 'नये-पत्ते' का महगू निकला। अपने प्रेस के काम से थककर वह प्राय: निराला जी के पास से सुरती खा जाता है। निराला जी ने चौधरी जी को बुलाया और मेरा परिचय कराने के बाद चाय बनवाने की आज्ञा दी। मैंने उतावली से पूछा—'निराला जी, यह तमाम अखबारों में क्या छपा था? आप तो बिलकुल ठीक हैं।' उन्होंने उत्तर दिया, 'मैं नहीं जानता, अखबारों में ऊटपटाँग, अन्ट-सन्ट सभी तो छपता है। बड़ों का नाम और छोटों को बदनाम करना ही तो इनका काम है। 'पत्रिका' में पंत की मृत्यु तक की सूचना छपी थी, गोकि पंत अब भी जीवित हैं। योंही तबियत नहीं लगी, घर से यहाँ चला आया। कोई विशेष बात नहीं है'। चाय के लिये उन्होंने फिर पुकारा।

मैंने समय देखकर फिर प्रश्न किया—'और यह जयन्ती वाली सूचना आपको तो मिली ही होगी'? निराला जी को जैसे किसी ने चिकोटी काट दी। वे कहते रहे—'मिले या न मिले। मुझे इसकी परवाह नहीं, वाजपेयी आये थे। मैंने उनसे सब बातें बता दी हैं। आज हिन्दी वाले निराला की स्वर्ण-जयन्ती मनाकर क्या पागल-पूजा का प्रचार करना चाहते हैं? जब निराला को सम्मान की साध थी तब तो किसी ने दो कौड़ी का नहीं पूछा और अब मेरे लिये यह तमाशा हास्यास्पद लगता है। वही डॉ. जानसन और लार्ड चेस्टर फील्ड का कथानक जो तुमने पढ़ा होगा। 'आप' का 'तुम' में पहुँच जाना मेरे लिये निराला के स्नेह का स्वाभाविक स्वरूप था, मैं खिल गया और उनके क्षोभ का प्रतिवाद करते हुए जयन्ती की

महत्ता और उसके उपयोग की सार्थकता की अपील की तथा उसमें अवश्य सम्मिलित होने की प्रार्थना भी की। उन्होंने कहा कि कुछ तय नहीं, वे जा भी सकते हैं और नहीं भी जा सकते, क्योंकि अभी तक उनके पास कोई निश्चित प्रोग्राम भी नहीं पहुँचा।

चाय आ गयी। निराला ने स्वयं चाय बनाई और पी-पिलाई। मैंने उनसे बनारस जाने के पहले प्रयाग चलने की भी बात कही और यह भी बताया कि मैं केवल उन्हें प्रयाग ले चलने के लिये ही उन्नाव तक आया हूँ। निराला जी ने बताया कि यदि बनारस जाना ही पड़ा तो उनके पास कपड़े-लत्ते नहीं हैं योंही जावेंगे या तो साफा-अँचला और कुरता पहनेंगे। स्वामी विवेकानन्द की पोशाक या तो नंग-धड़ंग।' इतना कहकर वे खड़े हो गये और बोले—'भीतर आओ, कपड़े उतारकर आराम से बैठो।' भीतर जाकर वे स्वामी विवेकानन्द के चित्र के सामने खड़े हो गये और मुझसे पूछा कि वे कपड़े-लत्ते उसी तरह पहनकर अपने वर्तमान स्वास्थ्य में विवेकानन्द लगेंगे कि नहीं ? मैं सब उनके मन की कहता गया, क्योंकि वास्तव में उनका स्वास्थ्य उस समय बहुत ही अच्छा और प्रतिभा-प्रसन्न था।

सुमित्रा जी उन दिनों लखनऊ गयी थीं। खाने-पीने का प्रबंध नौकर के हाथ था। निराला जी ने उसे बुलाकर कहा कि वह सब सामान ठीक करें, वे स्वयं खाना पकायेंगे। इतने ही में ठीक शान्तिप्रिय जी की तरह लघु-लघु गात लिये भुवनेश्वर जी पहुँच गये। वे कई दिनों से निराला के मेहमान हैं। उनसे मैंने निराला जी के विषय में बहुत-सी बातें पूछीं। उन्होंने कहा कि निराला जैसे सब दिन थे वैसे ही हैं। उनका स्वभाव कुछ चिड़चिड़ा जरूर हो गया है। पर यदि उनको छेड़ा न जाय तो वे बिलकुल नार्मल रहते हैं और कभी-कभी स्वगत वार्तालाप भी करने लगते हैं, बाकी सब ठीक है।

खाना खाने के बाद निराला जी ने 'राजयोग' का अनुवाद और रामायण का खड़ी बोली-रूप सुनाया। प्रसंग सीता-स्वयंवर का था जो मुझे बहुत सुन्दर और सार्थक लगा। कुछ नये गीतों की भी रचना उन्होंने की है, पर उन्हें सुनाने, दिखाने को तैयार नहीं हुए। उनके प्रयाग आने की सम्भावना नहीं थी वस्तुतः मैं शाम को ही चलने को तैयार हो गया, पर निराला जी ने रात की गाड़ी से जाने की बात तय की और कहने लगे—'घर से कोसा का साफा मँगवाया है, शायद शाम तक आदमी वापस आ जाय। देखकर

जाओ। तुम तो रियासती हो, साफा बाँधना भी जानते होगे, सिखाकर जाना।' मुझे उनकी बात माननी ही थी, पर चौधरी साहब ने भी रुकने का आग्रह किया और रात को ९ बजे की गाड़ी से लखनऊ तक साथ चलने का वचन दिया। शाम होते ही निराला के गण इकट्ठा होने लगे। कोई कवि, कोई वादक और कोई कसरती तो कोई गायक। निश्चय ही संपादक कोई नहीं। कविता-पाठ और गाना, दोनों का आयोजन रहा। निराला जी से बराबर जयन्ती में सम्मिलित होने और प्रयाग होकर बनारस जाने की करबद्ध प्रार्थना करके मैं वापस चला आया।

आते समय निराला जी फाटक तक आये और कहने लगे—'पाँड़े, बुरा न मानना। कपड़े, जूते कोई सामान नहीं है वरना तुम्हारे साथ चलता। बाद में आऊँगा। तब तक साहित्यकार-संसद का भवन भी खरीद लिया जावेगा। वहीं रहना होगा। महादेवी जी को मेरा प्रणाम देना और कहना कि वे भी बनारस अवश्य आवें। मैं जाने न जाने की सूचना दूँगा। अगर जाना है तो कानपुर होकर जाना होगा, क्योंकि वहाँ कपड़ों का प्रबंध करना होगा। फिर बनारस के बाद प्रयाग अवश्य आऊँगा।'

प्रयाग लौटकर मैं निराला की सूचना की प्रतीक्षा ही करता रहा। सुनने में आया कि वे कानपुर होते हुए बनारस पहुँच भी गये। मैंने भी २६ की रात को बनारस जाने की ठान ली। नवयुवक कथाकार श्री शरद् जी भी साथ चलने को तैयार हो गये। 'एक से दो भले' का मुझे बोध हुआ। श्रद्धा-साम्य से समाजी बन कर हम लोग बनारस पहुँचे। सब दिन लेट पहुँचनेवाली गाड़ी उस दिन ठीक समय से पहुँची। उत्सव नागरी-प्रचारिणी-सभा भवन के कम्पाउंड में होने वाला था। खोजते हुए पहुँचे, क्योंकि अनेक बार बनारस जाकर भी यह शुभ स्थान हम दोनों में से किसी ने नहीं देखा था। सामने पीतल के बोल्ड लेटर में अंग्रेजी में लिखा था—NAGRI प्रचारिणी सभा—मुझे पढ़ने में क्षण भर दिक्कत हुई तब तक शरद ने कह दिया—यही तो है, वह देखिए साइन बोर्ड लगा है। घुस पड़े। एक विशाल शामियाना के पूर्वी भाग में—सब मंचन ते मंच इक सुन्दर विशद विशाल' बना हुआ था। केला के खम्भे और रसाल-पत्र के बन्दनवार। बैठने की खासी अच्छी सुविधा। निराला जी अभी नहीं आये थे। थोड़ी देर बाद वे अपने दल-बल के साथ पधारे—धीर-पद-मन्द-गति मंच पर आरूढ़ होते निराला ने इधर-उधर 'वीक्षण-अराल' के जीवन-

स्वर भरे छन्द तालों का पात किया, क्योंकि बैठकर भी वे किसी को खोज से रहे थे।

बासन्ती साफा निराला के सिर की ऊँचाई पर मुकुट से कम नहीं फब रहा था। लहराता हुआ कौशेय उपन्ना (उत्तरीय) विजय-ध्वज की स्पर्धा कर रहा था। सामने फूलदान, रंग-बिरंगे सुगन्धित फूलों से फूला हुआ समस्त वातावरण दिव्य और श्रद्धालु। ठीक वैसा ही जैसा महात्मा जी के यहाँ निराला जी को लगा था। उन्होंने 'गांधी जी से बातचीत' में लिखा है—

मैं बँगले के बीचवाले कमरे में एक कोच पर बैठा प्रतीक्षा कर रहा था। तब मेरे बाल बड़े-बड़े थे, कवि की वेश-भूषा। वायुमंडल, मनोमंडल, वदनमंडल, भावमंडल मुझे बड़ा अच्छा लगा।

फिर वही वातावरण, किन्तु निराला की वेष-भूषा आज एक विजयी की पोशाक थी। निराला ने कहा था—'बहुत दिनों बाद आज कम्प्लीट ड्रेस किया है। धोती, रेशमी कुरता, उपन्ना। साफा, पूरी सरदारी शान। हम लोग निराला के ठीक सामने, पर दूर चुपचाप जा जमे। मंच पर बैठे महान मनीषी का जी भर-भरकर दर्शन लाभ करने लगे। उसकी भाव-भंगी को देखने में चकोर की तरह चुस्त और शरद बगल में। अमृतराय भी पास खिसक आये। डॉ. ब्रजमोहन गुप्त ने अपने पास बुलाया। सब पास बैठे। कार्यक्रम प्रारम्भ हुआ। श्री जानकीवल्लभ शास्त्री ने निराला की लिखी सरस्वती-वन्दना की,—'वर दे, वीणावादिन वर दे'—की झंकार से सबके हृदय झंकृत हो उठे।

स्वागताध्यक्ष श्री द्वारिकाप्रसाद जी मिश्र मिनिस्टर सी.पी. उद्घोषित किये गये थे, पर सम्भवत: आफिसियल कार्यों से उनको आने का अवकाश नहीं मिला, आचार्य नरेन्द्र ने यह कार्य सम्पादित किया। उनका भाषण बहुत ही महत्त्वपूर्ण रहा। यहाँ पर यह बता देना अनुचित न होगा कि अपनी विख्यात पुस्तक 'हिन्दी साहित्य बीसवीं शताब्दी' में श्री नन्ददुलारे बाजपेयी ने जिन कलाकारों को स्थान दिया है उनमें से वहाँ एक भी उपस्थित नहीं था। यों भी उपस्थिति बहुत कम थी। प्रोग्राम की नामावली में माननीय मिनिस्टरों का आधिक्य इस साहित्यिक सुअवसर को राजनीतिक दबाव से बोझिल सा बना रहा था। आचार्य जी ने कह भी डाला—'साहित्यिकों के भीतर राजनीतिक व्यक्तियों का आतंक आज भी देखकर

आश्चर्य होता है। निराला का पूजन-वन्दन और अभिनन्दन साहित्यकारों की शोभा है। निराला को सुख-संतोष भी अपने साहित्यिक साथियों के सम्मान-स्नेह से अधिक होगा न कि राजनीतिक नेताओं के शब्दाडम्बर से।' उन्होंने और भी बहुत-सी मार्मिक बातें कहकर निराला का स्वागत किया।

मुझे भी मैथिलीशरण गुप्त, माखनलाल चतुर्वेदी, पंत जी, जोशी जी आदि की अनुपस्थिति बहुत ही ज्यादा खटक रही थी। उल्लेखनीय कलाकारों में केवल श्री 'दिनकर' और श्री सुभद्राकुमारी जी उपस्थित थीं। मेरा आशय यह नहीं कि वहाँ के बाकी उपस्थित कलाकार, जिनके नाम 'देवदूत' में कुँवर चन्द्रप्रकाश सिंह ने गिनाये हैं, अपना महत्त्व नहीं रखते, पर यह भी ठीक है कि निराला के समकक्ष साहित्यिक साथियों का वहाँ नितान्त अभाव था। किसी ने कहा, बाजपेयी जी ने किसी को ठीक से निमंत्रित ही नहीं किया तो किसी ने बताया कि हिन्दी के साहित्यकार एक-दूसरे के प्रति द्वेष-ईर्ष्या की भावना से इतने अधिक अभिभूत हैं कि वे एक-दूसरे का सम्मान-स्वागत न स्वयं कर सकते हैं और न देख-सुन सकते हैं। कारण जो भी रहा हो, किन्तु इस महान पर्व में साहित्यिकों के सहयोग की अपेक्षा असहयोग का ही आधिक्य था।

अन्त में निराला जी अपने भाषण के लिये खड़े हुए और कहा—'आप लोगों ने मेरे प्रति जिस स्नेह और सम्मान का भाव प्रदर्शित किया है उसके लिये मैं आपका हृदय से आभार मानता हूँ। मुझमें और आप लोगों में कोई अन्तर नहीं, क्योंकि दार्शनिक दृष्टिकोण से यदि आप लोग कण्ठ हैं तो मैं वाणी, आप प्राण हैं तो मैं गति। वस्तुतः आप मेरे और मैं आपका हूँ।' इसके बाद उन्होंने 'कुकुरमुत्ता' और एक गीत सुनाया। तत्पश्चात थैली-प्राप्त रुपयों को विभिन्न संस्थाओं को दान करके उन्होंने कहा कि हिन्दी-भाषा-भाषी जनता को इतमिनान रखना चाहिये कि कोई भी साहित्यकार उनके भेंट किये हुए रुपयों का सदुपयोग करने में कभी चूक नहीं सकता, इस बात का सब को विश्वास दिलाते हुए उन्होंने अपना अभिभाषण समाप्त किया। सभा विसर्जित हुई। हम लोग बड़ी उत्सुकता से निराला की ओर बढ़ चले। पास जाकर प्रणाम किया। वे मुस्कराते हुए बोले—'अच्छा तुम हो? आओ डेरा चलें। शरद ने 'लहर' देकर प्रणाम किया कि निराला ने तुरंत कहा—'बड़ा अच्छा चित्र है पर है पुराना। आप

कहाँ ठहरे हैं?' हम दोनों को साथ ही आये हुए, साथ ही ठहरे हुए जानकर वे कहने लगे—'तब क्या है? बस चलो, मुझे प्यास लगी है। प्रयाग से और कोई नहीं आया। महादेवी जी भी नहीं आईं। कैसा रहा? मुझे तो बार-बार पंत-महादेवी का स्मरण हो रहा था।' इतना कहकर वे उदास हो उठे।

निराला जी को रिक्शे में बिठाकर हम दोनों अगल-बगल होकर चलते हुए, बात करते हुए, हँसते हुए राष्ट्रभाषा विद्यालय, गायघाट पहुँचे। निराला जी ने अपने ठहरने के कमरे में पहुँचकर दीवाल पर लगे हुए शीशे के समाने खड़े होकर अपने को देखा और कहा—'विवेकानन्द भी पचास वर्ष की उम्र में ऐसे ही लगते कि नही?' हम लोगों ने निराला के भीतर बैठे हुए शाश्वत-शिशु को दुलराते हुए कहा— 'इसमें क्या शक है, आज तो आप विवेकानन्द से बढ़कर जँच रहे हैं।' निराला की आँखों में अविश्वास का भाव नहीं आया। वे तख्त पर बैठकर कपड़े उतारने लगे। कपड़े उतारने के बाद ही उन्होंने कहा कि कागज-कलम हो तो महादेवी जी को एक पत्र लिख दूँ तब खाना-खाने चलें। उन्होंने देवी जी को पत्र लिखा, जो इस प्रकार था—

'पाँड़े आये हैं। खुश हैं। आप न आ सकीं। वापस जाते समय, हो सका तो प्रयाग आऊँगा। २००० रुपये साहित्यकार संसद के लिए भी मैंने दिये हैं। दो-तीन दिन बाद आपको मिल जायेंगे। मैं प्रसन्न हूँ।'

निराला को भोजन कराने के बाद हम लोगों ने उनसे बिदा ली। जयन्ती समारोह का आयोजन-संयोजन कुछ इस प्रकार ढीला और अव्यवस्थित था कि देखकर कष्ट होता था। पग-पग पर कुछ ऐसी घटनायें घट रही थीं जो साहित्यिक सहृदयता की सीमा से बाहर थीं। इसलिए हम लोग उसी दिन रात की गाड़ी से वापस चले आये। जलसा दो-तीन दिन तक चलता रहा। बनारस से लौटकर निराला जी प्रयाग नहीं आये, सुना कि उन्नाव वापस चले गये। जयन्ती की कार्यवाही को लेकर पत्रों में वाद-विवाद भी चला, किन्तु बाद के सुझावों और परामर्शों का मूल्य-महत्त्व ही क्या? इस कार्य के संगठन और संपादन में चाहें कर्ताधर्ता महोदयों की जो भी अक्षमता रही हो, पर यह भी घोर सत्य है कि हिन्दी-सेवी-संसार ने उत्साह के साथ सामूहिक रूप से, इसमें सहयोग नहीं दिया। इस विषय की एक घटना चिरस्मरणीय रहेगी।

जयन्ती के अवसर पर श्री निराला जी को अभिनन्दन ग्रंथ नहीं भेंट किया जा सका, छप नहीं सका था; यद्यपि उसके सभी साधनों का संकलन हो चुका था। जिस समय एक थाल में रखे कुछ लिखित पन्नों की भेंट निराला जी को दी जा रही थी उस समय वे जिस व्यंग्य-व्यथामयी मुस्कान में अपने हृदयगत भावों को स्पष्ट कर रहे थे, वह बहुत ही अर्थवाही और विचारोन्मेष थी। ऐसा होना स्वाभाविक ही था, क्योंकि अभिनन्दन ग्रंथ के संपादकों में से अंचल जी भी एक थे। उन्होंने अभिनन्दन ग्रंथ भेंट किये जाने के ठीक बीस दिन पहले 'पारिजात' में निराला जी की एक कविता के लिये लिखा था—'बंग-दर्शन में संकलित उनकी (निराला) की कविता अनर्गल, बे-मानी, सिलपट और भाव-शून्य है।' भला ऐसा व्यक्ति निराला का अभिनन्दन क्या कर सकता है? बहुत सम्भव है कि 'अंचल' की इस दुस्साहसिकता से क्षुब्ध होकर समर्थ और सयाने साहित्यिकों ने जयन्ती से अपना हाथ समेट लिया हो। सबसे बढ़कर बात यह थी कि इसी 'पारिजात' के पृष्ठों में 'अंचल' ने पं. रविशंकर शुक्ल और पं. द्वारिकाप्रसाद मिश्र जैसे मिनिस्टर महानों की स्तुति कर चुके थे, रेखाचित्र लिख चुके थे। ऐसी स्थिति में साहित्यकारों का सहयोग पाना उनके लिये सम्भव नहीं था, पर 'अंचल' का तो उद्देश्य ही कुछ और था जिसकी पूर्ति अभी तो नहीं हो पाई, किन्तु भविष्य के लिए वे आशा लगाये हैं, इसमें सन्देह नहीं।

निराला स्वर्ण-जयन्ती प्राय: समस्त हिन्दी-भाषा-भाषी प्रान्तों में बड़े धूम-धाम से मनाई गयी। प्रयाग, बनारस, कानपुर, लखनऊ, दिल्ली, मेरठ में तो हफ्तों तक लोगों ने निराला के साहित्य का पाठ और प्रचार किया। बाम्बे और कलकत्ता में भी उत्सव मनाया गया। 'नया-साहित्य' ने अपना 'निराला अंक' भी निकाला। हिन्दी के और पत्रों ने यद्यपि ऐसा कुछ नहीं किया, पर जनता का उत्साह और उनकी निराला-विषयक श्रद्धा की हिलोर सारे देश में लहरा उठी। जो निराला अस्पष्टता और दुरूहता का प्रतीक करार दिया जाता था, सबके गले का हार बन बैठा। आधुनिक कवियों में सबसे अधिक कवितायें उन पर लिखी गयीं, जिनमें पं. माखनलाल चतुर्वेदी लिखित कविता बहुत ही उच्चकोटि की बन पड़ी है। निराला की काव्य-प्रतिभा को 'नयी-नयी सूझों की रानी' कहकर उन्होंने जिस उदारता और सहृदयता का परिचय दिया है वह निराला की सूझों के प्रति स्नेह-सम्मान

प्रकट करने के साथ स्वयं चतुर्वेदी जी की सूझ की साक्षी है। प्रसाद जी ने भी लिखा है—'उनमें केवल पिक की पंचम पुकार ही नहीं, कनेरी की सी एक ही मीठी तान नहीं; अपितु उनकी गीतिका में सब स्वरों का समारोह है। गीतिका हिन्दी के लिए सुन्दर उपहार है। उसके चित्रों की रेखायें पुष्ट वर्णों का विकास भास्वर है। उसका दार्शनिक पक्ष गम्भीर और व्यंजना मूर्तिमती है। आलम्बन के प्रतीक, उन्हीं के लिए अस्पष्ट होंगे जिन्होंने यह नहीं समझा कि रहस्यमयी अनुभूति, युग के अनुसार अपने लिये विभिन्न आधार चुना करती है। केवल कोमलता ही कवित्व का मापदण्ड नहीं है। निराला जी ने नृम्ण और ओज, सौन्दर्य-भावना और कोमल-कल्पना का जो माधुर्यमय संकलन किया है, वह उनकी कविता में शक्ति साधना का उज्ज्वल परिचायक है।'

वास्तव में यदि नवीन प्रयोगों और मनोवृत्तियों के नवीन उद्‌घाटनों तथा भावों के नवीन उत्कर्षों को जीवन के विकास और उसकी विविधता का परिचायक माना जाय तो निराला का सारा साहित्य बहुत सजीव एवं प्राण-प्रवेग-पूर्ण और स्वस्थ तथा सम्पन्न है। नया पथ निर्माण करनेवाले उद्दाम जल-प्रपात की तरह उनका काव्य गतिशील होता हुआ अपने लक्ष्य तक पहुँचने में अटूट और अडिग रहा। मानव-हृदय की एकता के आधार पर अपनी संवेदना के जिन रंगों और अनुभूति की तूलिका से निराला ने जो चित्र सजाये हैं वे केवल इसी युग के नहीं वरन् युग-युगों तक साहित्य के प्रासाद में सुशोभित और सम्मानित रहेंगे, यह मेरा दृढ़ विश्वास है। स्वाभाविक और सहज जीवन के तादात्म्य के कारण निराला के काव्य में विस्तार और विविधता का बहुत ही व्यापक रूप सामने आता है। महादेवी के शब्दों में—'उसमें पौराणिक गाथायें बोलती हैं और साधारण दृष्टान्त-कथायें मुखर हैं। अतीत का गौरव गाता है और वर्तमान विकृतियों के स्वर का क्रन्दन मँडराता है। कृषक श्रमजीवी आदि का श्रम निमंत्रण देता है और आर्तनारी की व्यथा पुकारती है। शापमुक्त पाषाणी के समान परम्परागत जड़ता से छूटी हुई प्रकृति सबको अपने जीवित होने की सूचना देने को भटकती है और भारतीयता से प्रसाधित जातीयता उदात्त अनुदात्त स्वरों में अलख जगाती है। नवीनता प्राचीनता के मापदण्ड से काव्य की उत्कृष्टता परखनेवालों को यह स्मरण रखना होगा कि—

सन्तः परीक्ष्यान्यतरद् भजन्ते
मूढ़ परप्रत्यग्यनेयबुद्धिः !

अतीत और वर्तमान के सम्बन्ध में निराला की इस युक्ति में केवल सरल सौन्दर्य ही नहीं, मार्मिक सत्य भी अन्तर्लीन है—

शिशु पाते हैं माताओं के
वक्षःस्थल पर भूला गान,
मातायें भी पातीं शिशु के
अधरों पर अपनी मुस्कान?'

इसी प्रकार राष्ट्रीयता में भी निराला ने बाहर की स्थूल रेखाओं से अधिक जीवन का स्पन्दन भरने की चेष्टा की है, उनकी राष्ट्रीयता भी अन्य भावनाओं के अनुसार एक विराट-भाव-रूप समष्टि में प्रतिष्ठापित है जिससे देश विशेष की भौगोलिक सीमा के वर्णन से अधिक उसके सुख-स्वास्थ्य की आकांक्षा ही उभरकर सामने आती है। निराला ने लिखा है—

दीर्घता देह देश की छोड़
मिथ्या अपनापन, मुँह मरोड़,
केवल चेतन तू जहाँ, वहीं
मेरा-तेरा-तन-मन-धन-जन?

और—

है चेतन का आभास
जिसे, देखा भी उसने कभी, किसी को दास?
नहीं चाहिये ज्ञान जिसे, वह समझा कभी प्रकाश?

अस्तु, निराला के ही काव्याध्ययन में नहीं वरन् समस्त साहित्य के पठन-पाठन और उसके परीक्षण-निरीक्षण में यह स्मरण रखना होगा कि—

'जीवन को गति देने के दो ही प्रकार हैं—एक तो बाह्य अनुशासनों का सहारा देकर उसे चलाना और दूसरे, अन्तर्जगत् में ऐसी स्फूर्ति उत्पन्न कर देना जिससे सामंजस्यपूर्ण गतिशीलता अनिवार्य हो उठे। अन्तर्जगत् में प्रेरणा बननेवाले साधनों की स्थिति, उस बीज के सामान है जिसे मिट्टी को, रंग-रूप-रस आदि में व्यक्त होने की सुविधा देने के लिए स्वयं उसके अंधकार में समाकर दृष्टि से ओझल हो जाना पड़ता है।

विधि-निषेध की दृष्टि से महान् कलाकार के पास उतना भी अधिकार नहीं जितना चौराहे पर खड़े सिपाही को प्राप्त है। वह न किसी को आदेश दे सकता न उपदेश। वास्तव में कलाकार तो जीवन का ऐसा संगी है जो अपनी आत्म-कहानी में, हृदय-हृदय की कथा कहता है और स्वयं चलकर पग-पग के लिये पथ प्रशस्त करता है।'

निराला का यह गीत सर्व कल्याणी स्फूर्ति की ऐसी ही भावना से ओत-प्रोत है—

> वर दे, वीणावादिन वर दे!
> प्रिय स्वतंत्र-रव अमृत-मंत्र-नव
> भारत में भर दे!
> काट अंध-उर के बंधन-स्तर
> बहा जननि, ज्योतिर्मय निर्झर;
> कलुष-भेद तम-हर प्रकाश भर
> जगमग जग कर दे।
> नवगति, नवलय, ताल-छंद नव,
> नवल कण्ठ नव जलद-मंद्र रव;
> नव नभ के नव विहग-वृन्द को
> नव पर नव स्वर दे।

'निराला हिन्दी का एक अकेला कवि है जो अपने क्रैफ्ट (कवि-कर्म) के प्रति अत्यन्त सचेतन रूप से प्रामाणिक रहा है और साथ ही जिसने युग के बदलते हुए मूल्य को भी सहेजा है—किताबों की मारफत नहीं, मगर जीवन के कडुए अनुभव से। उसकी स्याही की बूँद, उसके अपने खून और पसीने की है; वह निरे खारे, बे असर आँसुओं की फीकी-फीकी रौशनाई नहीं। वास्तव में इतना महान कवि हिन्दी में बहुत दिनों के पश्चात पैदा हुआ है जो अपने यशकाय से दीर्घकाल तक जीवित रहकर आगे आनेवाले कवियों—कलाकारों को प्रेरणा देता हुआ उनकी साधना का साथी बना रहेगा'। निराला के निकट परिचय से मैंने यह अच्छी प्रकार समझ लिया है कि उनका हृदय सहानुभूतिमय और मस्तिष्क विवेकमय तथा उनका स्वभाव स्नेहमय है। और बदले में उन्होंने आघात के अतिरिक्त और कुछ नहीं पाया, वे आज भी मजदूरी के ही तुकड़े तोड़ते हुए अपना जीवन निर्वाह करते हैं।

कहने की आवश्यकता नहीं कि इस देश के पूँजीपतियों का लगाव यहाँ के राजनीतिकों, नेताओं से है और इसके लिए निराला ने नेताओं को भी कोसा है—

> महगू ने कहा, हाँ कम्पू में किरिया के
> गोली जो लगी थी
> उसका कारण पंडित जी का (नेता का) शागिर्द है;
> रामदास को कांग्रेसमैन बनानेवाला,
> जो मिल का मालिक है।
> यहाँ भी वह जमींदार बाजू से लगा ही है।
> कहते हैं, इनके रुपये से ये चलते हैं,
> कभी-कभी लाखों पर हाथ साफ करते हैं।

इस प्रकार निराला को जीवन की इस विषम स्थिति में—

> बैर यह बाधाओं से अंध
> प्रगति में दुर्गति का प्रतिबंध।

पग-पग पर सहना पड़ा है। ऐसे विरोध कलाकार के लिए बहुत कठिन और दुस्साध्य होते हैं। पर निराला को यह दृढ़ विश्वास था और है कि उनका रास्ता ठीक है और वे बराबर विघ्न-बाधाओं को पार करते हुए गतिशील रहेंगे। जैसे वे यह गुनगुनाते बढ़ते रहे हों—

> बढ़ चलेंगे पैर डगमग
> लक्ष्य तक चलना निरन्तर,
> हो न चाहे शक्ति बाहर
> किन्तु निर्बल है न अन्तर।

इतना ठोस और इतना साहसी शायद ही कभी किसी कवि का जीवन रहा हो। अपने आदर्शों से एक तिल भी पीछे हटना अपने विश्वासों से पल भर विचलित होना तो निराला ने जैसे कभी जाना ही नहीं। अपने जीवन सम्बन्धी सत्यों की अनुभूति में वे निरन्तर अटल रहे और जिसको सत्य समझा उसका डंके की चोट पर समर्थन किया। निराला को पढ़कर, देखकर ऐसा लगता है यह एक नवीन शक्ति है जो पुरातन पृथ्वी पर मुक्त रूप से विचरण करती है। आज तो जनता भी इस शक्ति से परिचित हो चुकी है, किन्तु जब पहली बार लोगों ने मनुष्य की मुक्ति का यह जयशंख

सुना था तब किसी ने अपने कान मूँद लिए, किसी ने इसको नष्ट ही कर देना चाहा, किसी ने इसकी निंदा की और कुछ ने उसको पहचाना भी। अब वह समय नहीं रहा। सब लोग जान गये हैं कि निराला ने युग-युग से पीड़ित सामान्य मानवता के मुक्ति का ही प्रयास किया है। इसके लिए उन्हें अत्याचार और शोषण के विरुद्ध व्यक्तिगत लोहा लेना पड़ा है। पुराने खयालों पर कुठाराघात करना पड़ा है और लोगों के मस्तिष्क में जो सड़ा कूड़ा-कर्कट भरा पड़ा था उसे दूर फेंकना पड़ा है, तब कहीं जाकर आज सामान्य मानवता में जागरण की अँगड़ाई आई है। आज साहित्य में युग-धर्म की और निराला के युग-प्रवर्तक होने की विजय-पताका फहराने लगी है।

'बेला' और 'नये पत्ते' के प्रकाशन में प्रथम बार प्रकाशक ने निराला से कोई अपने मन की शर्त नहीं रखी। निराला ने कहा था—'पहली बार प्रकाशक ने मेरी कविताओं को ज्यों की त्यों छापने की इच्छा प्रकट की है, अपने मन की तूल-तवील नहीं पेश की, रुपया भी एडवांस दे दिया।' मैंने आश्चर्य के साथ पूछा—'निराला जी क्या अब भी आपको प्रकाशकों की कमी है'? निराला जी ने थोड़ी देर चुप लगाकर, जैसे कुछ सोचकर उत्तर दिया—'अब भी का क्या मतलब? मेरी पुस्तकें आज भी कोर्स में नहीं चलतीं, पुरस्कृत नहीं हुईं, लोग नहीं समझते, और इस दृष्टिकोण से प्रकाशक के लिये उसका कोई बड़ा महत्त्व नहीं। यों धीरे-धीरे कुछ लोग मेरी रचनाओं की तारीफ भी करने लगे हैं, पर वातावरण में एक गलतफहमी भी चल ही रही है।'

संपादकों और प्रकाशकों ने भी निराला के साथ कभी कोई सहानुभूति नहीं दिखलाई। उनके खून से लिखी कृतियों को कौड़ी मोल पर खरीदने की ही चेष्टा की है। निराला की आर्थिक विपन्नता का सबसे अधिक लाभ प्रकाशकों ने ही उठाया है। निराला प्रकाशकों के शोषण का ज्वलन्त प्रतीक हैं। प्रकाशकों में से अधिकतर पूँजीवादी व्यापारी हैं, उन्हें साहित्य और समाज के पहले अपनी पूँजी-पैसे का ध्यान रहता है। एक प्रकाशक महोदय ने मेरे सामने निराला से कहा था—'साहित्य की चीजें बहुत कम बिकती हैं, पर हम आपकी रचनायें लाभ के लिये नहीं वरन् साहित्य के प्रचार के उद्देश्य से छाप सकते हैं।' निराला ने इसका उत्तर अट्टहास में दिया और मेरी ओर देखने लगे। प्राय: प्रकाशक ऐसे ही उद्धारक बनते हैं

और लाभ का पन्द्रह आना अपने पास रखकर लेखक को एक आना देने में भी नाक-भौं सिकोड़ते हैं। लेखकों का सम्मान करना भी वे नहीं जानते। बड़े से बड़े कलाकर से ऐसी बातें करते हैं जैसे वह उनके प्रेस का कोई नौकर मात्र हो।

निराला की बहुत-सी रचनायें—मतवाला और समन्वयकाल की अब भी अप्रकाशित पड़ी हैं। उनके दार्शनिक निबंधों का एक संग्रह तो कलकत्ते के एक प्रकाशक महोदय ने हजम ही कर लिया। उन्हें बराबर नये-नये प्रकाशक तलाशने पड़े हैं, क्योंकि प्रत्येक के दुर्व्यवहार से वे ऊब जाते थे। इसका इलाज कचहरी-कानून से हो सकता था। पर निराला ने इसे उचित नहीं समझा। सन् १६ से बराबर कविता लिखते रहने पर भी निराला का प्रथम व्यवस्थित काव्य-संग्रह सन् २९ में ही निकल सका, वह भी बहुत ही साधारण रूप में। आज के किसी भी बुद्धू कवि की पुस्तक निराला की रचनाओं से कहीं अधिक ठाट-बाट के साथ प्रकाशित होती हैं। पत्र-पत्रिकाओं के संपादकों और प्रकाशकों ने निराला को उनकी कविताओं के प्रति सदैव निरुत्साहित ही किया है और छापने को उनके ऊपर बड़ी मेहरबानी के ही रूप में प्रदर्शित किया है। इसका मुख्य कारण निराला का पूँजीवादियों के खिलाफ बगावत ही है। बहुत-से पत्र-पत्रिकाओं के संपादकीय निराला ने बहुत ही सस्ते दामों पर लिखे हैं और उसके यश के भागी सम्पन्न संपादक गण बने हैं। पूँजीपतियों को प्रकाशक के साथ संपादक बनने का भी शौक रहा है और है भी। अभी हाल में इंडियन प्रेस के मालिक और 'यहूदी-प्रकाशक' श्री हरिकेशव घोष ने 'सरस्वती' का प्रधान संपादक अपने को बनाया है, इसी तरह के अन्य अनेक उदाहरण और भी दिये जा सकते हैं।

रॉयल्टी के हिसाब-किताब में प्रकाशकों का जो रुख लेखकों के प्रति रहता है वह किसी से छिपा नहीं, पर सबसे अधिक पीड़ा पहुँचानेवाली बात उनका लेखकों के प्रति व्यवहार है। कोई भी प्रकाशक ऐसा नहीं जो लेखक से बराबरी के नाते से मिलता हो। उनमें से प्रत्येक अपने को केवल साहित्य-निर्माता ही नहीं वरन् लेखक-निर्माता भी मानता है। केवल लेखनी के बल पर जीनेवाले निराला की विवशता का जितना निर्भय दुर्प्रयोग प्रकाशकों और संपादकों ने किया है उतना किसी सूदखोर ने अपने ऋणी से भी न किया होगा। 'सफलता' कहानी में निराला ने ऐसे

ही प्रकाशकों का मार्मिक चित्रण किया है। लेखकों की कृतियों का कापीराइट हड़पने के साथ-साथ उन्हें लांछित और अपमानित करने का श्रेय प्रकाशकों को ही मिलना चाहिये।

इन समस्त कठिनाइयों के बीच में रहते हुए भी निराला ने अपनी मनुष्यता और अपनी कला का खर्ब नहीं होने दिया। क्षोभ-रहित सृजन में वे अकेले हैं। अपने युग की स्वार्थपूर्ण परिस्थिति का सामना करते हुए उससे ऊपर उठने की चेष्टा में वे कभी पीछे नहीं हटे, शरीर के लिए आत्मा को नहीं बेचा और भूखे रहकर भी अपनी आन पर अड़े रहने में उनके साथ किसी दूसरे का नाम नहीं लिया जा सकता, यह सभी जानते हैं। चतुर्दिक ठगी, धूर्तता और कटुता के मध्य अपनी आत्मा के सत्य को प्रकाशित करने की अटूट क्षमता को सँभाले रहना निराला की बहुत बड़ी शक्ति और सफलता का अद्वितीय उदाहरण है। निराला प्रायः कहा करते हैं—'पाप और दुख का भाव मनुष्य की जीवात्मा के मूल में ही धँसा हुआ है उसके कारण हताश होना, ग्लानि करना मूर्खता है। दूसरों के कुकृत्यों का हिसाब लगाने की अपेक्षा अपने सुकृत्यों की संख्या बढ़ाना ही श्रेयस्कर है।' वास्तव में निराला ने यही किया है। जीवन के समस्त ताप-सन्ताप और दुखों को निर्विकार भाव से सहन करते हुए अपने भीतर की स्निग्ध करुणा और मधुर आनन्द का स्रोत उन्होंने साहित्य में बहाया है और समस्त मानवीय तथा प्राकृतिक जटिलताओं के भीतर से एक अपूर्व सामंजस्य का संदेश दिया है। किसी ने ठीक ही कहा है—

> Errors like straws upon the surface flow
> He who would search for pearls must dive below

निराला ने जीवन की गहराई में गोता लगाकर अपने जीवन और सृजन के उदाहरण से सिद्ध कर दिया है कि कलाकार तथा कला का उद्देश्य राजनीतिक तथा सामाजिक रूढ़ियों का प्रचार नहीं बल्कि मानव-मस्तिष्क के सौन्दर्य मूलक तथा मनोवैज्ञानिक एवं रसावेग और सामूहिक सामंजस्य की सामान्य आवश्यकताओं की प्रोत्साहनमयी पूर्ति है। यही कारण है कि कला की मूल सत्ता में जो सत्य निहित है, उसके दबाने की अनेक चेष्टायें करने पर भी वह बार-बार व्यक्त होकर अपने को प्रतिष्ठित करता रहता है। कलात्मक प्रवाह को सिद्धान्त और राजनीति की बालू से बाँधनेवाले अन्त में निश्चय ही परास्त होंगे, यह निर्विवाद है। मानवात्मा की परम सत्य और अन्तरतम

आकांक्षा से उद्भूत साहित्य के बाँधने और घसीटने का प्रयास व्यर्थ ही नहीं वरन् शठतापूर्ण भी है, इसे स्मरण रखना होगा। प्रत्येक मनुष्य के भीतर भाव तथा रसावेगमयी प्रवृत्तियाँ अन्तर्निहित होती हैं। उनकी इन प्रवृत्तियों को कला के सब रूपों, सब रसों एवं सब रागों द्वारा चित्रण करके उन्हें परितृप्त करना ही कलाकार का परम कर्तव्य है। निराला जी इस कार्य में कृतकृत्य हैं, कलाकार हैं। निराला के लिए श्री जानकीवल्लभ शास्त्री के ये शब्द कितने सटीक लगते हैं—

आनन्द, इन्दु-रस-बिन्दु अमर
जिसका गिरि-उर-भेदक निर्झर—
क्षिति का ही-तल शीतल करता लोचन जल;
जिसकी भाषा घन, सिंहनाद,
उच्छल-प्रतिभा-यौवनोन्माद,
उन्मुक्त भाव जिसके निनाद-से कल-कल!
सेवा-व्रत-हत-पार्थिव-प्रमोद,
हिन्दी मन्दिर के मूर्त मोद,
साहित्य-सरस-अच्छोद कमल की माला,
चिर आत्माराम, अगाध-मेध,
सारस्वत सित-शर शब्द-वेध
अविराम-सिद्ध वह नाम प्रसिद्ध निराला!

अन्त में यह बता देना अनुचित न होगा कि इस जीवन-वृत्त में मैंने निराला का जीवन-चरित लिखने की कोशिश नहीं की वरन् कवि निराला के जीवन और स्वभाव की वे घटनायें जो उनके साहित्यिक विकास में सहायक हुई हैं, उनको आगे बढ़ाने में अपना प्रभाव रखती हैं, उन्हीं का उल्लेख मैंने किया है। मानव-हृदय के समीप कवि की पहुँच ही मेरा मुख्य विषय रही है, उसका दैनिक जीवन नहीं। कवि जिस प्रकार अपने काव्य का निर्माण करता है उसी प्रकार अपने जीवन-चरित की रचना उसके लिए अनिवार्य नहीं होती, क्योंकि काव्य की अपेक्षा जीवन कम प्रशस्त होता है, भाव और वस्तु की स्थिति में यही अन्तर है।

प्राचीन भारत के किसी भी कवि का जीवन चरित नहीं मिलता। आज भी अपनी जीवनी लिखने को राजनीतिज्ञों की तरह कवि उत्सुक नहीं, कारण उसका काव्य ही उसका जीवन-कर्म होता है। काव्य की जड़ एक महान

आन्तरिक आवेग का परिणाम है। उसे एक अलौकिक तथा आकस्मिक आविर्भाव भी कहा जा सकता है। आदि कवि वाल्मीकि और कालिदास की जीवन-विषयक प्रचलित कहानियों के भीतर उनके महाकवि का आविर्भूत होना इस बात का प्रत्यक्ष प्रमाण है कि एक डाकू और एक स्त्री की हँसी का पात्र अपने आन्तरिक उद्वेग से कवित्व का स्वामी बन सकता है। वाल्मीकि अथवा कालिदास का प्रतिदिन का चरित्र 'रामायण' और 'शकुन्तला' के साथ तुलनीय नहीं, क्योंकि उनकी ये कृतियाँ अजर-अमर हैं जब कि उनका जीवन समय सापेक्ष और अनित्य था। काव्य, कवि के अन्तर्गत नित्य प्रकृति की, समग्र प्रकृति की सृष्टि है; वह मनुष्य की एक अपरिमेय और अनिर्वचनीय शक्ति का विकास है। पार्थिव जीवन की क्षणिक चंचलता से उसकी कोई तुलना नहीं हो सकती, निराला का काव्य भी ऐसा ही है। मैंने ज्यों-ज्यों निराला को उनके निकट से देखा त्यों-त्यों उनके जीवन के साथ उनकी रचना का, साहित्य-सृजन का, सम्बन्ध मेरे ऊपर अधिक प्रबल होता गया और उनका दैनिक जीवन पीछे छूटता गया। निराला की इस भाव-सृष्टि की स्वाभाविकता की ओर सबका ध्यान आकर्षित करने का ही प्रयत्न मैंने किया है।

यदि साहित्य को देश, काल और पात्र के भीतर रखकर देखा जाय तो उसका सार ही लुप्त हो जाता है, क्योंकि मनुष्य अवस्थाओं और परिस्थितियों के द्वारा संकीर्ण होते हुए भी अपनी भाव-सृष्टि में विस्तृत और व्यापक होता है। सम्भवतः इसी कारण साहित्य को विश्व-मानव की भाषा कहा गया है और साहित्यकार को विश्वमानव! निराला के जीवन में संकीर्णतायें और असंगतियाँ भी हो सकती हैं, हैं भी, किन्तु उनके भीतर जो कुछ महान और नित्य है, जिसको वे अपने जीवन में चरितार्थ नहीं कर सकते, वही उनके साहित्य के द्वारा अभिव्यक्त हुआ है। साहित्य की सीमा में द्वन्द्वभेद नष्ट होकर केवल एक समग्रता के रूप में उपस्थित होता है। सत्य और सुन्दर का यह सम्मेलन ही आनन्द की सृष्टि है और सत्य के इसी आनन्दरूप को अनुभव करके उसे व्यक्त करना ही काव्य का चरम लक्ष्य है।

'सत्य पदार्थों की स्थिति और गति का सामंजस्य है। सत्य कार्य-कारण परम्परा है, इस बात को बताने के लिए अन्य शास्त्र हैं, किन्तु साहित्य बतलाता है कि सत्य ही आनन्द है, सत्य ही अमृत है। साहित्य उपनिषद

के इस मंत्र की अहरहः व्याख्या कर रहा है—'रसो वै सः। रसं ह्येवायं लब्ध्वानन्दी भवति'। वास्तव में यदि मनुष्य साहित्य के द्वारा समस्त हृदय-चिह्नों को व्यापक रूप में उपस्थित न करता तो यह सारा संसार बहुत ही संकीर्ण और स्वार्थी ज्ञात होता। आज आँखों देखा और कानों सुना संसार समानता और सहृदयता के सूत्र में बँधने की जो तैयारी कर रहा है उसका प्रधान कारण साहित्य ही है। हृदय विप्लव के पश्चात् राष्ट्रविप्लव की भाँति हृदय सामंजस्य के बाद ही राष्ट्र सामंजस्य सम्भव होता है। साहित्य सामंजस्य की ऐसी ही सम्भावनाओं का प्रेरक और प्रहरी है। अस्तु कहने की आवश्यकता नहीं कि साहित्यकार निराला के जीवन की अपेक्षा उनके साहित्य की ही जानकारी हमारे लिए सुखद और श्रेयस्कर है।

निराला के ये शब्द उनके जीवन के सम्बल हैं—'भारत में विचार-शुद्धि के लिए धन ही नहीं समाज, शरीर और मन भी देना पड़ता है, तब विश्वमानवता की पहचान होती है। हमारे पीड़ित, अशिक्षित, पतित निरन्न मानवों का तभी उद्धार होगा, तभी भारत की भारती जागृत कही जायेगी, तभी उसकी अपनी विशेषता सर उठायगी!' अपने इन्हीं विचारों के अनुकूल उन्होंने अपने जीवन को भी चलाया है। वास्तव में वे सबसे बड़े साहित्यिक संन्यासी हैं, घूमते-फिरते परिव्राजक हैं। आधुनिक साहित्य में उनका बहुत ही महत्त्वपूर्ण स्थान है। उनकी प्रतिभा का आज कोई दूसरा कवि नहीं, साहित्य क्षेत्र में उनकी शक्ति का साधक नहीं और अर्थ-क्षेत्र में उनकी समान किसी की विपन्नता भी नहीं। पर उनके आत्म-विश्वास और उनके अप्रतिहत साहस की ये पंक्तियाँ भी अन्यत्र दुर्लभ हैं—

मैं अकेला।
देखता हूँ, आ रही
मेरे दिवस की सान्ध्य वेला।
पके आधे बाल मेरे,
हुए निष्प्रभ गाल मेरे,
चाल मेरी मन्द होती आ रही,
हट रहा मेला।
जानता हूँ नदी झरने,
जो मुझे थे पार करने,
कर चुका हूँ, हँस रहा यह देख

कोई नहीं भला।
मैं अकेला!

और उन्होंने यह भी लिखा है—

प्रतिपद पराजित भी अप्रतिहत बढ़ता रहा
पहुँचा मैं लक्ष्य पर।

वस्तुतः निराला का यह निर्भीक और साहसी जीवन-वृत्त हिन्दी साहित्य का ओज और अभिमान है।

बादल निराला के साहित्य और स्वभाव का प्रतीक है। उन्होंने एक दर्जन से अधिक कवितायें बादलों पर लिखी हैं जिनमें कवि की प्रतिभा का पूर्ण प्रदर्शन हुआ है। बादल की दानशीलता, आकाश में विचरण की मुक्तता, तरलता और सघनता, पानी और पत्थर दोनों की वृष्टि क्षमता आदि बादल के सभी गुण निराला के स्वभाव में सन्निहित हैं। जिस प्रकार बादल जलदान में किसी प्रकार का विभेद नहीं करता, सभी के लिए समान भाव से पानी देता है, उसी प्रकार निराला भी अपनी अभिव्यक्ति में समस्त मानवता के लिए रसदान देता है। चराचर प्रकृति के लिए बादलों का उपयोग कितना लाभप्रद होता है, कहने की आवश्यकता नहीं। फिर भी कुछ लोग बादलों की वर्षा से भी घबड़ाते हैं, भयभीत होते हैं। कृषि का ध्यान न देकर कीचड़ मचाने का दोषारोपण करते हैं—

तिरती है समीर-सागर पर
अस्थिर सुख पर दुख की छाया—
जग के दग्ध हृदय पर
निर्दय विप्लव की प्लावित माया—
यह तेरी रण-तरी,
भरी आकांक्षाओं से
घन, भेरी-गर्जन से सजग, सुप्त अंकुर
उर में पृथ्वी के, आशाओं से
नव जीवन की, ऊँचा कर सिर,
ताक रहे हैं, विप्लव के बादल!
फिर फिर!
बार बार गर्जन,
वर्षण है मूसलाधार,

हृदय थाम लेता संसार
सुन सुन घोर वज्र हुंकार।
अशनि-पात से शयति उन्नत शत शत वीर,
क्षत विक्षत-हृत अचल शरीर,
गगनस्पर्शी स्पर्धा-धीर!
हँसते हैं छोटे पौधे लघु भार—
शस्य अपार,
हिल हिल,
खिल खिल,
हाथ हिलाते,
तुझे बुलाते,
विप्लव-रव से छोटे ही हैं शोभा पाते।
अट्टालिका नहीं रे
आतङ्क भवन,
सदा पङ्क ही पर. होता जल विप्लव प्लावन
क्षुद्र प्रफुल्ल जलज से सदा छलकता नीर,
रोग-शोक, में भी हँसता है शैशव का सुकुमार शरीर।
रुद्ध कोष, है क्षुब्ध तोष
अङ्गना-अङ्ग से लिपटे भी
आतंक-अंक पर काँप रहे हैं,
धनी, वज्र गर्जन से, बादल,
त्रस्त नयन मुख ढाँप रहे हैं।
जीर्ण बाहु, है शीर्ण शरीर,
तुझे बुलाता कृषक अधीर,
ऐ विप्लव के वीर।
चूस लिया है उसका सार,
हाड़ मात्र ही है आधार,
ऐ जीवन के पारावार!

इस प्रकार के समान सामूहिक प्लावन और क्रान्ति के दूत बादल से घबड़ानेवाले व्यक्ति ही निराला के साहित्य से भी घबड़ाते हैं। किन्तु ऐसे लोगों की संख्या बहुत कम होती है। निराला-साहित्य का विरोध करनेवाले व्यक्तियों में प्राय: सभी बादल के वज्र गर्जन से काँपनेवाले धनी-मानी एवं पदवीधर तथा न्यस्त स्वार्थी रहे हैं। पर न बादल को उनकी परवाह है

न निराला को, यह सभी जानते है। ऊपर दी गयी कविता निराला ने अपने कवि–जीवन के प्रारम्भ–काल, सन् २० में लिखी थी और तब से बराबर वे इसी समाजवादी भावधारा का प्रतिपादन करते चले आये हैं।

कहा जाता है कि एक बार किसी फ्रांस के राजकुमार ने सूरज की गर्मी की इसलिए निंदा की थी कि उसके ताप से राजकुमार अपना सिगरेट जलाने में असमर्थ था। निराला–साहित्य के निन्दकों की भी यही स्थिति है। निराला के ये शब्द साहित्य और स्वयं उनके स्वभाव के परिचायक हैं—'साहित्य दायरे से छूट कर ही साहित्य है। साहित्य, वह है जो साथ है, वह है जो संसार की सबसे बड़ी चीज है। साहित्य लोक से, सीमा से, प्रान्त से, देश से, विश्व से ऊँचा उठा हुआ है। इसीलिए वह लोकोत्तरानन्द दे सकता है। लोकोत्तर का अर्थ है, लोक जो कुछ दे पड़ता है, उससे दूर तक पहुँचा हुआ। ऐसा साहित्य मनुष्य मात्र का साहित्य है, भावों से, केवल भाषा का देशगत आवरण उस पर रहता है।'

देशगत भाषा के आवरण के साथ भावों की व्यापक तथा समान प्रभिष्णुता का परिचय हमें साधारण जीवन में भी मिलता है। अंग्रेज, अपने कुत्ते को अंग्रेजी में, जर्मन, जर्मनी में, मुसलमान उर्दू में तथा हिन्दू, हिन्दी में सिखाता और आज्ञा पालन तथा आहार–व्यवहार का निर्देशन करता है, किन्तु कुत्ता भाषा के आवरण को भेद कर भावों की बोधगम्यता के अनुरूप इन सबों की बात समान रूप से समझ लेता है। भावों की सार्वभौम व्यापकता का यही प्रमाण है और साहित्य इन्हीं भावों की सौन्दर्यशील अभिव्यक्ति। निराला ऐसे ही उदार साहित्य का सृष्टा है।

वास्तव में जीवन के प्रायः सभी सत्य प्रायः अनुमानात्मक और समय सापेक्ष होते हैं। पक्की सड़क पर फिसल पड़ना आकस्मिक घटना हो सकती है, पर इसकी कल्पना पहले से करना स्वाभाविक नहीं कहा जायेगा। शायद इसीलिए जीवन का अन्तिम सत्य अप्राप्य ही रहेगा। इस विचार से यह मानना ही उचित है कि सत्य की सत्ता अधिक से अधिक उदार तथा व्यापक होनी चाहिये। साहित्य, कला, विज्ञान, धर्म राजनीति तथा अध्यात्म किसी का भी सत्य जो वर्ग, समाज अथवा देश विशेष से बँधा हुआ है उसका महत्त्व उतना नहीं होगा जितना सार्वभौम और सार्वजनीन सत्य का। धर्म, राजनीति और विज्ञान के चरम उद्घाटनों में सत्यों का विनाशकारी रूप संसार के सामने प्रत्यक्ष

है, पर किसी भी साहित्यिक सत्यों का ऐसा स्वरूप अभी तक सामने नहीं आया, क्योंकि उसका आकलन और आवेदन कल्याणकारी होता है और उसका क्षेत्र समस्त मानवता होती है। साहित्यकार स्वार्थी न होकर उनमें होता है जो अपने शोक भी श्लोक बना देता है। शेली ने कितना मर्मपूर्ण लिखा है—

They learn in suffering what they teach us in song.

निराला ने भी यही किया है, किन्तु कवि भी तो आखिर मनुष्य होता है, उसके पास भी हाड़-मांस का बना शरीर और भावग्राही हृदय होता है। कभी-कभी व्यर्थ के विरोधों से खीझ उठना भी उसके लिए स्वाभाविक कहा जायेगा और मन में संशय का उदय हो आना भी असम्भव नहीं है। 'राम की शक्ति-पूजा' में निराला ने लिखा है कि रावण-पूजित आसुरी शक्ति के बल से राम क्षण भर को शंकाकुल होकर दुखी तथा खिन्न हो जाते हैं और कह उठते हैं—

देखा, है महाशक्ति (आसुरी) रावण को लिए अंक,
लांच्छन को ले जैसे शशांक नभ में अशंक;
हत मंत्र-पूत शर सम्वृत करती बार-बार,
निष्फल होते लक्ष्य पर क्षिप्र वार पर वार।

तब जाम्बवान के बताने के अनुसार राम ने भी 'शक्ति की मौलिक कल्पना' की और उसके पूजन में व्यस्त हुए। पूजा के अन्तिम दिन में शक्ति, परीक्षा के लिए अन्तिम कमल को उठा ले गयी और राम ने जब कमल उठाना चाहा तब वह उनके हाथ न लगा। राम के दोनों नेत्र भर आये और उन्होंने सोचा—निराला को भी कई बार ऐसा सोचना पड़ा है—

'धिक् जीवन जो पाता ही आया है विरोध,
धिक् साधन जिसके लिए सदा ही किया शोध।
जानकी! हाय उद्धार प्रिया का न हो सका।'
वह एक और मन रहा राम का जो न थका;
जो नहीं जानता दैन्य, नहीं जानता विनय,
कर गया भेद वह मायावरण प्राप्त कर जय,
बुद्धि के दुर्ग पहुँचा विद्युत-गति हतचेतन
राम में जगी स्मृति हुए सजग या भावप्रवन!

कहना न होगा कि निराला का विरोध और उनकी साहित्यिक कल्याणकारी शोध अपने में अनन्य है। उनकी प्रिया (पत्नी) की मृत्यु भी इन्हीं विषम-विकट तथा विपन्न परिस्थितियों में हुई है, पर निराला के सजग बुद्धिवादी मन ने कभी हार नहीं मानी। छायावादी कवियों में निराला ने हृदय के साथ साहित्य को बुद्धि का भी संबल दिया है। उनके साहित्य में भावुकता के साथ भावज्ञता का भी सहयोग पाया जाता है। निराला के बुद्धि-दुर्ग को जीतने की क्षमता किसी भी आपत्ति-विपत्ति अथवा विरोध में नहीं है। इसी बुद्धि के सहारे सिद्धि का सम्वरण होता है—

जागा दिशा-ज्ञान,
उगा रवि पूर्व का गगन में, नव-यान!
खुले, जो पलक तम में हुए थे अचल,
चेतना-हत हुई दृष्टि दीखी चपल,
स्नेह से फुल्ल आई उमड़ मुसकान!
जागा दिशा-ज्ञान!

मोगल दल की आसुरी और भारतीय संस्कृति के बीच में महाकवि तुलसी ने भारतीय संस्कृति की रक्षा का जो काव्य-संविधान किया था उसमें निराला ने उनकी बुद्धि का ही प्रयोग साफल्य माना है। 'तुलसीदास' की ये पंक्तियाँ बुद्धि की आस्था से आपूरित हैं—

जागो जागो आया प्रभात,
बीती वह, बीती अंध रात,
झरता भर ज्योतिर्मय प्रपात पूर्वाचल;
बाँधो, बाँधो किरणें चेतन,
तेजस्वी, हे तमजिज्जीवन,
आती भारत की ज्योतिर्धन महिमाबल!

बुद्धिवादी व्यक्ति की सबसे बड़ी विशेषता यह होती है कि वह परिस्थितियों के अनुसार अपने कार्य तथा स्वभाव का संगठन कर लेता है जबकि केवल भावुक व्यक्ति अपनी भावुकता के प्रवाह में प्रवाहित हो जाता है। दूसरे शब्दों में भाव सीधा चलता है, किन्तु बुद्धि में वक्रता भी रहती है। भावुक शूर होता है और बुद्धिवादी वीर। कुम्भकर्ण शूर था और मेघनाद वीर। इसीलिए मेघनाद का युद्ध-कौशल कुम्भकर्ण से कहीं ज्यादा प्रभावपूर्ण और राम-सेना के लिए दुर्जेय रहा। महाभारत में कर्ण को मारने का

आदेश देते हुए भगवान ने अर्जुन को वीर बनने की प्रेरणा दी थी और बताया था कि शत्रु के साथ भाव की सिधाई का ध्यान न देकर बुद्धि की एकता के साथ वीरता का उपयोग करना चाहिये; तभी अर्जुन ने कर्ण का उस परिस्थिति में भी वध करना स्वीकार किया और अन्त में विजयी हुआ। इस प्रकार बुद्धि की वक्रता के बिना जीवन क्षेत्र में विजय दुर्लभ है। जीवन-युद्ध में शूर की अपेक्षा वीर ही विजयी होता है।

छायावाद युग ने भावों की बाढ़ में बुद्धि को एक प्रकार से भुला ही सा दिया था, किन्तु निराला ने बुद्धि का प्रयोग बराबर किया है। यही कारण है कि उस युग में निराला एकमात्र ऐसा कवि है जिसने वीर रस की भी कवितायें बड़ी सफलता के साथ लिखी हैं। वीर रस पुरुषत्व का मूल भाव है और निराला उसका हिमायती-वीर बहादुर! स्वामी विवेकानन्द ने भी 'नाचुक ताहाते श्यामा' शीर्षक अपनी प्रसिद्ध रचना में कोमल तथा कठोर भावों की वर्णना द्वारा कठोरता (वीरता) की ही सिद्धि दिखलाई है। निराला ने उस रचना का अनुवाद भी किया है—

चण्ड दिवाकर ही तो भरता
शशधर में कर कोमलप्राण,
किन्तु कलाधर को ही देता
सारा विश्व प्रेम सम्मान।
रुद्ररूप से सब डरते हैं
देख देख भरते हैं आह,
मृत्यु रूपिणी मुक्तकुन्तला
माँ की नहीं किसी को चाह।

छाग-कण्ठ की रुधिर धार से
सहम रहा तू भय-संचार।
अरे कापुरुष बना दया का
तू आधार धन्य व्यवहार!
बढ़ जाओ तुम जलधि-उर्मि से
गरज गरज गाओ निज गान,
आँसू पीकर जीना; जाये
देह, हथेली पर लो जान!

चूर-चूर हो स्वार्थ, साध, सब
मान, हृदय हो महाश्मशान

नाचे उस पर श्यामा, घन रण
में लेकर निज भीम कृपाण?

कहने की आवश्यकता नहीं कि निराला जैसी रचनात्मक–प्रतिभा का कवि किसी दूसरे की केवल उसी रचना का अनुवाद करना पसंद करेगा जिसमें उसके अपने भावों का बहुत ही निकट साम्य हो। निराला की अपनी वीर रस की रचनायें भी बहुत ही ओजमय और प्रभावशालिनी हैं—

सोचो तुम,
उठती है नग्न तलवार जब स्वतंत्रता की,
कितने ही भावों से
याद दिलाकर दुःख दारुण परतंत्रता का
फूँकती स्वतंत्रता निज मंत्र से जब व्याकुल कान,
कौन वह सुमेरु रेणु–रेणु जो न हो जाय?
इसीलिए दुर्जय है हमारी शक्ति!
अगर हो शानदार,
जानदार है यदि अश्व वेगवान्,
बाहुओं में बहता है
क्षत्रियों का खून यदि,
हृदय में जागती है, वीर, यदि
माता क्षत्राणी की दिव्य मूर्ति
स्फूर्ति यदि अंग–अंग को उकसा रही है,
आ रही है याद यदि अपनी मरजाद की,
चाहते हो यदि कुछ प्रतिकार
तुम रहते तलवार के म्यान में
आओ वीर स्वागत है;
सादर बुलाता हूँ।
दी है विधाता ने बुद्धि यदि तुम्हें कुछ
वंश का बचा हुआ यदि कुछ पुरुषत्व है,
तत्त्व है,
तपाकर तलवार ताप से निज जन्म भू के
दुखियों के आँसुओं से
उस पर तुम पानी दो!

'जागो फिर एक बार', 'आवाहन' आदि कविताओं में निराला का वीर

हृदय बहुत ही सशक्त और साहसिक रूप में अभिव्यक्त हुआ है, जिनको पढ़कर वीर गाथा काल की वीर रस की कवितायें भी फीकी जान पड़ती हैं। इस प्रकार हम देखते हैं कि निराला की वीर-विजयिनी विराट प्रतिभा का विवेचन और विश्लेषण बहुत सहज नहीं, क्योंकि उन्होंने अपनी प्रतिभा से मानवता के मस्तिष्क और ज्ञान एवं भाव को कई कदम आगे बढ़ाया है और साहित्य के वैभव को विस्तृत किया है। यदि हम विख्यात समालोचक सेन्ट बाब के शब्दों में क्लासिक की विशेषता और परिभाषा को ग्रहण करें तो निराला की प्रतिभा क्लासिक है; क्योंकि उपर्युक्त समालोचक ने लिखा है—

> A true classic, as I should like to hear it defined, is an author who his enriched the human mind, increased its treasure, and caused it to advance a step; who has discovered some moral and not equivocal truth, or revealed some enternal passion in that heart where all seemed known and discovered; who has expressed his thought, observation, or invention, in no matter what form, only provided it be broad and great, refined and sensible, sane and beautiful in itself; who has spoken to all in his own peculiar style, a style which is found to be also that of the whole world, a style new without neologism, new and old, easily contemporary with all time.

निराला में यह सब विशेषतायें पाई जाती हैं। क्लासिक का अनुकरण करना भी बहुत कठिन होता है, यही कारण है कि आधुनिक काव्य में निराला का अनुकरण करनेवाला कोई नहीं मिला। वे अपनी शैली के अकेले कवि हैं; न चेलों के गुरु और न गुरुओं के चेला। निराला में Virtue, genius, soul, talent और taste का ऐसा रसायनिक समन्वय पाया जाता है जो बहुत ही दुर्लभ और देवी है। Marie-Joseph Chenier ने कितना ठीक लिखा है—

> What is Virtue? Reason put in practices; –reason expressed in brilliance; –Soul? reason delicately put forth; –and genius is sublime reason.

काव्य का वह सर्वमान्य सिद्धान्त जो भाव को तर्क परिचालित मानते हुए क्लासिक की श्रेणी में बिठाता है उसके अनुसार आधुनिक युग में निराला ही एकमात्र कवि हैं जिसने imagination और feeling को तर्क परिचालित स्वीकार किया है और इस प्रकार भी वे क्लासिक हैं। श्री जोशी जी ने भारतीय काव्य-प्रतिभा के पाँच स्तम्भ माने हैं, वाल्मीकि, वेदव्यास,

कालिदास, तुलसीदास और रवीन्द्रनाथ। भारतीय साहित्य की इस परम्परा में इन पाँच मनीषियों के साथ छठवाँ नाम निर्विवाद निराला का ही होगा, ऐसा मेरा अपना मत है। यह सच है कि निराला-साहित्य का अभी समुचित समालोचन नहीं हुआ, पर समय की गति के साथ-साथ निराला का अध्ययन तथा उनकी प्रतिभा का विश्लेषण-विवेचन भी बढ़ रहा है और बढ़ता जायेगा। अभी तक तो हिन्दी में समालोचना का नितान्त अभाव रहा है फिर निराला जैसे महाकवि की समालोचना के लिए बहुत बड़ी प्रतिभा की अपेक्षा है। मैं स्वयं उसकी क्षमता नहीं रखता, क्योंकि मैं समालोचना को काव्य की भाँति एक सुसंगत सर्जनात्मक प्रतिभा का ही परिणाम मानता हूँ। Dowden ने ठीक ही लिखा है—'When a man is a critic to that degree, he is a poet' वस्तुतः न निराला जैसा दूसरा कवि है न उसके साहित्य का समालोचक फिर भी—

In poets as true genius is but rare,
True taste as seldom is the critic's share
Both must alike from heaven derive their light,
These born to judge, as well as those to write.

अस्तु, कवि निराला का मैं उन्हीं के शब्दों में स्वागत करके ही संतोष करूँगा। एक पाठक से, इससे अधिक शायद कुछ सम्भव भी नहीं।

कितने ही विघ्नों का जाल
जटिल अगम विस्तृत पथ पर विकराल;
कण्टक, कर्दम, भय-श्रम-निर्मम कितने शूल;
हिंस्र निशाचर, भूधर, कन्दर पशु-संकुल
पथ घन-तम, अगम अकूल
पार करके आये हे नूतन!
सार्थक जीवन ले आये
श्रम-कण में बन्धु, सफल श्रम!
सिर पर कितना गरजे वज्र-बादल,
उपल-वृष्टि, फिर शीत घोर फिर ग्रीष्म-प्रबल?
साधक मन के निश्चल, पथ के सचल
प्रतिक्षा के हे अचल-अटल?
पथ पूरा करके आये तुम,
स्वागत हे प्रियदर्शन,
आये, नव-जीवन भर लाए!

काशी में स्वर्ण-जयन्ती के रूप में मनाई गयी निराला जी की
पचासवीं वर्षगाँठ के अवसर पर चित्र।

व्यक्तित्व

व्यक्तित्व, व्यक्ति की वह विशेषता है जो उसे अन्य व्यक्तियों से भिन्न करती हुई उसके निजत्व का स्वरूप धारण करती है। व्यक्तित्व का निर्माण व्यक्ति के संस्कार, समाज, वातावरण और उसकी शिक्षा-संस्कृति के माध्यम से होता है, किन्तु इस निर्माण में स्वयं व्यक्ति का जितना हाथ रहता है उतना किसी अन्य का नहीं। इस प्रकार व्यक्तित्व, व्यक्ति का स्वयं उपार्जित तत्त्व है, उसके अस्तित्व के समस्त सम्बन्धों और प्रभावों की समष्टि है।

तीस वर्ष की खोज के पश्चात् मनोविज्ञानी, शरीर विज्ञानी, समाज विज्ञानी, विद्वानों की मंडली ने जिसे Psychiatrists (मानस-रोग-विश्लेषकों) ने भी स्वीकार किया है व्यक्तित्व की परिभाषा इस प्रकार की है—

> Personality as defined is an integrated system of habitual adjustments to environment particularly to the social environment. Personality is the individual's specific and ordinarily exhibited attitudes, characteristics and behaviour tendencies.
>
> × × ×
>
> Personality is individual's social stimulus value. With minor and often irrelevant variations it is most convenient to consider personality as an achieved system.
>
> – William Healy, M.D.

उपनिषदों के अनुसार सत्य-असत्य तथा जड़-चेतन से बने संसार की वास्तविक स्थिति के विषय में ज्ञान-भेद और संशय की सम्भावना रहते हुए भी व्यक्ति 'अहम्' अथवा 'स्व' की चेतना में किसी प्रकार का

सन्देह नहीं करता, अपने अस्तित्व का सन्देह किसी को नहीं होता। इसी कारण आत्म-बोध, विश्व-बोध का प्रथम सोपान भी माना गया है। व्यक्ति का यह स्वबोध शेष विश्व के विषय में विचार का आधार और जन्मजात अधिकार माना जाता है। इसी आधारभूत चेतना और उसके चारों तरफ फैले हुए शेष विश्व के सम्बन्ध तथा संगठन-समन्वय से व्यक्तित्व का निर्माण होता है। इस निर्माण के शारीरिक तथा मानसिक दो मूल कारण हैं। इन्हीं कारणों के माध्यम से व्यक्ति प्रतिक्षण अपना निर्माण करता हुआ अनवरत गति से आगे बढ़ता रहता है। व्यक्तित्व के इस निर्माण में वैज्ञानिक, मनोवैज्ञानिक तथा दार्शनिक तथ्यों के अनुसंधान एक सीमा तक सहायता पहुँचाते हैं, क्योंकि इनसे मस्तिष्क सम्बन्धी विचारों और व्यवहारों का निरूपण होता है, किन्तु व्यक्तित्व निर्माण के लिए यह जानना भी आवश्यक है कि शरीर, समाज और वातावरण के किन प्रभावों से कैसे मस्तिष्क का उद्भव तथा विकास होता है।

'गुरु गृह गये पढ़न रघुराई, अल्पकाल विद्या सब पाई' में गोस्वामी जी ने राम के मस्तिष्क की एक महान विशेषता तो बता दी, किन्तु उसके कारण नहीं बताए। इसे हम उनका दार्शनिक या आध्यात्मिक तथ्य निरूपण कह सकते हैं। आज तक भारतीय व्यक्तित्व निरूपण की प्रथा ही यही रही है। जिन मनीषियों ने जीवन कथायें भी लिखी हैं उन्होंने भी व्यक्तित्व निर्माण के सम्यक् कारणों का विवेचन नहीं किया। जीवन-कथा, व्यक्तित्व निर्माण की कथा छोड़कर और कोई महत्त्व भी नहीं रखती। James C. Johnston ने ठीक ही लिखा है—The true yardstick of biography differentiates the depicting of a personality from the mere reporting of a life.

प्राचीन भारत में आत्मकथा लिखने की प्रथा नहीं थी और आधुनिक युग में जिन लोगों ने पाश्चात्य देशों की देखा-देखी में आत्मकथायें लिखी भी हैं वे व्यक्तित्व के विकास पर विचार न करके केवल जीवन-वृत्त पर ही आधारित हैं। आज भी आत्मकथा लिखनेवालों में साहित्यिक नहीं राजनीतिक ही अधिक हैं। राजनीति का सम्बन्ध जीवन की स्थूल घटनाओं से अधिक रहता है, अस्तु जीवन के आन्तरिक विकास की खोज किसी राजनीतिक की आत्मकथा में करना व्यर्थ भी है। यह भी सच है कि उनके जीवन-वृत्त को 'आत्मकथा' कहना भी निरर्थक है, क्योंकि आत्मकथा में व्यक्तित्व निर्माण के कार्य-कारण का विवेचन तथा संश्लेषण अनिवार्य

होता है। जो भी हो, आजकल जीवन-कथा या आत्मकथा का अभिप्राय व्यक्ति की व्यक्तित्व-निर्माणकारी स्फूर्तियों का समुचित निरूपण ही माना जाता है। उसे हम The natural history of one's mind भी कह सकते हैं।

ऐसे व्यक्तित्व के विकास की पूर्ण जानकारी के लिए किसी व्यक्ति की स्थूल जीवन-कथा पर्याप्त नहीं, बल्कि इसके लिए दर्शन, मनोविज्ञान शरीरविज्ञान, जीवविज्ञान, समाजविज्ञान आदि सभी के समन्वित प्रभावों का लेखा-जोखा अपेक्षित है। यह स्पष्ट है कि व्यक्तित्व निर्माण का आधार न तो केवल शारीरिक है न केवल मानसिक और न दोनों का समन्वित स्वरूप ही, वरन् वातावरण के सहयोग से उत्पन्न दोनों की एक-दूसरे पर प्रतिक्रिया है। शरीर और मस्तिष्क प्रत्येक व्यक्ति की बपौती है, किन्तु व्यक्तित्व सबका अलग-अलग होता है इसलिए शरीर और मस्तिष्क की, बाह्य-आन्तरिक कारणों से परिचालित क्रिया की जानकारी व्यक्तित्व-निर्माण की व्यवस्था निश्चित करने में अत्यन्त उपयोगी सिद्ध होती है।

यद्यपि व्यक्ति के भिन्न भागों का समूह कभी उसकी सम्पूर्णता का प्रतीक नहीं हो सकता, फिर भी उनके अलग-अलग विवेचन एवं विश्लेषण से व्यक्ति की सम्पूर्णता को समझने में कुछ-न-कुछ सहायता अवश्य ही पहुँचती है।

सबसे पहले हमें शरीर सम्बन्धी तत्त्वों पर विचार करना चाहिये। शारीरिक तत्त्व मुख्य चार होते हैं—

१. रचना-सम्बन्धी (Mechanical)
२. रस-सम्बन्धी (Chemical)
३. शरीर-सम्बन्धी (Physical)
४. तत्त्व-सम्बन्धी (Elemental)

इन तत्त्वों से बने शरीरधारी जीव में ही आत्मा, मन तथा ज्ञान की स्थिति सम्भव है। इस जीवधारी शरीर की रचना इतनी रहस्यमय और दुर्बोध होती है कि इसकी पूरी जानकारी बहुत कठिन और प्राय: असम्भव सी है, किन्तु इतना तो निश्चित है कि रज-वीर्य के सम्मिलन से एक ऐसे जीवन-तत्त्व का उन्नयन होता है जिसमें स्वरचना की स्फूर्ति और जीवन-विकास की शक्ति सन्निहित रहती है। जीवन-धारण की मूल शक्ति आत्म-रक्षा और आत्म-विकास की क्षमता से संयुक्त होकर अपनी निजता और

स्वरूप-समता (Identity) की रक्षा करते हुए स्वत: परिवर्तित और परिवर्धित होती चलती है! गर्भाधान के समय से ही, एक स्वतन्त्र जीव-रचना के रूप में इसमें जीवन-विकास के तत्त्वों का संग्रहण करने और विनाशकारी तत्त्वों के परित्याग करने की चेतना जग जाती है, क्योंकि आत्म-रक्षण (self-preservation) ही जीव मात्र का आदि लक्षण है।

जीव का दूसरा लक्षण पैतृक शरीर-रचना की समरूपता प्राप्त करना है। Janet का तो कहना है कि—We inherit psychological strength from our parents, just as we inherit their material fortunes. और इस प्रकार Aristotle's 'Forms' and Plato's 'Ideas' are conceptual representations of these shaping powers inherent in the organism. इन पैतृक प्रभावों के साथ-साथ विकसित होता हुआ भी जीव अपनी जन्मजात वास्तविक स्थिरता, एकता और समरूपता की रक्षा में सफल होता है, उसकी निजता की यही विशेषता है। जीव-विज्ञानी Bergson ने लिखा है—There is the something which is creating ourselves continually. दूसरे विद्वान् Herrick ने इसे यों माना है—Life is a system of forces...so correlated as to conserve the indentity of the system as an indevidual. भगवान बुद्ध का भी कहना है कि जीव एक स्फुलिंग के रूप में प्रकाशित होकर वातावरण, परिस्थिति और पैतृक प्रभावों से प्राप्त ईंधन ग्रहण करता हुआ एक ज्वाला का रूप धारण करता है, किन्तु उसके मूल रूप का कभी तिरोभाव नहीं होता। उन्नीसवीं सदी के प्रसिद्ध दार्शनिक Lotze ने अपना मत इस प्रकार प्रकट किया है—

> Even the highest capacities of man, his ability to synthesize, recognise and behave effectively, derive from the inherent urges to live and experience according to the self contained plans which the organism has the power and the compulsion to unfold for its own self realisation.

भ्रूण-विज्ञानियों ने बहुत बड़े अध्ययन और अनुभव के बाद निश्चित किया है कि रज-वीर्य के सम्मिश्रण के कुछ ही दिनों पश्चात् उसमें अपने विकास के साधन जुटाने तथा उन्हें प्राप्त करने की आश्चर्यजनक क्षमता उत्पन्न हो जाती है। There is that marvelous potentiality for self ordering, that will and power to live–call it vital energy or vital principal or organisation of forces...that capacity for proceeding to live in its own way, preserving its own unity and indentity. तरल पदार्थ प्रौढ़ और गाढ़ा होकर अपने को कई खण्डों में विभाजित करके एक पतली झिल्ली से ढँक लेता है। तब उन सब खण्डों को जोड़ते हुए एक नाल (unbilical cord) की उत्पत्ति होती है और इसी नाल के द्वारा वह अपना पोषण प्राप्त करता है। कहने की आवश्यकता नहीं कि इस गर्भ-जीव का माँ के रक्त-प्रवाह से भी कोई सीधा सम्बन्ध नहीं रहता, बल्कि वह अपने आप इसी नाल के द्वारा प्राण-वायु और अपने पोषण के अन्य तत्त्व माँ के रक्तप्रवाह से स्वयं प्राप्त कर लेता है। वस्तुतः इस नवीन जीव के लिए माँ एक समुचित विश्राम-स्थल देने और पोषण प्राप्त करने की व्यवस्था करने के अतिरिक्त और कुछ अधिक नहीं कर सकती। प्रत्येक जीव की शक्तियाँ इन तत्त्वों के प्राप्त करने में अलग-अलग होती हैं, किन्तु यह निश्चय है कि इन्हीं के फलस्वरूप जीव के भावी जीवन का विकास और उसके स्वभाव तथा व्यक्तित्व का निर्माण होता है। इस पोषण को ग्रहण करने की शक्ति और स्फूर्ति के अनुसार ही आगे चलकर आक्रमणात्मक (Aggrassive) तथा समर्पणात्मक (Submissive) व्यक्तियों का संगठन होता है। क्योंकि The personality is even in the making from the instant the firtilised ovum enters upon its life's adventure.

व्यक्तित्व निर्माण का दूसरा पहलू उसका मानसिक संकलन है। मानसिक तत्त्व मुख्य चार हैं—

१. भाव सम्बन्धी (Emotional)
२. विचार सम्बन्धी (Intellectual)
३. व्यवहार सम्बन्धी (behaviour)
४. विश्वास तथा धर्म सम्बन्धी (Faithful and religious)

मन का सबसे पहला गुण अनुभव करना है। जीव-विज्ञानियों की राय है कि किसी भी जीवन रचना का पूर्ण ज्ञान तभी हो सकता है जब उसके वातावरण की प्रतिक्रिया से प्राप्त अनुभवों का अनुसंधान किया जाय। अस्तु व्यक्तित्व का दूसरा आधार जीव का अनुभव-चक्र (circular response) है। ठीक भी है, क्योंकि भिन्न व्यक्तियों के भिन्न-भिन्न व्यक्तित्वों का निर्माण इन्हीं भिन्न अनुभवों से होता है। अनुभव-चक्रों के अनुसार ही Extravert और Intravert व्यक्तित्वों का उदय होता है।

जीव की मानसिकता के आधार पर उसकी जन्मजात इच्छायें भी महत्त्वपूर्ण और प्रभावशाली होती हैं जिनमें प्रमुख ये हैं—जीने की इच्छा (urge to live), प्यार पाने की इच्छा (desire for love), अनुभव करने की इच्छा (will to experience) और स्वयं को शक्ति-सम्पन्न बनाने की इच्छा (Self inrichment)। इनके अलावा मनोविश्लेषण शास्त्रियों ने अन्य बहुत-सी जन्मजात इच्छाओं का अनुसंधान किया है जो प्रत्येक उच्च जीवधारी और विशेषकर स्तनपायी जीवों में पाई जाती हैं। इनके साथ ही जीव की सहज प्रवृत्तियाँ (Instincts) भी अपना कार्य करती रहती हैं जिनकी संख्या कोई चार कोई चौदह तो कोई चालीस तक मानते हैं। पर इतना तय है कि इन सभी का बीजारोपण और इनका अंकुरित होना गर्भ-स्थित जीव में ही प्रारम्भ हो जाता है। जन्म के पश्चात् रोना-हँसना, देखना-सुनना, दूध पीना तथा स्पर्श का अनुभव करना आदि इन्हीं इच्छाओं के प्रत्यक्ष प्रमाण हैं। Janet का कहना है कि Dispositions, which are reactions to certain forms of psychological asthenia, are just as constitutional and hereditary as the shape of one's nose or chin. अवस्था के साथ-साथ यही मूल इच्छायें प्रौढ़ से प्रौढ़तर होती हुई स्पष्ट और प्रत्यक्ष होती जाती हैं। शिशु रूप में Identification (किसी व्यक्ति से समान रूपता प्राप्त करने की प्रवृत्ति) का स्वरूप सबसे पहले सामने आता है। Schilder ने इसे यों लिखा है—

> The unconcious molding of oneself after the fashion of some other person who has been taken as a model. All of us, particularly in early childhood have without deliberation or concious intents assimilated from others physical posturings, mental habit, beliefs and appreciations which we have built into our own personality.

यह समान रूपता प्राय: माँ-बाप अथवा परिवार के किसी अन्य व्यक्ति से ही निश्चित होती है, पर कभी-कभी शिशु किसी बाहरी व्यक्ति से भी समानता की स्फूर्ति ग्रहण करता है। इस चुनाव में उसका Ego-ideal (अहम् का आदर्श) सहायता करता है, क्योंकि Identification आत्म-पूर्ति का ही दूसरा साधन है, इसमें सन्देह नहीं। ऐसा भी देखा गया है कि शिशु किसी के व्यवहार, किसी के गुण तथा किसी के शारीरिक गठन को अलग-अलग ग्रहण करता हुआ अपने को उन सबके समन्वित रूप में निर्मित करता है।

इस प्रकार गर्भ से लेकर जन्म-ग्रहण के उपरान्त शिशु-अवस्था तक व्यक्ति के निर्माण में आठ प्रधान संचालक-शक्तियों का हाथ रहता है, जिनके द्वारा वह अपना स्वानुकूल निर्माण करता है।

१. जन्मजात संचालक शक्ति (Dynamic)
२. वातावरण और सामाजिक शक्ति (Environmental and Social)
३. भावात्मक शक्ति (Emotional)
४. नैतिक शक्ति (Ethical)
५. प्रज्ञा शक्ति (Intellectual)
६. मानस शक्ति (Sensory)
७. आर्थिक शक्ति (Economical)
८. विश्वास और शिक्षा शक्ति (Belief and Education)

प्रत्यक्ष रूप से व्यक्तित्व निर्माण में इन्हीं उपर्युक्त शक्तियों का संचालन सहायक होता है, किन्तु इनके साथ-साथ प्राणी की अप्रत्यक्ष तथा अर्ध-चेतन एवं अवचेतन शक्तियाँ भी अपना कार्य करती रहती हैं जिनके प्रभाव से व्यक्ति अपने जीवन-विकास के साधन स्वत: जुटाता है। जीवन में प्रत्यक्ष और अप्रत्यक्ष दोनों का महत्त्व है, बल्कि कुछ मनोवैज्ञानिकों का मत है कि जीवन निर्माण में अप्रत्यक्ष-प्रयत्नों का महत्त्व अधिक होता है। महर्षि Emerson ने कहा है—Wise men read very sharply all your private history in your look and gait and behaviour.

इतना सब जान कर भी व्यक्तित्व-निर्माण के लिए यही कहा जा सकता है कि वह शेष-सृष्टि की तरह एक स्वतः-स्फूर्ति रहस्यमय रचना है। उसका पूर्ण निर्माण करनेवालों के लिए यही कहना उचित जान पड़ता है कि—Perhaps because in them burned the flame of divine discontent.

साधारणत: व्यक्तित्व दो प्रकार का होता है, (१) सहज और (२) विशेष। वातावरण की अनुरूपता और परिस्थिति की स्वाभाविकता के प्रभाव के भीतर 'सहज' व्यक्तित्व का उन्मेष होता है। ऐसे व्यक्तित्व में आन्तरिक इच्छाओं का कोई विशेष प्रभाव परिलक्षित नहीं होता। 'विशेष' व्यक्तिव का निर्माण वातावरण से मुक्त और प्राय: आन्तरिक आकांक्षाओं के सामंजस्य और आग्रह से होता है। ऐसे व्यक्तित्त्व-निर्माण के कार्य-कारण

का पूर्ण विवेचन कभी सम्भव नहीं हो सकता। महाकवि का भी व्यक्तित्व ऐसा ही अगम होता है, क्योंकि सहज प्रवृत्तियों की प्रबलता और आन्तरिक अवचेतन आकांक्षाओं की पूर्ति का उसमें प्राधान्य होता है। सृष्टा के लिए The instinctual urges and desires and unconcious motivation बहुत महत्त्वपूर्ण हैं। सम्भवत: इसीलिए कहा गया है कि कवि पैदा होते हैं, बनाये नहीं जाते—(Poets are born and not created) 'कविर्मनीषी परभू; स्वयंभू:' से यही आशय प्रकट होता है। Cowper ने कवि के लिए लिखा है—There is in the work and labour of poetry a pleasure that only the poet knows; the tricks and turns, the expedients and inventions of every kind to which the mind has recourse for the persuit of the most fitting terms, but which hide themselves and do not easily allow themselves to be caught, to be able to arrest the fugitive images which fill the mirror of the soul, to retain them, to closely embrace them, to force them to fix themselves until the pen has drawn a faithful likeness of them in all their parts; then do despose his pictures with such art that each one shall be seen in its most favourable light, and shall shine almost as much by the position given it as by the labour and talent it costs us; those are the occupations of a poet's mind, so dear, so delightful to his thought, and of a kind to distract him skillfully from sad subjects, so that lost in his own dreams, happy man! He feels the anxieteis of life depart and fade away for want of their accustomed nourishment.

ऐसे कवि का निर्माण उसकी आन्तरिक भावात्मक सत्ता के ही माध्यम से हो सकता है न कि किसी बाह्य शिक्षा-साधन से। प्रत्येक व्यक्ति जीवन में दो प्रकार की शिक्षा ग्रहण करता है, एक जो उसे दूसरों से प्राप्त होती है और दूसरी जो वह स्वयं अपने को देता है। कवि के लिए दूसरी शिक्षा का महत्त्व अधिक स्थायी होता है, क्योंकि इसी आत्म-शिक्षा के बल पर वह अपना स्वतन्त्र दृष्टिकोण निर्धारित करता है। उसकी एक अपनी अलग इकाई होती है। कवि का जीवन उस सुसज्जित तथा सुरक्षित गृह-पथ की तरह होता है जो वायु की तरंगों को अपनी बनावट के अनुसार प्रवाहित करने में समर्थ होता है। प्रतिभा का इतिहास वातावरण के साथ अन्य आन्तरिक व्यवस्थाओं के संकलन और संचालन से संगठित होता है। मनुष्य मात्र, जीव-विज्ञान के साधारण, किन्तु निश्चित क्रमिक विकास के साथ अपनी आन्तरिक तथा अज्ञान चेतना के प्रचार और प्रसार में

बराबर गतिशील रहा है, अन्य प्राणियों की अपेक्षा उसकी यही सबसे बड़ी विशेषता है। आधुनिक मनोविज्ञान ने अत्यन्त परिपुष्ट प्रमाणों के साथ यह सिद्ध कर दिया है कि मानव-मन के भीतर एक ऐसा गहन रहस्यमय, अपार और अपरिमित तथा अगम जगत वर्तमान है जिसकी अपनी एक निजी स्वतन्त्र सत्ता है और जो किसी भी बाह्य अनुशासन से परिचालित नहीं होता। उपनिषदों में इस अन्तश्चेतना की रहस्यमयता और इसकी वैयक्तिक विशेषता का विश्लेषण करके ऋषियों ने बताया है कि कला की कल्याणकारी प्रवृत्तियों का उत्स अन्तर्जीवन की गहराई से ही फूटता है न कि बाह्य-जीवन-चक्र के सामूहिक परिचालन से। यही कारण है कि मानव-जीवन प्रगति में व्यक्ति ही प्रतिभावान और दूसरे से अपेक्षाकृत महान हो सकता है, समाज या देश नहीं। मानवेतर प्राणी वातावरण के प्रतिकूल अपना स्वचेतन विकास नहीं कर पाते, मानव अपनी बुद्धि, इच्छाशक्ति और आन्तरिक प्रेरणा के बल पर वातावरण को स्वानुकूल बनाने में सफल होता है। मनु से लेकर मार्क्स तक व्यक्ति की इसी निजी प्रतिभा से ज्ञान-विज्ञान और कला-कौशल की उन्नति हुई है, इसमें सन्देह नहीं।

जीवन का व्यक्तिगत दर्शन उसकी मानसिक स्थिति के लिए वही महत्त्व और प्रभाव रखता है जो शरीर के लिए स्वास्थ्य। उसका यह दर्शन उसके जीवन में चरितार्थ होता हुआ आस-पास के समूह-जीवन से सामंजस्य करता चलता है। समस्त संसार की भाँति मानव मस्तिष्क भी सतत् गतिशील रहता है और इस गति में व्यक्ति-समूह, बाहर-भीतर एवं जीवन तथा मृत्यु के द्वन्द्व भी बराबर चलते रहते हैं। व्यक्ति का ही नहीं, विश्व-जीवन के विकास का मूल आधार यही द्वन्द्व है। धर्म, विज्ञान, राजनीति तथा साहित्य आदि सभी क्षेत्रों में इस द्वन्द्व की सत्ता व्यापक और अनिवार्य है। (Conflict is the father of all things) संघर्ष ही विकास का जनक है, क्योंकि संघर्ष और विरोध जीवन को रोकने की अपेक्षा उसे गति ही देते हैं। इस तरह संघर्ष और समन्वय का व्यापक सिद्धान्त सारे विश्व-जीवन का आधार-स्तम्भ है, किन्तु इस संघर्ष का सामना शेष प्राणियों से भिन्न मनुष्य अपने अन्तःकरण से करता है। अन्तःकरण से मेरा आशय, मन, बुद्धि, चित्त तथा अहंकार के समन्वित स्वरूप से है। बाह्य प्रकृति और परिस्थितियों पर विजय प्राप्त करना इसी अन्तःकरण की शक्ति और

स्वभाव है। अन्त:करण की पहचान और उसके उपयोग की क्षमता व्यक्ति की अपनी जन्मजात विशेषता से प्राप्त होती है और इसी के माध्यम से उसके व्यक्तित्व का शिलान्यास भी होता है। वास्तव में सार्थक कल्पना, साहसिक चिंतन, अनुभूत तथ्यों का परीक्षण-निरीक्षण मानव मन का गुण है जो वातावरण की विपन्नता से कभी थमता नहीं, क्योंकि मनन, चिंतन और भावन तथा अभिव्यक्ति (आत्मप्रकाश) मनुष्य की आन्तरिक प्रवृत्तियाँ हैं। मनुष्य, प्रकृति का केवल तात्विक परिणाम नहीं उसमें बुद्धि की भी व्यवस्था होती है। बुद्धि, मन की वह स्थिति है जिसके द्वारा मानव संकल्प, इच्छा, प्रयत्न और बोध का अनुभव करता है और अनुभव से परिपुष्ट भाव विचार बनते हैं तथा इन्हीं विचारों से व्यक्तित्व का निर्माण होता है।

विश्व-जीवन के व्यापक क्षेत्र में केवल उन्हीं व्यक्तियों का महत्त्व है जो अपने व्यक्तित्व से जीवन-विकास की विचारधारा का उन्नयन करते हैं, अन्यथा बुद्धि-विचार-शून्य साधारण जीवन का कोई महत्त्व नहीं। बर्टेंड रसल ने इसी उद्देश्य से लिखा है—The logical quality of the cosmos as it appears in each of just system is due to the fact that it is one man's Cosmos. यह कौन नहीं जानता कि हममें से प्रत्येक के पास अन्तश्चेतना का एक ऐसा वेगमय तथा दुर्दम्य प्रवाह है जो बाह्य परिस्थितियों के बीच हमारे मन को एक अलग दिशा देने की क्षमता रखता है। संसार के सुखों के बीच विचरण करते हुए भी मनुष्य कभी-कभी अपने भीतर के कारणों से उदास हो उठता है। कालिदास ने 'सुखिना अपि अन्यथा चेतमाना' में इसी अन्तर्मन की स्थिति का संकेत किया है। जिस प्रकार सुख की स्थिति में दुख का आभास सम्भव है उसी प्रकार दुख की दशा में आन्तरिक सुखाभास परिलक्षित होता है। इन द्वन्द्वात्मक और कलह-कोलाहलपूर्ण मन की स्थितियों का स्वाभाविक समन्वय और स्वानुकूल सात्विक विकास व्यक्ति ही करता है, समूह नहीं। जीवन और मृत्यु की अज्ञात समस्यायें भी प्रत्येक व्यक्ति को समूह से अलग रखती हैं, यह किसी से छिपा नहीं। जीव-विज्ञान तथा मनोविज्ञान अपनी सारी जाँच-पड़ताल के पश्चात् भी व्यक्ति की अलग इकाई का अपहरण नहीं कर सका और सम्भवत: आगे भी नहीं कर सकेगा।

व्यक्ति की इसी इकाई को Horace ने Divinae particulum aurae–Divine spark कहा है जो आज भी विज्ञान की इस चरम उन्नति में भी उसी

रूप में स्थित है। इतिहास इस बात का साक्षी है कि समय-समय पर व्यक्ति की अपनी व्यक्तिगत धारणायें तथा मान्यतायें पूरे समाज तथा देश की बपौती बन जाती हैं और लाखों आदमी उनकी रक्षा और प्रगति के लिए अपने जीवन की बाजी लगाने को प्रस्तुत हो जाते हैं। बुद्ध, ईसा, मार्क्स, गांधी ऐसे ही महान् व्यक्तियों में हैं जिनका व्यक्तित्व अपनी अलग-अलग विशेषता रखता है। एक भौतिक सत्ता के रूप में शारीरिक तथा तात्विक नियमों से प्रत्येक व्यक्ति अवश्य ही बँधा हुआ है, किन्तु उसकी विशेषता यही है कि वह इन नियमों की जानकारी और उन्हें अपने लिए उपयोगी बनाने की भी शक्ति रखता है। अनुभव, संकल्प और सहजज्ञान उसके अपने निजी उपकरण हैं जिनके द्वारा वह अपने व्यक्तित्व की रूप-रेखा को निर्मित एवं निश्चित करता है। इसी प्रकार वह अपने और शेष विश्व के सम्बन्ध भी निरूपित कर लेता है।

आन्तरिक आकांक्षाओं और संस्कारों के अतिरिक्त शिक्षा तथा समाज-सहयोग से प्राप्त संस्कारों तथा विचारों की महत्ता भी कम नहीं होती। गर्भ, उत्पत्ति, स्थिति और मरण सम्बन्धी दशाओं का प्रभाव व्यक्ति पर अवश्य ही पड़ता है, किन्तु प्रतिभासम्पन्न व्यक्ति अपनी आन्तरिक दशा और व्यक्तिगत लय-विकास से अधिक प्रभावित और परिचालित होता है। इस प्रकार बाह्य संस्कार और आन्तरिक चेतना दोनों मिलकर ही व्यक्ति-स्वरूप अथवा व्यक्तित्व का विन्यास करते हैं। भौतिकवादियों की तरह यह कहना कि व्यक्तित्व का विकास आस-पास के वातावरण और आर्थिक तथा राजनीतिक दशाओं से ही होता है, ठीक नहीं। व्यक्तित्व का बाह्य वातावरण से वही सम्बन्ध होता है जो ऐंद्रिकता (organism) का, क्योंकि व्यक्ति संसार में जीता रहता है अवश्य, पर वह संसार के द्वारा जीवित नहीं रहता। जब उसकी अपनी जीवनी-शक्ति समाप्त हो जाती है तब सारा संसार मिलकर भी उसे जीवित नहीं रख सकता। वनस्पतियों से लेकर सभी जीवधारी बाह्य वातावरण के बीच में रहते हैं और उसी में पोषित तथा परिवर्धित होते हैं, किन्तु इस वातावरण की व्यापक एकता अथवा एकरसता में उनकी व्यक्तिगत इकाई का तिरोभाव नहीं होता। अपने व्यक्तित्व के विषम तथा विकट विरोधों के साथ सर्प और मोर एक ही वन में विहरण करते हैं। सुभाष और टैगोर एक ही प्रान्त के निवासी हैं। वस्तुत: व्यक्ति एकरूपात्मक (Identical) वातावरण में

रहते हुए भी एकमात्र उसी से निर्मित नहीं होता, क्योंकि प्रत्येक सजीव सत्ता बाह्य संसार का वह तत्त्व जो उसके विकास में सहायक होता है ग्रहण करके शेष को छोड़ देती है, फलों के साथ काँटे नहीं खाती। प्राणी की, फिर मानव की तो बात ही क्या है पौधा तक वायु और पृथ्वी से केवल पोषण तत्त्व लेकर शेष को छोड़ देता है। फूल का खिलना, अंकुर का उगना, वृक्ष का पल्लवित होना किसी बाह्य उपचार या दबाव से नहीं वरन् बीज की आन्तरिक शक्ति से सम्भव होता है।

प्रत्येक जीव-विज्ञानी यह जानता है कि वातावरण व्यक्ति के निर्माण को एक गति देता है, पर उसकी एक सीमा है, वस्तुतः सम्पूर्ण निर्माण का श्रेय उसको नहीं मिल सकता। भोजन की पूर्णता और संरक्षण की सतर्कता बकरे को स्वस्थ बना सकती है, शेर नहीं। आशय यह कि प्रत्येक जीवधारी वातावरण से प्रभावित होता हुआ भी अपने व्यक्तित्व के निर्माण में बहुत कुछ स्वतन्त्र रहता है। प्राणि-श्रेष्ठ मानव तो वातावरण की और भी उपेक्षा कर सकता है, क्योंकि व्यक्ति को वातावरण का प्रतिफलन न कहकर वातावरण को व्यक्ति की रचना कहना ही अधिक समीचीन है। जो भी हो, पर इतना निश्चय है कि वातावरण व्यक्तित्व का निर्माण नहीं करता वरन् यह व्यक्ति की ही विशेषता है कि वह प्रतिकूल वातावरण में भी अपना स्वानुकूल विकास कर लेता है। सम्भवतः इसीलिए दर्शन, ज्ञान, विज्ञान, कला और साधना का केन्द्र व्यक्ति होता है वातावरण नहीं। जिस ईंट-पत्थर से मन्दिर बनता है उसी से समाधि भी बनती है, दोनों को बनानेवाला व्यक्ति ही होता है। गोस्वामी जी ने व्यक्ति की इसी स्वनिर्माण क्षमता की ओर संकेत करते हुए लिखा है—

> एक पिता के विपुल कुमारा,
> पृथक पृथक गुण तासु उचारा ?

मानव का यही मानवपन है और है उसका श्रेष्ठतम अपनापन। प्रत्यक्ष भौतिक तथा अप्रत्यक्ष अभौतिक संस्कारों तथा विचारों से उलझता-सुलझता व्यक्ति अपनी सहज स्वाभाविक विकासशील प्रवृत्तियों से अपने व्यक्तित्व का निर्माण करता है। मानस शास्त्रियों ने चिंता, इच्छा, अनुभूति को जो व्यक्ति की आन्तरिक प्रवृत्तियाँ हैं, व्यक्तित्व निर्माण में सहायक माना है। क्षतिपूर्ति का सिद्धान्त भी कम प्रभाव नहीं रखता। अतएव व्यक्तित्व-विन्यास का प्रमुख साधन शक्तिमान चेतन अन्तःस्फूर्ति है, मनोयोग है।

सर्जनात्मक प्रतिभा व्यक्तित्व के विकास की अन्तिम सीढ़ी है। उस क्षेत्र में भी संघर्ष और समन्वय का अस्तित्व है, क्योंकि सृष्टा कठिनाइयों और नाना प्रलोभनों से उलझने के बाद ही एक निश्चित निष्कर्ष तक पहुँचता है। उसका मस्तिष्क उसे सत्य-असत्य का विवेक देता है तो उसकी कल्पना उसकी सृष्टियों को सौन्दर्य-समन्वित करती है और तब वह कला को जन्म देने में समर्थ होता है। कला में कलाकार का व्यक्तित्व समाहित रहता है, इसीलिए प्रत्येक कलाकार की अपने व्यक्तित्व के अनुरूप एक अलग विशेषता-महत्ता भी रहती है। एक ही युग में, एक ही देश में, एक ही समय में कई बड़े-बड़े कलाकारों के होने की सम्भावना का यही कारण है।

संसार के नाना रूपों, कार्यकलापों और चेष्टाओं के उद्दीपन स्वरूपों से व्यक्ति अपने मन का योग करने के पश्चात् ही अपनी निजी अनुभूति का संगठन करता है। नाना प्रकार के उद्दीपन हमारी चक्षु-तारिका (Retina) की संज्ञावाहिनियों (nerves) पर प्रभाव डालते हैं, उनमें स्पन्दन पैदा करते हैं। यह स्पन्दन संघटित संवेदन (sensation) बन जाता है और फिर बहुत से संवेदन संघटित होकर मन के योग से एक बिम्ब के रूप में—एक अनुभूति के रूप में परिणत हो जाते हैं। इन्हीं अनुभूतियों का आकलन और उनकी सौन्दर्यशील अभिव्यक्ति कवि का प्रमुख कार्य है और इन्हीं के द्वारा वह अपने व्यक्तित्व का भी विकास करता है। इसे यों भी कहा जा सकता है कि चेतना द्वारा संगृहीत संवेदनों को व्यक्ति आत्मीयता (अनुभूति) का स्वरूप देकर उसे अभिव्यक्त करता है तभी और केवल तभी वह साहित्य-सृष्टा बन पाता है अन्यथा नहीं। यदि ऐसा न होता तो परिस्थिति की विपन्नता के कारण द्वार-द्वार पर भीख माँगते हुए सभी हरबोले कवि का सम्मान पा लेते, संगीतज्ञों का स्थान ग्रामोफोनों ने ले लिया होता, और सजीव नर्तकियों का स्थान तथा उनका कार्य-कलाप निर्जीव किन्तु परिस्थितियों की सजीवता से सम्पन्न कठपुतलियों ने छीन लिया होता, पर ऐसा नहीं हुआ और न आगे होने की सम्भावना है। व्यक्ति की, विशेषकर साहित्यकार की वातावरण के ऊपर विजय की यही प्रामाणिकता है। हरबोला, ग्रामोफोन, कठपुतली क्रम से कवि, संगीतज्ञ, तथा नर्तकी का कार्य संपादन चाहे किसी प्रकार कर भी लें पर यह उनका सहज स्वभाव तथा व्यक्तित्वमय आत्मीय भाव नहीं है और स्वभाव तथा व्यक्तित्व के अभाव में किसी प्रकार की सृष्टि

सम्भव नहीं होती, क्योंकि सृष्टि के लिए चैतन्य की आवश्यकता है जो मनुष्य में ही पाया जाता है। इसी कारण उसे पुरुष भी कहा जाता है—'पूः, शरीरंच पुरंच; पुटि शेते इति पुरुषः', वस्तुतः जो चैतन्यांश को, देह में धारण किये हो उसे पुरुष कहते हैं। यह भी कहा जाता है कि जो कुछ ब्रह्माण्ड में है वह सब मनुष्य के पिण्ड में है।

वास्तव में सब शास्त्रों का विषय मानव देह और जीव, अन्तःकरण और बर्हिकरण में वर्तमान है। अपनी इसी जीवात्मक रचना की वजह से मनुष्य स्वयं सृष्टा अथवा साहित्यकार या कवि बनने की क्षमता रखता है। यह विशेषता किसी भी अन्य जीव की नहीं है। वेदों में परमात्मा को कवि के रूप में स्मरण किया गया है, क्योंकि यह समस्त और व्यस्त जगत सब उसकी रचना-कविता है और वह स्वयं अद्वितीय कवि। 'रसो वै सः' भी परमात्मा के लिए कहा गया है। स्पष्ट है कि बिना परमात्मतत्त्व के सृष्टि करना नितान्त असम्भव है।

मनुष्य पक्षियों की बोली बोल लेता है और पक्षी मनुष्य की, किन्तु पक्षी से मनुष्य का अभाव दूर नहीं हो सकता, क्योंकि उसमें मनुष्य के स्वभाव का, उसकी अन्तश्चेतना का अस्तित्व नहीं, पक्षी की बोली में मनुष्य की बोली की तरह आत्मीयता (अपनापन) नहीं रहती। सामान्य मानव और विशेषकर कवि-कलाकार मन की इसी निजी आत्मीयता से अपनी सृष्टि (रचना) का विकास करता है। मानव मन की आत्मीयता का ग्रहण ही कला का सार है। कलाकार यदि अपने चित्र, संगीत अथवा काव्य में अपने मन की आत्मीयता को स्थापित न कर सका तो उसका प्रयास व्यर्थ है, वह कभी किसी दूसरे के मन को आकर्षित नहीं कर सकता और न उसकी रचना को सृष्टि का गौरव ही मिल सकता है। मानव के इस मन की महत्ता उसके अपने आत्म-स्वरूप को पहचानने में है, जो उसके व्यक्तित्व की आधार-शिला है। मन की इस पहचान के पश्चात् मानव को उसकी सर्वव्याप्त सत्ता का आभास अपने आप होने लगता है। इसी का नाम मनोयोग-भावयोग है और मन के इसी विकास का नाम व्यक्तित्व है।

मनुष्य, सहज प्रवृत्ति (Instinct) और सहज भूख (Appetite) जो अन्य प्राणियों की भाँति उसमें भी पाई जाती है, के अतिरिक्त चेतनाशील मस्तिष्क का भी अधिकारी है जो दो प्रकार की—भावात्मक तथा बौद्धिक प्रवृत्तियों का केन्द्र है। बौद्धिक विवेचन और खोज का परिणाम विज्ञान है जिसके

द्वारा भिन्न-भिन्न तात्विक पदार्थों के संश्लेषण एवं विश्लेषण से संसार की नाना वस्तुओं के अस्तित्व और विकास पर प्रकाश पड़ता है। विज्ञान की यह भी शक्ति है कि वह इन तत्त्वों को अपनी इच्छित तथा कल्पित हित-साधना में भी प्रयुक्त कर सके, किन्तु यह स्मरण रखना होगा कि विज्ञान सत्ता के कार्य-कारण (Processes) पर ही विचार करता है, उसके उद्देश्य से उसका सम्बन्ध नहीं। दो अमुक तत्त्वों से मिलकर पानी बनता है, यह विज्ञान बताता है, पर पानी क्यों बनता है? इसका उद्देश्य क्या है? के प्रश्न विज्ञान की सीमा से बाहर पड़ते हैं। अनात्म-पदार्थों तक ही उसकी पहुँच है। पर भाव-ज्ञान विज्ञान से आगे बढ़कर सत्ता के उद्देश्य का भी उद्घाटन करता है। आत्म-भाव को ग्रहण करता है। 'आत्मनस्तु कायाय सर्व वै प्रियं भवति'। मनुष्य की आत्मा अनन्त अनात्म-पदार्थों के द्वारा अपनी आत्मा का ही आस्वादन, रसन करती है। अनन्त रस तथा अनन्त अलंकार सब इस जगद्रूपी महाकाव्य में भरे हैं। इसके किसी भी अंश का, किसी भी अंग का, मनुष्य का किया हुआ आत्मीय वर्णन काव्य (सृष्टि) है। इसी कारण कलाकार केवल विज्ञानी न होकर भाव-ज्ञानी तथा आत्म-ज्ञानी भी होता है। बाह्य पदार्थों के अध्ययन तथा अनुभव के साथ-साथ कलाकार आत्मानुभव वृत्ति का भी उपयोग करता है, क्योंकि उसका चित् चेतन है। 'अहम् अस्मि' यही सन्मय, चिन्मय मनुष्य की सृष्टि की सार्थकता है। कहना न होगा कि चैतन्य का परोक्ष नाम 'आत्मा' और अपरोक्ष नाम 'अहम्' है। मनुष्यों की आदि भाषा संस्कृत वर्णमाला का आदि अक्षर 'अ' तथा अन्तिम 'ह' है। इन्हीं दोनों के बीच में सभी अन्य अक्षर हैं। अक्षरों के संयोग से सब वाक्य बनते हैं जो अनन्त प्रकार की इच्छा, ज्ञान और क्रिया के बोधक और वाचक है। सृष्टि, चाहे वह देवी हो या मानवी इस अहम्-भाव आत्म-भाव, परमात्म-भाव की साक्षी है, इसमें सन्देह नहीं।

विज्ञान की खोज और उससे प्राप्त सत्य बढ़ते-बदलते रहते हैं, पर भाव का अनुभव में बँध जाना ही उसका शाश्वत सत्य होता है, यों भी तर्क और अनुमान का परिणाम अनुभव के परिणाम के समक्ष फीका पड़ जाता है। इन्द्रधनुष के अस्तित्व और उसके निर्माण के उपादानों का विश्लेषण विज्ञान सुलभ है, किन्तु उसे देखकर पुलकित होना भाव-सुलभ। इसी से कलाकार को विज्ञानी नहीं, भाव-ज्ञानी कहना उपयुक्त है। विज्ञान का

सत्य प्रत्यक्ष रूप से सबके लिए समान महत्त्व रखता है, पर भाव अपनी सीमा का विस्तार व्यक्ति के अनुसार करता है। No two persons, if sincere, can have the same philosophy ठीक ही है। जड़ता और मृत्यु, एकरूपता का लक्षण है और चेतना तथा जीवन विभिन्नता का। कहने का आशय यह कि विज्ञानी जड़वादी होता है और कलाकार चेतनवादी। विज्ञान का मत है कि मनुष्य और जगत् केवल आधिभौतिक–मैटीरियल फिजिकल है तथा मनस–अहंकार–बुद्धि–रूप चित्त, 'माइंड' की उत्पत्ति Matter, मात्रा जड़ से होती है। गीता में इस विचार वालों के लिए 'आसुरी प्रकृति' की उपाधि दी गयी है—

अपरस्परसम्भूतं, किमन्यत्, कामहैतुकम्।

किन्तु कलाकार जानता है कि मनुष्य और जगत आध्यात्मिक 'स्पिरिचुअल' और आधिदैविक 'सुपर–फिजिकल' भी हैं और 'मैटर' मात्रा दृश्य तथा जड़ पदार्थ सब चेतन की लीला मात्र है। मात्रा 'मैटर' का आधार चेतन है न कि चेतन का आधार और हेतु मात्रा? धीरे–धीरे वैज्ञानिकों ने भी इस मत को स्वीकार करना प्रारम्भ कर दिया है कि मैटर के ऊपर चेतन का आधिपत्य है। फ्रांसिस मेसन और आइन्स्टाइन इसके अगुआ हैं। जो भी हो विज्ञान जड़–सत्ता का ज्ञानी है तो भाव आत्मा–चेतन का, यह निर्विवाद है।

संसार में कोई दो व्यक्ति प्रायः ऐसे नहीं पाये जाते जिनकी जीवन–विषयक जिज्ञासायें एक ही हों, क्योंकि व्यक्ति की चेतना उसकी एक अलग इकाई रखती है, किन्तु पदार्थों के विषय में यही नहीं कहा जा सकता। धातु एक ही साँचे में ढाली जा सकती है, व्यक्ति नहीं। कोई भी दो व्यक्ति शरीर और मस्तिष्क की समानता लेकर पैदा नहीं होते और न किसी व्यवस्था से पैदा किये जा सकते हैं, वरन् प्रत्येक में अपनेपन का अलग आभास रहता है। यह भिन्नता जीवन में बड़ा महत्त्व रखती है जिसकी एकरूपता केवल मृत्यु की जड़ता में सम्भव है अन्यथा नहीं। जन्म से ही प्रत्येक बालक कतिपय व्यक्तिगत शक्तियाँ, सूझ और साहसिक रुचि लेकर पैदा होता है और उसकी यह वैयक्तिकता किसी दूसरे से मेल नहीं खाती, क्योंकि प्रत्येक चेतन विश्व के अनुभव और अध्ययन का अपना अलग स्वतन्त्र–मार्ग निश्चित करता है। चेतना में परिवर्तन और विकास की सम्भावनायें भी सन्निहित रहती हैं, तभी तो वह विकसित होती हुई जीवन की इस सीढ़ी तक पहुँचने में समर्थ हुई है।

कलाकार की चेतना सामान्य मनुष्यों से अधिक विकसित और ग्रहणशील होती है, इसी कारण उसे संसार तथा समाज का अगुआ माना गया है। 'जहाँ न जाय रवि तहाँ जाय कवि' में उसकी गति का निर्देशन मात्र है। मानवता की प्रगति का मार्ग कहीं दूर स्वर्ग में बैठे किसी ईश्वर या शैतान से निश्चित न होकर मनुष्य की अन्तःस्फूर्ति से होता है। विकासवाद की भी यही आस्था है। पूजन-आराधन की वृत्ति का आदेश या संदेश कहीं बाहर से नहीं आता वह तो अपने मन की ही मान्यता है। इसी प्रकार अन्य भावों, वृत्तियों के क्रम को भी समझना चाहिये। इस विश्व का विकास किसी संरक्षक या उपदेशक की अपेक्षा नहीं रखता, क्योंकि चेतन क्रियात्मक तत्त्व सत्ता-संज्ञा तथा कण मात्र का मूलाधार है। दार्शनिक का यह मत है कि—Creative force pervading all matter, living and dead. The machine of the universe is automatic. कलाकार इन्हीं क्रियात्मक तत्त्वों को अपने चेतन के बल से रचनात्मक तथा सर्जनात्मक गति दे देता है जबकि केवल जड़वादी व्यक्ति उन्हें विध्वंसात्मक भी बना सकता है; एटमबम इसका प्रत्यक्ष उदाहरण है। पर कलाकार का कहना है कि—

चेतना का सुन्दर इतिहास
अखिल मानव भावों का सत्य,
विश्व के हृदय-पटल पर दिव्य
अक्षरों से अंकित हो नित्य।

और फिर

शक्ति के विद्युत कण, जो व्यस्त
विकल बिखरे हैं, हो निरुपाय,
समन्व उसका करे समस्त
विजयिनी मानवता हो जाय।

मानवता के कल्याण के लिए कलाकार अपनी चेतना से, अपनी सहृदयता से, उपर्युक्त समन्वय का सदोपाय करता चलता है, यही उसका स्वभाव है। साहित्य को छोड़कर जीवन के सभी विभाग सापेक्षता से बँधे होते हैं क्योंकि उनका नेतृत्व करना पड़ता है। व्यक्ति की स्वतन्त्रता का वहाँ अधिक मूल्य नहीं रहता, क्योंकि नेतृत्व में दूसरों की सम्मति की अपेक्षा रहती है और यहीं उसकी निरपेक्षता टूट जाती है, किन्तु कला अपनी निरपेक्षता में सतत् गतिशील रहती है। कलाकार, नेता की भाँति ध्वंस-

युग का अग्रदूत रहकर भी निर्माण का भार अथवा उत्तराधिकार दूसरों के सिर पर नहीं छोड़ जाता क्योंकि उत्तराधिकार की परम्परा साहित्य में नहीं है, जब कि धर्म, राजनीति और विज्ञान में है। महादेवी जी ने लिखा है— 'उपदेशों के विपरीत अर्थ लगाये जा सकते हैं, नीति के अनुवाद भ्रान्त हो सकते हैं, परन्तु सच्चे कलाकार की सौन्दर्य-सृष्टि का अपरिचित रह जाना सम्भव है बदल जाना सम्भव नहीं। मनु की जीवन-स्मृतियों में अनर्थ की सम्भावना है, पर वाल्मीकि का जीवन-दर्शन श्लेषहीन ही रहेगा। इसी से कलाकारों के मठ नहीं निर्मित हुए, महन्त नहीं प्रतिष्ठित हुए, साम्राज्य नहीं स्थापित हुए और सम्राट नहीं अभिषिक्त हुए। कवि या कलाकार अपनी सामान्यता में ही सबका ऐसा अपना बन गया कि समय-समय पर धर्म, नीति आदि को, जीवन के निकट पहुँचने के लिए उससे परिचय पत्र माँगना पड़ा।'

वस्तुतः साहित्यकार ऐसा ही होता है। राजनीति के विधान, विज्ञान के महत्त्वपूर्ण अनुसंधान और समाज की स्थूल मान्यतायें जीवन के सूक्ष्म-तत्त्व को बाँधने में असमर्थ हैं। जिस प्रकार शारीरिक कुरूपता मनुष्य की आन्तरिक सौन्दर्य-सुषमा का अपहरण नहीं कर पाती, बल्कि उसे और अधिक तीव्रता ही दे देती है उसी प्रकार इस बाह्य जगत् की विषमता और अपूर्णता कलाकार के भीतर की समन्वयशील समता और उसकी चेतनमय पूर्णता का अपहरण नहीं कर सकती। साहित्यकार जीवन के शत-शत विरोधों और विषम संघर्षों के बीच में भी समन्वय और सहयोग का सूत्र खोज ही निकालता है। शेली की नीचे लिखी पंक्ति से यह स्पष्ट है—

Our sweetest songs are those that tell of the sadest thought.

एक युग का स्वप्न दूसरे युग का सत्य बनता चलता है, क्योंकि वह व्यक्ति की परिस्थिति और उसकी कल्पना का प्रतिफलन होता है। यह स्वप्न, यह कल्पना और यह भाव-प्रवणता साहित्यकार का स्वभाव और उसके आगम-दर्शी व्यक्तित्व का विभाव है। कलाकार केवल वर्तमान का ही प्रतिनिधित्व नहीं करता वरन् भविष्य-दृष्टा भी होता है। जिस प्रकार गायक की स्वरलहरी उसकी कण्ठ-शक्ति के अनुसार अपनी सीमा का विस्तार करती है उसी प्रकार कलाकार की प्रतिभा के अनुसार उसके विषय की व्यापकता भी विस्तृत होती है। वह अपनी कल्पना के तीसरे नेत्र से बहुत दूर तक देख सकने में समर्थ होता है। स्वप्नदर्शी तथा

कल्पनाशील कवि ने कितने पते की बात कही है—

> Such harmonious madness
> From my lips will flaw;
> The world shall listen them
> As I am listining now.

इस प्रकार कलाकार केवल बुद्धि तथा तर्क द्वारा ही नहीं, अन्तःप्रेरणा द्वारा भी गतिशील होता है। बाह्य जगत् की वाहिका बुद्धि और अन्तर्जगत की प्रेरणा का कलाकार में एक ऐसा सम्मेलन होता है जिसके द्वारा वह विश्व-जीवन की गति का अनुमान और अनुसंधान करने में समर्थ होता है। निरन्तर गतिशील जीवन के उत्थान-पतन में जीवन-विकास की सम्भावनायें कला में ही रक्षित रहती हैं। न जाने कितनी ही सभ्यतायें और उनकी मान्यतायें, संस्कृतियाँ और जातियाँ मिटकर विलीन हो गयीं जिनका चिह्न केवल साहित्य में ही संरक्षित है, अन्यत्र कहीं नहीं। मानवता का स्वतः प्रस्फुटित अविरुद्ध स्रोत अविरत और अविकल गति से प्रवाहित होता रहता है और कला, समय के इसी प्रवाह के बीच जीवन का, अतीत के साथ वर्तमान का और वर्तमान के साथ भविष्य का संयोग-सूत्र स्थापित करती चलती है—अतीत का स्मरण कराकर वर्तमान को पूर्ण तथा पूर्णतम भविष्य का आवाहन करके उसके रूप की रेखा निश्चित करती रहती है। इस संकलन और संयोजन के द्वारा कला जीवन की शाश्वत गतिशीलता का साक्ष्य उपस्थित करते हुए उसे प्रेरणात्मक बल प्रदान करती है।

कलाकार अथवा प्रतिभासम्पन्न के इसी उत्तराधिकार का स्मरण करते हुए आलोचक श्रेष्ठ Saint Beuve ने कहा है—There is nothing more incomprehensible than genius. If it wast not incomprehensible, if it was not unique among many, unique among all, it would not be genius. वास्तव में कलाकार की प्रतिभा अगम होती है, क्योंकि अखिल जीवन और निखिल प्रकृति के साथ वह अपने मन का मेल स्थापित करने में समर्थ होता है। समस्वर से सधी हुई कलाकार की मनोवीणा विश्व के मनोभावों के साथ झंकृत होती रहती है, व्यष्टि में समष्टि की प्राण-प्रतिष्ठा की यही साधना है। कलाकार ऐसा ही साधक होता है और स्वभावतः अपने व्यक्तित्व-निर्माण में भी वह स्वतन्त्र है।

हिन्दी काव्याकाश में निराला का व्यक्तित्व बहुत-सी अनोखा और प्रचंड

है अपने नाम के अनुसार वे वास्तव में 'सूर्यकान्त' हैं। उन्होंने अपने व्यक्तित्व का विकास बहुत ही स्वतन्त्र रूप से किया है। उनके व्यक्तित्व का सम्यक विश्लेषण तर्क और सामाजिक स्थितियों के विवेचन से सम्पूर्णतया सम्भव नहीं हो सकता क्योंकि Reason is too Feeble, we are told for the respect of strong man. उनके विषय में तो केवल यही कहा जा सकता है—The superlative abnormality represented by the self-satisfied man. He who has intered upon life to do what he jolly well likes. क्योंकि यह एक सर्वमान्य सत्य है कि The instinctual urges and desires and the unconcious motivation rule man- kind, particularly a genius. It is not only the man in the street but even most of our ablest critical writers who seem to shy at any effort to comprehend the impost of the personality structuring of those whose doings they discuss. While emphasing superficial points they almost alwasy neglect the deeper sources of individual or mass behaviour. In particular, nearly all the difficulties of mankind seem for them to be interpretable in materialistic terms, especially economic pressures and swings. One gets the impression that world events are regarded almost as if they were wholly phenomena of a physical nature, complex for understanding, of course, and only to be counteracted by other physical, mainly economic, phenomena. But it is not the real fact that for the most part even international and economic complications are essentially man-made, arising in response to the drives and urges deriving from some special structuring of personality. Is it that we are ignorent of these fundamental truths about the deeper roots of human behaviour tendencies, or loath to acknoledge them to ourselves because many of them are unpleasant to contemplate? Is it on this account that use so often place the upon external, 'natural' causations? Evidently with good reasons Jung has stated, 'much of the evil of the world is due to the fact that man in general is hopelessly unconcious.'

William Healy के इन सारगर्भित शब्दों के साथ मैं निराला के व्यक्तित्व निरूपण की चेष्टा करने का प्रयत्न करूँगा।

मैं जितने आधुनिक कलाकारों को निकट से जानता हूँ उनमें से निराला का व्यक्तित्व सबसे जटिल और बहुत से विरोधों का संगम है। सजग आत्मवान व्यक्ति परस्पर विरोधी शक्तियों का प्राय: केन्द्र होता भी है।

कहा गया है कि—सोऽयमात्मा सर्व विरुद्धधर्माणां आश्रय: । निराला का हृदय भावों का अगाध समुद्र है तो मस्तिष्क बौद्धिक जिज्ञासाओं का सावन-भादों। तूफान उठना, लहरों का टूटना वहाँ एक साधारण सी बात है। उत्साह, स्नेह, करुणा, क्रोध, क्षोभ एवं विद्रोह आदि सभी उनके पास से एक झटके के साथ जोर से बाहर निकलते हैं। नाप-तोल की सोची-समझी बातें उनके पास नहीं, क्योंकि नागरिक वाक्पटुता और सतर्कता की अपेक्षा एक सहज-सरल विश्वासमयी ग्रामीण आस्था की ओर उनका झुकाव अधिक है। वे उन्नाव जिले के देहाती माँ-बाप की सन्तान हैं और उनका बचपन बंगाल की अकृत्रिम प्राकृतिक सुषमा के बीच बीता है। घंटों बगीचे में बैठे फूलों को सहलाना और उन्हीं से अपने मन की बातें गुनगुनाना उनका नित्य का काम था। तितली, भ्रमर उनके बाल सहचर रहे हैं। वे प्राय: अपनी माँ से सूर्यास्त की रंगीनी देखने की प्रार्थना करते थे। घर से अधिक बगीचे में बैठना-उठना उनको प्रिय लगता था। फूलों की सुगंध और प्रकृति की पवित्र वायु से उनका तन और मन पोषित है। निराला स्वभाव से ही चिड़ियों की चहक, झरनों की कलकल और वसन्त की रंगमयता तथा आकाश की शुभ्रता से लगाव का अनुभव करते हैं। प्रकृति के समस्त प्रसाधनों पर वे मुग्ध हैं और हर ऋतु के सूक्ष्म से सूक्ष्म परिवर्तनों की उनको पूर्ण जानकारी भी है। यही कारण है कि उनकी प्राय: श्रेष्ठ रचनायें प्राकृतिक सुविधाओं और सौन्दर्यों से आवेष्ठित हैं। निराला ने प्रकृति को वेदान्तियों की तरह जड़ न मानकर उसमें एक व्यापक चेतना का स्फुरण और मानवीय जगत् के प्रति संवेदनशीलता का अनुभव किया है। इस कारण उनकी वाणी और उनके व्यवहार में एक प्राकृतिक निश्छलता का स्पष्ट आभास मिलता है।

भावावेश में उनके अभिप्रायों की अविकल झड़ी सी लग जाती है। उनके प्राण सदैव भाव झूले में झूलते रहते हैं; ज्ञानियों की चहार दीवारियों से वे नहीं घिरे। पतले तारों से कसे हुए वाद्य यन्त्र की तरह वे हलके-फुलके आघात से भी सहसा झंकृत हो उठते हैं पर इसके साथ ही आघात सहने की उनमें अटूट क्षमता भी है। प्रतिभा की प्रखर जगमगाहट के साथ बुद्धि के संस्कार-परिष्कार और विवेकमय आचार- विचार की सुव्यवस्थित तथा शीतल चाँदनी की छटा भी उनमें घुली-मिली है। अपने निश्चित पथ को छोड़कर कभी न भागने की उदात्त उठान के साथ प्रगति के मोड़ों

की तरलता से उनका साहित्य सजा हुआ है। सतत गतिशीलता ही उनके साहित्यिक जीवन की रीढ़ है। उनका सारा जीवन, सारा साहित्य अथक और अनवरत परिश्रम तथा साधना एवं अदम्य उत्साह और ओज की आभा से निर्मित हुआ जान पड़ता है। वास्तव में श्रम-साध्य जीवन ही सच्चा जीवन होता है। निराला का जीवन ऐसा ही है, मुफ्तखोरी के अभिशाप से वे वंचित हैं। संकुचित और रूढ़िगत मनोवृत्तियों और परम्पराओं के साथ चाहे वे सामाजिक, राजनीतिक अथवा साहित्यिक या अन्य किसी प्रकार की हों निराला ने सदैव युद्ध किया है। अपनी इस आस्था के प्रति अडिग रहते हुए भी किसी सुधार अथवा सामूहिक कल्याण की भावना के अवसर का स्वागत करने में वे कभी नहीं चूकते। जीवन की विलासमयी सुविधायें उनको बहुत कम मिली हैं, इसलिए आलस्य का उनमें एकान्त अभाव है।

जिस नगण्य पारिश्रमिक के साथ संसार के असंख्य प्रलोभनों और पीड़ाओं के बीच वे साहित्य-सेवा करते रहे हैं और कर रहे हैं, वह केवल आश्चर्य की नहीं आदर की बात है। किसी विपन्नता और विरोध में दम तोड़ने की शक्ति निराला में नहीं, क्योंकि शाश्वत संघर्ष ही तो उनका आनन्द है। शैशव से ही उनको ऐसा अभ्यास है। वे हिन्दी में तरंग-पूर्ण यौवन के प्रतिनिधि हैं। उनमें बैसवाड़े तथा बंगाली देहाती के सब गुण साकार हैं—सादगी, श्रम, शक्ति, उदारता, भावुकता, राष्ट्रीयता, ईमानदारी, स्वास्थ्य और सुरती-सेवन। भयंकर दुखों की बौछार के नीचे भी मुस्कराती हुई प्रसन्न मुख-मुद्रा और शान्तिमयी सहनशीलता के साथ क्रान्ति की विवश झुँझलाहट की अस्पष्ट रेखा दीन-हीन, शोषित-पीड़ित भारतीय कृषक का स्मरण दिलाती है, पर उनके निकट जाकर पता चलता है कि निराला के वृषभ कंध पर केवल एक भावुक कवि का नहीं एक दार्शनिक मनीषी का चिंतन-बहुल सिर भी है। वे अपने व्यवहार में हार्दिक और सृजन में मार्मिक हैं। अपने ऊपरी शिष्टाचार में वे चूक भी सकते हैं, प्राय: चूक जाते हैं, पर उनकी आन्तरिक सहृदयता अचूक है, अटल है।

निराला ने कालेज की चहारदीवारी के भीतर बैठकर विदेशी शिक्षा-क्रम की पाषाणीयता से सिर नहीं फोड़ा, पर जीवन का खुला अध्ययन और अनुभव उन्होंने किया है। अंग्रेजी कवि Pope की तरह उनका स्वाध्ययन बहुत विस्तृत और गम्भीर है। उन्होंने बारह वर्ष की अवस्था में ही संस्कृत

और बँगला का अध्ययन सुरुचि से कर लिया था। अंग्रेजी का भी पठन-पाठन प्रारम्भ कर दिया था। इस प्रकार उनकी प्राय: सारी शिक्षा उनकी अपनी ही रुचि और स्वाध्ययन से हुई है। यह कौन नहीं जानता कि मानवीय ज्ञान साधना के दो ही मार्ग हैं अध्ययन और अनुभव। अध्ययन का माध्यम इतिहास है और अनुभव का व्यक्ति स्वयम्। अध्ययन प्रत्येक व्यक्ति की मानसिक शक्ति के अनुसार अपना अलग-अलग उपयोग तथा महत्त्व रखता है किन्तु अनुभव में एक प्रकार की विषम सापेक्षिक अभिन्नता रहती है। आग के स्पर्श का अनुभव प्राय: सबका समान ही होगा, यह बताने की आवश्यकता नहीं। संसार के सामान्य तथा व्यापक तथ्यों का उद्‌घाटन अनुभव के ही बल से होता है, अध्ययन से वह सम्भव नहीं होता, क्योंकि मनुष्य के विचारों और स्फूर्तियों का विषय प्रत्यक्ष संसार होता है लिखित-पठित नहीं। अध्ययन और अनुभव में वही अन्तर है जो कागज के और वास्तविक फूल में। प्रत्यक्ष जगत् और जीवन के अनुभव से ही व्यक्ति विश्व का रहस्य और जीवन का ज्ञान प्राप्त करता है। विशेषकर साहित्यकार के लिए अनुभव का अध्ययन से अधिक महत्त्व है। निराला इस महत्ता से मंडित हैं। पर आधुनिक शिक्षा की कृत्रिम और दिखावटी साहबी रीति-नीति से वे अपरिचित हैं, यह सच है। झूठे civilized ढंग के संकोच-शील का उनमें अभाव है, किन्तु अपढ़ का अडिग धैर्य और सहज सारल्य उनकी अपनी निजी सम्पत्ति है। इसका यह आशय नहीं कि निराला पढ़े-लिखे नहीं हैं। उन्होंने जीवनोपयोगी सभी विषयों का विशद अध्ययन किया है। पाली और उर्दू तो उन्होंने अभी हाल में पढ़ी है पर उनकी पढ़ाई-लिखाई डिगरी और नौकरी के लिए नहीं बल्कि ज्ञान-प्राप्ति के लिए है। कहना न होगा कि आजकल की स्कूली पढ़ाई केवल नौकरी के लिए होती है। डिगरीधारी लोग सबसे पहले नौकरी की खोज करते हैं। गत जनगणना के अनुसार नब्बे प्रतिशत डिगरीधारी सज्जन नौकरपेशा हैं। नौकरी की बात सुन कर निराला प्राय: कह उठते हैं—

'नौकरी हम ना करी, गर करी तो कट गयी यह नाक री' गोस्वामीजी का भी दोहा है—

हम चाकर रघुबीर के पटौ लिख्यो दरबार,
अब तुलसी का होंइगे नर के मनसबदार।

अध्ययन के क्षेत्र में दर्शन निराला का सबसे प्रिय विषय जान पड़ता है। वे एक सचेष्ट दार्शनिक और सबल बुद्धिवादी हैं। इसीलिए साहित्यिक चर्चाओं और वाद-विवादों में वे कभी किसी से पीछे नहीं रहते। साहित्य को लेकर उन्होंने गांधी की तथा अन्य नेता नामधारी व्यक्तियों से अनुत्तर कर देनेवाले तर्क किये हैं, यह सभी को विदित है।

निराला हिन्दी के अन्य कलाकारों की भाँति 'नाम बड़े दर्शन थोड़े' के बिलकुल विपरीत 'नाम थोड़े दर्शन बड़े' के आधार हैं। मेरा यह आशय नहीं है कि हिन्दी में 'नाम बड़े दर्शन बड़े' की कोटि के साहित्यकार हैं ही नहीं, पर यह भी ठीक है कि हिन्दी के लेखक में व्यक्तित्व का प्राय: अभाव रहता है। इसका कारण प्रत्यक्ष है—अंग्रेजी की महत्ता ने हिन्दी को दबाया तो यह स्वाभाविक था, क्योंकि वह राज्यभाषा थी, पर हमारे देशप्रेमी नेताओं ने भी हिन्दी का कभी महत्त्व नहीं माना। मुसलमानों को खुश करने के लिए हिन्दी की उपेक्षा करके हिन्दुस्तानी के नाम पर उर्दू का प्रचार करते रहे और गरीब हिन्दी-लेखक दबता चला गया। फिर भी कतिपय साधनाशील कलाकारों ने अपने व्यक्तित्व का निर्माण किया है और डंके की चोट के साथ किया है। निराला उनके नेता हैं।

कहा जाता है कवि देखने के नहीं पढ़ने-सुनने के होते हैं पर निराला इसके अपवाद हैं, वे देखने-सुनने दोनों के लायक हैं। लम्बे-तगड़े स्वस्थ-सौम्य शरीर को देखकर कोमल प्रवृत्ति के लोग उन्हें पहलवान मानकर संतोष कर लेते हैं और उनकी कोमल स्वरलहरी को सुन कर, आँखों का तरल-करुण विन्यास देखकर, मुखाकृति की स्निग्ध सुकुमारता से प्रभावित होकर साधारण मनुष्य भी उन्हें कवि मान लेने को बाध्य होते हैं। सच तो यह है कि निराला में कवि-पहलवान का एक दर्शनीय समन्वय है जो अन्यत्र कहीं देखने को नहीं मिलता। उनकी ये पंक्तियाँ—

> मेरा अन्तर वज्र कठोर,
> देना जी भरसक झकझोर।

उनके उद्दाम पौरुष को प्रत्यक्ष करती हैं तो—

> अंधकार में मेरा रोदन,
> सिक्तधरा के अंचल को
> करता है, क्षण-क्षण!

में उनकी सकरुण कोमलता साकार हो उठी है। कठोर–कोमल का यह सम्मिश्रण निराला के व्यक्तित्व में एक खास चीज है। इस प्रकार के कई परस्पर विरोधी तत्त्वों तथा गुणों का निराला में समावेश पाया जाता है। यह उनके बंगाल–जीवन के संस्कार और संस्कृति का परिणाम है। बंगाल में कठोरता और प्रचंडता की प्रतीक दुर्गा–पूजा का बहुत बड़ा समारोह होता है और उसके साथ ही कोमलता तथा स्निग्धता की प्रतीक सरस्वती–पूजा की भी वहाँ बड़ी धूमधाम रहती है। स्वामी विवेकानन्द ने स्वयं इन दोनों रूपों की उपासना का निरूपण और विवेचन किया है। निराला ने लड़कपन से दोनों प्रकार की पूजायें देखी हैं और स्वामी विवेकानन्द का विशेष अध्ययन किया है। इसी का परिणाम उनके जीवन और कृतियों में लक्षित है। इन्हीं विरोधी भावों की संगठित विभूतियों के कारण निराला हिन्दी का पहला कवि है जो विरोध और विपत्तियों को पार करता हुआ समय की संगीनों के सामने सीना तानकर खड़ा हुआ पीछेवालों को, साथियों को चेतावनी सा देता ललकार रहा है—

एक बार बस और नाच तू श्यामा!
सामान सभी तैयार,
कितने ही हैं असुर, चाहिये कितने तुमको हार?
कर मेखला मुंड मालाओं के बन मन–अभिराम।
एक बार बस और नाच तू श्यामा!

विरोधों के ऐसे सम्मेलन से व्यक्ति के व्यक्तित्व का दोहरा विकास होता है। बंगाली वातावरण की प्रकृतिजन्य भावुकता और क्रान्तिकारी प्रवृत्तियों की दुर्दम्य साहसिकता के आकर्षण और अनुबंध के कारण निराला के व्यक्तित्व में विषमताओं की ऐसी बारीक तहें पड़ गयी हैं कि वे सहज ही समझ में भी नहीं आतीं, किन्तु सुविधा के लिए उन्हें भावात्मक और क्रियात्मक रूपों में विभाजित किया जा सकता है। निराला में इन दोनों की एकरूपता का साक्ष्य मिलता है। गोस्वामी जी ने भी राम–स्वभाव में विरोधों के मेल का संकेत किया है—

बज्रहु चाह कठोर अति कोमल कुसुमहु चाह,
चित खगेश रघुवंशमणि वरन सकहि कहु काह!

ऐसे दोहरे व्यक्तित्व होते हैं। योगी की कठोर कर्मनिष्ठा और कवि की कोमल भाव–प्रतिष्ठा राम में थी। निराला में अपने आवेशों को सम्हालने

का योग उतना नहीं जितना अपने भावों के साथ समस्वर होने का कवि-सुलभ अपनाव। मैंने कविता पढ़ते उन्हें कितनी ही बार देखा है। संगीत की बहार और अभिनय कौशल के साथ उनकी वाणी कविता के भाव के साथ एकरूप हो जाती है। जो भाव है वही शब्द है और जो शब्द है वही स्वर है। उनकी कविता और कवितापाठ में कोई अन्तर ही नहीं रह जाता। निराला के काव्य को पढ़ने की अपेक्षा स्वयं उनके मुँह से उनकी कविता सुनने का आनन्द कुछ और ही होता है।

छः फीट से कुछ अधिक लम्बा, स्थूलता की ओर झुकता हुआ सा भरा-पूरा शरीर, गेहुआँ रंग, आँखों में दर्शन की पिपासा से तने हुए लाल डोरे, लम्बे एवं चिकने-सटकारे बाल, निराला का रूप-विन्यास है। शैशव सा सरल और जवानी सा अलमस्त निराला अपने स्वभाव और आकार-प्रकार से मनोविज्ञान की प्रयोगशाला के ही उपयुक्त हैं, इसमें सन्देह नहीं। यदि उनका केवल बाह्य शारीरिक संगठन देखा जाय तो भी वह सभी से भिन्न अनोखा और आकर्षक है। उनके अंगों की गठन, उनकी दृष्टिगत चेष्टायें, उनका चलना-फिरना सभी अपनेपन से पूर्ण और रुचिकर हैं। प्रयाग तथा लखनऊ की सड़कों में पुराने फटे कपड़ों के साथ घूमते-फिरते, उनके शब्दों में तिताला टहलते निराला ने अपनी ओर किसका ध्यान नहीं आकर्षित किया? फटे कुर्ते और मैली लुंगी पर लाखों कोट-पैन्ट निछावर करके किस व्यक्ति ने इस भव्य स्वरूप के सम्मान में हाथ नहीं उठाया? अपनी लम्बाई-चौड़ाई के कारण ही सही पर यह तो अनुभूत सत्य है कि बिना सर्व-साधारण का ध्यान आकर्षित किये हुए निराला का किसी मार्ग से निकल जाना सम्भव नहीं। एक घटना से यह स्पष्ट है। पुरुषोत्तम पार्क प्रयाग में मेजर जनरल शाह निवाज का भाषण होनेवाला था। मैं अपने पड़ोसी मित्र विक्रम को छोड़कर निराला जी के साथ, चला गया। भाषण के बीच में ही विक्रम महोदय हम लोगों के पास उपस्थित हो गये। मैंने पूछा—कैसे पा गये? उत्तर में उसने तुरंत कहा—सड़क पर से निराला जी का चेहरा साफ दिखाई पड़ता था, सबसे एक बालिश्त ऊँचा। मित्र की इस बात को यदि कुछ बढ़ी-चढ़ी भी माना जाय तो भी निराला की ऊँचाई के लोग कम होते हैं, यह तो प्रत्यक्ष सत्य है।

इस प्रकार प्रतिभा, आन्तरिकता और विचार-गम्भीरता आदि गुणों को अलग रखकर देखनेवालों की आँखों को भी निराला तृप्तिकर नहीं तो

चकितकर अवश्य है। हिन्दी के किसी अन्य कवि की यह विशेषता इस युग में नहीं रही। बड़ी से बड़ी भीड़ में निराला का घुल-मिल जाना कठिन होता है। सशक्त पौरुष का स्वरूप निराला शारीरिकता में भी अन्यतम है। और निराला की मानसिकता—प्रतिभा कैसी है? यदि प्रतिभा का भी वर्गीकरण हो सके तो निराला की प्रतिभा एक वीर क्षत्रिय की प्रतिभा है। निराला के तन और मन दोनों में क्षत्रियत्व की छवि की आभा है। वीर-भाव ही उनकी प्रतिभा का स्थायी भाव है। वे कहा भी करते हैं—'करुणा' को ही रस-श्रेष्ठ बताना कमजोरों का काम है, न जाने भवभूति ने क्यों ऐसा कहा? पुरुष के लिए तो केवल एक ही रस, वीर रस उपयुक्त है। वैसे सभी रस हैं ही। वीर रस में करुणा, दया का अंश आवश्यक है। किसी दुर्बल की रक्षा के लिए सबल का सामना करने से, अपने को जोखिम में डालकर भी पीड़ित की रक्षा करने से ही तो वीर रस सिद्ध होता है। पर आजकल लोग जोखिम उठाने से डरते हैं और करुणा-करुणा मेमियाने लगते हैं। अपने इसी विचार के कारण निराला किसी से दबकर तथा किसी के अनुशासन में रहनेवाले व्यक्ति नहीं हैं। विद्रोही की हुंकार, जोर के साथ किसी काम में जुट जाने की लगन भी इसी का सुफल है। दूसरे के विचारों और सम्मतियों का समादर करते हुए भी आवश्यक होने पर वे फौरन उनसे विद्रोह-विच्छेद कर सकते हैं, समय के अनुसार सबसे अकेले होकर खड़े हो सकते हैं। व्यक्तित्व की गहराई तक न पहुँचनेवाले व्यक्ति निराला की ऊपरी चाल-ढाल से असन्तुष्ट हो सकते हैं, होते हैं, पर निराला इसकी परवाह नहीं करते वे जिसे ठीक समझते हैं उसे करते हैं। उनके वाक्य, भाव, शैली सभी सबसे अलग और नितान्त मौलिक हैं। अपनी प्रथम कविता पुस्तक परिमल की भूमिका में निराला ने साफ लिखा है—'मेरी तमाम रचनाओं में दो-चार जगह दूसरे के भाव, मुमकिन है, आ गये हों; पर अधिकांश कल्पना पन्चानबे फीसदी मेरी अपनी है।' वे निर्विवाद रूप से एक मौलिक सृष्टा है और उन्हें स्वयं इसका पूर्ण विश्वास भी है। निराला को यह आत्म-विश्वास उन्हें जीवन और साहित्य में बहुत ऊँचे उठा देता है।

दूर से देखने पर निराला अपने अहम में डूबा हुआ सा जान पड़ता है, समीप से भी वह कुछ-कुछ ऐसा ही है, जैसे कहना चाहता है—'मैं सब कुछ जानता हूँ, मुझे दुनिया की परवाह नहीं, यह होते हुए भी निराला

अहंकारी नहीं है, हाँ आत्मचेता वह अवश्य है। अपनी दार्शनिक मनोवृत्ति के कारण संसार से अलगाव की ओर एक आस्था है, वही निराला में अहंकार सी जान पड़ती है। साधारणतः संसार किसी की एकदम अलग इकाई को स्वीकार नहीं करना चाहता और निराला अपने स्वभाव और स्वरूप से सबके साथ दूध-पानी की तरह मिलने में असमर्थ है। इसी से निराला के बारे में भ्रम हो जाना एक सहज सी बात है। बहुत-से देखनेवालों ने उनकी लस्टम-पस्टम वेश-भूषा में भी उनके अहम् को, जो समाज से विद्रोह करने का व्रत रखता है, स्पष्ट रूप से देखने का दावा किया है पर मेरी समझ में तो वह उनकी परिस्थितियों की सचाई के सिवा और कुछ नहीं है। ढोंग के इस युग में वास्तविकता को भी यदि बनाव-ठनाव समझा जाय तो आश्चर्य नहीं; ओलों के साथ रिमझिम की बूँदें भी वज्रपात सी मालम पड़ती हैं।

अपने स्वभाव की कुतूहल-वृद्धि और आवेग के प्रवाह में निराला के दार्शनिक मूड का पता नहीं चलता, ऐसे अवसरों पर दार्शनिक की तटस्थता की अपेक्षा उनमें एक बालक की जिज्ञासा सी जग पड़ती है। वे दूसरों के विषय में, अपने विषय में बहुत कुछ जानने-सुनने को लालायित हो उठते हैं। प्रोत्साहन को आन्तरिक प्रेरणा-परिचालित मानकर भी बाहर की निंदा-स्तुति की वे उपेक्षा नहीं कर पाते, अधिकतर उत्सुकता ही प्रकट करते हैं। यदि बाहर की सम्मति अथवा आलोचना से उनको संतोष न हुआ और उसमें उन्होंने किसी कलात्मकता की कमी देखी तो स्वयं अपनी कला-कृति पर अपनी समालोचना और सम्मति दे बैठते हैं। कुछ लोगों को उनका अपनी कृतियों के बारे में कुछ कहना-लिखना अशोभन प्रतीत होता है। इसे वे उनके अभिमान की सूचना मानते हैं, पर यह उनके अभिमान का नहीं वरन् मन की दृढ़ता और सत्याग्रह का संकल्प मात्र है। वास्तव में निराला बहुत बड़े जीवट के व्यक्ति हैं, अंधश्रद्धा और दिखावे का शिष्टाचार ऐसे व्यक्ति का आदर्श हो भी नहीं सकता।

निराला को स्वास्थ्यरक्षा और पहलवानी का चाव रहा है क्योंकि उनका यह निश्चित मत है कि शारीरिक स्वास्थ्य के बिना मानसिक स्वास्थ्य कभी ठीक नहीं रह सकता। सुन्दर स्वास्थ्य के ही कारण उनको जल्दी किसी प्रकार की उत्तेजना नहीं सताती, किन्तु यदि किसी कारण विशेष से वे कभी उत्तेजित हो जायें तो फिर सँभलने में भी देर लगती है। जीवन

और साहित्य में वे किसी की चुनौती का उत्तर दिये बिना नहीं रह सकते। लड़कपन में एक बार उन्होंने एक बड़े पहलवान को, यह कहते सुन कर कि उससे लड़ने लायक तो कोई नहीं, ये सब बच्चे हैं, अपनी शक्ति और सामर्थ्य के परे समझते हुए भी चैलेंज किया था। कुछ इसी प्रकार के चैलेंज का स्वर उनके साहित्य में भी पाया जाता है। किसी भी मानवी शक्ति के सामने वे झुकने को तैयार नहीं होते। 'जो एक मनुष्य कर सकता है वह मैं भी कर सकता हूँ,' उनका दृढ़ विश्वास है। यही निराला की निराली शान है।

जिस कवि ने भूख की तीव्रता में रोटी के टुकड़ों का निराश आह्वान किया है, अधिक से अधिक शारीरिक और मानसिक आघात सहा है, (निराला को पागल साबित करने की भी लोगों ने चेष्टा की है) जीवन के संघर्ष से सात्विक अनुभूतियों का आकलन किया है, अपने को चारों ओर से चीन्हा-पहचाना है, वह निश्चय ही एक शक्ति-सम्पन्न कवि होगा और उसे अपनी शक्ति का मान भी हो ही सकता है, इसमें कोई बुराई भी नहीं। निराला इसी प्रकार का कवि है। जगत् की कुटिलता और मनुष्य की द्वेषात्मक वक्रता के कारणों को अच्छी तरह से समझ लेने के बाद यदि निराला में कुछ लोगों के प्रति उपेक्षा का भाव जाग भी पड़े तो यह अस्वाभाविक नहीं कहा जायेगा। त्रुटियों और अपूर्णताओं के प्रति निराला क्षमाशील हैं, किन्तु समर्पणशील कदापि नहीं। बड़े से बड़े व्यक्ति की त्रुटियों की ओर संकेत करना और अपना सुझाव देना वे अपना कर्तव्य समझते हैं और ऐसा करते समय उनसे कभी-कभी ज्यादती भी हो पड़ती है। निराला के निकट सम्पर्क में आनेवाले इसे भली-भाँति जानते हैं कि कभी-कभी आलोचनात्मक आवेश में वे गाली तक बक जाते हैं। गांधी जी की अनेक गलतियों की स्वीकृति का हवाला देकर वे उन्हें हिन्दू-मुसलमान मेल का यह व्यंगात्मक ढंग भी बताने लगते हैं—'बापू यदि तुम मुर्गी खाते' तो हिन्दू-मुसलमान मेल शीघ्र हो जाता। बात यह है कि निराला अपने मनोभावों को दमन करनेवाला कोई सन्त-महन्त नहीं, और न आदर्शवाद का ढोल पीटनेवाला ढोंगी, वह कवि है और अभिव्यक्ति उसका कार्य।

किसी ने उनके घाव में नमक छोड़ा कि उनकी त्योरी बदली आँखें लाल पड़ीं, सारा शरीर काँप उठा और उस स्थिति में उनसे जो कुछ बना कह

सुनाया, पर आवेश का क्षण बीतने के पश्चात् उसी व्यक्ति की साधारण पीड़ा से निराला की आँख किस क्षण छलछला पड़ेगी, आप यह नहीं कह सकते। ऐसे ही भावात्मक विरोधों के मेल का नाम निराला है। उनमें दार्शनिक की खोज, सन्देहवादी की संशयशीलता, भक्त-प्रेमी की आत्मविह्वलता, क्रान्ति की क्रूरता और तीव्रता, शूर-वीर की तेजस्विता और जीवन के उत्ताप की पीड़ा एक साथ ही घुलमिल गयी है। यही कारण है कि निराला ने धरती पर के दीनों, पीड़ितों, उपेक्षितों और शोषितों से लेकर चराचर प्रकृति और उसके आदि सृष्टा तक के गीत गाए हैं। निश्चय ही उनके साहित्य में उनके जीवन की भाँति एक सजग और सच्चे सिपाही की 'जागते रहो' वाली चेतनता परिव्याप्त है पर इसके साथ ही स्वस्थ सौन्दर्य-दृष्टि, परिपुष्ट शब्द-योजना, तीर के समान तीखी किन्तु उपयोगी व्यंग्य-व्यापकता, जीवन के विभिन्न स्तरों की रंग-रसमय उद्भावना बुद्धि-विलास की चातुरी और विकासशील सौजन्यमयी सहृदयता में भी वे किसी कवि से कम नहीं पड़ते। दैव और दानव के संघर्ष से प्रस्फुटित निराला का साहित्यिक व्यक्तित्व विराट रूप है।

जीवन में भी वे विराट हैं। धींगा-धींगी से उन्हें चिढ़ है, स्पष्टवादिता उनका शृंगार-सम्बल है। लौकिक निपुणता की उनमें बहुत कमी है और एक अंश तक उसकी उपेक्षा भी। उनके साथियों में केवल साहित्यिक ही नहीं पूरी शंकर की बारात है। वे प्राणीमात्र से समान आत्मीयता का व्यवहार बिना किसी भेदभाव के करते हैं। निराला ने एक कहानी में एक पगली से कहलाया है—'तुमने कपड़ों को पूजना सीखा है, मनुष्य का आदर करना नहीं'। पगले, लूले, लँगड़े, काले, कोढ़ी, नंगे, भिखमंगे सभी निराला से सक्रिय आत्मीयता पाते हैं। परिचित-अपरिचित सभी प्रकार के साहित्य-प्रेमी युवकों को उत्साह देना, उनमें आत्म-विश्वास का भाव भरना उनका नित्य का काम है। मजदूर टाल में चाय पीना उन्हें बहुत प्रिय है, मेहमानों को भी वहीं चाय पिलाने की झक भी। कभी-कभी निराला का आतिथ्य बेढ़ब होता है, यों वे खिलाने-पिलाने में बड़ा आनन्द भी लेते हैं। दावत देने की उनकी लत है।

छायावादी होते हुए भी वे प्रगतिवादी हैं और प्रगतिवादी होते हुए भी आध्यात्मिक। यथार्थ के प्रति इतने अधिक उन्मुख और जागरूक होते हुए भी जीवन की गहन तथा रहस्यमय आध्यात्मिक प्रवृत्तियों से वे

विमुख नहीं हो पाते। शक्ति, साहस, ओज और पौरुष के गायक की आत्मनिष्ठ आध्यात्मिक तन्मयता देखकर ऐसा लगता है जैसे कोई साधक अपनी साधना को जगाने के लिए किसी गुफा में प्रवेश कर रहा हो। अपनी ऐसी प्रवृत्तियों को वे ढोल पीटकर कभी दूसरों पर लादना भी नहीं चाहते, क्योंकि उनको पता है कि देवता बन कर इस संसार में सुख से तभी रहा जा सकता है जब इसकी चतुर्दिक परिस्थितियाँ भी दिव्य हों। स्वभाव और समझ से बुद्धिवादी होने के नाते काव्य में केवल कोमल-कोमल, तुहिन-तरल हलकी-फुलकी कल्पना को वे महत्त्व नहीं देते, वे विचार या दर्शन का प्रतिपादन चाहते हैं। केवल अनुभूति की सचाई पर भी उनको संतोष हो जाता है। कवि और योगी का उनमें आश्चर्यजनक मिलाप हुआ है। उनका कवि प्रत्यक्ष जगत की प्रतिक्रिया-स्वरूप प्रतिफलित अनुभूतियों की अभिव्यक्ति में लीन रहता है तो उनका योगी अन्तर्जगत की अनुभूतियों का संचयन करने में व्यस्त रहता है। दोनों का अलग-अलग आभास भी मिलता है, सम्भवतः कवि ही अपनी चरम साधना की परिणति में योगी बन जाता है। दाहकता जैसे आग का गुण है उसी प्रकार प्रत्यक्ष जीवन और जगत की अनुभूतिमयी अभिव्यक्ति कवि का, किन्तु जिस प्रकार आग बिना ईंधन के राख हो जाती है उसी प्रकार प्रत्यक्ष जीवन मानस की उच्च-भूमि अध्यात्म के बिना व्यर्थ और आधारहीन हो जाता है। व्यक्तिगत जीवन की सँकरी गली में आकाश की विस्तृत छाया की भाँति प्रत्यक्ष संसार की स्थिति में व्यापक अध्यात्म की सत्ता स्वयं-सिद्ध है। इसका यह अर्थ कदापि नहीं कि निराला इस जीवन की सामाजिक तथा राजनीतिक अथवा साहित्यिक परिस्थितियों के सुधार के लिए गांधी की तरह पूजा-प्रार्थना या ईश्वर की सहायता चाहता है। उनका कहना है—'गांधी के ईश्वर से मेरे ईश्वर की स्पर्धा चलती है, क्योंकि गांधी का ईश्वर हिन्दुस्तानी चाहता है और मेरा हिन्दी। जीत मेरे की होगी, यह तय है, क्योंकि दोनों ईश्वर बराबर और मैं गांधी से कुश्ती में तगड़ा पड़ूँगा ही।' इन सब बातों से उनका मतलब व्यक्तिगत-ईश्वर का परिहास करना मात्र है।

मनुष्य की क्रियाओं और उसके मनोभावों का यद्यपि कोई प्रत्यक्ष सम्बन्ध नहीं दिखाई पड़ता तथापि हैं वे अन्योन्याश्रित। मनुष्य की सारी उलझनों की कुंजी यही है। इसके सुलझाने-समझने के लिए ही मनुष्य धर्म, दर्शन

और ज्ञान–विज्ञान की उपासना करता है, उसे बनाता है, मिटाता है और फिर गढ़ता है। कलाकार के सामने यह अड़चन नहीं रहती, क्योंकि वह उपदेशक नहीं गायक होता है। निराला कभी सोच–सोचकर, ठोक–पीटकर कोई चीज लिखना पसंद नहीं करते, जो लिखते हैं अपनी सहज प्रेरणा से, किसी नीति या दबाव से नहीं और न जनता से 'वोट' उगाहने की गरज से। साहित्य के दलालों ने उनकी रचनाओं में अस्पष्टता का आरोप किया है जो कि स्वयं उनकी बुद्धि के दिवालियापन का सबूत है। निराला के सामने ज्ञान की अपेक्षा जीवन का स्थान बहुत ऊँचा है, क्योंकि ज्ञान शुष्क और जीवन सरस होता है; इसी कारण यह प्राय: देखा जाता है कि ज्ञानी विनोदी न होकर गम्भीर होता है, परन्तु निराला सोलहो आने विनोदप्रिय हैं। मन को अटूट आनन्द देनेवाली कितनी ही विनोदप्रिय कवितायें उनके काव्य–संग्रहों में हैं और उनकी बातों में तो विनोद बिखरता चलता है। विनोद, हास–परिहास कला का एक विशेष अवयव माना गया है। कुछ आचार्यों का तो यहाँ तक कहना है कि बिना इसके कला की वही स्थिति है जो बिन दरवाजे के घर की। आधुनिक कवियों में निराला का साहित्य जगह–जगह विनोद की मोदमयी उद्‌भावनाओं से आपूरित है।

स्वर–मैत्री और उनके संगीत की पकड़ निराला में बहुत ही विकसित है। संगीत तो उनका जन्मजात अलंकार है। पाँच–सात वर्ष की अवस्था के ही निराला महिषादल के राज–मन्दिर के घड़ी–घंटों और शंखों के स्वरों को सुन कर एकदम तन्मय हो जाते थे। मनोवैज्ञानिकों ने पता चलाया है कि कोई–कोई बच्चा अपनी माँ की हृदय–धड़कन को सुन–सुन कर भी सुर समता का ज्ञान प्राप्त कर लेता है। ऐसा प्राय: उन बालकों से सम्भव होता है जो अपने शरीर और स्वास्थ्य से बहुत ही परिपुष्ट और पूर्ण विकसित होते हैं। निराला के स्वास्थ्य की तो बात ही क्या कहनी है? वे दसवें माह में पैदा हुए थे, वस्तुत: उनके पूर्ण–विकास में भी कोई सन्देह नहीं। जो भी हो, पर इतना निश्चित है कि उनका संगीत–प्रेम बहुत लड़कपन से ही प्रत्यक्ष और स्पष्ट है। जन्मजात शक्तियों की सम्भावना हमारे यहाँ पुराणों में वर्णित है। अभिमन्यु के लिए कहा जाता है कि वह चक्रव्यूह तोड़ने की कला गर्भ में ही सीख गया था, क्योंकि अर्जुन अपनी गर्भवती पत्नी को नित्य ही चक्रव्यूह रचना और उसके तोड़ने की कला की कथायें बताया–समझाया करते थे। अब तक हम लोग इसे बहुत अधिक

विश्वसनीय नहीं मानते थे, किन्तु अब तो पाश्चात्य देशों के विज्ञानियों ने भी इन तथ्यों की सम्भावना पर विश्वास करना आरम्भ कर दिया है, क्योंकि खोज, अध्ययन और प्रयोगों से उन्होंने Antenatal तत्त्वों की स्थिति का पता लगा लिया है। निराला की माँ वैसवाड़ी लोकगीतों को गुनगुनाती रहती थीं और उनका निवासस्थान महिषादल में उस राज-मन्दिर के निकट था जहाँ भजन-कीर्तन एवं संगीत-समारोह नित्य का नियमित कार्यक्रम था। निराला संगीत के इन संस्कारों से लाभान्वित हुए हों तो कुछ आश्चर्य नहीं।

नादमय चुने हुए थोड़े शब्दों से अधिक आशय व्यक्त करने की उनकी चातुरी बहुत ही अद्‌भुत और अनोखी है। इस दृष्टि से उनके जैसी अर्थवाही तथा संगीतप्राण एवं मुहावरेदार भाषा में लिखनेवाले कम ही लोग हैं। प्रवर्तनशील शैली से उनके वर्णन चित्रमय और संगीत के प्रभाव से ऐसे मुखरित हो उठते हैं कि निराला के शब्द-चित्र प्राय: चलते-फिरते सजीव व्यक्ति का रूप धारण कर लेते हैं—

प्रिय यामिनी जागी!
अलस पंकज-दृग अरुण-मुख
तरुण अनुरागी!
खुले केश अशेष शोभा भर रहे,
पृष्ठ-ग्रीवा-बाहु-उर पर तर रहे,
बादलों में घिर अपर दिनकर रहे,
ज्योति की तन्वी, तड़ित—
द्युति ने क्षमा माँगी।
हेर उर-पट, फेर मुख के बाल,
लख चतुर्दिक, चली मन्द मराल,
गेह में प्रिय-स्नेह की जयमाल,
वासना की मुक्ति मुक्ता
त्याग में तागी।

यह कविता उनके शब्द-चित्रों का एक उदाहरण है। पर यह भी ठीक है कि निराला की शैली कहीं इतनी निराली है कि उसका समझना भी बहुत कठिन होता है, उसके आस्वादन के लिए जिस मानसिक तथा हार्दिक परिष्कार और संस्कार की आवश्यकता पड़ती है उसे प्राप्त करने की

साधना का कष्ट उठाना सबके लिए सम्भव भी नहीं है। ऐसी समस्या को सुलझाने का कष्ट उठाने की अपेक्षा लोग उसकी उपेक्षा करना ही अधिक सरल समझते हैं; किन्तु सतत् सृजनशील निराला का स्वभाव उनकी शैली की उपेक्षा में शान्ति नहीं लेने देता और तब लोग उनकी शैली के निन्दक बन कर ही अपनी रक्षा कर पाते हैं। निराला के ऐसे निन्दकों की कमी नहीं है, इसका मुझे व्यक्तिगत अनुभव भी है। ऐसी निंदा से निराला का कुछ बिगड़ता नहीं। निराला ने इस विषय में बड़े पते की बात कही है—'सूरज को न देखनेवाले उलूक और सूर्यकान्त को न समझनेवाले आलोचक एक ही स्थिति रखते हैं।' उन्होंने कभी बे-सिर-पैर के तार्किकों, समाज के पुरोहित-पंडों, और साहित्य के कोतवालों की कोई चिंता ही नहीं की। धनी-मानी मोटे आसामियों की परवाह नहीं की। मोटर तथा हवाई जहाज वालों की खुशामद उनके वश की बात नहीं। उन्होंने अस्थायी राजनीतिक एवं अन्य सामाजिक समझौतों में अपने को नहीं फँसाया, केवल स्वस्थ और सचेत मन से जीवन और मानवता की सम्वर्द्धना का प्रयास किया है। उनका कहना है कि—

For forms of Government let fools contest. Whate'er is best administered is best.

इस कारण निराला को समाज-साहित्य के अधिकांश ढोंगी और स्वार्थी पुजारियों से अनेक बार उलझना भी पड़ा है लेकिन उन्होंने कभी हार नहीं मानी, साफ कह दिया—

> ईर्ष्या कुछ नहीं मुझे, यद्यपि
> मैं ही बसन्त का अग्रदूत,
> ब्राह्मण समाज में ज्यों अछूत
> मैं रहा आज यदि पार्श्वच्छवि!

वास्तव में ईर्ष्या का भाव निराला में नहीं है। वे अपने माँ-बाप की अकेली सन्तान हैं इसलिए उनको शैशवावस्था से ईर्ष्या का कोई अवसर ही नहीं मिला, क्योंकि इसका विकास अपने सहोदरों के प्रति Rivalry attitudes से ही होता है, ऐसा मनोवैज्ञानिकों का मत है। हाँ स्पर्धा की असाधारणता से वे अवश्य ही आकुल-व्याकुल रहते हैं। स्वभावतः ऐसे दुर्धर्ष तथा सचेष्ट व्यक्ति का आलोचकों के लिए एक समस्या बन जाना उपयुक्त ही है। निराला की प्रकृति और उनकी लेखन-शैली में कहीं-

कहीं इतना अन्तर है कि उससे भ्रम उत्पन्न होना बहुत ही स्वाभाविक हो जाता है। व्यक्ति का आचार-व्यवहार तथा रहन-सहन तात्कालिक समाज से प्रभावित होता है, किन्तु उसके विचार ऐतिहासिक प्रगति से भी प्रभावित होते हैं! लेखन-शैली तथा प्रतिभा के विवेचन में ऐतिहासिक प्रक्रिया और समाज-स्थिति दोनों का विश्लेषण आवश्यक होता है अन्यथा किसी कलाकृति की आलोचना पूरी नहीं हो सकती। एक व्यक्ति समय और परिस्थिति विशेष में रहता हुआ भी अपने प्रसरणशील अन्तर्जगत में गत-आगत सम्भावनाओं को सँजोये रखता है इसलिए उसकी कला का मूल्यांकन केवल वर्तमान की स्थूल सापेक्षता के माध्यम से करना ठीक भी नहीं। निराला ने अपने युग तक की समस्त गत राजनीतिक, सामाजिक तथा सांस्कृतिक चेतनाओं को अपने में समाहित करके आगत के विकास के लिए साहित्यिक बीज-वपन किया है, जो एक युगान्तकारी कलाकार की सबसे भारी विशेषता है और समालोचकों के लिए एक समस्या भी।

आज का युग व्यावसायिक प्रवृत्ति में इतना आगे बढ़ा हुआ है कि उसमें बाबू लोगों के बीच में गरमागरम आलू चाय बेचनेवाला व्यक्ति अथवा अपनी धूर्तता से जनता को ठगनेवाला ठग अपने जीवन-यापन की सुविधा जुटा लेने में जितना निश्चित और निश्चिन्त है उतना एक उच्चकोटि का कलाकार अपनी कला-कृति के निर्माण से नहीं। कारण, कला न तो व्यवसाय है और न किसी प्रकार की कूटनीति। रसगुल्लों की तरह गप्प से पेट में उतार लेने की भी कोई चीज वह नहीं, और न सिनेमा जैसी क्षणिक मनोरंजन की सुविधा ही उसमें रहती है। वह तो जीवन की गहराइयों से प्राप्त होनेवाला मोती है जो साधना और सद्‌भाव से प्राप्त होता है। गुलामी की विकृतियों और व्यक्तिगत लालसाओं से यह देश इस प्रकार भाराक्रान्त है कि उसे किसी साधना में जुटने की सुविधा और समय नहीं है। 'तरकारी बनाने की विधि' को यहाँ किसी भी कलाकृति से अधिक उपयोगी मानने की विवशता है। भारतीयता का यही निर्लज्ज अभिशाप है। इस कारण केवल निराला की ही नहीं किसी की भी कला का समुचित समादर नहीं हो पाता, सम्यक मूल्यांकन नहीं हो पाता, तब भला कलाकार के सम्मान-स्वागत की बात कौन कहे? फल यह होता है कि साधारण प्रतिभा के लोग विचलित होकर भटक जाते हैं और केवल ऊँचे पाये के कलाकार ही सौ-सौ आपत्तियों को झेलते हुए अपने सृजन में लगे रहते

हैं। कर्मयोगी की 'सततं कार्यं कर्म समाचर' की निष्ठा ही उनके जीवन का आधार होती है। निराला हिन्दी साहित्य का ऐसा ही कर्मयोगी है।

बहुत से ऐसे कलाकार होते हैं जिनका व्यक्तित्व उनकी कलाकृतियों से बहुत अंशों में महान होता है, निराला की गणना ऐसे ही कलाकारों में है। कलाकृति की तरह व्यक्ति सर्व-सुलभ नहीं होता और व्यक्ति के जीवन को जानने का सौभाग्य बहुत कम लोगों को मिलता है। आलोचकगण भी कलाकार के जीवन से प्राय: परिचित नहीं हो पाते। अनुमान और सुनी-सुनाई बातों में उतना तथ्य भी नहीं रहता जितना वास्तविक जानकारी में। अतएव व्यक्ति को छोड़कर उसकी कृति का अध्ययन करना आलोचक के लिए सहज पड़ता है। निराला की भाँति गुँथे हुए कलाकार के पास लोग-बाग और भी जाना नहीं पसंद करते, दूर ही से अनुमान के द्वारा उन्हें जानने की चेष्टा करते हैं। यही कारण है कि निराला के व्यक्तित्व और कृतित्व के बारे में विभिन्न विवादास्पद बातों का जितना बाहुल्य है उतना किसी अन्य के बारे में नहीं। प्राय: प्रत्येक व्यक्ति निराला के बारे में अपना एक विशेष मत रखता है। इससे निराला के बहुमुख व्यक्तित्व और कृतित्व का पता चलता है।

साधारणतया निराला सभी के साथ बड़ी आत्मीयता से मिलते-जुलते हैं, पर जो लोग केवल बाहरी शिष्टाचार और नपे-तुले वचनों में जीवन के महान सत्यों और सिद्धान्तों को खोज निकालने का प्रयास करते हैं, वे निराला से मिलकर स्तब्ध ही होंगे, घबड़ायेंगे भी और निराश भी होंगे, क्योंकि सिद्धान्तों में बोलने का पाखण्ड निराला से नहीं बनता और न वे किसी सिद्धान्त अथवा विचार को जीवन के लिए शाश्वत उपयोग का ही मानते हैं। जीवन-व्यापी घटनायें तथा परिस्थितियाँ उनके विश्वास-अविश्वास को जगाती-सुलाती रहती हैं। एक बार मैंने पूछा—'जब आपके विचार समय की गति के अनुसार बिगड़ते-बदलते रहते हैं तब तो आपको किसी सार्वभौम और शाश्वत सत्ता पर विश्वास नहीं होना चाहिये'। निराला ने हँसते हुए उत्तर दिया—'यह ठीक भी है, गलत भी है, जीवन के भीतर एक सार्वभौम शाश्वत सत्ता का, चाहो तो उसे ईश्वर कह लो, चेतना कह लो मुझे विश्वास है, पर वह सत्ता आटा सानने के लिए पानी नहीं है यद्यपि वह पानी में भी है। पानी के अभाव में मेरी उस सत्ता का अभाव भी सच है और उसकी सर्वव्याप्त सत्ता भी। पर यह बातें समझाने की

नहीं स्वयं समझने की, अनुभव करने की हैं। गांधी अथवा अन्य व्यक्तियों की तरह जीवन की स्थूल सहायता के लिए उसको प्रत्यक्ष करना, स्थिति विशेष देना, मेरी समझ में नहीं आता। शाश्वत सत्ता की बात जाने दो। व्यक्ति को हनुमान की तरह अपनी महत्ता का मान भी कभी-कभी दूसरों के बताने-सुझाने से आता है। वपुमान मैं हूँ ही मुझे तुम हनुमान ही समझो। मैं आदमी साधारण हूँ, मेरी बातचीत का तरीका भी साधारण है, पर मेरी प्रतिभा असाधारण है, यह मुझे प्रत्येक क्षण याद रहे या नहीं, इससे कुछ बनता-बिगड़ता भी नहीं है। मेरे पास आनेवाला आदमी मेरे विषय में सदैव ठीक ही ज्ञान प्राप्त कर ले, यह आवश्यक नहीं'। बात भी कुछ ऐसी है। निराला के जीवन में अहम की जो ऊपरी तह है उसको पार कर उनके शुद्ध स्वरूप तक पहुँचना बहुत कठिन होता है, हर एक वहाँ नहीं पहुँच पाता। अधिकतर लोग अपनी असफलता की खीझ से निराला को कोसते हुए उनके पास से वापस चले आते हैं और उनके भीतर छिपे सरल-स्वच्छ विचारों और अभिप्रायों से अपरिचित रह जाते हैं। निराला के व्यक्तित्व और कृतित्व को बिलकुल न समझनेवाले बहुत से पदवीधर लोग अपने को साहित्यिक मानने का अभिमान करते हैं, निराला की शिकायत करते हैं। निराला उनसे कह देते हैं—'मौसी के मूँछें होतीं तो सब लोग उसे फूफा कहते, यह मैं जानता हूँ।' बात यह है कि निराला के पास या तो मीठे का महत्त्व है या खट्टे का, खटमिट्ठा की गुंजायश उनके पास नहीं है।

मौलिकता और स्वच्छन्दता निराला के व्यक्तित्व के युगल पार्श्व हैं। इसका परिणाम यह हुआ है कि अपनी आत्मा के दबाने का उन्होंने कभी प्रयत्न ही नहीं किया। अपनी सम्मति को निर्भयता के साथ संसार के सामने रखने में वे कभी नहीं हिचकिचाते, चाहे वह किसी को बुरी लगे या अच्छी। वे संघर्ष, साहस और संकल्प के साथ निजत्व की रक्षा करने के हिमायती हैं। उनकी निर्विकल्प वैयक्तिकता के मार्ग में विष रूप खड़ा होकर कोई भी व्यक्ति उपेक्षा का अधिकारी बन सकता है। जो उन्हें बहुत अक्लमंद समझ कर उनकी बुद्धि-परीक्षण के लिए उनके पास जाता है, वह प्राय: उन्हें पागल समझ कर लौटता है और जो उनकी शिष्टाचार जनित व्यवहार-चातुरी देखने के लिए जाते हैं, वे उन्हें पका और अक्खड़ देहाती पाकर चुपचाप वापस आ जाते हैं। इन बाहरी बातों की ओर ध्यान

देने की आदत निराला में नहीं है। जो उनकी निंदा करता है उसका वे सम्मान करते हैं और जो उनकी प्रशंसा करता है, उससे साधारण व्यवहार करते हैं। वे एक विचित्र व्यक्ति हैं, स्वतन्त्र जीव हैं। नियमित पथ निराला का नहीं, उनका मार्ग वही है जिससे वे चलते हैं। कार्यों की परिणति पर विचार न करके साहस के साथ उसमें जुट जाने की धुन में निराला बहुत पक्के हैं। ऐसी ही बातों को लेकर लोगों से उनका वाद-विवाद और मन-मुटाव भी हो जाता है, पर वे किसी की सुनते नहीं। आत्म-चेतना, वीरता उनके अणु-अणु में परिव्याप्त है। आज भी वे अर्जुन, अभिमन्यु, शिवाजी, राणाप्रताप और गोविन्दसिंह की याद दिलाकर क्रान्ति का आह्वान करते हैं, युद्ध की याद दिलाते हैं, तलवार उठाने का संदेश देते हैं—

जागो फिर एक बार,
समर में अमर कर प्राण,
गान गाए महासिन्धु से
सिन्धु-नद तीर वासी—
सैन्धव तुरंगों पर
चतुरङ्ग चमू संग
"सवा सवा लाख पर
एक को चढ़ाऊँगा
गोविन्द सिंह निज
नाम जब कहाऊँगा।"
किसने सुनाया यह
वीर-जन मोहन अति
दुर्जय संग्राम राग
फाग का खेला रण
बारहों महीने में?
शेरों की माद में
आया है आज स्यार
जागो फिर एक बार।

वीरता के भाव, निराला के शैशव से ही पनपते चले आ रहे हैं। अपने पिता की बन्दूक को लेकर उसके चलाने का उपक्रम करते हुए वे कई बार पकड़े जा चुके थे। अपने सब साथियों को सहमते-डरते देखकर भी केवल सात वर्ष की अवस्था में उनका बंगाली भालू के कान पकड़ने का

साहस देखकर सब लोग स्तब्ध हो गये थे और भालू पालनेवाले ने कहा था—'इस उम्र का यह पहला लड़का है जिसने ऐसा साहस किया।' बढ़ी हुई गोमती में कूदकर बहती हुई बकरी की प्राण-रक्षा का साहस भी निराला का ही काम था। अपने जीवन में इस प्रकार के साहस के वे अनेक कार्य- संपादन कर चुके हैं। एक घटना उल्लेखनीय है—सिविल-लाइन्स प्रयाग में टहलते हुए निराला ने देखा कि तीन गोरे सिपाही एक ताँगेवाले को जोर से घुड़क रहे हैं और मारने के लिए बेंत भी दिखा रहे हैं। बात सन् ४२ की है। उन दिनों सारे देश में ऐसा आतंक छाया हुआ था कि गोरे सिपाहियों से बोलने की किसी को हिम्मत नहीं थी। निराला ने कुतूहलवश उस तरफ खड़े होकर देखना शुरू किया कि एक सिपाही ने डाँट के साथ कहा—'जाओ मैन टुम क्या देखटा है।' निराला जी और समीप पहुँच गये। दूसरे सिपाही ने कहा—'इडर कहाँ आटा है।' निराला और भी पास पहुँच गये। ताँगेवाले से सब बातें पूछीं और सिपाहियों से बोले—'इसका पैसा दे दो, तुम्हारा बेंत गिरने की जिम्मेदारी इस पर नहीं, क्योंकि वह तो आगे बैठकर घोड़ा हाँकता है।' गोरों ने इस पर कुछ भला-बुरा कहा कि निराला ने तपाक से एक के हाथ से उसकी टोपी खींच ली और कहा—'आओ, अभी तीनों को सर कर दूँगा अन्यथा उसके पैसे जल्दी दो।' गोरों ने बड़बड़ाना शुरू किया कि निराला ने अपनी चादर मुझे दी और ताँगेवाले की चाबुक हाथ में ली और जोर से बोले—'चुप रहो, वरना मारे हन्टरों के लाल कर दूँगा। गरीबों की मजदूरी न देंगे और माँगने से मारेंगे। अभी जाकर टोपी किले में जमा करता हूँ।' निराला जी के भीमकाय शरीर, दृढ़ वचन और लाल नेत्र देखकर गोरे समझ गये कि यह आदमी नहीं कोई देव-दानव है। उन्होंने चुपचाप पैसे दे दिये और टोपी लेकर अन्ट-शन्ट बकते चले गये। इस प्रकार निराला अपने पर या दूसरे पर अन्याय होते देखकर अपनी जान की बाजी भी लगाने में चूकनेवाले नहीं, यह मेरा अनुभव है।

निराला में बुद्धि और दर्शन का आधिक्य त्याग और संग्रह के पहले समीक्षा का आग्रह करता है। उनके पास कोई वस्तु पुरानी पड़ने के कारण न तो त्याज्य है और न नयी होने के कारण ग्राह्य। इस कारण एक ओर वे एकदम पुराणपंथी हैं, तो दूसरी ओर नवीनता के अनन्य उपासक। प्राचीन गौरव के प्रति वे आकर्षण रखते हैं, वर्तमान को सुन्दर बनाने की चेष्टा

करते हैं और भविष्य निर्माण का उद्‌बोधन देते हैं। किन्तु सामाजिक तथा साहित्यिक रूढ़ि और मर्यादाओं को ठुकराते हुए चलने की उनकी बान है, और ऐसा करने का उनमें बल है। कभी स्वप्न में भी वे न राजा से दबते और न रंक को दबाते। द्रोणाचार्य की भाँति शास्त्रार्थ और शस्त्रार्थ दोनों की निपुणता से वे युक्त हैं। साहित्य की सात्विकता की रक्षा के लिए निराला लेखनी, बाहु और जिह्वा सभी से लड़ने-मरने को तैयार रहते हैं। वास्तव में निराला साहित्य-बाँकुरे हैं। आज काम करते उनको एक भारतीय के औसत जीवन से कहीं अधिक समय बीत चुका है, पर उनकी श्रमशीलता और सृजन-क्षमता की क्रम-गति उसी विश्वास और साहस से चलती जा रही है। अपना सम्पूर्ण जीवन उन्होंने हिन्दी-साहित्य-सेवा में बिता दिया, पर कभी न अपना पेट भर सके और न लोकप्रिय ही बन सके। लोकप्रियता शायद निराला का विशेषण बन भी नहीं सकती। बने भी कैसे? समाज तो उसी को मानता है जो सब तरह से उसका होकर रहता है; उसके जुए में अपनी गर्दन डाल देता है और उसके गढ़े नियमों और सिद्धान्तों को बिना किसी तर्क-वितर्क के मानता चलता है। समाज के पास अपने से बाहर वालों की बात सोचने-समझने और सुनने का समय नहीं है। निराला सामाजिक नियमों के साथ व्यक्तिगत भावनाओं, संस्कारों और आकांक्षाओं की भी अलग प्रतिष्ठा मानते हैं और इस दृष्टिकोण से वे समाज से अलग उच्छृंखल तथा विद्रोही हैं। उनकी यह व्यक्तिगत चेतना और स्पष्ट सनसनाहट समाज को नहीं भाती, क्योंकि वह नवीनता का आग्रह करते हैं, सब कुछ नया चाहते हैं। समाज और साहित्य की सड़ी-गली रूढ़ियों को पलट देना चाहते हैं। निराला को बहुत अच्छी तरह से ज्ञात है कि कलाकार युग का प्रतिनिधि भी है और उसका नियामक भी।

ऐतरेय ब्राह्मण के अनुसार—'पुरुषे तु एव अविस्तरां आत्मा, स हि प्रज्ञानेन सभ्यनतम:; विज्ञातं वदति, विज्ञातं पश्यति। (पशव:) न विज्ञातं वदति, न विज्ञातं पश्यति।' मनुष्य जानता, देखता और बोलता है और साथ ही यह भी जानता है कि वह जान, देख और बोल रहा है। पशु जानते हैं, देखते हैं और बोलते हैं, परन्तु यह नहीं जानते कि हम जान, देख और बोल रहे हैं। मनुष्य में आत्मा के आविर्भाव का यही लक्षण और प्रमाण है। फिर इस आत्मा की सत्ता समझनेवाले आत्मबोधी पुरुष का स्वभाव वैयक्तिक

चेतना से युक्त और निर्भीक होना सहज स्वाभाविक है। उसे कभी कोई भेड़ की भाँति नहीं हाँक सकता, यह निश्चय है। इसी आत्म–ज्ञान और व्यक्तित्व के विकास के कारण निराला की कला और उनका जीवन किसी वाद विशेष की सीमा में, दलबंदी के दलदल में नहीं समा सकता। कविता के प्रति उनका यह उच्चार है—

आज नहीं है मुझे और कुछ चाह,
अर्ध विकच इस हृदय कमल में आ तू
प्रिये, छोड़कर बंधनमय छन्दों की छोटी राह!

बस, मुक्तछन्द, मुक्तभाव, मुक्तभाषा यही निराला की मुक्त–साधना है। प्राचीनों ने इसका कितना विरोध किया है, मखौल उड़ाया है, यह कहने की आवश्यकता नहीं। निराला ने उनकी एक नहीं सुनी और अपने मन का सृजन करते गये और बूढ़ों से कह दिया—

और और छबि रे यह
नूतन भी कवि रे यह
और और छबि!

इतने पर भी पुरानपंथी लोगों ने अपनी चाल–ढाल नहीं छोड़ी और इधर निराला ने भी अपनी मुक्तराह पकड़ी—

जन–अपवाद गूँजता था, पर दूर,
क्योंकि उसे कब फुर्सत सुनता?—था वह चूर।
न देखा उसमें कभी विषाद,
देखा सिर्फ एक उन्माद।

इसलिए निराला के कण्ठ से उनका कवित्व, कुसुम–दल की भाँति अविराम गति से हिन्दी–भूमि में बिछता रहा और अन्त में बूढ़ों ने अपनी पराजय स्वीकार कर ली और उदासी–भरा मुख लेकर चुप हुए।

नवीनों से भी निराला को निबटना पड़ा है, क्योंकि नवीनता के घोर उपासक निराला की 'भिखारी', 'बादल' और 'तोड़ती पत्थर इलाहाबाद के पथ पर' जैसी प्रगतिशील कविताओं के साथ अपने को प्रगतिवादी कहनेवाले साहित्यिक किसी अध्यात्म की आकुलता देखने को तैयार नहीं हैं, क्योंकि जीवन से परे मनुष्य की किसी अन्य आध्यात्मिक विचारधारा का उनके पास कोई महत्त्व नहीं है। कवि की सौन्दर्यानुभूति के निरपेक्ष

सिद्धान्त को वे स्वीकार नहीं करते। उनके पास केवल वस्तु-जगत का ढाँचा है जो इन्द्रिय-ग्राह्य रस तक ही सीमित है, अतीन्द्रिय की किसी भी अभिव्यक्ति को वे व्यर्थ की बकवास समझते हैं। इसलिए निराला की उनसे भी पटरी नहीं बैठती। निराला मानते और जानते हैं कि वास्तव में काव्य, जीवन-दर्शन है, किन्तु दर्शन ही काव्य नहीं। कलाकार की प्रवृत्तियाँ केवल बहिर्मुखी ही नहीं अन्तर्मुखी भी होती हैं। अतएव स्थूल बाह्य मूल्यांकन द्वारा काव्य का महत्त्व और मूल्य नहीं आँका जा सकता, इसके लिए कलाकार की अन्तर्भावना का भी हिसाब-किताब रखना पड़ता है। अपनी आन्तरिक उद्वेगशीलता और सचेतनता के तथा व्यापक संवेदनशीलता की वास्तविक, किन्तु अप्रत्यक्ष स्थिति के कारण ही कलाकार युग और उसकी प्रवृत्तियों के परखने में अग्रगामी और सफल होता है तथा भविष्य की सम्भावनायें भी सबके लिए सहज सुलभ कर देता है। जीवन की शाश्वत प्रवाहित चेतन धारा से विमुख एकमात्र रूप, आकार और नियम को ही सब कुछ माननेवाले यह नहीं समझ पाते कि काव्य, रूप और अरूप का सम्मिलन स्थल है। इसमें शारीरिक (वस्तु-जगत) रूप भी है और उसके भीतर से छलकता हुआ मानसिक (भाव-जगत) रस भी। रूप और रस की अभिन्नता, रूपवान रस और रसमय रूप यही काव्य-सौन्दर्य का सूत्र है।

निराला धरती के प्राणों का संदेशवाहक और आकाश की नीलिमा का भी गायक है। धरती के यथार्थ रात-दिन के संघर्ष और कोलाहल से आँख बचानेवाले प्राचीनों और आकाश की ऊँचाई की उपेक्षा करनेवाले नवीनों को उनसे कभी संतोष नहीं मिल सकता, क्योंकि विश्व की समस्थिति के लिए निराला धरती और आकाश दोनों की सत्ता स्वीकार करते हैं, उनके यथार्थ और अध्यात्म में कोई विरोध नहीं उठता, परन्तु वे सबको संतोष नहीं दे पाते, शायद दे भी नहीं सकते। तो क्या इसीलिए निराला के हृदय में एक हलचल है, उद्वेग, अशान्ति और उत्ताप है? वे जानते हैं कि—

> क्रूर यहाँ पर कहलाते हैं शूर,
> और हृदय का शूर सदा ही दुर्बल क्रूर।

किन्तु यह सब जानकर भी वे कभी हतोत्साह नहीं होते, बल्कि ललकार उठते हैं—

अभी न होगा मेरा अन्त।
मेरे ही अविकसित रागों से
विकसित होगा बन्धु दिगन्त!

बादल के सम्बोधन में निराला ने जैसे अपने ही लिए कहा हो—

मुक्त, तुम्हारे मुक्त कण्ठ में
स्वरारोह, अवरोह, विघात,
मधुर मन्द्र, उठ पुनः पुनः ध्वनि
छा लेती है गगन, श्याम कानन,
सुरभित उद्यान,
झर-झर-रव भूधर का मधुर प्रपात।

यश और संसार का सम्मान सदैव प्रतिभा का ही प्रतिफलन नहीं होता, यह तो संयोग की बात है। साहित्य का इतिहास इस बात का साक्षी है कि संसार कभी-कभी उपयुक्त का अनादर और अनपयुक्त का समादर करने की भूल कर जाता है। निराला को यथोचित यश और सम्मान नहीं मिला, पर प्रतिभा उन्हें मिली है। यह केवल संसार ही नहीं, वे स्वयं भी जानते हैं। उन्होंने संतोष के साथ लिखा है—

यह सच है :—
तुमने जो दिया दान, दान वह,
हिन्दी के हित का अभिमान वह,
जनता का जनता का ज्ञान वह,
सच्चा कल्याण वह अथच है—
यह सच है।

निराला का यह कथन आत्मश्लाघा नहीं कहा जा सकता, क्योंकि उन्होंने अपने साहित्य और व्यक्तित्व के निर्माण में वस्तु, विषय और व्यक्ति की स्वतन्त्रता का ध्यान रखा है, एक साहित्यिक की तरह, एक कवि की भाँति, एक दार्शनिक के अनुरूप। 'मेरा उद्देश्य था और है स्वतन्त्रता बहुमुखी है और साहित्य का मतलब है—वह सबको साथ लिए रहे। इसी दृष्टि से दूसरे जाग्रत राष्ट्रों और उन्नतिशील साहित्यों के नमूने देखते हुए, अपने गत और वर्तमान राजनीति और साहित्य को समझते हुए, देश के विभिन्न धर्मों, सम्प्रदायों, प्रान्तीय भाषाओं, लोगों के भीतरी आचार-विचारों के भीतरी रूप जानते हुए, बाहरी संसार से उसके सहयोग का

रूप देखते हुए जो साहित्य का निर्माण करते हैं, वे साथ-साथ जाति और राष्ट्र का भी निर्माण करते हैं। मैंने जो निरपेक्ष ज्ञान की बात कही है, निरपेक्ष ज्ञान के साथ वस्तुओं और विषयों की यही सापेक्षता सिद्ध होती है। उस निरपेक्षता में स्वाभाविक वस्तु और विषय जहाँ तक पहुँचते हैं, वहाँ हिन्दू और मुसलमान का सवाल नहीं, वहाँ भाषा भी बाह्य रूप छोड़ देती है, अर्थात् 'का' को चाहे 'क' लिखिए या 'के' कुछ नहीं आता-जाता। 'के' के पीछे लट्ठ लेकर पड़नेवाले पहली ही गति से साबित कर देते हैं कि वे पराधीन हैं, ये लड़ेंगे, समझौता नहीं करेंगे। मैं हिन्दी साहित्यिक की हैसियत से विनय के साथ कहता हूँ, देश के वर्तमान हिन्दू और वर्तमान मुसलमान, वर्तमान सिख और वर्तमान पारसी, सापेक्षता में ही, पुरानी रूढ़ियों के पाबन्द रहने के कारण या अंग्रेजी पढ़कर यूरोप के नक्काल होने के कारण, निरपेक्षता से दूर हैं—वे अपने मन की चाहते हैं। स्वाधीनता और पराधीनता का यह बहुत-सीधा रहस्य है'। काश कि निराला की इस सम्मति का सदुपयोग देश के नेताओं ने किया होता तो देश की यह दुर्गति कदापि न हुई होती। नेतृत्व की लालसा में पड़कर सापेक्षता को अपनानेवाले नेताओं के सिर पर ही इस देश-विभाजन का उत्तरदायित्व रहेगा, इसमें सन्देह नहीं।

समय-समय पर संसार के सभी देशों के साहित्य में एक ऐसा समय आता है जब एक वर्ग, कलाकार की शैली और वस्तु दोनों को परम्परा-पोषित धरातल पर ही पनपते देखना चाहता है। उसका विश्वास होता है कि नवीनता का आवेग सनातन सुखानुभूति के अनुकूल नहीं पड़ता, पर यह एक भ्रम मात्र है। युग-परिवर्तन के समय शैली और वस्तु दोनों का बदलना अनिवार्य होता है। वायु में व्याप्त सुन्दर से सुन्दर सुगंध जिस प्रकार कुछ समय पश्चात धीमी और सर्वथा विलीन हो जाती है उसी प्रकार साहित्य की पुरानी धारा भी। सामाजिक परिवर्तन के साथ-साथ साहित्य भी परिवर्तित होता रहता है। मानव, प्रत्येक जीवित सत्ता की भाँति वातावरण की साँस से परिवर्तित होता हुआ अपने मूलभूत अस्तित्व को सँभालता चलता है, इतिहास के एक छोर से दूसरे छोर तक वस्तुस्थिति के अनुसार अपनी कला का माध्यम और अभिव्यक्ति की प्रणाली बदलता चलता है। इस परिवर्तन में कला के भीतरी रूप में कोई व्याघात नहीं पहुँचता।

निराला ने साहित्य की उपमा एक सरिता से दी है। सरिता की गति और गहराई तथा उसका विस्तार उसके तल की भूमि के अनुसार बदलता चलता है। उसके किनारे का वातावरण भी परिवर्तित होता चलता है, किन्तु इससे उसके शाश्वत प्रवाह में कोई अन्तर नहीं पड़ता। देश–काल के अनुसार साहित्य अपने बाहरी स्वरूप को बदलकर भी अपने लक्ष्य से च्युत नहीं होता। ज्यों–ज्यों सभ्यता और बौद्धिक विकास का प्राधान्य होता चलता है त्यों–त्यों मनुष्य अपने पिछले सामाजिक निदान एवं साहित्यिक विधान और पुराने सौन्दर्यानुसंधान को छोड़ता चलता है। इतिहास और समय की किसी भी स्थिति विशेष के सौन्दर्य और कला को आगे आनेवाले समय पर लदने का कोई भी अधिकार नहीं है। समय–परिवर्तन, युग–परिवर्तन का यही रहस्य है। गत दिनों की कलात्मक सौन्दर्य–सुषमा उधार लेना आगत समय पसंद नहीं करता, क्योंकि ऐसा करने से विकास का इतिहास ही रुक जायेगा और मौलिकता का कोई अर्थ ही न रह जायेगा। कला में खोज, सूझ और सृजन की आवश्यकता होती है न कि दबाव और अनुसरण की। निराला प्रायः कहते हैं—

> Man, intention and understanding are needed not disparagements and imitation.

इसी कारण से इतिहास घटना और समय सापेक्ष होता है, किन्तु कला मौलिक। जो हमारी प्राचीन साहित्यिक सम्पत्ति है उसका हमें सम्मान और संरक्षण करना चाहिये, पर आगे के सृजन और संचय से मुँह मोड़ना बुद्धिमानी नहीं। नवीन पीढ़ी को प्राचीन पीढ़ी से आगे बढ़कर उससे कुछ विभिन्न कार्य करने पड़ते हैं; यह बात दूसरी है कि प्राचीनों के इतिहास से भी उसे फायदा उठाना चाहिये। समकालीन जीवन और जगत की व्याख्या को सामयिकता के सस्तेपन का प्रलाप कहकर जीवन के प्रवाह को रोकने की चेष्टा करना महान मूर्खता है, किन्तु अवस्था और मस्तिष्क के बुढ़ापे की सनक में यह सत्य नहीं सूझता, यह भी ठीक है। नवीनता का आग्रह अपनाते हुए यह नहीं भूलना चाहिये कि कलाकार परिस्थितियों और युग की झकझोरों से इधर–उधर चक्कर लगानेवाला वायुनिर्देशक यन्त्र मात्र नहीं, उसमें वायु को थामने और उसे एक दिशा देने की चेतना–शक्ति भी है। कवि के लिए कहा जाता है कि वह He works with his muscles and intellect both निराला ने प्राचीनता और नवीनता का यही

समन्वयशील दृष्टिकोण रखा है। नवीनता के आग्रह में पैर की अपेक्षा न कभी सिर के बल चलें और न प्राचीन-प्रियता के कारण नंगे घूमें।

प्राणमय प्रतिभा, उन तमाम कठिनाइयों पर, जो साधारण व्यक्ति को परास्त कर देती हैं, अवश्य विजयी होती है। निराला ने अपनी इसी विजयिनी प्रतिभा के बल पर प्राचीनों की दी हुई पीड़ा पी है और नवीनों के एकांगी आक्षेपों का अनादर किया है। दोनों के लिए एक ही उत्तर दिया है—

उड़े हुए थे जो कण,
उतरे पा शुभ वर्षण
शुक्ति के हृदय से बन
मुक्ता झलके;
लखों, दिया है पहना,
किसने यह हार बना,
भारति-उर में अपना
देख दृग थके!

निराला की लौह-लेखनी और अडिग आत्म-शक्ति का यही मूलाधार है। इतना बड़ा आत्म-विश्वास और साहस लेकर व्यक्ति किसी दल विशेष की संकुचित सीमा में नहीं बँध सकता। स्थापित स्वार्थ से पनपनेवाले सभी दलों के लिए वह अविश्वासी, तीखा, तिक्त और तलवार की धार सा पैना है, क्योंकि उसका उत्स मानव-प्रेम और उसका प्रसरण क्षेत्र विश्व-मानवता है। अन्तर्दर्शन के व्यापक प्रभाव से उन्होंने अपने आत्मजगत में अखिल विश्व को प्रतिफलित करने की साधना की है। इस भव्यता एवं विशालता की दिव्य अनुभूति से जाति या देश विशेष की सीमा का अतिक्रमण कर निराला सहज ही मानवता का कवि बन जाता है और उसकी वाणी एक से अनेक में व्याप्त होती है। बुद्धि-विपन्नता के कारण बहुत दिनों तक किसी ने इसे स्वीकार नहीं किया। आचार्य शुक्ल तक ने इस शैली को समझने और इसकी महत्ता की व्याख्या करने की क्षमता नहीं दिखलाई। इन्हीं कारणों से निराला ने, जनता का अज्ञान दूर करने के लिए स्वयं अपनी कविताओं के विषय में 'मेरे गीत और मेरी कला' नाम का एक वृहत् निबंध लिखा है और एक तटस्थ दृष्टिकोण से अपनी कला का मर्म उद्घाटन किया है! मैं दावे के साथ कह सकता हूँ कि हिन्दी साहित्य में काव्यगत विशेषताओं और कला की कमनीय तथा मनोवैज्ञाज्ञिक

मनोज्ञताओं का इतना विशद और तुलनात्मक अध्ययन आज तक कभी किसी समालोचक से नहीं बन पड़ा। हिन्दी में, निराला ने इस निबंध से प्रथम बार सर्जनात्मक आलोचना का सूत्रपात किया, इसमें विवाद की आवश्यकता नहीं। विषय प्रतिपादन की इतनी महान क्षमता ही तो आलोचना को व्याख्या से उठाकर सृजन की श्रेणी में प्रतिष्ठित करने में समर्थ होती है।

बात यह है कि हिन्दी में मुखालिफत होने के कारण निराला ने वस्तु-रूप से व्यक्ति और विषय-रूप से उसके मन की गहरी जाँच-पड़ताल की है, किन्तु गुलामी के रंग में रँगे होने के कारण यहाँ के लोगों ने निराला की तत्त्वपूर्ण बातों की ओर ध्यान नहीं दिया। यह कौन नहीं जानता कि साहित्य की स्वतन्त्रता राजनीति या समाज नीति की तरह केवल बाहरी उपकरणों को साथ लेकर नहीं चलती, उसे जीवनव्यापी जिज्ञासाओं को अपने साथ समेटकर चलना पड़ता है। बहिर्मुखी गति देह की सीमा में बँधी रहती है, पर अन्तर्मुखी रूप में उसे किसी की अपेक्षा नहीं रहती। भारत में ज्ञान को निरपेक्ष माना गया है और 'ऋते ज्ञानान्न मुक्तिः' शाश्वत सत्य है। व्यक्ति की अनुभूति पृथ्वी के कठोर धरातल का स्पर्श करती हुई भी भाव के आकाश में उड़ती रहती है; ठीक उसी प्रकार जैसे पृथ्वी-पेड़ पर घोंसला बनाकर रहनेवाले पक्षी आकाश में स्वच्छन्दता से उड़ते-विचरते हैं। द्विज के साथ खग उन्हीं का नाम है। कवि कभी संसार के आदान मात्र से जीवित नहीं रह सकता, उसे प्रदान का भी अधिकार है, जो उसकी प्रतिभा का पर्याय होता है। निराला ने संतोष के साथ लिखा है—

> यह सच है—
> तुमने जो दिया दान, दान वह,
> हिन्दी के हित का अभिमान वह,
> जनता का जन-ताका ज्ञान वह,
> सच्चा कल्याण वह अथच है—
>   यह सच है।

वास्तव में निराला की यह गर्वोक्ति सफल और सार्थक है। हिन्दी-साहित्य ऐसे महान कलाकार का चिर ऋणी और कृतज्ञ रहेगा। निराला ने साहित्य-भण्डार को अपनी विविध भावमयी गद्य-पद्य की रचनाओं से भरा-पूरा

किया है और यदि वे अपने इस महादान के प्रति जागरूक भी रहें तो कुछ अनुचित नहीं। इससे उसकी प्रतिभा में कोई अन्तर नहीं आया और जब तक उसका कण्ठ साथ देगा वह बराबर अपने मन की गाता जायेगा। सबसे बढ़कर बात निराला में यह है कि दैनिक जीवन के व्यवहार में वह जितना अभिमानी और आत्मश्लाघी है, उतना साहित्य रचना में नहीं। जीवन में सम्मान न मिलने की प्रतिक्रिया का अभिमान में प्रदर्शन करके वह संतोष पा लेता है, पर सृजन उसका निरपेक्ष और निरभिमान होता है। इसका परिणाम यह हुआ है कि कलम में तूफान की ताकत, गीतों में बगावत की बौछार, निबंधों में निष्पक्ष की अनन्य आकुलता और अपने सम्पूर्ण सृजन में समस्त मानवता के प्रति सद्भावना का संदेश देते हुए भी उसे स्नेह की अपेक्षा उपेक्षा का ही भार ढोना पड़ा है, उसने जैसे कभी इस ओर ध्यान ही नहीं दिया।

आँखों में आन्तरिक प्रसन्नता का प्रकाश, चित्त में चैतन्य की आभा और सारे शरीर में पुलक-स्फुरण तथा मस्ती से भरा मन लेकर निराला आगे बढ़ता जाता है। उसकी बेफिक्री से बोझिल चाल में किसी के अनुशासन का कम्पन नहीं वरन् उसके विचारों और आत्म-विश्वास की दृढ़ता ही परिलक्षित होती है। उसकी बड़ी-बड़ी लाल आँखों की ज्योति को देखकर अनायास ही यह पता चल जाता है कि यह व्यक्ति विकट वीर और उत्कट आत्मचेता है। उसकी ओर कड़ी आँख से देखने का किसी को साहस नहीं हो सकता। उसके व्यक्तित्व की भाँति उसके साहित्य की भी समता किसी दूसरे से सम्भव नहीं है। वह कवि, कथाकार, निबंधकार, समालोचक जीवनी लेखक, नाट्य-गीतकार दार्शनिक और हास-परिहास का पंडित सभी कुछ है, इससे भी आगे न जाने क्या-क्या; उसका दूर-दर्शन भयोत्पादक और विकराल लगता है, किन्तु उसकी निकटता और आत्मीयता अकलुष आनन्द देती है। उसके साहित्य का मनन अमृत की अथाह और चिर नूतन भेंट देने में समर्थ है, यह मेरा अध्ययन और अनुभव है। इतना सब होते हुए भी—

> जाकी रही भावना जैसी,
> प्रभु मूरति देखी तिन तैसी।

का, व्यापक तत्त्व निराला के व्यक्तित्व में परिलक्षित होता है, यह भी सच है। यों भी विराट-दर्शन की क्षमता सबमें कहाँ होती है?

निराला जी केश-वेश में

विश्रान्ति–काल

वेद–पुराण का निर्णय है कि 'मोक्षस्तु मानवे देहे'। मनुष्य योनि में पहुँचकर ही जीव मोक्ष प्राप्त कर सकता है, अन्यथा नहीं। इसी स्थिति में उसे अपने बंधनों का ज्ञान तथा उनसे छूटने का अनुमान होता है। अन्य प्रणियों में इस प्रकार का विवेक–वैराग्य नहीं होता। पशु–योनि में तमो–बाहुल्य से विवेकिनी बुद्धि नहीं होती, देव–योनि में सूक्ष्म दिव्य इन्द्रियों का सुखानुभव इतना तीव्र होता है कि उसे छोड़ने की इच्छा का उदय ही नहीं होता। जीव में इस विवेक–वैराग्य की सहज सम्भावना केवल तभी होती है जब वह जीवन में तीव्रतर द्वन्द्व का, सुख–दुख का, प्रेम–घृणा का एक साथ ही अनुभव करता है। संसार–व्यापी संघर्ष और विषमता से कभी–कभी जीवन एकदम बौखला उठता है और तब जीवन और यौवन के क्षणिक सुख से मुँह मोड़कर संसार के प्रति उदासीन हो जाता है। भारतीय उपदेष्टा संन्यासियों ने देह को अस्थिमांसरक्त का कदर्य समावेश बताकर उससे लगाव छोड़ने का उपदेश दिया है। समस्त नीतिशास्त्र की यही चेष्टा है।

इस दृष्टिकोण से देखने पर पता चलता है कि वैराग्य, घृणा तथा आक्रोश का ही रूपान्तर है। प्रत्यक्ष जीवन और जगत के प्रति अश्रद्धा उत्पन्न करना वैराग्य–साधन का प्रशस्त उपाय है। साधारण जनों के लिए यह ठीक भी हो सकता है, परन्तु कवि कभी भी वैरागियों का चेला नहीं बन सकता, वह तो अनुरागियों का ही पक्षपाती होता है। इस कारण कवि की उदासी आत्मकरुणा में शरण पाती है, वैराग्य में नहीं। प्रतिभासम्पन्न व्यक्ति की आत्मकरुणा 'अहम्' की उद्‌भावना में परितृप्त होती है। यह कौन नहीं जानता कि चैतन्य का परोक्ष नाम 'आत्मा' और अपरोक्ष नाम 'अहम्' है।

निराला जी, लेखक, श्री वाचस्पति पाठक तथा पाठक जी की पुत्री चि. कल्याणी के साथ।

संस्कृत वर्णमाला का आदि अक्षर 'अ' और अन्तिम 'ह' है। इन्हीं दोनों के बीच में अन्य सब अक्षर हैं। 'अहम्' इस आद्य अन्त्य और सर्वव्यापी मध्य 'मद्' की गूँज से गुम्फित शब्द में सारी प्रकृति समाहित हो जाती है, सारी सृष्टि अन्तर्लीन हो जाती है। आज-कल निराला का 'अहम्' इसी सीमा का स्पर्श कर रहा है।

अब विचारणीय यह है कि निराला के 'अहम्' ने एकाएक इतना विराट रूप क्यों धारण कर लिया? इसके अनेक कारण हैं—

जीवनव्यापी कठोर संघर्ष और पीड़न की थकान से शिथिल कवि-कल्पना दर्शन का आधार खोजने लगती है, आत्म-प्रकाश से आत्म-गोपन की ओर मुड़ना चाहती है; किन्तु कलाकार का आत्म-गोपन आध्यात्मिक का आत्म-गोपन नहीं है। आध्यात्मिक व्यक्ति आनन्द का अकेला अनुभव कर सकता है, पर कलाकार उसे बाँटना चाहता है। कला-प्रतिभा मानव-स्वभाव एवं मानव-कार्य प्रकट करने में ही सफल होती है। निराला, दर्शन के रूप में अद्वैतवादी हैं, पर यह रूप उनके विचारक का है। कवि रूप में, ब्रह्म और जीव के विवेचन के समय उनका द्वैत रूप ही स्पष्ट होता है। ठीक भी है, क्योंकि ब्रह्म आनन्दस्वरूप है, पर जीव के भी आनन्दस्वरूप बन जाने में जीवन की रसात्मक सार्थकता नहीं प्राप्त हो सकती। गुड़ बन जाने से ही गुड़ की मिठास नहीं मिलती। जो काव्य का मूल तत्त्व, हृदय की रागात्मक विभूति है उसका सामंजस्य कवि अद्वैत के साथ नहीं कर पाता; द्वैत का दानव उसका गला दबाये रहता है और उसकी 'अहम्' चेतना बराबर जागृत रहती है।

राष्ट्र की विपन्न स्थिति और अत्याचार के आधिक्य से उत्पन्न क्षोभ, क्रोध तथा ग्लानि के मिलित भाव कवि-मन को इतना बोझिल कर देते हैं कि वह अनुभूति-शून्यता का संधान करने लगता है, सक्रिय से निष्क्रिय बन बैठता है। यहाँ पर यह स्मरण रखना होगा कि निराला ने सन् ४६ तक अपने साहित्य के माध्यम से इस स्थिति के विरुद्ध कसकर आवाज उठाई है, विद्रोह किया है, पर सुधार नहीं हुआ। अभी इस देश की जनता इतनी जागृत नहीं कि साहित्यकार के स्वरों के साथ अपनी शक्ति का सहयोग देकर अपने लिए एकत्व, ममत्व तथा समत्व का शासन व्यवस्थित कर ले। ऐसी परिस्थितियों में निराला अपनी साहित्यिक मर्यादाओं के ऊपर एक आवरण डालने के अलावा और कर ही क्या सकते थे। साहित्यकार

की मर्यादा का जो आवरण सत्य के विरुद्ध नहीं है, बल्कि उसका आभरण है, उसे छोड़ना वे अपना अपमान समझते हैं। वे जानते हैं कि सृष्टि का जो आवरण प्रकाश करता है, आच्छन्न नहीं करता, उसका त्याग करने से सृष्टा का सौन्दर्य कंगाल बन जायेगा। आधुनिक दुःशासन जन-सभा में जनता-द्रौपदी की चीर ही नहीं अन्न एवं निवास का भी हरण कर रहा है; इसलिए समझदार चेता भीष्म (साहित्यकार) मौन होकर प्रतिशोध की प्रतीक्षा में व्यग्र है।

मैंने पूछा—'निराला जी, आप कुछ लिखते-पढ़ते नहीं?' निराला ने एक लम्बी साँस खींचते हुए उत्तर दिया—'अब देश स्वतन्त्र है, समग्रता की आत्मघोषणा का समय नहीं रहा, दलबंदी का जमाना है, इसलिए मैंने आत्मगत सत्य का पल्ला पकड़ा है। विश्व में, देश में आसक्त भाव का इतना आधिक्य है कि निर्विकार तद्गत भाव से किसी ओर देखना गुनाह है, पागल कहलाना है। लिखूँ भी क्या? अंग्रेजों के चले जाने पर बड़ी-बड़ी उम्मीदें थीं, पर सब व्यर्थ रहा। पहले की उद्बोधन कवितायें राष्ट्रीय मानी जाती थीं, क्योंकि विदेशियों का शासन था और अब जागरण के गीत गाना राष्ट्र-द्रोह समझा जाता है। फिर मेरे पीछे पुलिस भी तो लगी रहती है। पहले ही प्रकाशक घबड़ाते थे अब तो बात नहीं करते। सोचते हैं, न जाने इस पगले के मुँह से किसके खिलाफ क्या निकल जाय। मैं चुपचाप तमाशा देख रहा हूँ।'

प्रारम्भ से ही समझौता करके चलना निराला ने अपनी शान के खिलाफ समझा है, अकेला चलना उनका स्वभाव रहा है। निराला ही क्या सम्पूर्ण छायायुग उद्दाम वैयक्तिकता का पहला और प्रबल विस्फोट था। इसने साहित्यिक रूपों में ही नहीं, वरन् समग्र जीवन की रूढ़ियों, सड़ी-गली मर्यादाओं एवं मनुष्य की चिंता धाराओं को संकीर्ण करनेवाली परिपाटियों के विरुद्ध एक व्यापक विद्रोह खड़ा किया था। इसने मनुष्य की दबी हुई स्वतन्त्रता की भावना को चारों ओर उभारने का अथक प्रयत्न किया है, इसमें सन्देह नहीं। निराला की प्रखर वैयक्तिकता का दूसरा उदाहरण मिलना कठिन है। इसी वैयक्तिकता ने निराला को राजनीतिकों के सामने झुकने से बचाया है, अपमान के साथ समझौता करने से रोका है और अपने लिए नवीन पथ का अनुसंधान करने का मौका दिया है। इसी कारण वे 'निरंकुशाः कवयः' के अन्यतम उदाहरण हैं। उनका कहना

है—'राजनीतिक दुरवस्थाओं की स्वस्थ प्रतिक्रिया विद्रोह को प्रेरित करना है न कि उससे भागकर काल्पनिक आनन्द के घोंसले में घुस जाना। मगर यह देश कायरों का देश है। बंगाल के अकाल तक में किसी ने चीं नहीं की। समय पर कवि को तलवार भी उठानी चाहिये। मैं उसी की प्रतीक्षा में हूँ।'

वस्तुत: नवजागरण की सम्भावनायें ज्यों-ज्यों स्वार्थी व्यक्तियों और समाज के कुत्सित रूपों में समाहित होती गयीं त्यों-त्यों निराला को उससे एक प्रकार की विरक्ति सी होती गयी और उनकी विह्वलता बढ़ती गयी। फलस्वरूप उनका मस्तिष्क उलझनों में उलझता गया। वे एक विद्रोही की भाँति सबसे अलग हो गये। सन् ४७ से उन्होंने लिखना-पढ़ना बिलकुल बंद कर दिया। इसकी प्रतिक्रिया भी आवश्यक थी। निराला की प्रतिभा बहुत ही ज्वलन्त है, उसको बाँध रखना सहज नहीं, इसलिए वह स्वगतोक्तियों के रूप में प्रकट होने लगी। जिस प्रकार रेडियम अपने आस-पास ज्योतिस्फुलिंग विकीर्ण करता रहता है उसी प्रकार निराला भी अपनी स्वगतोक्तियों से रातदिन मुखरित रहता है। उनकी छलिया स्वर्णजयन्ती के बाद से उनका यही क्रम चल रहा है। स्वर्णजयन्ती का धूर्ततापूर्ण आयोजन भी निराला की इस मानसिक स्थिति में एक आघात का काम कर गया हो तो आश्चर्य नहीं। जयन्ती के समय श्री नन्ददुलारे वाजपेयी ने घोषणा की कि निराला जी को ११,००० की निधि भेंट की जा रही है; इधर-उधर से रुपया भी इकट्ठा किया गया था, पर बाद में निराला जी को कुछ नहीं मिला। निराला को कुछ न पाने का इतना क्षोभ नहीं हुआ जितना कष्ट उन्हें इस बात से हुआ कि वे उन संस्थाओं, व्यक्तियों तथा साथियों को जिनको वे उस निधि से उसी सभा में कुछ देने का वचन दे चुके थे, बाद में कुछ न दे सके। न रुपया मिला न उन्होंने दिया। उन्होंने कितने करुण शब्दों में कहा था—'संकल्पित दान को न दे सकने का प्रायश्चित केवल आत्महत्या है। लोगों ने बड़ा धोखा दिया। मेरा सिर इतना नीचे कभी नहीं झुका। ऐसे हैं मेरे साहित्यिक साथी।' रुपया कहाँ गया? कितना वसूल किया गया था इसका लेखा-जोखा आज तक भी नहीं हुआ और न किसी ने इसकी चिंता ही की। काश कि निराला को पागल बतानेवाले लोगों ने पागल होने के कारणों की ओर भी ध्यान दिया होता तो सम्भवत: ऐसी स्थिति न हुई होती।

जयन्ती के बाद निराला जी प्रयाग न आकर सीधे उन्नाव चले गये। कारण भी स्पष्ट था। उन्होंने साहित्यकार-संसद को २००० की निधि प्रदान की थी, किन्तु वह लोगों की शठता से सक्रियता नहीं पा सकी; इसलिए निराला जी उस क्षण प्रयाग आकर संसद की संस्थापिका महादेवी जी से मिलना नहीं चाहते थे। उन्होंने उन्नाव से लिखा भी था—'प्रयाग आने का मन तो है, पर अभी नहीं आ सकता। जयन्ती वाला परिहास-परिच्छेद आँखों से ओझल होने पर आऊँगा। इस तमाशे की चर्चा तो प्रयाग में भी खूब होगी। मैं प्रसन्न हूँ।' मेरे बार-बार लिखने पर भी वे ८ माह तक प्रयाग नहीं आये तो नहीं आये। इधर-उधर व्यक्तियों और पत्रों में निराला के कुछ विक्षिप्त होने की चर्चा चलती रही, किन्तु मुझे विश्वास नहीं हुआ। यह सच है कि इन दिनों निराला की आर्थिक विपन्नता अपनी चरम सीमा को पहुँच गयी, क्योंकि नित्यप्रति कुछ गीत बेचकर खानेवाला कवि कुछ न लिखने पर खाने-पीने की सुविधा कैसे जुटा सकता है!

सहसा सन् ४८ के सावन में निराला जी प्रयाग पधारे। उन दिनों मैं अपने मित्र डॉ. ब्रजमोहन जी के साथ कर्नलगंज में रहता था। पता लगाकर वे वहीं पहुँचे। शरीर से क्षीण, मन से खिन्न, मलिन वसन निराला का रूप बहुत ही करुण और मर्मभेदी लगा। नमस्कार-प्रणाम के बाद वे हम लोगों की उपस्थिति का विस्मरण सा करते हुए अपने आप कहने लगे—'हाँ-हाँ, जानता हूँ, झुकते चले गये और देश का बँटवारा हो गया। जैसे दो भाइयों का हिस्सा हो। यह भी ठीक है। एक बाप के दो बेटे, हिन्दू और मुसलमान। बोलो न, तब सब हिन्दू मुसलमान हैं कि सब मुसलमान हिन्दू। यही तो मजा है, हा-हा-हा हा।' हम दोनों अवाक् थे। मैंने छेड़ा—'निराला जी, किससे बात कर रहे हैं?' वे सहमे, सँभले और कहा—'कुछ नहीं यों ही, चलो कहीं चाय पी जाय।' दोनों उठकर 'माई रेस्टारेन्ट' की ओर चल पड़े। रास्ते में निराला जी बँगला भाषा में कुछ बोलते जाते थे। ऐसा लगा जैसे कवीन्द्र रवीन्द्र से बातें कर रहे हों, जिसका आशय यह था—'यदि आपको बाहर के लोगों ने नोबेल पुरस्कार न दिया होता तो इस देश के लोग आपको दो कौड़ी का न पूछते। हाँ थोड़ा-बहुत सम्मान करते, क्योंकि आप प्रिंस द्वारिकानाथ के नाती हैं,। अच्छा हुआ आप चले गये अन्यथा आज बहुत कष्ट उठाना पड़ता।'

रेस्टारेन्ट में पहुँचकर चाय पीते हुए सहसा बोल उठे, कभी हिन्दी तो

कभी अंग्रेजी में—'मिस्टर जवाहरलाल! आपको साहित्य और भाषा में दखल देने का कोई हक नहीं है। आप अपनी जगह रहें, हम अपनी जगह। नेता और साहित्यकार का क्षेत्र अलग-अलग है। आप हिन्दुस्तानी बोलें या इंगलिश्तानी, इससे कुछ आता-जाता नहीं। देश बँटा, अब भाषा नहीं बँटेगी। Please be careful.'

आस-पास बैठे हुए विश्वविद्यालय के छात्र निराला के दिव्य दर्शन से जितने ही मुग्ध थे उनके स्वगत से उतने ही स्तब्ध। अनुनय के साथ मैं उन्हें घर वापस ले आया। तब तक गुप्त जी कालेज चले गये थे। मैंने एकान्त पाकर प्रश्न किया—'वास्तव में आपका स्वास्थ्य ठीक नहीं है। मस्तिष्क भी कमजोर पड़ गया है। आप न जाने अपने आप क्या बकते रहते हैं, लोग सुन कर हँसते हैं।' निराला जी ने बड़ी सावधानी और गम्भीरता से कहा—'तुम भी अजब आदमी हो। अरे, जिस देश की राज्य सत्ता स्वेच्छाचारिणी हो, भाई-बन्धु, धनलोलुप और पृथ्वी का स्वर्ग नरक बना हो उस देश के मानवों की कहानी और क्या होगी। सभी प्राणियों में मनुष्य अपनी आवश्यकताओं का अधिक गुलाम है। उसे अच्छा भोजन, अच्छा वस्त्र सभी कुछ अच्छा चाहिये। 'दाना चुगने', 'भूसा खाने' से उसका काम नहीं चलता। भोजन, वस्त्र और जीवन की अन्य अनेक पूरक वस्तुओं का अपहरण जब कुछ व्यक्ति ही अपने डंडे के बल पर कर लेते हैं तब बाकी जनों का जीवन इसी तरह बरगलाता फिरता है। तुम जानते नहीं, इसी बरगलाहट का परिणाम राजक्रान्ति और समाजक्रान्ति होती है। मेरी चिंता छोड़ो और अपना काम करो।'

मैं कुछ उदास होकर चुप हो गया कि निराला जी ने पूछा—'आटा-दाल का भाव मालूम है कि नहीं?' मैंने कहा—'हाँ यही सेर सवा सेर का है।' निराला जी ने फिर दुहराया—'और अंग्रेजी शासन में क्या भाव था?' 'मुझे नहीं मालूम,' मैंने धीरे से कह दिया। निराला जी बिगड़ उठे—'फिर क्या बात करते हो, आदमी हो कि पायजामा? सन् ४२ की आई.सी.सी. में तुमने मेरी स्पीच सुनी थी कि नहीं! मैंने विक्टोरिया से भी कह दिया था। पांड़े, एक बात बताओ, मैं इस देश का पहला डी.लिट् हूँ, तुम तो जानते होगे।' मैं चुप साधे रहा। थोड़ी देर में वे भी चुप लगा गये। इन स्वगतोक्तियों को छोड़कर उनके किसी अन्य कार्य में कोई असंगति नहीं थी और न है। खाना-पीना, बैठना-उठना, मिलना-जुलना सभी सब तरह

से ठीक। दूसरे दिन निराला जी ने महादेवी जी के यहाँ भोजन करने का निश्चय किया और बोले—'देवी जी के यहाँ का भोजन बहुत दिव्य होता है, वहीं चलेंगे।' हम लोग करीब चार घण्टे देवी जी के यहाँ रहे, पर निराला जी ने अपनी नवीन कला का उद्घाटन नहीं किया। बाहर निकलते ही मैंने पूछा—'आप तो वहाँ बिलकुल चुप थे।' निराला जी ने सहज भाव से कहा—'उनकी तबियत नासाज थी, बोलकर और अधिक कष्ट देना ठीक न होता।' तब तक देश, काल और पात्र के अनुसार उनकी स्वगतोक्तियाँ भी सधी हुई चलती थीं। तीन-चार दिन रहकर वे वापस चले गये। जाते समय स्टेशन पर कहने लगे—'आया था कि दारागंज वालों से कुछ हिसाब-किताब करना है, पर न हो सका। कुछ रुपया देना-लेना है। मकान में ताला बंद है, पुस्तकें पड़ी हैं। देवी जी का सामान है। खैर फिर देखा जायेगा। नीचे जाओ, गाड़ी चलनेवाली है। अच्छा नमो नमः।' मैंने प्रणाम किया और घर की राह ली।

इधर राजनीतिक उलट-फेर के फलस्वरूप विन्ध्य प्रदेश का निर्माण हुआ और वहाँ के मत्रिमंडल की इच्छा के कारण मुझे कुछ दिनों तक वहाँ रहकर शिक्षा-प्रसार का काम करना पड़ा। साहित्य, साहित्यिकों से एकदम अलग सा हो गया। निराला जी से भी सम्पर्क छूट गया। सन् ३५ से लेकर आज तक के बीच यह पहला ही अवसर था जब निराला जी से पत्र-व्यवहार भी बंद रहा। उस काम को छोड़-छाड़कर जब प्रयाग वापस आया तब निराला जी की चिंता फिर सवार हुई। अब तक लोगों ने उन्हें पूरा पगला समझ लिया था। विकृत समाज में किसी भी भले आदमी का यही विशेषण होता भी है। मैंने निराला जी को पत्र लिखा, पर उत्तर नहीं मिला। भिन्न-भिन्न व्यक्तियों से भिन्न-भिन्न बातें सुनने में आती थीं और कभी-कभी समाचार-पत्रों से भी कुछ सूचना मिल जाती थी। महादेवी जी की लिखा-पढ़ी और प्रयत्नों के फलस्वरूप यू.पी. सरकार ने निराला जी को २०० रु. माह देने का निश्चय कर लिया था। संसद के माध्यम से यह रुपया उन्हें भेज दिया जाया करता था। कभी-कभी दो-दो माह तक मनीआर्डर की रसीद भी नहीं आती थी तो कभी रुपया ही वापस आ जाता था। निराला-विषयक चिंता बढ़ती जाती थी। दशहरे की छुट्टियों में डलमऊ जाने का निश्चय था, पर एक भयानक मोटर दुर्घटना के कारण मुझे २ अक्टूबर से १५ दिसम्बर तक विक्टोरिया अस्पताल रीवाँ में पड़ा

रहना पड़ा। वापस आते ही फिर निराला जी को लिखा। उत्तर भी आया, जिसमें निराला जी ने पुन: स्वस्थ और प्रसन्न होने के बहुत-से स्नेहाशीर्वाद भेजे। प्रयाग आने की बात भी लिखी।

इन्हीं दिनों एक आश्चर्यजनक घटना घटी। निराला के काव्य-संग्रह 'अपरा' पर यू.पी. सरकार ने २,१०० का पुरस्कार दिया। इसका श्रेय भी महादेवी जी को ही मिलना चाहिये, क्योंकि उन्होंने ही 'अपरा' को उस प्रतियोगिता में उपस्थित किया और उसे पुरस्कृत होने लायक भी बताया। यहाँ पर यह कह देना अनुचित न होगा कि इसके पहले निराला की कोई भी पुस्तक कहीं से पुरस्कृत नहीं हुई। न निराला ने कभी किसी प्रतियोगिता में अपनी कोई पुस्तक भेजी और न लोगों ने उनकी किसी पुस्तक को अपने आप पुरस्कार के योग्य माना। हिन्दी के न जाने कितने ऐरे-गैरे, नत्थू-खैरे सभी को पुरस्कार मिल चुके हैं, पर निराला को हिन्दी वालों ने कभी इस योग्य नहीं समझा। पुरस्कार का समाचार-पत्रों में पढ़कर मैंने निराला जी को बधाई का एक पत्र भेजा और शीघ्र ही प्रयाग आने का भी आग्रह किया। उत्तर में निराला जी ने लिखा—'हाँ सुना है 'अपरा' पर २,१०० रुपये मिले हैं। मेरा तो सरकार में करोड़ों रुपया जमा है, उसी में से २,१०० दे दिया होगा। मेरे पास इसकी कोई बाकायदे सूचना भी नहीं आई, यों ही सुना है, मुमकिन है सच हो।' उनके सारे पत्र में उल्लास का कोई चिह्न नहीं दिखा, वही उदासीनता का शाश्वत राग ध्वनित होता था। एक पत्र महादेवी जी के पास भी आया जिसमें लिखा था—'आप अपनी सांस्थिक मर्यादा के अनुसार उस रुपये को मँगवा सकती हैं। वह रुपया आप ही का है।'

मुझे सम्मेलन के उन छोटे-छोटे पुरस्कारों का स्मरण आ रहा है जिनके लिए बड़े से बड़ा साहित्यिक नामधारी व्यक्ति आकुल-व्याकुल हो उठता है। अपनी कृतियों पर स्वयं आलोचनात्मक लेख लिखकर प्रशंसा के पुल बाँधता है और अपने को पुरस्कार पाने के योग्य साबित करता है। इसीलिए मेरा मत है कि भूखे-प्यासे और उपेक्षित रहकर भी निराला ने अपनी साहित्यिक मर्यादा को कभी किसी प्रकार किसी के सामने घटने नहीं दिया। यही कारण है कि उनके व्यक्तित्व में आत्मबोधी साधक की प्रसन्न मुद्रा तथा जीवन के प्रति अधिक जागरूक भावों का प्रकाश स्थायी रूप से विद्यमान रहता है। जीवन की प्रखरतर धूप में खड़े रहने पर भी

उन्होंने अपने हृदय के रस को सूखने नहीं दिया।

धीरे-धीरे अप्रैल का महीना भी समाप्त हो गया, पर निराला जी नहीं आये। केवल समय-समय पर उनका समाचार अवश्य मिलता जाता था। २ अप्रैल को देवी जी ने कहा—'बाहर जाने के दिन आ गये, किन्तु निराला जी का समाचार नहीं मिला। कानपुर के एक अखबार में उनका एक गीत छपा है और सर्वदानन्द जी उनके स्वागत के लिए कुछ रुपया भी इकट्ठा कर रहे हैं। कानपुर के एक धनी व्यापारी ने २५१ रुपया दिया है। यह मुझे अच्छा नहीं लगता। निराला के नाम पर इस तरह रुपया माँगना अशोभन है। विशेषकर जब देनेवाले धनियों का यह हाल है। निराला जी को एक जवाबी तार दो कि हम लोग आ रहे हैं। कब आवें, आप लिखिए।' तीन तारीख को तार भेज दिया गया। तीन-चार दिन तक उत्तर की प्रतीक्षा रही। आठ तारीख को निराला जी के सुपुत्र रामकृष्ण जी का कार्ड मिला, जिसमें लिखा था कि निराला जी कानपुर-लखनऊ की ओर गये हैं, आने पर आपको संवाद दूँगा। हम लोगों की उत्सुकता और अधिक बढ़ गयी।

९ मई (सन् ४९) को जब मैं सुबह ६$^{१}/_{२}$ बजे संसद-भवन रसूलाबाद से वापस आया तब देखा कि महादेवी जी के मन्दिर के सामने एक दीर्घकाय व्यक्ति फाटक के बीच में मन्दिर की ओर मुख किये खड़ा है। मैंने मोटरकार रोकी कि निराला जी ने अपना मुँह फेरा; लम्बी डाढ़ी, बड़े - बड़े बाल, प्रसन्न चित्त, आधी धोती की लुंगी और आधी का उत्तरीय, नंगे पैर निराला का व्यक्तित्व प्राचीन भारतीय ऋषि का दर्शनाभास लगा। एक क्षण के लिए मुझे भ्रम हुआ पर निराला की सहज मुस्कान ने शीघ्र अपना परिचय दे दिया। मैं कार से उतरना ही चाहता था कि निराला जी न कहा—'बढ़ाओ, बढ़ाओ, चढ़ा दो, नयी कार खरीदी है, कितना रुपया लगा?' मैंने कार खड़ी की और नीचे उतरकर प्रणाम किया। कुशल समाचार के बाद निराला जी ने पूछा—'देवी जी हैं, तबियत कैसी है?' मैंने सब हाल-चाल कह सुनाया और देवी जी को निराला-आगमन की सूचना दी। देवी जी ने चाय का प्याला मुँह से लगाया ही था कि मैंने समाचार दिया। उन्होंने प्याले को ज्यों-का-त्यों, मेज पर रख दिया और एक आकुलता के साथ पूछा—'कहाँ हैं, कैसे हैं,' कहती हुई बाहर निकल आईं। निराला जी ने करबद्ध प्रणाम करते हुए कहा—'मजे में तो हैं, कुछ

दुबली लग रही हैं, बैठिए, चाय तो न पिलाइएगा।' देवी जी ने कहा—'अवश्य, चाय तो पी ही रहे थे। और आप तो अच्छे हैं, दाढ़ी भी बहुत अच्छी है, कुछ दिनों में एकदम से सफेद हो जायेगी। आपको तो तार भी दिया था मगर आप बाहर थे।' निराला जी ने बताया कि वे कानपुर-लखनऊ होते हुए आ रहे हैं। दाढ़ी के विषय में वे बताना नहीं भूले—'आजकल हम एक अनुष्ठान कर रहे हैं। बाल नहीं बनवाते, जूता नहीं पहनते, अन्न भी कई महीने नहीं खाया, केवल फलों और दूध पर रहे।' मैंने पूछा—'निराला जी, कितना दूध पीते थे?' हँसते हुए निराला जी ने कह दिया—'यही चार-पाँच सेर दिन भर में।' बड़ी देर तक हम लोग उनके अनुष्ठान को लेकर विनोद करते और चाय पीते रहे। निराला जी ने पंत जी के विषय में पूछताछ की और बोले—'अच्छा अब हम सोना चाहते हैं, रात भर जगे हैं। स्नान आदि से भी निवृत्त हैं, सोने के बाद भोजन करेंगे।' सोने की सुविधा करके हम लोग विदा हो गये!

करीब ग्यारह बजे निराला जी उठे और भोजन की फरमायश की। भोजन आ गया। निराला ने एक ही थाली देखकर मेरी ओर देखा और कहा—'क्यों, क्या तुम नहीं खाओगे।' मेरे लिए भी भोजन का प्रबंध हो गया। निराला जी ने बड़ी रुचि से भोजन किया और मुझसे कुछ और लेने का बराबर आग्रह करते रहे। छठवीं रोटी लेते समय कहा—'बड़ी भूख लगी थी, पेट भी बड़ा है, उस पर बढ़िया भोजन। वाह, खूब खाया। थोड़ा आराम करके लीडर-प्रेस चलेंगे।' देवी जी भीतर चली गयीं तब मैंने कहा—'निराला जी, आपका २,१०० जमा है, लेकर कुछ कपड़े-लत्ते बनवा लीजिये।' निराला जी उठकर बैठ गये और कहने लगे—'निराला दान नहीं लेता, क्या होगा २,१०० रुपया। मेरा लाखों का हिसाब-किताब है। सब साथ ही लूँगा। यह रुपया मुन्शी नवजादिक लाल श्रीवास्तव की विधवा धर्मपत्नी को देना है। संसद के माध्यम से ५० रुपया महीना जाता रहेगा। उनके कई बच्चे हैं। शादी के लायक लड़कियों भी हैं। आफ़त है, उनकी सहायता करनी है। देवी जी से कह देना। चिलकहर बलिया, उनका पता है, नोट कर लो।' वे सहसा मुखरित हो उठे, 'मेरी पुस्तकें हैं, लीडर-प्रेस और इंडियन प्रेस भी अपना है। आप क्या बात करते हैं? मैंने कभी लिया नहीं, दिया ही है। आपको १,००० का नाज है तो २,१०० तो मैंने अभी-अभी दिया है। आदाबअर्ज है।' अनुमान से पता चलता है कि

पं. नेहरू से बात कर रहे थे। अभी हाल में उन्होंने १,००० की निधि संसद की लेखक-सहायक-निधि को दिया है।

निराला की स्वगतोक्तियाँ भी संगतिपूर्ण होती हैं। वे जब किसी व्यक्ति के विषय में सोचते हैं तब मानो वह व्यक्ति उनके सामने उपस्थित हो जाता है। 'साकार सामने हो आते उर के आकर्षण निराकार' का सच्चा स्वरूप सामने आ जाता है। कुछ क्षण बाद कहने लगे—'तुमको एक रहस्य बताऊँ, पहले जमाने में जैसे जमींदारी, जागीरदारी होती थी उसी प्रकार अब तीनदारियाँ होती हैं : लक्खीदारी, करोड़ीदारी, और अरबीदारी, जो इन तीन के भीतर हैं उनकी बचत है, अन्यथा नहीं। साहित्यिक गरीब को कौन पूछता है।' बात मुझको जँची और मैंने हृदय से अनुमोदन भी किया। हिन्दू-मुसलमान, राजनीति और साहित्य, गांधी, टैगोर, जवाहरलाल और शा, श्रीमती विजयलक्ष्मी पंडित और मिसेज सूर्यकान्त को लेकर वे बहुत-सी अस्पष्ट बातें करते हुए सो गये। शाम को लीडर-प्रेस न जाकर मेरे साथ संसद के लिए तैयारी कर दी। संसद की स्वाभाविक सुन्दर सन्ध्या, हलकी-पतली चाँदनी, गंगा का क्षीण, किन्तु स्फूर्तिप्रद पावन-प्रवाह और निराला का साथ, सब मिलकर स्मृति के लिए जैसे अमर दान बन गये। निराला जी ने रवीन्द्र के कुछ गीत सुनाये और अपने गीतों से तुलना करते हुए उनकी विशेषतायें निरूपित कीं। जी भर गंगाजल पिया और सो गये। सोने के पहले एक मार्मिक प्रश्न किया—'क्यों जी, निराला के खाने-पीने तथा सोने में तो पागलपन नजर नहीं आता, फिर न जाने लोग पागल क्यों कहते हैं? यही खरी-खोटी बातें बुरी लगती होंगी।' रातभर में केवल एक बार वे इतने जोर से हँसे कि मैं जाग गया। मैंने कहा—'निराला जी, अब तो आपसे भय लगता है, मैं नीचे जा रहा हूँ।' उन्होंने बहुत ही सहमे शब्दों में कहा—'नहीं-नहीं, सोओ, अब मैं कुछ न बोलूँगा। स्वामी विवेकानन्द ने एक ऐसी बात कह दी कि मैं हँस पड़ा। भय की क्या बात है? तुम कभी स्वप्न नहीं देखते? लोग कभी-कभी सोते-सोते अचानक बात करने लगते हैं। यह कौन सी नयी बात है। सो जाओ, मैं भी सोता हूँ।' मैं आश्वस्त होकर ऐसा सोया कि सुबह निराला जी को जगाना पड़ा।

सुबह मुँह-हाथ धोकर देवी जी के यहाँ आ गये और दिन भर वहीं रहे। देवी जी ने बताया कि श्री हजारीप्रसाद द्विवेदी यहाँ आये हैं और उनकी

इच्छा शाम को संसद देखने की है। निराला जी ने फौरन कहा—'जरूर ले चलिए, कुछ पहले से चलें, स्थान बहुत रमणीक और सजीव है। कल बहुत अच्छा लगा, गर्मी भी नहीं है, गंगा को छूती हुई ठण्डी हवा चलती रहती है; अब तो द्विवेदी डाक्टर हो गये हैं। अच्छा है।' शाम को ६ बजे देवी जी, निराला जी तथा द्विवेदी ज़ी के साथ संसद पहुँचे। मैंने स्नान का प्रस्ताव किया कि निराला जी ने शीघ्र अनुमोदन किया और द्विवेदी जी भी हाँ-हाँ-हाँ के साथ खिल पड़े। देवी जी ने वस्त्रों की व्यवस्था की बात चलाई कि निराला ने कहा—'हमें तो कुछ नहीं चाहिये। जो ओढ़े हैं, उसे पहन लेंगे और जो पहने हैं, उसे ओढ़ लेंगे।' द्विवेदी जी ने भी अपने उपन्ने की सार्थकता का बखान करते हुए अपनी व्यवस्था ठीक होने का आश्वासन दिया। हम तीनों गंगा में घुसे। द्विवेदी जी से निराला जी के विषय में बहुत-सी बातें होती रहीं। उन्होंने २,१०० के उपयोग की बात सुनी और कहने लगे—'निराला वास्तव में महान हैं।'

स्नान करके वापस आये कि निराला जी ने देवी से कहा—'द्विवेदी जी को चाय पिलानी होगी, कुछ प्रबंध कीजिए'। और द्विवेदी जी से पूछा—'कहिए हमारी दाढ़ी का क्या हाल है, कैसी लगती है?' द्विवेदी जी ने कहा—'यह तो गुरुदेव से मिलती-जुलती है, साइड से बिलकुल वैसी ही लगती है।' निराला जी दाढ़ी पर हाथ फेर-फेरकर प्रसन्न होते रहे। चलते समय देवी जी ने द्विवेदी जी को संसद के बाग का एक कद्दू, भेंट किया। निराला जी मुस्कराए और कहा—'वाह! क्या बढ़िया उपहार है, गर्म पूड़ियों के साथ मजा देगा।' आठ बजे तक सब लोग वापस आ गये। स्नेही मित्र डॉ. रघुवंश का कहना है कि द्विवेदी जी बाद में निराला जी की बड़ी प्रशंसा कर रहे थे। आज उनकी कौन नहीं प्रशंसा करता? देवी जी ने कलकत्ते से लौटकर बताया कि वे कलकत्ते में जहाँ-जहाँ गयीं उनसे निराला जी के विषय में लोग-बाग बराबर पूछते रहे। समन्वय काल में निराला ने बहुत-से बंगालियों को हिन्दी पढ़ाने का भी कार्य किया है। इस प्रकार निराला ने हिन्दी की सभी तरह से सेवा की है, इसमें सन्देह नहीं। निराला जी ने संसद से आते समय द्विवेदी जी से कहा—'आपको मालूम होगा, यह संसद-भवन मेरा है, न मेरे पुरुषार्थ से सही मेरे लिए सही।' कहकर उन्होंने देवी जी की तरफ एक स्नेह-तरल दृष्टिपात किया और मुस्कराए।

दूसरे दिन निराला जी लीडर-प्रेस गये। पाठक जी के यहाँ दावत खाई और वहाँ के अधिकारियों को डाँट-फटकार बताते रहे। जोशी जी और डॉ. उदयनारायण तिवारी से भी वहाँ भेंट हुई। तिवारी जी ने कहा कि निराला जी की दाढ़ी महर्षि अरविन्द से मेल खाती है, किन्तु निराला जी ने बड़े जोरों से इसका प्रतिवाद किया और अपने को अरविन्द से बढ़कर बताया। पाठक जी ने निराला जी के कई चित्र भी खिंचवाए और बड़े चाव से निराला जी के साथ बतरस का आनन्द लेते रहे। गोपेश जी ने दूसरे दिन दावत दी और हम लोगों ने संसद के लिए प्रयाण किया। मैंने रास्ते में कहा—'मैं तो वहाँ (गोपेश) के यहाँ न जाऊँगा, क्योंकि उन्होंने मुझसे नहीं कहा और यदि गया भी तो आपको उतारकर कार में बैठा रहूँगा।' निराला जी ने बड़े मजे से कहा—'हाँ कार में बैठे रहना, मैं कुछ पूड़ियाँ चुरा लाऊँगा, उन्हीं को खा लेना, बस।' उनकी इच्छा के अनुसार मेरा जाना आवश्यक सा हो गया। शाम को फिर देवी जी के यहाँ पहुँचे। उस दिन निराला जी का मूड बहुत अच्छा था। वे देवी जी के यहाँ ड्राइंगरूम की चौकी पर ताल दे-देकर धीरे-धीरे गा रहे थे—

श्रावण-घन गहन मोहे
गोपन तब चरण फेले
    निशार मन नीरव ओहे
    सबार दीठि एड़ाए ऐले!

× × ×

बारण करो तबे गाहिबो ना

मैंने कहा—'निराला जी, कोई अपना गीत सुनाइए।' उन्होंने कहा—'मेरे गीतों में क्या रखा है, टैगोर के गीत सुनो। क्या आर्ट है, कलाबाजी की हद।'

देवी जी ने एक होमोपैथ डॉ. श्री उमाशंकर जी को भी बुलवाया था कि वे चुपचाप निराला जी को देख लें, मगर यह नहीं हुआ। निराला जी ने पूछ ही तो लिया—'और आप कौन हैं?' सब भेद खुल गया। डॉ. सा. ने कहा, 'निराला जी, आज्ञा हो तो आपकी कुछ सेवा करें, सुना है आपका दाँत हिलता है। एक खुराक में ठीक हो जायेगा?' हम लोगों ने भक्तिन की गवाही भी दिलाई, पर निराला जी को जैसे साँप छू गया, वे बोले—

'न, हम दवा नहीं खाते, आप अच्छे डाक्टर हैं, यह तो देखने से ही पता चलता है, पर हमारा ढंग दूसरा है, आप चक्कर में न पड़े।' डॉ. सा. ने एक दवा दी जिसको पानी के साथ हम लोगों ने चुपचाप निराला जी को खिला दी। काश कि दवा काम कर जाय तो हिन्दी का इससे बड़ा कोई दूसरा सौभाग्य भी नहीं हो सकता।

जोशी जी की दावत के लिए निराला जी सुबह से ही जा डटे। जब मैं १०$^{१}/_{२}$ बजे पहुँचा तब वे खाकर सो रहे थे। जागते ही कहने लगे—'जोशी ने बड़ी मेहनत से खाना तैयार किया था। बनने पर मैं अपने-आपको रोक नहीं सका, खा लिया, अब तुम दोनों भी खाओ। चाहो तो मैं परोस भी सकता हूँ।' खाना खाने के बाद जोशी जी ने हुक्का चढ़ाया कि निराला जी ने हाथ बढ़ाते हुए कहा—'लाओ, हम भी दो-चार संतोष की गुड़गुड़ी मार लें।' वे काफी देर तक प्रेमपूर्वक हुक्का गुड़गुड़ाते रहे। जोशी जी ने सन् २२ का एक संस्मरण सुनाया। कलकत्ते में उनकी निराला जी से प्रथम भेंट हुई कि रवीन्द्र पर बहस चल पड़ी। उसी सिलसिले में उन्होंने निराला जी से कहा कि वे रवीन्द्र को बहुत बड़ा कवि मानते हैं। निराला जी ने व्यंग्य-भाव से पूछा—'तो क्या कालिदास से बड़ा मानते हो?' जोशी जी ने कहा—'हाँ।' निराला जी ने ताव में आकर जमीन पर पैर पटकते हुए पूछा—'तो क्या तुलसीदास से भी बड़ा मानते हो?' जोशी जी ने और अधिक जोर से पैर पटककर कहा—'हाँ, तुलसीदास से भी बड़ा मानता हूँ, अब बोलिए क्या पूछना है।' निराला जी जोर से हँस पड़े और कहा—'जोशी, उस वक्त तुम बहुत दुबले-पतले और सुकुमार बच्चे थे।' इसके बाद मुझसे बोले—'कल वापस जाना है। अभी देवी जी को उस रुपये के उपयोग का लिखित अधिकार भी देना है, पर आज अभी से संसद चलें। वहाँ का वातावरण बहुत ही मनोरम और शान्तिमय है।'

वैसाख चतुर्दशी की रात, गंगा का नौकाविहार, निराला का काव्यामृत पान, कितनी मुग्धकर रात थी वह, यह शब्दों में बताना बहुत कठिन है। निराला जी ने गंगा में घुसते हुए कहा—'संसार में ऐसी कोई दूसरी नदी नहीं, यह वास्तव में मातु गंगा है। जीते-मरते इसी की गोद में शरण मिलती है। आज तो चौदस है न? कल का दिन बहुत महत्त्वपूर्ण होगा। वैसाखी पूर्णिमा, मुक्ति महोत्सव का पावन पर्व। बुद्ध के जन्म-मृत्यु और

बोध का दिन, इससे बड़ा दिन और कौन होगा। देश ने अभी इसका महत्त्व नहीं समझा। राजनीतिक व्यक्तियों के स्मारकों के मारे और सब गायब है।' वे आवेश में आ गये—'घबड़ाने की बात नहीं, जो लोग अपनी शासन-सत्ता के मत्थे अपने स्मारकों का निर्माण करते हैं उन्हें यह समझ रखना चाहिये कि उनका शासन बदलते ही उनके स्मारक भी ढह जायेंगे। जनता अब शासकों की स्मृतियाँ नहीं पालती, भूलने की चेष्टा करती है। इस देश का सबसे बड़ा पाप जनता की अवज्ञा है। कांग्रेसी शासन में भी यही त्रुटि है। पतन का कारण भी यही बनेगी। जब तक यहाँ की जनता को भोजन, वस्त्र, शिक्षा तथा संरक्षण नहीं प्राप्त होता तब तक यहाँ किसी प्रकार का शासन सफल नहीं हो सकता, देश की मिट्टी का यही गुण है। भारत को पुनर्जन्म देने के लिए विलायती सहयोग काम नहीं देगा, यहाँ की जनता को उसके लिए जगाना पड़ेगा। यही तो मेरा पागलपन है। अच्छा अब चलो, छत पर बैठेंगे।'

छत पर आकर तथा खाना खाकर निराला जी तख्त पर लेट गये और अपनी स्वगतोक्तियों में फूट पड़े—'जवाहरलाल जी, आपको अंग्रेजों के गुट में रहना क्यों पसंद है? क्या भारत एकान्त स्वतन्त्र रहकर विश्व भर का स्नेह सहयोग नहीं प्राप्त कर सकता? यह तो बताइए, आप शा के पास क्यों गये थे, अपने कलाकारों को आप इतना क्यों नहीं दे पाते? हिन्दी में शा से बड़े कलाकार हैं, पर उनका आप उतना सम्मान नहीं करते। शायद वे कोट-पैंट नहीं पहनते, जो भी हो, यह रुख अच्छा नहीं। टैगोर, प्रसाद, भारतेन्दु आदि ही इस देश की विभूतियाँ हैं, माउंटबेटन और शा नहीं। आपकी मर्जी।' इसके बाद वे एकदम से शान्त हो गये।

सुबह उठकर हम लोग देवी जी के यहाँ पहुँचे, चाय पीते हुए निराला ने कहा—'मैं दारागंज जा रहा हूँ। श्रीनारायण जी से मिलना है। यहाँ आया तो आया वरना उसी तरफ से डलमऊ चला जाऊँगा। फिर बरसात में भेंट होगी। मन चाहे तो समाचार देते रहना।' रिक्शा में बैठकर वे चले गये। मुझे एक पत्र श्रीमती नवजादिक लाल की धर्मपत्नी के लिए रजिस्टरी करने को देते गये, जिसमें ५० रुपया माह की व्यवस्था कर देने का उन्होंने बड़े ही नम्र और आत्मीय शब्दों में उल्लेख किया था। रिक्शा रोककर निराला जी ने आवाज दी—'पाँड़े, सुनो तो एक बात बहुत जरूरी है।' इतना कहते-कहते मैं उनके पास पहुँच गया। वे बाघेलखण्डी में, जो

मेरी मातृभाषा है, बोले—'मैं त्वाखा आचार्य कै डिगरी द्यात हौं, तैं आज से अपने का आचार्य लिखे, कोऊ कुछू न कही, भला। तै जनते नहीं, ईं डिगरी देंय वाले सब बहुत चंट हैं। नेतन का औ बनियन का देत हैं। पढ़े लिखेन का नहीं पूछैं। अब वा समय आयगा है कि हम पंच अपने विद्यानन का मान-सम्मान करी।' निराला जी की इस बात से एक रहस्यमय तथ्य का उद्घाटन हुआ। वे इधर के प्राय: पत्रों में देवी जी के नाम के पहले डाक्टर लिखा करते थे। हम लोग उसे उनके मस्तिष्क की शिथिलता का परिणाम मानकर चुपचाप रह जाते थे। अब समझ में आ गया कि वे स्वयं डिगरी देने की क्षमता का अपने में आह्वान कर चुके हैं।

मैंने धीरे से प्रश्न किया—'निराला जी, हम सबको तो आप डाक्टर बना दीजियेगा, पर आपको कौन बनावेगा?' निराला जी ने आक्रोश के साथ कहा—'अजब आदमी हो, मेरे लिए आज किसी डिगरी की जरूरत नहीं, पगला से बढ़कर और कौन डिगरी है? लोगों ने मुझे खूब दिया है। मेरे प्रति तो सभी सदा उदार रहे हैं, पर जिन बेचारों को किसी ने नहीं पूछा उनका प्रबंध करना है। डरो मत, अधिकार माँगने से नहीं मिलते छीनने से मिलते हैं। अधिकार के लिए अखाड़ेबाजी आवश्यक है। तुलसी काका की बात याद रखो—

'भय बिन होय न प्रीत'

क्या डिगरी, क्या सम्मान, क्या रुपया, क्या पद, आजकल सभी शक्ति या सिफारिश से मिलता है, योग्यता से नहीं। देखते नहीं जनाबे मसुरियादीन भी प्रयाग विश्वविद्यालय की कोट के सदस्य है। कांग्रेस सरकार के गवर्नर ने नामजद किया है और राहुल बाबा को कोई पूछता नहीं।'

मैंने शान्त करने की चेष्टा में कहा—'जाने दीजिये निराला जी, इन बातों से कुछ फायदा नहीं, समय की गति के साथ सब ठीक हो जायेगा। अब हिन्दी राष्ट्रभाषा होने जा रही, है, आप लोग हिन्दी के महारथी हैं, सम्मान से, स्वागत से जी भर जायेगा।' उन्होंने हँसते हुए रिक्शावाले से कहा—'चलो।'

वे चले गये और मुझे पत्र की रजिस्टरी करने जाना है अस्तु विदा! और

आनन्द, इन्दु-रस-बिन्दु अमर,
जिसका गिरि-उर-भेदक निर्झर—

क्षिति का ही-तल शीतल करता लोचन जल;
जिसकी भाषा घन, सिंह-नाद,
उच्छल-प्रतिभा-यौवनोन्माद,
उन्मुक्त भाव जिसके निनाद से कलकल!

ऐसे महामानव, महाकवि तथा महाप्राण निराला जी को शतशः प्रणाम।

स्वस्ति

महाकवि निराला हमारे प्रतिनिधि राष्ट्रीय कवि हैं। उनका काव्य हमारी सभ्यता तथा संस्कृति का प्रतीक है। विशेषता यह है कि इस कवि की राष्ट्रीय भावना और विश्वकल्याण की भावना में किसी प्रकार का विरोध नहीं है। इसी प्रकार व्यक्ति और समाज का भी मंगलमय सम्बन्ध इनकी कृतियों में बराबर मिलता है।

इस समय विश्व नितान्त उद्विग्न और अशान्त है, इस स्थिति में इस महाकवि की वाणी से हम शान्ति और संतोष प्राप्त कर सकते हैं, सहानुभूति का संदेश ग्रहण कर सकते हैं, तप, त्याग और साहस का आश्रय पा सकते हैं।

राष्ट्र को अपने साहित्य और जीवन के द्वारा उन्नति तथा अभ्युदय के पथ पर अग्रसर करनेवाले निराला जैसे महाकवि का वन्दन–पूजन हमारा पवित्र कार्य और कर्तव्य है।

हम कामना करते हैं कि—

> परस्पर विरोधिन्योरेक संश्रय दुर्लभम्,
> सङ्गतं श्री सरस्वत्योर्भूतयेऽस्तु सदा सताश्म्!

और

> सर्वस्तुरतु दुर्गाणि सर्वो भद्राणि पश्यतु,
> सर्वः कामानवाप्नोतु सर्वः सर्वत्र नन्दतु!

इति शुभम्!

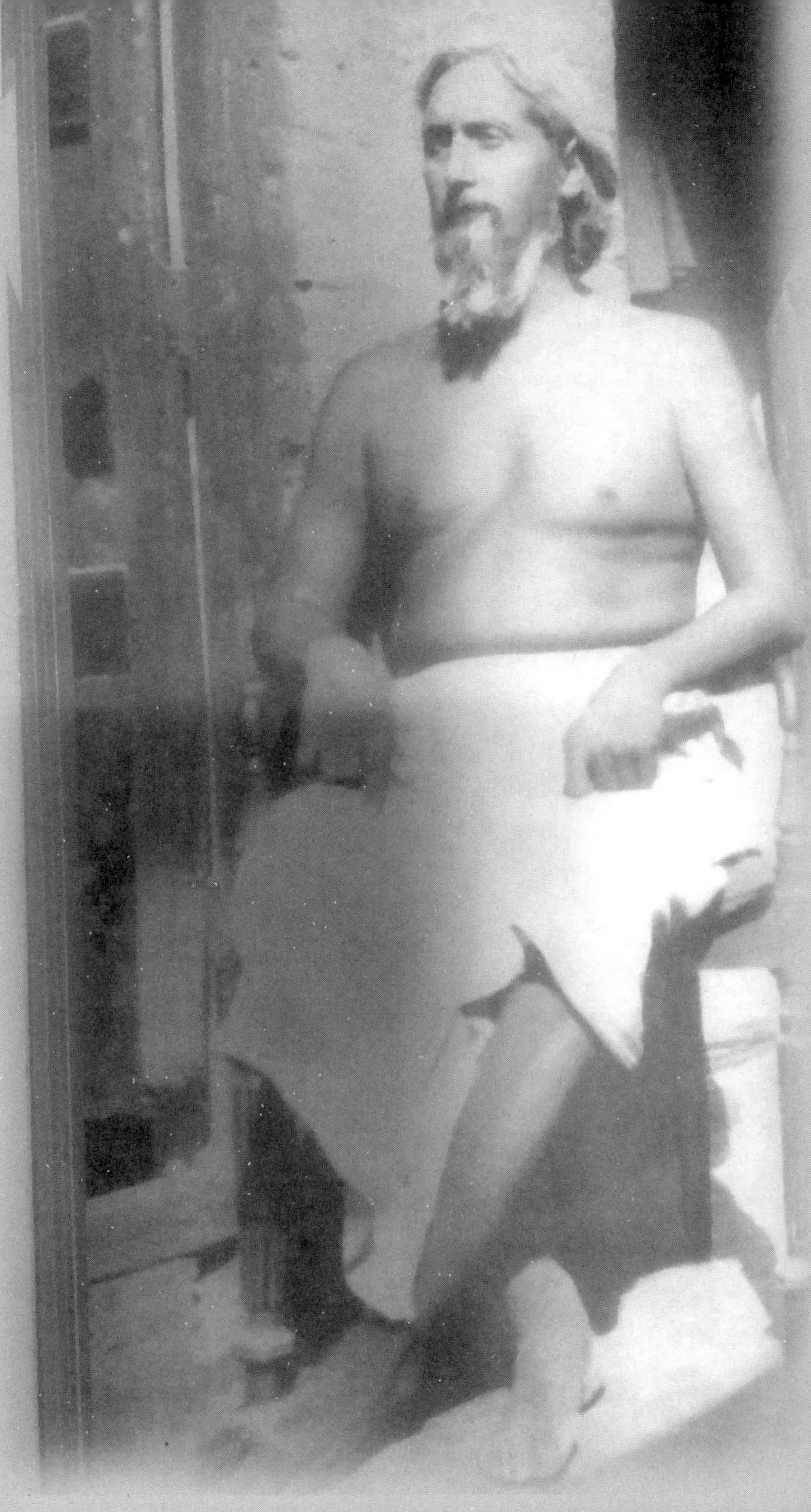